JN219245

アジャ・ロサン・トゥプテン〔アジャ・リンポチェ八世〕◉著

アジャ・リンポチェ回想録

モンゴル人チベット仏教指導者による中国支配下四十八年の記録

ダライ・ラマ十四世◉序
馬場裕之◉翻訳
三浦順子◉監訳

集広舎

ダライ・ラマ法王の序

一九九八年に私がニューヨークで説法をしたとき、チベットの有名なクンブム寺（漢語名：搭爾寺）の住持（住持は寺院行政のトップで、任期制の役職。終身制の寺主とは異なる）アジャ・リンポチェが米国に亡命したことを知った。思い返せば、クンブム寺は私が僧侶生活を始めた地である。私はチベットを離れて、亡命生活の中で自由を求め続けてすでに五十年近くになるから、クンブム寺を離れてからの期間はもっと長くなる。そして、その時私の前に立ったのは、まさにそのアジャ・リンポチェだった。

クンブム寺は私が帰依しているチベット仏教ゲルク派の開祖ツォンカパ大師の誕生の地である。創建から二百年間は小さな礼拝所に過ぎなかった。十六世紀に、ダライ・ラマ三世ソナム・ギャツォがそれを有名な僧侶の大学に改造した。

この寺は私が生まれた場所の近くにある。一九五〇年代中期、私はそこで暮らしていたが、その頃アジャ・リンポチェはまだ子供だった。私にとってクンブム寺の記憶は心温まるもので、山の中に隠れた建物は壮大で美しかった。それ以降、中国共産党の管理下で寺院で生じた多くの変化、クンブム寺の僧侶が遭遇した苦難、そして周囲のチベット人がどうやって生きているのか？ それらすべてを私はぜひともアジャ・リンポチェから聞きたいと思っていた。

私たちは長時間親しく話し合った。アジャ・リンポチェも私も多くの逆境を経験してきた。私たちは全く異なる人生経験を有しているが、どちらも常にチベット人の安寧と幸福を気にかけてきた。彼は中国政府と長年共に仕事をしてきて、中国の江沢民国家主席にも会ったことがあるので、私は彼が中国側との対話を促進できるのではないかと期待した。それを考えて、私は彼に江沢民主席に手紙を出すよう依頼した。

その後、アジャ・リンポチェはカリフォルニア州のサンフランシスコに「慈悲と智慧のチベットセンター」を設立し、非常にうまく運営している。後に、私の長兄タクツェル・リンポチェが病に倒れ、彼がブルーミントン〔インディアナ州の都市〕に設立した「チベット文化センター」の運営ができなくなった時、私にはアジャ・リンポチェが思い浮かんだ。この分野の経験が豊富な彼なら、この重要な仏教文化センターを回復し管理することができるだろう。

これまでと同様、アジャ・リンポチェは大仕事を引き受けてくれた。実は私の長兄がかつてクンブム寺の住持だったことも、アジャ・リンポチェがブルーミントンのふさわしい候補者であるもう一つの理由だった。そして、このセンターは「西のクンブム寺」と見なされるようになった。また、アジャ・リンポチェはモンゴル人家庭の出身なので、センターの関心対象をモンゴル人の仏教徒にも広げることができたなら、非常に喜ばしいことである。そこで、このセンターを「チベット・モンゴル仏教文化センター」と改名し、在米チベット人コミュニティーだけでなく、モンゴル人コミュニティーにも奉仕することとした。

言論の自由を回復したおかげで、有名な僧侶大学クンブム寺の前住持アジャ・リンポチェは彼の記憶をこの自伝にまとめ、彼がチベットで過ごした短い幸福な時間と長い恐怖の時間、飢餓の中をどのように生き延びたか、亡くなったパンチェン・ラマ十世とどのように共に働いたか、中国の統治下のチベット人に尽くすために危険の多い政界でどのように渡り合ったかなどについて率直に語ってくれている。

他の人も共産党統治下で監禁され、処罰された恐ろしい経験を書いている。しかし、アジャ・リンポチェは中国が管理する宗教界のトップに入った人であり、彼は中国政府がどのように動いているのかをよく知っている。だが、パンチェン・ラマ十世の突然の入寂の後に起こった一連の事件、および物議を醸したパンチェン・ラマ十一世の認定において、彼が守ってきた原則を放棄するよう脅された時、彼は亡命を選択した。

言論の自由、報道の自由のない国で、恐怖と懐疑の状態下で生活する人々の本当の様子を理解するには、個人の記録に頼る必要がある。アジャ・リンポチェが腹蔵なく、ありのままに、彼のチベットにおける見聞と体験を書いたことは、その間の歴史にとって貴重な貢献である。

私は、アジャ・リンポチェが書いたことは世人の強い関心にこたえてくれると信ずる。なぜなら、彼らは危険の中で生活しているチベット人民、南モンゴル人民、東トルキスタン人民のために、慈悲の心から人道を求めているからだ。私は本書を通じて、人々がチベットというこの長い歴史を有する民族が今まさに生存のために、そして貴重な宗教文化遺産を保護するために苦闘している真実の歴史と現実を良く知り、ひいてはチベットの平和的変革の助けとなることを希望している。

二〇〇九年七月二十日

『アジャ・リンポチェ回想録』日本語版まえがき

私は最初にニューヨークで英語版の自伝を出版した。その後、ウランバートルでモンゴル語版と台湾で中国語版を出版した。そのことが、日本の学者、専門家の関心を引き、今回の日本語訳の出版につながった。

私は多くの友人に次のような質問を受けた。あなたの本はなぜ日本の学者の関心を引いたのでしょう？ あなたは中国占領下のチベットで長年生活し、また米国に出て自由を獲得しました。そしてあなたはモンゴル人です。ですから、あなたの自伝が英語、モンゴル語、さらに漢語世界の関心を引くのは当然のことですが、あなたは日本とどんな繋がりがあるのですか？

今日、私の自伝の日本語版出版の機会を利用して、皆さんにこの質問に対する私の思いをお話ししたい。

第一に、私の自伝は六十年来の中国とチベット、モンゴルの間の埋もれた過去を描いている。例えば中国がクンブム寺で行った宗教改革、文化大革命などの一連の政治運動、九〇年代のいわゆる「金瓶掣籤《きんぺいせいせん》」、そして私の亡命などである。その中の一部の事件は中国当局によって広く宣伝されているが、どれも正確でないばかりか、むしろ入念に歪曲されている。歴史を尊重する立場から、私は自伝の中でできるだけ史実を復元したいと考えた。私は真相こそが時間の検証に耐えられると信じている。

第二に、百年以上前に私の前世は日本と人脈を築いた。当時、八ヵ国連合軍の義和団事件介入が終わったばかりで、光緒皇帝は日本との関係改善を望んで、アジャ・リンポチェ六世を団長とする八人の仏教代表団を日本に派遣した。彼らは明治天皇の接見を受け、各種の贈り物を贈り、彼らの剣術も日本で称賛された。当時、日本の各界は彼らのために連日歓迎会を開いたと伝えられている。それは『宗報』が詳細に記録しただけでなく、『大阪朝日新聞』『読売新聞』などの新聞も、アジャ・リンポチェ六世の訪日について連続して報道し

寺本婉雅氏のご子孫とご自宅前で（2016年）

た。最近では研究者の高本康子氏が「アジャ・ホトクト来日報道の中のチベット観」という一文の中で、「アジャ・ホトクトの歓迎状況ははるかに宗教の範疇を超えて（中略）チベットに対する関心を巻き起こした」と書いている。

前世の日本訪問は、もともとは東本願寺からの招待で、実際の手配はチベット研究者の寺本婉雅氏が行ったということである。寺本氏は愛知県人で、京都府立中学校を卒業後、真宗大学（大谷大学の前身）に入学して仏教を学んだが、チベットに行くために大学を中退している。その後、寺本氏は北京の雍和宮に行き、雍和宮のリンチェン・ニマとオーセル・ギャツォの二人の法師からチベット語とモンゴル語を学んだ。寺本氏はそれからクンブム寺に行って造詣を深め、私の前世やダライ・ラマ十三世尊者とも深い友情を培った。現在でも大谷大学には寺本婉雅氏による当時のチベットに関する記録が保管され、その分野の研究が続けられている。

私は幸いにも一九八〇年代に日本を訪問する機会があり、その際にはクンブム寺と大正大学との間で経典共同研究を行うことを取り決めた。私が米国に亡命してからは、寺院や大学への訪問、東日本大震災後の慰霊など訪日の機会が増え、日本に来ると故郷に帰ったような気持ちになる。また、寺本氏のご子孫と連絡が取れ、寺本氏と前世との友情を引き継ぐことができたことは誠に感慨深い。

第三に、長い歴史の中で、日本とモンゴルとの関係には起伏もあったが、両国の人民は互いに非常に仲が良い。意識調査によると、東アジア諸国の中で、日本人はモンゴル人に対して最も好感情を抱いているそうである。モンゴル草原もまた日本人が最も憧れる旅行先の一つであると聞く。日本の大相撲では横綱の朝青龍、白鵬、日馬富士をはじめ多くのモンゴル人力士が活躍している。これら多くの善縁のおかげで、私のこの自伝は日本の読者に相見《あいまみ》えることができた。

私の自伝の出版のために長い時間をかけて翻訳を完成させてくれた中国語翻訳者の馬場裕之さん、チベット文化・チベット語と日本語との橋渡しに大きな力添えを頂いた監訳者の三浦順子さん、難しい出版事情の中で快く出版を引き受けてくれた集広舎の川端幸夫社長、翻訳者探しから出版社探しまで、まさに最初から最後までお世話になった静岡大学の楊海英教授、そして関係者の皆さんに心よりの感謝を申し上げる。

アジャ・ロサン・トゥプテン（アジャ・リンポチェ）

目次

第五章　パンチェン大師が「反革命」になる

第六章　文化大革命の災難

第七章　災難の後の再生

第八章　落ち着かない獅子法座

第九章　鄧小平の政策

第十章　クンブム寺の修復その他

第十一章　政治と秘密

第十二章　前世の因縁

第十三章　偽《にせ》のパンチェン

凡例

一、本書は『逆風順水：阿嘉仁波切的一生和金瓶掣籤的秘密』阿嘉・洛桑図旦著、初版、大塊文化、二〇一三年九月台北より訳出した。

二、漢字を使って表記されたチベット語の固有名詞はできるだけ原音に近いカタカナ表記に変換した。

三、脚注は原注と訳注を合わせて通し番号とした。訳注には番号の後に［訳注］と表記した。

四、脚注を立てるまでもないと思われる場合は文中に〔　〕を挿入して短い注書きをつけた。

五、訳注を書くに当たって仏教用語に関しては主に『岩波仏教辞典第二版』を参考にした。その他、中国語、日本語の関係ホームページも多数参照した。

六、日本語版では文中の語句の索引を作成した。索引には出現回数の非常に多いダライ・ラマ、パンチェン・ラマ、ギャヤ・リンポチェなどの語句は盛り込まなかった。

アジャ・リンポチェ回想録

1920年代のクンブム寺

1962年のクンブム寺

2004年のクンブム寺

第一章　幼年時代

■■願いに乗って誕生

私は一九五〇年、チベット暦で言うと第十六ラプチュン[1]庚寅《かのえとら》年に生まれた。父の父はチベット人で、父の母はモンゴル人、母の両親はどちらもモンゴル人である。

母は私に言った。「おまえを身ごもった時、私は夢を見たんだよ。ゲル[2]の天窓を通して空に竜がぐるぐる回ったんだ。すると、親戚や村人たちだけでなく、面識のない牧畜民までがカタ[3]を捧げ持って、四方八方から駆けつけて、うちのゲルに向かってひれ伏して拝し、牛乳を撒いてね……」。ここまで言うと、母は目をこすって「この夢を私は誰にも言わなかったから、おまえの父さんでさえ当時は知らなかったんだよ」と言った。

「なんで黙っていたの？」私は聞いた。

「おまえの前に私は八人の子供を産んで、化身《トゥルク》[4]を探すお坊さまたちがうちのゲルの前を通り過ぎるのを見て来たけど……思いもしなかった、本当にあんな夢を見るなんて」

父が私に語ったのは別の物語だ。私が生まれて間もなく、ちょうど一人の読経師《どきょうし》がうちのゲルの前を通ったので、彼を招き入れた。

「男の子ですか？　いつ生まれたんですか？」私を見て、読経師は言った。

「七日前、日が山から昇ろうとする時です」母が言った。

「ちょうど寅の日、寅の刻だ。今年は寅年だし、三頭の虎がそろっている。この子は尊い生まれですよ」

読経師の言葉を聞いて、父と母はうれしさにぽかんと口を開けていた。

「とはいえ、虎はやはり猛獣ですから、三頭の虎がそろったら、この子の将来はおそらく……」

「おそらく何ですか？」

「浮き沈みが絶えないでしょう。この子のために木の碗を用意し、清潔に保ち、時々これで燻《いぶ》すといい」。読経師はそう言ってヌルサン・シュパ[5]の入った小袋を置いて行った。

　私の家郷はチベット高原東北部のオロンノール草原である。オロンノールはモンゴル語で、「多くの湖」という意味である。草原の北側は連綿と続く祁連山である。南側はトルコ石のようなツォ・ティショル・ギャルモ、[6]これはチベット語で「湖の女王」という意味で、モンゴル語ではココノール、漢語では青海湖と呼ばれる。歴史上、今日の青海省の一部、甘粛省の甘南州と四川省のガワ州〔漢語名は阿壩〕は、チベットのアムド地方〔東北チベット〕に属していた。アムドは上下二つに分けられ、上アムドはチベット語でドトゥー、下アムドはドメーと呼ばれる。[7]私の家郷オロンノール草原はアムド地方のドメーにある。現在は青海省海北チベット族自治州海晏県と改名された。

　オロンノールは春には様々な野の花が咲く。藍色のリンドウ、密な毛におおわれたメコノプシス・インテグリフォリア、[8]黄色のキンロバイ、ピンクのステレラ・カマエヤスメ、他にも私が名前を知らない花々。花々の間を飛び回る私たちが白ターラーと呼ぶ白いチョウ、私たちが虎と呼ぶ黄色い羽根に黒い斑点のあるチョウ、そして私たちが読経頭《どきょうがしら》と呼ぶ決して人を刺さない大きなミツバチ、小箱を背負っているようなテントウムシなどなど。

　柔らかな絨毯を敷いたような青々とした草原が、視界の果てまで延びている。その間に点々と散らばっている白いゲルと黒いヤクの毛のテント。遠くから見ると、白いゲルは草むらに生えた白いキノコのようで、ヤクの毛のテントは、黒い丸薬のようだ。利口なチベット羊は群れつどって、頭を草の中に埋めて奪い合うようにして草を食べている。どっしりと落ち着いているヤクはのんきに草を口に絡め入れ、わんぱくな子ヤクはその後ろで追い駆けっこをして遊んでいる。たまに天地の間から二、三人の馬に乗った牧畜民が現れると、彼らは顔見知りでなくても互いに高く手を振って熱心に呼びかけ、さらに停まって相手の放牧地とヤクや羊の様子を聞くので、事情を知らない人なら彼らを久しぶりに会った旧友だと思うだろう。しかし、もし本当に旧友に会ったのなら、馬から飛び降りて、互いに腕を取り合って、座り込んで長話をし、もし酒を持っていたら大酒を飲むだろう。

みぞれまじりの秋風が何の前触れもなく草原を吹き抜けると、草原は一面に緑色が褪せ、黄金色の秋の衣装をまとう。すると牧畜民たちは牧草の貯蔵と、温かい風よけの冬のねぐら探しに忙しくなる。冬が来る前に、彼らは必ず肥え太って健康なヤクと馬、羊の群れを十分に安全な場所まで追い立てなければならない。草原の冬は寂しく静かで、時には雪が何日間も静かに舞うが、温かい冬のねぐらの中の家畜はとても快適で、飼い主が蓄えていた飼葉を思う存分味わう。だが時には、家畜にとって耐えがたい暴風雪に変わることもある。このように春夏秋冬が絶え間なく繰り返され、草原の人々もこのように絶えることなく代々引き継がれてきた。

一九五二年の夏の盛り、オロンノール草原はふたたび化身ラマ捜索隊の僧侶を迎えた。遠くから走って来る馬の上で翻るえんじ色の袈裟がだんだんとはっきり見えてきた。リーダーの寺務官《チャンズー》[9]は広い縁に金箔を貼った赤い帽子をかぶり、金襴《きんらん》のたすきを斜めに掛けて、りりしくも謎めいて見えた。

彼らはすでに他の部族〔季節移動する牧畜民の集団〕や農村〔定住農民の集落〕にも行ったという話だった。敬虔な仏教徒であるモンゴル人、チベット人の農民と牧畜民は、彼らを最も尊い客人と見なし、うやうやしく接待した。もちろん、私たちのバイス部族も例外ではなく、熱々のミルクティーと揚げ菓子《カプセ》を出すだけでなく、ヨーグルトごはんやソーセージ入りの茹で乾麺、キノコのバター炒めまで提供した。そして、訪ねてきた僧侶が出すいろいろな質問にみんなが先を争って答えた。

それが終わると、この僧侶の一団は再び馬に乗ってゆっくりと我が家のゲルの前にやってきた。父と母が大喜びしたのは言うまでもない。たまたまその頃、我が家の雌ヤクが子を産んだばかりだったので、母は固まってゼリーになりそうなほど濃いヤクの乳を煮立てて砂糖と野草を入れた。その時、二歳になっていなかった私がパッチリ目を開けて、寝返りを打ち、なんとそのチャンズーの袈裟を握って離そうとしなかったそうだ。

脇にいた僧侶は身をかがめて私を見て、冗談を言った。「この子がいなかったら、こんなにおいしいミルクを飲めなかったよ。あれ、私の耳たぶはあるかな、あんまりおいしいんで耳をそがれても気づかないよ！」

チャンズーは私をしばらくまじまじと見つめてから、眼鏡、お椀、数珠、筆それに古い経典などを取り出して、それらをいっしょくたにして私に見分けさせた。同時に、私の父と母に私の出生前後の詳細な様子を聞いた。

　この一行は、あまり多くを語らずに去って行った。その後父は、この僧侶たちは有名なクンブム寺から派遣され、その任務はクンブム寺の寺主〔寺主は特定の化身ラマが継承する終身制の地位〕――尊いアジャ・リンポチェ[10]七世の転生者――を探すことだったと知った。私に見分けさせた物の中に、アジャ・リンポチェ七世の物があったのだった。しかし、この僧侶たちは私と私の部族のもう一人の子供をテストしたほかにも、他の部族で十数人の子供をテストしていた。最終的に誰が選ばれるのかは、パンチェン・リンポチェ[11]が最後に占って決める。

　父と母は毎日仏像の前で祈り、ときどき門の外に立って目を凝らして遠くを眺めていた。

　太陽が顔を出した時、空と大地は黄金色に染まり、その瞬間、透明な露の玉が満開のメコノプシスの花の上でキラキラ光った。父と母の視界に僧侶の一団が現れたとき、彼らはすぐに手を合わせて拝んだ。

私たちのオロンノール草原には次のような習俗がある。出家する子供が多ければ多いほど、その家庭は尊敬される。そして、出家した子の中の一人が化身ラマなら、名誉はさらに数倍になる。なぜなら化身ラマはあえて極楽浄土を放棄して、衆生を救って彼岸に導くために人間の世に降りてきたからである。

　多分まもなく聞かされる結果を推し量り難い気持ちだったのだろう、父と母は他の牧畜民のようにゲルの前に立って迎えるのではなく、緊張のあまりゲルの中にこもってしまい、そっと入口の垂れ幕の隅をめくり、息をひそめて人馬の一団が近づいてくるのをじっと見つめていた。突然、うちの四つ目犬[12]が吠え始めた。犬は興奮を抑えられずに吠え続けた。兄が飛んで行って四つ目犬を制止した。母はそのあとについて行って手のひらを上に向け、両手を伸ばし、腰を曲げてこの待ちに待った客人を歓迎した。彼らはひらりと馬から降りて、次から次へとうちのゲルの中に入った。あのリーダーのチャンズーは、雨よけの金色の帽子をかぶり、懐から長いナンズー・カタ[13]を取り出し、両手で振り広げて、父と母に捧げた。続いて金襴のたすきを外して、折り目を開くと、

パンチェン・ラマが北京からシガツェに行く途中のクンブム寺で、後ろに立っているのがパンチェン・ラマとギャヤ・リンポチェ、前の子供がセルドク・リンポチェと私（1954年クンブム寺の吉祥行宮で）

三つに折られた小さな巻紙が現れた。これは正式な公文書で、クンブム寺の印章が押されていた。チャンズーはそれを注意深く手に取り、大きな声で読み上げた――私がアジャ・リンポチェ七世の転生者に認定された！　父と母は感激してすぐには言葉が出てこず、しばらくしてやっとぬかずいて尊い客人に返礼した。

私は何年も後になって初めて知ったのだが、私と他の十数人の子供の名前をパンチェン大師にまとめて奉呈したとき、彼はまだ十二歳だったが、少しもためらうことなく私の名前を指差して「これだ」と言って、名前の上に丸を付けたのだそうだ。このパンチェン大師の筆跡のある文書は、今でもクンブム寺の私の邸宅内に保管されている。

チベットでは、ダライ・ラマとパンチェン・ラマの口頭での指示こそが律法だ。言い換えれば、他に何も手続きを行わなくてもそのまま執行できる。しかし、今回はギャヤ・リンポチェに反対された。ギャヤ・リンポチェはパンチェン大師の教師であり、私のおじでもある。より公平を期すために、彼はパンチェン大師に全ての化身候補を再度調べるよう提案し、大師はうなずいた。そこでアジャ・リンポチェの「身」「語」「意」を代表して三名の化身候補を選び、クンブム寺の大金瓦殿《セルドン・チェンモ》[14]のツォンカパ[15]・ラマの紀念塔の前で読経し祈願した。その場には、パンチェン・ケンポ会議庁[16]の官吏たち、クンブム寺の住持とリンポチェたち、うちのバイス部族の族長や、付近の農村の千戸長[17]も参加していた。

この時に採用された方法はツァンパ団子籤《くじ》で、これもチベットで化身ラマを認定するのによく用いられる方法だ。まず候補の名前を同じ大きさの短冊に書いて丸める。それを一つずつツァンパで包んで、同じ大きさのツァンパ団子にする。厳粛な読経の後に、三つのツァンパ団子を一つの陶製の高足杯に入れて、儀式を主宰する高僧が高い所に立って、杯を持ち上げて団子の一つが杯から飛び出してくるまで軽く右回しに回し続ける。これがリンポチェの「意」を代表して化身ラマを最終的に確認する方法だ。もし同時に二つのツァンパ団子が飛び出したら、杯に残った一つを外して、再び回す。この時、四人の僧侶が一枚の黄色い緞子の布を引っ張って広げて、飛び出したツァンパ団子を受け止める。

その日は、パンチェン大師が自分でアジャ・リンポチェ七世の化身を選定するツァンパ団子籤の儀式を主宰した。彼が読経しながら高足杯を振ると、すぐに一個のツァンパ団子が飛び出した。パンチェン大師がそれを両手で拾い上げ、ゆっくりとツァンパ団子を割ると、中の巻紙にはユンドゥン・ドルジェという私の名前が書かれていた。

■■ギャヤ・リンポチェおじさん

私のおじのギャヤ・リンポチェは独特な声の持ち主で、とりわけ読経の時はほら貝の音のように雄壮で、鷹《たか》笛《ぶえ》のように高い声だった。ギャヤ・リンポチェおじさんはまたケードゥプジェ[18]のような知恵と大きな瞳を持ち、誰とも違う細くてきちんと整った八の字の口ひげを蓄えていた。彼は小さい時にギャヤ・リンポチェ六世の化身と認定され、クンブム寺に招かれて出家し、法名をロサン・テンペー・ギェルツェンといった。

おじは仏法修行の要諦を記録するために、よく人に頼んで市の立つ日についでにノートを買って来てもらっていた。彼は鉛筆で細かくびっしりと修行の儀軌[19]、たとえば勝楽《チャクラサンヴァラ》[20]、秘密集会《グヒヤサマージャ》[21]、大威徳《ヤマーンタカ》[22]、時輪《カーラチャクラ》[23]などを全て書き写していた。「おまえが大きくなった時に、この儀軌をおまえに伝授してやるよ」。そう彼は私によく言っていた。

文革中に造反派が家探しをした時、ギャヤ・リンポチェの多くの経典が焼かれ、仏像や仏具の多くも没収された。幸いにもこれらの儀軌の写しは災難を免れた。次の家探しに備えて、ギャヤ・リンポチェは私にノートを後ろの山の崖の洞窟に隠させた。それらの洞窟はみな「大躍進」の時に掘ったもので、戦争に備えて食料を貯蔵するためと言う話だったが、その当時食料が尽きて餓死する人さえ出ていたのだから、貯蔵する食糧などあるはずもなかった。洞窟は結局使わずじまいだった。文革が終わってから、私が洞窟を塞いでいた石を取り除いてそのメモを見つけたとき、ほとんど鼠にかじられてしまっていて、残りもカビが生えてページがくっついて、びっしり書かれた鉛筆の字も色あせて読めなくなっていた。

「伝え広める縁がなかったんだな」と言ってギャヤ・リンポチェはため息をついた。今でもこのメモの残簡はギャヤ邸の仏堂に保管されている。

1950年代のギャヤ・リンポチェ

ギャヤ・リンポチェはパンチェン大師に随行して、農業地帯、牧畜地帯など多くの地方に行った。彼は毎日、たとえ飛行機の中でも読経した。聖大解脱経が彼が毎日必ず読む経文だった。一回読み終わるたびに丸を一つ書き、丸十個を一組とし、下に四個、順に積み上げてピラミッド型にする。ピラミッドがいくつも並んで数えきれないほどだ。

時々、ギャヤ・リンポチェはほとんど分かっているが、少しあいまいな問題についての答えを探して経典を開いた。彼が経典を開くと、大抵は開いたページがぴったり探しているページだった。

「不思議だ！」そういう時、私はいつも心の中でつぶやいていた。

ギャヤ・リンポチェは立体マンダラ[24]を作るときに、ちょうどいい格子紙がないと自分で作った。下絵は非常に複雑で、その線は太すぎても細すぎてもいけないし、四角と丸も正確でなければならない。彼がマンダラを作るときは、私はいつも傍らで手伝った。私がコンパスで引いた線がぴったり交点を通った時は、八の字髭をしごいて笑いながら「おまえは本当に役に立つ！」と言っていた。

下絵を描き終わって、本番になるともっと細かくなる。マンダラの中の大楽輪殿[25]は木工職人に作ってもらわなければならないが、彼らは私たちの注文が理解できず、あれこれ説明しても要領を得なかった。するとギャヤ・リンポチェは自分で実演のために厚紙で模型を作った。その職人も腕の確かな人で、模型を手に取って、ためつすがめつして放そうとしなかった。「おお、あんたはこれも知ってるのか、大したもんだ、念仏しかできないかと思ったよ！」。実際ギャヤ・リンポチェは五明《ごみょう》[26]に通じていた。彼が作った模型は見栄えがいいだけでなく、慈愛と清浄が現れていた。

ギャヤ・リンポチェの引き出しをあけると、全ての物がそれぞれの位置に収まり、高い物も低い物も、大きい物も小さい物も、四角い物も丸い物も、整然と置かれていた。だから、時間を無駄にすることなく、すぐに必要なものが見つかった。今でも私は毎朝読経する前に、線香を同じ長さに折る。こうしておけば線香の灰も整ったかたちで残り、線香の灰で芸術品を作ることだってできる。これもギャヤ・リンポチェから引き継いだ習慣だ。彼はよく、「経典も整然と包めば、方便〔便利さ〕と智慧の両方を運べる」と言っていた。私は経典を包むときはいつもこの話を思い出して、思わず四隅をきっちりそろえて包んでしまう。

それどころか彼は、文化大革命の時代に「労働改造」で裸麦《はだかむぎ》の刈取りをしていた時には、別の人の刈り方がふぞろいだと、Uターンして刈りなおすほどだった。その人は「彼だっておれたちと同じ改造対象者で、管理人でもないのに、何であら捜しするんだ！」と怒っていた。それでもギャヤ・リンポチェはこの「欠点」を改めることができなかった。

戒律を守って修行する導師だから、敬虔な信徒がひっきりなしに訪ねてきた。ギャヤ・リンポチェはいつも辛抱強く彼らの相手をし、客人に彼の時間が貴重であると思わせるようなことは決してなかった。人々が彼に布施を献じると、とりわけ豊かではない農牧民に対しては、彼は返礼を贈っていた。信徒が遠慮すると、彼は「これは加持[27]をしたものですよ」と言って渡していた。

そう言われれば、信徒たちは受け取らないわけにはいかない。

　私の前世、つまりアジャ・リンポチェ七世はギャヤ・リンポチェの親友だった。それにセルドク・リンポチェの前世を加えた三人はいつも肩を並べて経典について議論し、読経したそうだ。

「彼らはクンブム寺の大黒柱になるだろう」皆がそう言っていた。

　案の定ギャヤ・リンポチェが最初にクンブム寺の住持の職務に就いた。私たちのアムド地方には、「太陽が東の山を照らせば、一つの部族の縁起がいい。太陽が多くの山を照らせば、全ての部族の縁起がいい」ということわざがある。ギャヤ・リンポチェが就任する際に、パンチェン・ラマ九世トゥプテン・チューキ・ニマがクンブム寺に来訪し、一時的に滞在することになった。慣例によれば、ダライ・ラマやパンチェン・ラマが来訪された時は、尊敬の礼節と吉祥の縁起により、名誉住持の称号を贈ることになっている。ギャヤ・リンポチェがそのことを願い出るとパンチェン・ラマは喜んで受け入れ、併せてギャヤ・リンポチェが代って管理するよう返礼した。若かったギャヤ・リンポチェは、それ以来パンチェン・ラマ九世の世話とクンブム寺の管理の二つの責任を負い、同時にパンチェン・ラマの直弟子となった。

「これから私たちはいつも一緒だ」パンチェン・ラマ九世はよくギャヤ・リンポチェに言っていたそうだ。

　一年後、パンチェン・ラマ九世はクンブム寺を離れ、自分の寺であるウー・ツァン〔中央チベット〕のシガツェにあるタシルンポ寺に向かう途中で、不幸にもカム〔東チベット〕のジェクンド[28]にあるジェグ寺[29]で入寂《にゅうじゃく》された。預言と占いに従い、パンチェン・ケンポ会議庁のザサックのロサン・ギェルツェンたちの数年にわたる努力によって、ようやくアムドのウェンド地区の麻日村[30]でパンチェン・ラマ九世の化身を探し当てた。

　パンチェン・ケンポ会議庁は九世の化身を一時的にクンブム寺のギャヤ邸に滞在させ、ギャヤ・リンポチェに世話をしてもらうことに決めた。現地で即位した後で、再びギャヤ・リンポチェに教師になってもらうよう依頼し、その時からギャヤ・リンポチェとパンチェン・ラマ十世の半世紀以上におよぶ師弟関係が始まった。そしてこの時初めて、ギャヤ・リンポチェはパンチェン・ラマ九世の言葉の深い意味に気づいた。

　私がクンブム寺に着いて、正式に弟子入りする前に、ギャヤ・リンポチェは私とセルドク・リンポチェの先生になった。私は彼に経文を暗誦するよう言われると、時々彼のハチの字髭をちらちらと盗み見した。もし彼が手を挙げて、何気なく髭をしごいたら、私のもともと震え声がもっと震えた。けれど、リンポチェを怖いと思うのは授業のときだけだった。授業が終わるとギャヤ・リンポチェはいつも私たちと一緒に遊んでくれた。そのときはもう厳しい教師ではなくなり、これ以上ない良い遊び友達になった。

「トントントン、いくつ角がある？」そう言ってギャヤ・リンポチェは握りこぶしを私の頭の上に軽く置いて指を当てた。

「二つ！」私は思い切りよく叫んだ。

「ちがう、三つだ！」横にいるセルドク・リンポチェがあわてて私に教えた。

「はずれ！」そう言うとギャヤ・リンポチェはこんどは握りこぶしをセルドク・リンポチェの頭に置いて「トントントン、いくつ角がある？」と聞いた。

　もし私とセルドク・リンポチェのどちらかが五回負けると、ギャヤ・リンポチェは「どうする？」と聞いた。

「僕は灯明を点ける！」と私は叫んだ。

「僕はお供えのバター茶を入れる！」セルドク・リンポチェも叫んだ。

「ほら！　上殿する坊さんたちが来た！　大僧正が来た！」そう言いながらギャヤ・リンポチェは私とセルドク・リンポチェの背中や腋の下をくすぐった。私たちはくすぐったくて、笑い転げた。

「おじさんは何でそんなにたくさんお経を読むの？」私たちが少し大きくなってから、よく彼に聞いた。

「私が修行して何か成し遂げることがあるとすれば、それはラマ[31]たちの理にかなった教えのおかげなんだよ」ギャヤ・リンポチェはいつもそう言って彼の三恩の導師をたたえた。話しているうちに、彼のおじさんのオーセル・ギャツォの話になった。チベットやモンゴルでは、前にもふれたように子供が仏門に入るのは両親にとって名誉なことだ。ふつう七、八歳の子供が寺院に入ると一人ジクテン・ゲゲン[32]、つまり小僧の日常生活の世話をする先生が付く。一部のジクテン・ゲゲンは仏法も教えるが、正式に経文を学ぶ時には、別の人が教師になる。ジクテン・ゲゲンはふつう同じ寺にいる子供のおじが担当するので、おじさんのオーセル・ギャツォがギャヤ・リンポチェのジクテン・ゲゲンとなり、ギャヤ・リンポチェの生活の世話をした。彼は生活の世話だけでなく、仏法修行の面でも厳しかった。

「全能のおじさん」、これはギャヤ・リンポチェのおじオーセル・ギャツォに対する印象である。確かに、オーセル・ギャツォはギャヤ・リンポチェに美しいチベット文字の書き方を伝授しただけでなく、優れた描画技術、卓越した医術を教え、さらに菩提心を育てた。言い換えれば、オーセル・ギャツォが天賦の才能のあったギャヤ・リンポチェを慈悲と智慧の双方を兼ね備えた修行の導師に育て上げたのだ。

オーセル・ギャツォのことを話すたびに、ギャヤ・リンポチェは最後に残念そうにこう付け加えた。「惜しいなあ、あのころはカメラが無かったからおじさんの写真を残せなかった」。ある時、話している途中でギャヤ・リンポチェは話を停めて、まじまじと私を見つめて「私のおじさんの様子を話すから、よく聞いて似顔絵を描いて見なさい」。そう言って彼は目鼻立ちを話し始めた。私は話を聞いて懸命に想像し、一筆一筆描いていった。描いて描いて、一体どれぐらい続けただろう、ギャヤ・リンポチェが待ちきれずに私の作品を手に取ると、目を大きく見開いて言った。「これが何でおじさんなんだ、むしろ私に似てるじゃないか」

歴代のギャヤ・リンポチェの業績と美に対する知見により、百年、二百年の歴史のあるギャヤ邸は、目を奪うばかりに華麗だった。とりわけ美しく精緻なタンカは、見るものに心身に喜びを与える。しかし、ギャヤ・リンポチェ個人の生活は非常に質素で、自分の蓄えは全てカーラチャクラ・マンダラ作りに注ぎ込んだ。その華麗さは他に類を見なかった。

一九五八年、中共が「宗教改革」[33]を発動し、ギャヤ・リンポチェが入獄したとき、若いパンチェン大師があちこち奔走して、やっとギャヤ・リンポチェを釈放させることができた。ギャヤ・リンポチェはクンブム寺に送り返され、「労働改造」を受けた。一九六二年、パンチェン大師は再びギャヤ・リンポチェのために北京に行って説得して回って、ギャヤ・リンポチェの名前を北京社会主義学院派遣学習者リストに入れることができた。しかし、パンチェン大師は毛沢東たち中共指導部に『七万言上書』[34]を提出したため悲運に見舞われた。とりわけ文化大革命期間中は、パンチェン大師は獄につながれ、ギャヤ・リンポチェも「反革命分子」のレッテルを張られて、吊し上げの対象になった。

文革後期、「お上《かみ》[35]は生産大隊に改組されていたクンブム寺に『クンブム寺史』を編制するよう要求し、かつて僧侶だった生産隊長と一部の積極分子[36]に指示して書かせようとしたが、一行も書けなかったので、まだ「反革命分子」のレッテルを張られていたギャヤ・リンポチェを思い出して指名した。ギャヤ・リンポチェは資料探しのために、長年ちりが積もった経堂を開けるよう要求した。こうして赤い封印がやっとはがされ、重い大門がドーンと開かれ、まぶしい日の光が再び経堂に差し込み、暗闇の中で十数年を過ごした多くの経典が再びギャヤ・リンポチェの手に取られた。

わずか数ヵ月で、ギャヤ・リンポチェは『クンブム寺史』を完成させた。私は彼の助手を務め、資料を調べて、運よく残った経典を体系的に整理した。後に、私はギャヤ・リンポチェがチベット語で書いたこの『クンブム寺史』を漢語に訳し、中国仏教協会の機関誌『法音』に発表した。

一九七九年、ギャヤ・リンポチェはいわゆる「名誉回復」をされ、十年近く獄中にあったパンチェン大師もいわゆる「名誉回復」をされた。そのあとギャヤ・リンポチェはずっとパンチェン大師に付き従った。一九八九年にパンチェン大師が突然入寂すると、彼は悲しみのあまり病気になり、翌年この世を去った。様々な曲折については、この後で述べたい。

セルドク・リンポチェ

セルドク・リンポチェは、法名をセルドク・ロサン・チューキ・ギェルツェンといい、私より三年年長で、セルドク・リンポチェ七世の化身である。青海湖付近のドゥランノール草原生まれで私の遠い親戚にあたる。

歴代のセルドク・リンポチェの業績は『クンブム寺志』の中に詳細に記載されている。『クンブム寺志』の作者こそセルドク・リンポチェ六世ロサン・ツルティム・ギャツォである。執筆当時、彼はクンブム寺の第六十三代住持だった。歴代セルドク・リンポチェの影響はどれも、大きくクンブム寺を超え、全チベットに恵みをもたらしただけでなく、モンゴルにまで伝わった。

セルドク・リンポチェ八世は、三、四歳の私にとっては、田舎者が都会人を見るようで、うらやましくてうらやましくてたまらなかった。一九五一年にウー・ツァンに連れて行かれた彼は、その時、ラサから帰ったばかりだった。私はラサから帰ってきた人なら誰でもうらやましく思った。三大寺（ガンデン寺、デプン寺、セラ寺）の僧侶は着る袈裟の色まで私たちとは違っていた。それは手織りの毛織物で、私たちはそれをテルマ[37]と呼んでいた。一方私たちの袈裟は町で回族や漢族の店で買った綿サージの布だった。彼らが履いている靴はソンバというが、私たちの靴はハムという。その上セルドク・リンポチェはハンサムだった。鼻はそれほど高くないが、立体感があり、肌のきめも細かく色白で、広い額の下の目は大きくて輝いていた。他のことはともかく、彼が私をくすぐると、こっちが振り返った時には、何事もなかったように澄ましていて、すばしっこくて手に負えなかった。一方私の動作はそんなにすばしっこくなかった。私は座って本を読んだり、絵を描くのが好きで、活発ではなかった。私とセルドク・リンポチェは性格は違ったが、いつも一緒にいた。新年や節句のときにリンポチェたちに招かれるときもいつも二人一緒だった。例えばラコ・リンポチェが食事に招待すると、最後に私たち二人にそれぞれプレゼントをくれた。でも私はいつもセルドク・リンポチェがもらったプレゼントの方が好きだった。だから帰りに玄関を出るとすぐによくプレゼントを交換した。チベット語の「ナンツァ」という言葉は、先代から続く親友、もしくは血縁のような親友を意味する。私とセルドク・リンポチェはまさにその「ナンツァ」だった。

毎月二日は、ネーチュン護法神が霊験を表す「ラツェ[38]」の日だ。私もセルドク・リンポチェも参加しなければならない。私たちは二人ともネーチュン護法神が乗り移る神おろしのチューキが怖かった。彼が護法神に乗り移られると、まず全身が震え、両目を硬く閉じて、顔色が青から赤に変わり、口から絶え間なくお経とまじないを唱える震えた声を発する。続いて、激しくぐるぐる走り出す。だが、それでも彼はとても礼儀正しくて、いつも私たち幼いリンポチェにお辞儀をして、ぬかづいてあいさつする。そして彼の背には色とりどりの旗が立っていて、彼がお辞儀をするたびに倒れてきて、まるで手を開いたり閉じたりしているようだった。私とセルドク・リンポチェはその旗をじっと見つめて、身体を硬くして動けなくなった。それが終わると、セルドク・リンポチェは眼をぱちぱちさせて、ため息をつきながら「怖かった！　だけどほんとに不思議だな！」と言った。

一九五八年の「宗教改革」の時に、セルドク・リンポチェの邸宅にも災厄が降りかかった。彼の教師、世話係、従者はみな連行されて行った。しかし、彼は私より幸運だった。まだ彼の兄のヤンペルが一緒に住んでいたからだ。セルドク・リンポチェは第三大組に配属されたので、私たちが会う機会は少なくなった。だが、一九五九年にまた一緒になった。政府が指定する学校に行って漢語を学び、そして一緒にパンチェン大師のタシルンポ寺に行って学び、一緒にクンブム寺に帰ってきて生産隊の「労働改造」を受けた。大勢の前でしゃべらなければいけないとき、彼はいつも私を前に押し出して、「おまえしゃべれ、おまえしゃべれ、おまえは話が上手だから」と言った。万一私が不当な扱いを受けると、彼はすぐに立ち上がって「言えるもんならおれに言え、小さい子を虐《いじ》めて何のつもりだ！」と言った。

文化大革命の後期、破壊されたクンブム寺が重点文物保護単位〔重要文化財〕に指定され、修復が始まった。私は描画組に配属された。時々、生産隊は副収入を得るために私に漢人家庭の棺《ひつぎ》の絵を描かせた。棺は木の板で作られ、前面にはマントウを持った童男童女と供物台が描かれる。また、供物台には桃や仏手柑《ぶっしゅかん》など様々な供物が描かれる。彼らは、「クンブム寺のアジャ・リンポチェに棺の絵を描いてもらって、うちの年寄りはほんとに運がよかった！」と言った。そしてこっそりとお布施をくれた。一方、セルドク・リンポチェはこの頃機械が好きになって、自動車の運転を学んで、一日中解放ブランドのトラックを運転して寺の修復用の木材や石材を運んでいた。

一日の仕事が終わると、服はすっかり汚れて、雨風に当たってほこりだらけになるから、すぐに着替えた。きれいな服に着替えると、彼は自分の部屋でラジオを聞き、私は本を読んだ。

　朝四時、五時に起きて昇殿して読経する伝統は途切れてしまい、寺も閉鎖されたけれど、僧侶たちの早起きの習慣はすぐには変えられず、明るくなる前から工場や畑に仕事に行った。だから、仕事仕舞いも早く、二時ごろには一日の仕事を終えた。ある時、私とセルドク・リンポチェはこっそり自転車に乗って西寧[39]に映画を見に行った。ただ、当時は『紅灯記』『沙家浜』『白毛女』の三本の映画を繰り返し上映していただけだった。いつも同じ物語の繰り返しで、同名の映画を違う俳優が演じていた。私たちは「あれ、この李玉和〔『紅灯記』の主人公〕はあっちの李玉和より元気がいいよ、こっちの鳩山〔『紅灯記』に登場する敵役の日本人の名〕はあっちの鳩山より怖くない」などと話しあった。

　映画を見終わって、銭湯で体を洗った。料金を払ってから、各人ロッカーを開けて、服を入れ、鍵を閉める。鍵には輪ゴムが付いている。私たちは輪ゴムを手首にはめて、タオルと小さな石鹸を持って風呂場に入った。中は湯気が立ち込めて何も見えなかったが、数秒後には慣れて見えるようになった。まず木の板を持っている人が見えた。その人は私たちが入ろうとする湯船の水面の、客がこすり落として漂っている垢を、まとめて湯船の外に落として、私たちが入る場所を作ってくれた。私はちょっと気持ち悪かったが、誰かが「この湯はいいよ、皮膚病によく効くんだ」と言っていた。

　湯船には十数人がつかっていた。太った人、痩《や》せた人、年寄り、子供。セルドク・リンポチェが言った。「ほら、あの人痩せて骨と皮だけだぜ」「見ろよ、あんなに小さな子も入ってる。溺れたらどうするんだろ？　もしこの湯船のお湯を飲んじゃったら……」

　銭湯から出て、きれいな服に着替えた。私たちが当時着ていたのは労働服の上着で、右胸に小さなポケットが付いていて、その表面にアーチ状に「抓革命、促生産」〔「革命に力を入れ、生産を促進する」の意〕という漢字が印刷してあった。人の話によるとそれは鉄人王進喜[40]が着ていた服のデザインだそうで、当時これが流行していた。

　帰り道は上り坂だし、その上働いて風呂に入った後だから、すっかり疲れ切っていて、大変だった。私は力いっぱい自転車のペダルを踏んだけど動かなかった。けれどセルドク・リンポチェは坂を上るトラックに追いつく力もあったし、追いつくと片手でトラックの荷台を摑んで力を節約することができた。

セルドク・リンポチェには他にも誰も知らない一面があった。彼は毎日とても早く起きて、寺の周りをまわり、ぬかずき、読経し、宿題をしていた。『導師頌』『帰依経』『懺悔三十五仏』、彼が一番たくさん読経した。彼は仏法の学習でも聡明で、一日に楽々と一ページ分を暗記した。もちろん自慢などしないから、彼の精進は、彼だけが知っていた。

私はアメリカに来てから、何度か電話で話をしたが、できるだけ電話したいと思う気持ちを抑えた。彼に累を及ぼしてはならないという、懐かしさよりも大きな力が私を動かした。

■■前世と今生

人は生まれ変わって生を受けると、母乳から栄養をくみ取るが、母乳は貪瞋癡《とんじんち》の三毒[41]に汚染された食物が変化してできたものだ。三毒はそのときから人の意識をさえぎり、認知能力も制限するので、普通の人で自分の前世と来世を知る人はごく少ない。しかし、だからと言って生まれ変わりの存在を否定することはできない。

クンブム寺では、老人たちはみな修行師のタクパ・ギャツォを知っていた。彼は臨終の前に、かなり長い間床に伏していた。意識が身体から離れようとするとき、彼は弟子たちを傍らに呼び寄せて、自分の身体の体温の変化を彼らの手で感じさせた。足からすね、ひざまで、手から腕、肩まで。修行師タクパ・ギャツォの身体は徐々に冷たくなり、体の熱は胸の部分に収斂《しゅうれん》していった。まさにその時、彼は生死の定めを利用して、究竟《くきょう》次第《しだい》[42]の業を行うことで、三遠離《さんおんり》法門を内修した。つまり、マントラを唱えることで言葉の汚れを取り除き、因果と空性を瞑想することで心の汚れを取り除き、仏身を観想することで身の汚れを取り除いた。この段階まで修めると、彼は話ができなくなり、穏やかに入寂した。

修行師タクパ・ギャツォは自分の体内の温度変化によって、五蘊[43]各識が人が生まれ変わるときに発生するという現実を伝授し、「今生で心識は帰結し、来世に受胎とともに生まれる」経験を実地で教え、弟子たちが人の肉体の内なる体温が最終的に意識にまで収斂《しゅうれん》するのを体験する機会を、究竟次第修行の三寂法と結びつけて提供したのである。チベットの至る所で、修行僧が一生を理に従い仏法を学び、臨終にあたって成就を顕現するために、あるいは座禅を組んで禅定の境地に至り、あるいは食を断って即身仏になるといったことが行われている。

　子供のころ、私の理髪師のクリムパは、私専任の理髪師であるだけでなく、香灯師も兼ねていて仏堂のバター灯明と焼香を担当し、私のために信者と縁を結ぶマニ丸薬（数種の薬材で作られる甘露丸に加持したもの）を準備してくれた。そのマニ丸薬は私の仏堂の供物台の上の舎利箱に入れてあり、使い終わりそうになると不思議なことに残っているマニ丸薬から新しいマニ丸薬が生まれた。ある日、私が他の子供たち数人とかくれんぼをしていたら、ちょうどクリムパがマニ丸薬を入れてある舎利箱を開けたので、私たちはすぐに彼を囲んだ。けれどクリムパは私たちに、手を洗い、身を香で清め、おしゃべりをやめなさいと言った。それらが済んだあとでやっと私たちに舎利箱を見せてくれた。

「これはマニ丸薬で、うちのお寺の数千人の僧侶の読経で加持してあるから、すごく大きな法力があるんだよ！　きれいな環境だとマニ丸薬は子供を産むんだ」とまばたきひとつせずにその子供マニ丸薬を見つめながら言ったクリムパの言葉は、独り言のようにも、私たちに聞かせているようにも聞こえた。

　子供のころ、教師は私にたくさんの科目を教えた。読み、書き、お経の暗記、お話、絵描きなどなど。お経の暗記のような科目は私は好きではなかった。そしてよく不合格になって、教師のツルティム・ラクサムを心配させた。彼は「孫の手」を振り上げて私をたたいたこともある。何度かは、「孫の手」がそばになかったので彼は手を振り上げて、手のひらを私の頭に振り下ろした。少しも痛くはなかったけれど、子供だったからその大きな音が怖かった。

　とはいえ私は修辞学は好きだった。十三歳の年に私がタシルンポ寺で学んでいたとき、ある日教師のカチェン[44]・ダワ・ラが留守のすきに、暗記するように言われていた経文を放り出して、本箱の中の経典を見始めた。何気なく私は一冊の本を開いた。今でも覚えているが、それは修辞学本論『詩の鏡』第二章の三十五修飾だった。二、三ページ読んだら、まるで失くした宝物を見つけたように、手放すことができなくなってしまった。それ以降、わたしはしばしばこっそり修辞学の分野の経文を読んだが、それは私のその後の学習に非常に役立った。タシルンポ寺にいたときに、教師が一人一人に注釈を書くよう指示した。私が文殊菩薩を称賛する経文を選んだら、教師は「これもみな前世の記憶だ！」と言って私を褒めてくれた。

　私はまた詩歌、建築設計、そして特に絵画が好きだった。私の小さいころの絵はいつも伝説の中の英雄と彼らの駿馬だった。チベットでは、人々はみな馬と経文を五色の紙に印刷したものが好きだ。それは運勢を象徴する「ルンタ」と言う。風の馬という意味で、高山や聖跡の場所に、一束のルンタを風に向かって天空に撒き、誰のルンタが一番高く、一番遠くまで飛んだかを比べる。人々はよく私にルンタ用の馬を描くよう頼んだ。私が描いた馬が大空に飛ぶのを見ながら、何でこんなに簡単に馬が描けるのか自分でも不思議に思った。

　バター細工[45]とマンダラ作りにも飽きたことがない。ギャヤ・リンポチェの世界最大と言われるカーラチャクラ立体マンダラづくりを手伝っていた時、私たち二人には前からこの分野の経験があったので、相手の必要な物を正確に提供することができて、ほんとうに素晴らしいチームワークだった。彼が経糸《たていと》を完成するたびに、私はすぐに緯糸《よこいと》を続けた。ギャヤ・リンポチェは言った。「これは別に不思議なことじゃない。おまえの前世とセルドク・リンポチェの前世は前から私の親友だったからな。セルドク・リンポチェの前世は遊びと絵描きが好きで、おまえの前世はきまじめで、一心に読経して仏法を学んでいた。寺の伝統で、座学の後の実習を重視していたから、私たちは成就法会に参加して、色砂を使って法会用のカーラチャクラ・マンダラを作った。マンダラを作っている時、私とセルドク・リンポチェの前世は以心伝心で協力したが、おまえの前世は何をしていいかわからず、脇に突っ立っていた。やっと彼が見つけた自分の仕事は、ある所を作るのにはどんな色の砂がいるのか、ある段階まで進んだらどんな経を読むのかといったマンダラ作りの全過程を記録することだった。そして『カー

1996年クンブム寺修復後、僧侶と信徒が寺をめぐっている情景（アジャ・リンポチェ画）

ラチャクラ・マンダラ成就法手冊』という冊子にまとめた。その冊子は今でも使われている。おまえの前世はこのことがあって、次に生まれ変わるときは芸術の分かる人間に生まれると発願《ほつがん》したんだ。お前が小さいうちから絵を描くのが好きで、手先も器用なのは、おまえの前世の発願のおかげだよ」

法座継承

母が盛大でめでたいあの式典について話すときは、いつも目をつむり、時には乾いた目頭から涙を流していた。それは彼女の一生で最も幸福な時だった。その日は、チベット暦第十六ラプチュン壬申《みずのえさる》年九月九日（一九五二年十月二十七日）、私が法座を継承した日だった。

オロンノール草原のバイス部族からもダウ部族からも牧畜民が総出で集まった。ダウ部族の男たちは真新しい子羊の毛皮の上着を着て、ブーツを履いていた。またバイス部族の女たちは、金襴の縁取りをした服を着て、まばゆいベニサンゴやトルコ石を象嵌した様々な銀の装飾品で飾っていた。彼ら盛装した男女が私を送ってくれた。谷の入口のところにあるセルドク・リンポチェの本寺のセルドク寺で、クンブム寺から迎えに来た僧侶たちと落ち合った。早くからそこで待っていた付近の農民と遠くから来た遊牧民で谷の入口はぎっしり詰まっていた。パンチェン大師の旧式ジープが尻尾のように見える煙を吐きながらごうごうと音を立てて近づいてくると、さっきまでクンブム寺の二歳の新寺主を見物していたのと同じように、人々はわあっと寺の外に出て、あっという間にまだエンジンの停まっていないジープを何重にも取り囲んでしまった。

1952年クンブム寺で即位したときの私

次の日の午前、私たちがクンブム寺に着いたとき、寺の全僧侶がすでに八個塔[46]の広場になったところで列を作って待っていた。一番前に立っていたのは威厳のある大僧官で、頭には高くて黄色い法冠をかぶり、金襴の玉縁をしたえび茶色の袈裟を身にまとい、手にはカタや香を捧げ持っていた。大僧官の後ろには、寺院の高僧たちが二列に並んで威儀を正して立っていた。私を抱いてジープから八人で担ぐ黄色の大きな輿《こし》に移すと、すぐに輿の前で若い僧たちがのぼり旗、はたほこ、八吉祥図を掲げて二列に並び、輿のすぐ後ろで一人の僧が黄色い傘を差しかけた。この時、法螺が鳴り、輿が持ち上がり、前後を大勢の僧侶が取り囲んで、ブッダを讃える音楽と信徒の祈禱の声の中で、私は香煙の立ち込めたアジャ邸に迎えられた。もちろんこれは全て母と私の世話係が後で何度も話してくれたことである。

アジャ邸には七つの中庭と二百余りの部屋があった。私の部屋には絨毯が敷いてあり、絨毯には花瓶が描かれ、花瓶の中には花、宝、象牙、サンゴが描かれ、縁は吉祥文様《ペルベウ》で縁取られていた。アジャ邸はクンブム寺の全ての邸宅の中でも大きな方で、教師、世話係、お付き、

1952年、私の即位式の情景。私の両親が誇らしげに後ろに立ち、まだ二歳の私が椅子から落ちないか心配して、法位継承の全ての儀式が終わるまで誰かが椅子にかぶせた緞子の後ろからこっそり私をつかんでいた。（アジャ・リンポチェ画）

従者たちが、まるで川の水が流れるように出たり入ったりしていた。

　即位式に参加する僧侶と信徒は早々とアジャ邸の庭で待ち受けており、高僧と僧官は経堂の中で各自の席に着き、地元の役人も貴賓席に座っていた。読経師が先導して吟誦《ぎんしょう》し始めると、即位式が始まり、数千名の僧侶の朗々たる誦経の声の中で、クンブム寺の数人のリンポチェと僧官が私にマンダラを献上し、長くこの世にとどまり、説法を続けるよう祈願した。誦経が終わろうとする頃に、時の中国共産党西北軍政委員会主席の彭徳懐の代理人があわてて到着し、錦の旗と置時計を贈った。置時計には「アジャ活仏即位紀念[47]、中国西北軍政委員会、彭徳懐、張治中、習仲勳贈」と書かれていた。

　時は晩秋、空は晴れわたり、太陽が非常にまぶしく、クンブム寺の経堂や邸宅が黄金色の樹木とが互いを引き立てあい、時々吹く北風には初冬の匂いがした。このような縁起良く、少し寒い日に、私は正式にクンブム寺の寺主、アジャ・リンポチェ八世になった。ただ、別の言い伝えでは二十一代目にあたる。

ラブラン寺[48]

　私が三、四歳の頃、朝起きると私は世話係と従者に仏堂に連れて行かれて、仏に礼拝、祈願し、短い経文を暗誦し、もしくは竹筆で木版に三十個のチベット文字と四つの母音記号を書く練習をした。それが終わってやっと遊戯で、自由に絵を描いたり、おもちゃで遊んですごした。時々、私は水汲み係の僧チュレンに連れられて仏堂と応接室をつなぐ中庭を歩いた。他の中庭にはほとんど行かなかった。アジャ・リンポチェは高貴な身分だから、重大な法事がなければほとんど外に出ない。私の邸宅の中ですら、厨房や世話係の部屋などには行かせてもらえなかった。

私は裏庭が一番好きだった。そこは広々とした傾斜地で、上の方の急な所にはヤナギ、ノニレ、ポプラが列状に生えていた。木の股の間に数個カササギの巣がかかっていて、遠くからもギャギャという鳴き声が聞こえた。下の方の坂の緩やかな所には鮮やかな花が咲いていた。ジンチョウゲやビャクダンもあって、濃厚な香りが、そよ風に乗って匂ってきた。他にも酸っぱい小さな実のなる木があって、私たちはその実をシルザポン〔不明〕と呼んでいた。より多くの時間、私は小応接室に座って信徒の頭をなでて祝福を与えていた。それは毎日必ずやらねばならないことだった。昼食の後はみんなは私の昼寝の見守りだ。私がやっと寝付くと、みんなほっとしたが、私はすぐに目を覚ますことが多かった。目が覚めて他に誰も部屋にいないと、私は大声で泣き出して、泣きながら部屋を飛び出して人を探した。私の驚天動地の泣き声で、アジャ邸の静寂は破られ、みんなは仕事を投げ出して急いで駆け付けた。私を慰めるために時には私の兄のノリとチボに私としばらく遊ばせることもあった。

私が正式にアジャ・リンポチェ八世になった後、父と母は六ヵ月間私に付き添って寺に滞在した。帰るときに私の二人の兄、ノリとチボを私の遊び相手として置いていった。「宗教改革」の年、一九五八年に追い返されるまで、二人の兄は私と一緒だった。

こうして私は日々成長した。一九五七年春、私はギャヤ・リンポチェに連れられてラブラン寺に行って受戒した。他にもセルドク・リンポチェと彼の教師、私たちの世話係数人、お付き、そして一緒に勉強している小僧数人が同行した。私たち一行は、西寧、蘭州を通り、黄河を渡って一路南に向かい、ついにラブラン寺のあるサンチュ（現在の甘粛省甘南チベット族自治州夏河県）に着いた。

　蘭州を通った時、世話係たちはしっかりと私とセルドク・リンポチェの腕をつかんで、迷子になったり、人にぶつかったりしないようにした。人混みとひんぱんに行き来する自転車で私は目がくらんだ。人々の騒々しい呼び声と絶え間なく鳴り響く自動車のクラクションに、私は思わず両手で耳を塞いだ。それでも私は路傍の店に並んだいろいろなお菓子や、色とりどりの飛び回る手作りのおもちゃに引き寄せられた。しかし、ちょうどその時一台の大型バスが私たちの前に停まった。「これが私たちの乗る『輿車《こしぐるま》』ですよ。さあ乗って」。私はまた手を引かれてバスに乗った。

1950年代、私の母がクンブム寺に来たとき、ルシャル鎮の写真館で写した

　チベットでは、寺院を中心にした文化圏が形成されている。サンチュもラブラン寺があるので広く知られ、クンブム寺がある湟中県と同じく、他の県政府所在地よりも栄えていた。あまり広くない一本の街道の両側に、各種の商店や食堂が林立していた。

　ラブラン寺もクンブム寺と同じく山腹に建っていて、経堂、仏殿などの建物は非常に古く、一目見ただけで純粋なチベット仏教の智慧であることが分かる。教学の上ではラブラン寺は顕教と密教の二つを主とし、チベット医学、暦法、文章技巧、音韻、書道、声明《しょうみょう》、彫刻、印刷、絵画、楽舞を従とする。ドメーではラブラン寺は僧侶の厳しい修行で有名だった。私がラブラン寺に行ったときは四千人以上の僧侶がいて、ゲシェ[49]も何人もいた。

　出家して僧になるには、受戒は重要なステップである。人生の無常、世事の多変を考慮し、また私とセルドク・リンポチェも幼いので、ギャヤ・リンポチェは私たち二人に最初の戒である浄土戒だけを受けさせることを主張した。その時、受戒者は三人で、私とセルドク・リンポチェの他にもう一人ラブラン寺の幼いリンポチェがいた。前日の夜に私たちは頭頂部の一つまみを残して髪の毛を全て剃られた。これは受戒の時間を節約するためである。

私たちに授戒してくれたのは、パンチェン・ラマ九世の教師をしたことのあるアク・ジクメ・ツァン・リンポチェで、彼は五明に精通した大学者だった。その日の早朝、私たち三人の小僧は、浄水で沐浴し、前々から準備してあった真新しい袈裟を着て、授戒師アク・ジクメ・ツァン・リンポチェの所に行き、右手を左手の上に置き、さらに額の上に上げ、導師シャカムニ仏像の前にひざまずいて、リンポチェの質問に答えた。もう一人の僧侶が、私たちの頭の最後の一つまみの髪の毛を剃った。アク・ジクメ・ツァン・リンポチェは私にアジャ・ロサン・トゥプテン・ジクメ・ギャツォという法名をくれた。

私たちはラブラン寺に二ヵ月間滞在して、印契《ムドラー》百品講授法会に参加した。主な講授者はアク・ジクメ・ツァン・リンポチェその人だった。盛大な法会で、アムドと周辺地方から僧侶や信徒が駆け付けた。前列にはリンポチェと高僧が座って精神を集中して聞きながらノートを取っていた。しかし、私たち幼いリンポチェは落ち着きなく、突っついたり引っ張ったりして、ふざけあった。

「もう騒ぐんじゃないよ」休憩時間に教師たちは私たちに注意するのを忘れなかった。

私たちは法会の時に忙しくしていただけでなく、他の時にも教師たちの気を抜かせなかった。ある時、ごっこ遊びをしていて、家主の庭を荒らした。庭の芝生の間には細かい土を敷き詰めた散歩道があったが、私たちはその細かい土をおもちゃの自動車に積んで庭中を引っ張り回したのだ。この時ばかりは、セルドク・リンポチェの教師と世話係も怒った。

「自分たちが客だということも忘れて、他人の庭を壊していて、将来どうやってリンポチェになるんだ！」

私たちは少しおとなしくしていたが、すぐに先生の話をすっかり忘れてしまった。

私たちはその時ニェンタク・リンポチェの家に寄宿していた。このリンポチェは写真撮影が趣味だった。彼の家で、私たちは拡大鏡や手品箱のような写真機などこれまで見たことのない様々な物を見ることができた。ある日、私たちはかくれんぼをしていて、中にさまざまな色の水が入っている大小さまざまな大量のビンを見つけた。私たちは遊んで大汗をかき、喉もからからに乾いていたので、この砂糖水のようなものを見つけて、矢も盾もたまらず飲もうとした。私たちはその頃、こんなにいろいろな種類の飲み物を見たことがなかった。たまにセショ[50]の砂糖を溶いた砂糖水が手に入るぐらいだった。「セショ」というのは正方形の白い紙の上にそれより少し小さな正方形の赤い紙を敷いて、赤い紙の上に半斤（二五〇グラム）の白砂糖を乗せたもののことだ。それをリンポチェに贈ったり、親族や友達に贈ったりする。私たちはビンに入った水がそのような砂糖水だと思って、取り合いになった。すると、中の水が他の幼いリンポチェの袈裟にかかり、そのとたんに大きな穴が開いた。

「飲めないよ、これは犬の小便だ。うちの子犬の小便の臭いとおんなじだよ！」と誰かが叫んだ。

　私たちは怖くなって、ビンを元に戻した。あとになって、ビンの中に入っていたのは写真の現像液と定着液だと知った。

　その間、私はラブラン寺の住持のジャムヤン・シェーパ・リンポチェ[51]に会った。彼のお宅はとても物々しかった。世話役や秘書など何段階もの手続きを踏んでやっと彼に会えた。私の横にいた人は「ちょっとお高くとまりすぎじゃないか？」と愚痴を言ったが、私は何とも思わなかった。ジャムヤン・シェーパ・リンポチェは私より二歳大きいだけだが、袈裟を着て、私にミルクティーとジョマ・デェー[52]を勧めてくれた。

　クンブム寺に帰る時、私が寺主で、しかも最初の長距離旅行で受戒して帰るので、大勢のリンポチェが随行し、全寺三千人以上の僧侶が正装をして整列して私を迎え、老僧たちはお辞儀をし、手に生花を持ち、香をたいて出迎えてくれた。私は今でもその時のチャルメラの音、かざされた天蓋、取り囲む大勢の僧侶の盛大な様を覚えている。

ゲゲン・ツルティム・ラクサム

　ゲゲンとはチベット語で教師という意味である。

　ギャヤ・リンポチェは、ツルティム・ラクサムの学識は青海湖《ココノール》のように限りなく広くて、彼の話す純正なドメー方言のチベット語も素晴らしいので、彼を私の教師に推薦したのだとよく私に言っていた。

ゲゲン・ラクサムは背が低く、痩せていて、袈裟を着けると少しぶかぶかだった。一日の大部分の時間、彼は読経していた。彼のムクロジの数珠はつまぐられて透き通るほどつるつるになっていた。ゲゲン・ラクサムの話し方は落ち着いていて、ことわざの使い方もうまかった。そして、冗談好きで、冗談を言うといつも最後は自分で笑いが止まらなくなってしまい、聞いていた人は目をぱちくりさせるのだった。

私のクンブム寺での教師ツルティム・ラクサム。1960年代寺院の半開放の時

彼は私のゲゲンになった時、すでに還暦を過ぎていて、私は五、六歳だった。その前、彼はダライ・ラマ尊《そん》者《じゃ》[53]の長兄タクツェル・リンポチェ[54]の先生だった。一九三〇年代、尊者がまだ小さかった頃、ラサに行く前に一時期クンブム寺に滞在していた。ゲゲン・ラクサムはタクツェル・リンポチェの先生なので、当然幼年の法王の世話もした。後に彼はよく法王の子供の頃の話をしてくれた。私が一番印象に残っているのは馬歩芳[55]に招待された時の話だ。

当時、ダライ・ラマ十三世の化身ラマが誰になるかを探り出し、高額の「身代金」を要求するために、当時青海省政府主席だった馬歩芳は全ての化身ラマ候補を彼の公邸に招いた。化身ラマ候補たちが席に座らされるとき、ある子は泣きだして両親から離れず、ある子はテーブルに並んだお菓子や果物をつかんで食べ始めた。ただ、まだ二、三歳の法王だけがゆったりと落ち着いて、適量のお菓子と果物を受け取って、食べ終わると包み紙や皮をテーブルに戻し、茶碗を受け取ってゆっくりと飲んだ。馬歩芳は幼い法王を入念に観察した後、カシャ[56]政府の随員に向かって「生き仏様の化身はもう目星がついたらしいですな?」と言った。

カシャ政府の随員ももちろん大体の見当はついていたが、「チベット三地方〔ウー・ツァン、アムド、カムを指す〕でくまなく探していますから、ラサに戻ってみて初めてわかります」と答えた。

「ほかの子はともかく、この子を連れて行くときは必ず事前に知らせてください」馬歩芳はきっぱりと言った。

一九三九年の夏、法王がついにラサに出発できることになった時、馬歩芳はやはり巨額の身代金を要求した。カシャ政府はラサを通ってメッカに巡礼に行くムスリム商人から大金を借りて、やっと法王を送り出すことができた。

幾星霜《いくせいそう》を経て、二〇一〇年の十月、法王がブルーミントンのチベット・モンゴル仏教文化センターに伝法に来たとき、子供の頃クンブム寺に滞在したときの話をしていて、ツルティム・ラクサム先生のことに話がおよんだ。法王はこう語った。法王と法王の三番目の兄のロサン・サムテンはよくいたずらをした。時にはタクツェル・リンポチェの世話係で、法王の遠縁のおじさんの「あばた爺さん」というあだ名の人をからかいに行った。だが、あばた爺さんは彼らに少しも遠慮せず、追いかけて叩こうとした。法王はいつも大急ぎでツルティム・ラクサム先生のチュバ[57]〔チベットの伝統的な服〕の中に隠れた。「暖かいし安全なんだよ」法王は長い年月を経た今でも彼を守ってくれたチュバを忘れていなかった。

ゲゲン・ラクサムは自分のチュバを片づける時いつも私に「ギャワ・リンポチェ[58]が子供のころ、この中に隠れたことがあるんだよ」と言っていた。

私が法王に最初に会ったのもずいぶん前だ。あれは多分一九五四年、法王が中共の北京の会議に招待されて、途中クンブム寺に寄った時だった。寺の高僧は一人一人法王に拝謁し、供物を献上し、仏法を求めた。尊者はみんなのために読経して幸福を祈り、一人一人に贈り物を賜った。私の番になった時、贈り物の他に、私の大好物の氷砂糖を取り出した。彼は紅白のセショに氷砂糖を載せて私に差しだし、私は手を伸ばして受け取ろうとしたが、しっかり受け取れず、氷砂糖は落ちて散らばってしまった。それを見てみんなが笑ったが、笑い声の中の一つの声がとりわけ優美だった。その法王の朗らかで慈悲深い笑い声を私は一生忘れることができない。

また、ゲゲン・ラクサムが私の邸宅に来たばかりの時、七、八十人の弟子がいた。彼らがゲゲンを訪ねてきて授業を受ける時の様子を覚えている。五明を学ぶ比丘《びく》〔具足戒を受けた男性出家者〕もいたし、寺に入ったばかりの沙弥《しゃみ》〔具足戒を受ける以前の男性出家者〕もいた。沙弥は中庭の草地にあぐらをかいて、しっかり目をつぶって、前後に体をゆすりながら、大きな声で経文を暗誦していた。高学年の比丘は、三々五々グループに分かれてゲゲン・ラクサムの門前に来て、几帳面に長靴を脱いで、一礼して部屋に入り、『量評釈』[59]や『現観荘厳論《げんかんしょうごんろん》』[60]などの講義を聞いていた。その後、私の世話に専念するためか、ゲゲン・ラクサムは徐々に彼ら学生への講義をやめた。

私は小さいころ、習字と読解は良くできたが、経文の暗記は苦手だった。人によっては経文の一段落をすぐに覚えてしまう人もいたし、一回見ただけで覚えてしまう人もいたが、私はいつも後ろを覚えたころには前を忘れてしまって、ゲゲンに何度も叩かれた。

彼は上等な折り畳みナイフを持っていて、使い終わるたびにピカピカに研いでからしまっていた。私はそれをいじりたいといつも思っていた。ある日、ゲゲン・ラクサムが寺の周りをコルラ〔聖なる物の周囲を右回りに歩く巡礼〕しに出かけたのを見計らって、私は折り畳みナイフを取り出し、開こうとしたところに、思いがけずゲゲンが戻ってきたので、私はあわてて畳もうとして、指を切ってしまった。傷口はすぐに良くなったので、誰にも見つからなかったと思ってひそかに喜んだ。数日後ゲゲン・ラクサムが私の暗記の試験をした。私がまたしどろもどろになると、彼はすぐに竹製の孫の手を振り上げて、「おまえは何に気を取られてるんだ？　私が留守の時何をしていた？」と大声で怒鳴った。

私は言葉が出ずにうつむいていた。「パン」と音がして、孫の手が私の袈裟に当たった。冬の袈裟は厚いので、痛くはなかったけれど、ほこりが舞い上がって目を開けていられず、目を閉じると同時に声を上げて泣き始めた。私は声と涙で自分のいたずらを隠そうとした。

「まだナイフで遊ぶつもりか？　気を付けないとあのナイフはおまえの指を切り落としてしまうぞ！」ゲゲ

ン・ラクサムは大声で私を問い詰めた。

「も、もう遊びません」私はびくびくしながら答えた。

「パン、パン、パン」ゲゲン・ラクサムは続けて三、四回叩いた。ちょうどその時、外で轟音がとどろいた。私はすぐに泣きやみ、ゲゲンも息を殺して、私たちは緊張して見つめ合った。突然、ゲゲンが外の空を指さして、「飛行機、あれは飛行機だ。早く見に行け！」と言った。私はすぐ外に駆け出して、灰色の影が一つ、雲の間から出たり隠れたりするのを、ずっと見つめていた。だいぶたってから部屋に戻ると、ゲゲン・ラクサムの怒りも収まり、いつもと同じように私の眼頭の涙をぬぐってから、「見えたか？」と聞いた。

私は何度もうなづいた。

「経典の中にも、鉄の鳥は空を飛ぶことができると書いてあるが、不思議だなあ」と、ゲゲンはつぶやいた。

当時、人々は太陽の位置で時間を判断していた。私には彭徳懐将軍がくれた三五マークの置時計があったが、誰も定時にぜんまいを巻かないので、動いたり止まったりしていた。私の授業時間も太陽の方位で決まった。ある日、外が急に暗くなり、黒雲が太陽を覆った。ゲゲン・ラクサムは授業を始めると言ったが、私はまだ早いと思って、内心不満だった。しかし、ゲゲンに口答えはできないので、トイレに行くと言った。戻ってきて、また行きたいと言うと、ゲゲンは窓の外を見ていた。ちょうど私が二度目のトイレから戻って来たとき、太陽が出た。ゲゲンは笑って、「どうやら、わしが時間を間違ったらしい！」と言った。

ゲゲン・ラクサムは私の邸宅で、彼の人生の最後の二十年を過ごした。彼は私が最も恩情を受けた教師だった。

寺主の駕籠《かご》

一九五七年、寺の総務《チパ》[61]からの法会への招待は、どんな規模でも受けなさいとゲゲン・ラクサムは私に言った。それまでは、どんな法会でも招待が来たらゲゲン・ラクサムが私に代わって「リンポチェはまだ勉強中だから、次からにしましょう」と言っていた。

それは、厳粛な儀礼を避けるためだった。実際には私も参加したが、それまではクンブム寺の寺主としてではなく、ひっそり隅に座っていた。その時から以降、私は正式に法会に参加することになった。

　クンブム寺の一年間の主な法会は、正月法会、四月法会、六月法会、九月法会、十月の灯明祭りだ。法会では、必ずヤマーンタカ護法舞、ハヤグリーヴァ護法舞などの金剛法舞「チャム」[62]が演じられる。それらは人生の無常、浮世と生死の煩悩を遠ざけること、および修行の境地を表現している。法会ごとに演じる金剛法舞も式次第も異なる。法会の間の仏事と手続きは非常に厳格だ。

　正月法会は最も重要で、それは一四〇九年のツォンカパ大師がラサで主宰したモンラム・チェンモ、すなわち祈願大法会を起源とし、僧俗が共に祝う祭りである。ツォンカパ大師の誕生地として、クンブム寺の正月法会の盛大さは、チベット中で一、二を争う。当時は、アムド中からモンゴル人、チベット人の農民や牧畜民がクンブム寺に集まったし、遠くカム地方の民衆や周辺の漢人、回族も駆けつけ、クンブム寺は水も漏らさぬほどの人混みとなり、ルシャル鎮[63]の町中まで人波がうねった。

　バター細工のお供えが正月法会のクライマックスだ。数か月も前から、寺のバター細工を作る仏師が、純正の白バターに各種の染料を練りこんで、釈迦本生の物語、ミラレパ〔チベットの聖者〕の修行の物語、ツォンカパ大師の修行の物語など様々な仏教説話の人物、花、樹木、鳥、獣、経堂、大僧官などを造形し始める。

　これは私が最初に寺主の身分で参加した法会だった。ちょうど私の父と母も、オロンノール草原からクンブム寺に来ていた。両親は草原に住む人々と同じく、毎回の法会を欠かさなかった。もちろん、お経を聞き、仏像に参拝し、幸福を祈るだけでなく、私と私の二人の兄に会うこともできる。だから、クンブム寺の管理部門は、その日も私の両親をバター細工のお供えに招待した。

　雪が降り続いていて、ひらひらと舞い落ちる雪の中で、迎えの儀仗隊と見慣れた八人担ぎの輿《こし》が私の邸宅の門前で待っていた。私はラサに特別注文して作らせたレーソンバという長靴を履き、六種の綿繻子で作ったドンガという上着に、えんじ色の袈裟を着けて、ゆっくり歩きだした。数人の屈強な僧侶がすぐに輿を持ち上げ、僧兵《ドゥプトー》[64]が手に長い棒を持って道を開けて護衛し、二人の僧侶が輿の両側で一つずつ大きな提灯《ちょうちん》を掲げていた。空がだんだん暗くなり、あでやかな赤い光が雪の地面を照らして、まるで赤い絨毯を敷いたようだった。ただ、担ぎ手が歩くたびにギシギシという音が聞こえて来たので、雪が厚く積もっていることが分かった。

父と母は二本の担ぎ棒の間を安全に守られながら歩いていて、いつでも私を見ることができたし、気ままに両側の群衆を見ることもできた。

「チャプスチ[65]、寺主様もお見えになった！」

「寺主様のご両親もお見えになった。ほら、あの担ぎ棒の間の老人！」

私に気づいた信徒が押し寄せてきてぬかづいた。私は眼前の光景をじっと見つめて、人々の会話を聞いていた。「今年のバター細工は、誰のがいいかね？」

「おれはジェツン・ジンタ[66]のがいいと思う」

「やっぱり、ゴマン・ジンタのがいい」

私にはどちらがいいかわからなかった。どれも丸太を四角く組んでバター細工の枠にし、正面はバター細工、他の三面には幾重にも重ねてタンカ[67]や堆繍《ついしゅう》[68]タンカが掛けられ、三階建ての建物ぐらいの高さがある。文殊菩薩が本尊で、両側は釈迦の生涯の事跡が造形される。彩色された花弁、はつらつと伸びた枝、一体一体が真に迫る神仏や菩薩が数百皿のバター灯明の輝きに照らされて、形容しがたい美しさだ。私たちは広場にいっぱい並べられたバター細工をいくら見続けても、帰りたいと思わなかった。

後になって、母がよく父に「私たち担ぎ棒の間にいられてよかった。そうでなければ押しつぶされるところだったね」と言っていた。

父はハハハと笑って、母に「でも、人が押しつぶされたなんて聞いたことないね」と言っていた。

私の生まれたゲル

同じく、一九五七年、私は、ゲゲン・ラクサム、主任世話係、世話係、そして私の兄のノリとチボ、それに何人かのお付きとともに、全員馬に乗って、私の両親や兄弟姉妹に贈る様々な贈り物を持って、威風堂々とクンブム寺を出発した。

私が乗ったのは栗毛馬で、他の馬より背が低く、鞍の上に特殊な枠がついていて、私が落馬しないようになっていた。専任のお付きが一人、自分の馬に乗って、私の馬を引いていた。私はしきりに彼に向かって叫んだ。「手綱を僕にくれよ！　僕も自分で走らせたいよ！」。だが、私の安全のために彼は笑い返すだけなので、私は悔しくて口をとがらせた。

二歳でクンブム寺に迎えられてから、これが最初の里帰りだった。緑のしたたるような樹林と青々とした草原を歩き、サラサラと流れる渓流、鳥がさえずり花が香る春の渓谷を歩き、歩いて歩いて、大人たちは全然疲れを知らないかのように、笑い話を言いあっていた。ノリ兄さんも笑い話を言った。彼が会った一人の老僧は、頭がつるつるぴかぴかだった。塀の後ろに立つと、前から見ると石みたいに見えた。ある人が本当に石だと思って、小石をその坊さんの頭に投げた。それを聞いてみんなが笑い、遠くの牛や羊もメーメー、モーモーと鳴いていた。

それから、いくつかの小さな村を通った。周りは黄色に輝くアブラナの花と、青々とした裸麦の畑だった。畑の農民は私たちが見えるとみな農具を置いて、遠くから手を振った。実は彼らも私たちが誰かを知らない。ここでは、見知らぬ人との挨拶はごく普通のことだ。しかし私にとっては全てが新鮮で、私が生まれたオロンノール草原さえもが新鮮だった。

それから私たちは谷の入口のセルドク寺に着いた。彼らは、ここは昔パンチェン大師の乗用車が私を迎えた場所で、セルドク・リンポチェの本寺でもあると教えてくれた。明らかにセルドク寺は前々から私たちが通るということを聞いていたようで、バター茶や、干し肉や、さまざまなご馳走がすぐに並べられた。その上、私たちが泊まる部屋まで準備されていた。

セルドク寺を過ぎると牧畜地域に入って、畑はまれになる。牛や羊の群れ、片片たる草地、それらから発散するなじみのある匂いは、母の身体から発する乳と乾燥牛糞の混じりあった匂いにそっくりだった。

牧畜地帯を三日歩いて、やっと私のバイス部族に着いた。ずっと遠くに、私は数人の子供が低木の枝を馬にして乗っているのを見た。両手で枝の先をつかみ、素早く飛び跳ねて、後ろの枝や葉っぱが土ぼこりを巻き上げていた。遠くにいた二つ三つの羊と牛の群れが、突然声を張り上げて鳴いた。

69

「スリグ・アカが帰ってきた！」と子供の中の一人が叫んだ。すると子供たちがみんな木の枝の馬を投げ出して、一斉に私の方に走って来た。

「スリグ・アカが帰ってきた！」

「スリグ・アカが帰ってきた！」

遠くにいた羊飼いも羊の群れをほったらかして、私たちの方に駆けてきた。乳搾りをしていた女性も、子供たちの騒ぎを聞くと、すぐに立ち上がって、日差しをよけるために額に手を当てて、こちらの一団を眺めて、「母さん、うちのスリグ・アカが戻って来たよ！」と言って、私たちの方に走って来た。彼女のデール〔モンゴル人の長い上着〕の裾で牛乳桶がひっくり返りそうになったが、桶は揺れただけで倒れなかった。彼女は私の兄嫁だった！

母さんは牛乳桶を下げて現れた。そしてひしゃくで真っ白な牛乳を空に向けてまき、眉をひそめて何かつぶやき、山の神と地の神に晴天を祈願した。

そして、開いた入口のカーテンの奥には老人や子供が何人もいて、父さんがつま先立ちをして外を見ているのが見えた。みんなが入口で押し合いをしているから、父さんは押しても外に出られない。

うちのゲルは小さいけれど、中はきちんと片付いていた。もちろんそれは母さんの器用さと勤勉さのおかげだ。例えば、牧畜民は新しい場所に移るたびにかまどを作ってお茶を沸かすが、それが実は主婦の間の一種の隠れた競争になっていて、母さんはよく一番早く作り終わった。

ずっと前に、父さんは母さんを早くから好いていたが、父さんの家はすごく貧しかったので、母さんの家族は結婚を認めなかった。幸い母さんのおばあさんが彼らに同情して手助けしてくれたので、やっと父さんは母さんを「盗み」出すことができたのだそうだ。

今、母さんと父さんは暖かな生活を送っている。ゲルに入ると真ん中にかまどがあって、左に食器棚、右は客間、そして正面の上手、つまりかまどの後ろが仏壇である。父さんは大柄で、小さいころから牛や羊を放牧し、馬に乗り、羊の毛を刈り、ゲルを運び、遊牧してきたので、牧畜民の仕事は何でも上手にできる。父さんは若い

70

ころはよくツァカに行って塩を運び、その後門源の一帯で貨物の取引の仕事をしていたそうだ。その後、私の一

番上の兄のウェンマが成長して父の代わりをするようになった。父の家の切り盛りの上手さは有名で、私のようにごくたまにしか父に会わない「お客様」でもちょっと怖かった。

十一人の兄弟姉妹の中で、私は九番目だ。しかし、私はアジャ・リンポチェの身分なので、家の中での地位はちょっと特殊だった。今、テーブルの上に私たちのためにいい匂いを漂わせて平焼きパンと祝いの米飯が並んだ。もちろん羊肉の塩茹《しおゆで》もあるし、その上母さんが私のために特別に自分で手回しの碾き臼で挽いてくれた「ラッコル〔石臼手挽きの意〕ツァンパ」もある。これは私が一番好きな食べ物だ。それからヨーグルト。このヨーグルトは普通とちょっと違って、固まったヨーグルトで、私はこれを「寝かせたヨーグルト」と呼んでいた。母さんと父さんはお寺に私に会いに来るときは、この二つをいつも持ってきてくれた。何回か兄さん夫婦が来たときも持ってきてくれた。

主任世話係もお土産を取り出した。父へのお土産はナイフと瑪瑙《めのう》の鼻煙壺《びえんこ》〔嗅ぎ煙草を入れる容器〕。ナイフはモンゴルから持ってきた物で、鞘には象牙の箸が一膳ついてた。母と長兄の妻には錦の服、子供たちと親戚友人には飴。おじさん、おばさん、姉婿、兄嫁、友人、そして部族の老人たちが彼らを囲んで、これがきれいだ、あれがおいしいと議論していた。人々のお喋りと笑いは永遠に続くかと思われた。

うちのゲルの前に、遠くから駆け付けた親戚友人、そして私たちの一団のために、まるで法会でも開催するかのように、臨時にいくつものテントが張られた。それからの数日間、若者たちはサイコロ遊びに興じ、老人たちは三々五々集まってお茶を飲みながらおしゃべりをしていた。私はと言えば、手綱を振り切った蒙古野馬のように、子供たちと一緒に転げまわって遊んだ。

「来なさい。もう頭を剃らないと、髪の毛がそんなに長くなったら、全然リンポチェらしくないぞ」と、ある晩、父が私を呼んだ。

常日頃、私は頭を剃るのが大嫌いだった。お寺で頭を剃られるとき、私はいつも泣きわめいた。かみそりが髪の根元に触れただけで私は痛かった。私の理髪師のクリムパが、散々なだめすかし、その上何個も飴をもらって、やっと私はおとなしくなった。だが今日は、なだめすかすどころか、父が「動くな」と、ひとこと言っただけで、私はおとなしく従った。

私だけでなく、私の主任世話係さえ、父を怖がった。クンブム寺の私の部屋のオンドルの上には彫刻模様入りの箪笥《たんす》があった。箪笥の上に私の仏龕《ぶつがん》を置き、中に長寿三尊[71]が祭ってあった。箪笥の中には私の新しい服、そして北京の雍和宮のアジャ・ツァン[72]から持ってきた各種の飴が入っていた。普段この箪笥には鍵がかかっているが、私の両親が来ると、父は必ず箪笥を開けて、飴を私にくれた。私はずっと父だけが箪笥を開けられると思っていたが、ある時私は主任世話係のチュジャン・ジャブが鍵を持っていることを知った。しかし、かれは一度も箪笥を開けたことがなかった。主任世話係は北京の雍和宮から派遣されてきた人で、非常な節約家で、彼の管理の秘訣は、仕舞い込める財産はみんな仕舞い込むことで、どこに仕舞い込むかは、彼だけの秘密だった。

当時、普通の人は毎日白い小麦粉など食べられず、たまに黒い裸麦の粉を食べられる程度だった。大抵のリンポチェの邸宅は他の僧侶より豊かだったが、うちの邸宅はあまり豊かでないのは、私の主任世話係が普通の人よりけちだからということは、従者もお付きも口には出さないがみんな知っていた。それでも私と教師は毎日白い小麦で作ったマントウとワンタン皮のスープを食べられた。主任世話係のチュジャン・ジャブは自分だけ特別扱いして、私たちと大体同じだった。他の人たちの食事はずっとお粗末で、ジャガイモの残飯だけの時や黒い裸麦の粉をお湯で溶いたものだけの時もあった。ある時、誰かに私が招かれて、昼食を食べ終わって邸宅に戻ると、従者が何か食べないかと聞いてきた。私は何度もうなずいた。子供はいつもそうで、めったにいらないとは言わない。彼らは実は何も準備していなかったので、仕方なく彼らが普段食べているジャガイモと黒い裸麦の粉のマントウを持ってきた。私は好奇心から、「これ何？」「あれ何？」「何で黒いの？」などと聞いた。ベテランのお付きは私に「ご飯のときはおしゃべりしないで早く食べなさい」と言った。

もしクンブム寺の寺主も黒い裸麦のマントウを食べていることが漏れ伝わったら、主任世話係の評判が落ちる。だが私が面白がって黒い裸麦のマントウを食べたことを吹聴したので、父の知るところとなった。父は事細かに聞いた。「おまえと先生は牛乳を飲んでいるか？」「ごくたまに」と私。「普段牛肉や羊肉を食べているか？」「ワンタンスープの中にほんのちょっと」と私。

父は私の従者の方に向きなおって、「今日は天気がいいから布団を干したらいい」。すると、私の布団を外に持っていく時、ノミがたくさん見つかった。

これで父はもう我慢できなくなり、主任世話係のチュジャン・ジャブと二人のベテランのお付き、そしてゲゲン・ラクサムを呼んで、「うちの息子に聞いたら、息子はお宅でめったに牛乳や肉を口にしないそうじゃないか。うちは牧畜民で、息子は小さいころから牛乳と、牛や羊の肉が好きだった。君が倹約するのは分かるが、いくらなんでもうちの息子に黒い裸麦のマントウを食べさせることはないだろう！　この寺の他の人〔リンポチェ〕だって、裸麦は食べないだろう！　それにこの布団の上のノミを見ろ！　おれは決めたぞ。これ以上息子にひどい扱いを受けさせるわけにはいかないから、草原に連れて帰る。仏法学習を続けられるようにゲゲンも一緒に来てもらう。息子が成人してからここに戻しても遅くはない」

主任世話係のチュジャン・ジャブの笑顔がまるで泣き顔のようになった。「あの、その、リンポチェを連れて行くことだけはやめてください」

そう言ったチュジャン・ジャブはオンドルの上から床に転げ落ちて、土下座した。「私が不注意でした。そんなことがあったとは存じ上げませんでした。偉い人は下々の誤りをとがめないと申します。今後絶対繰り返させません」そう言いいながら、彼はゲゲン・ラクサムを横目でちらりと見た。

ゲゲンは父に大目に見るように頼み、二人のベテランのお付きも今後はしっかり世話をするからと、懸命に私を留まらせるよう頼んだ。ハハ、この事件の後は、私の生活が改善しただけでなく、邸宅の中の他の人も、黒い裸麦のマントウを食べるのは数日に一回になったらしい。

「あ、竜が出た！」日暮れ時に突然母が叫んだ。みんなゲルから駆け出した。

確かに、空には「竜」が出現していた。しかしこの「竜」は絵の中の金色のとぐろを巻いた竜とは違っていたし、もちろん緑色の恐竜とも違っていた。それは一本の長い、濃い灰色のもので、いつも見る雲とも違い、厚い雲の層からぶら下がり、先端には鱗片のようなものが光っていた。さらに奇妙なことに、それは刻々と変化し、細く長くなったり、太く短くなったりした。老人たちは、空に竜が現れるのは、長雨の予兆だと言った。

そうこうするうちに、雨が降り始めて、何日も降り続いた。しかし、それは私の最初の里帰りの楽しい記憶に影響することはなかった。

第二章　「宗教改革」の災難

反革命の巣窟

「宗教改革」がクンブム寺にまで及んだ年、私は八歳だった。そう、あれは一九五八年だった。この年は強調しておかなければならない。百名余りの幹部[73]から成る工作組がクンブム寺に進駐し、毎日僧侶を集めて「宗教改革」政策を学習させた。その頃、ゲゲン・ラクサムの足は慢性関節炎を患っていて、すでに不自由になっていたが、彼とて例外ではなかった。「生まれた時代が悪かった。毎回学習が終わると、杖をつきながら邸宅に帰るとき、ゲゲン・ラクサムはしきりにため息をつきながら嘆いていた。

　学習を義務付けられる人はどんどん増えて行った。ある日、私の邸宅の人が全員呼び出された。私は大喜びで初めて誰も大人に監視されず、あちこち覗きまわった。いつもなら、アジャ・リンポチェという尊い身分のゆえに私は仏堂と客間に通じる区画だけでしか遊べなかったが、この日は他のつながっている区画七、八ヵ所に入り込んだ。ずっと前から興味があったが行かせてもらえなかった場所、例えば、台所、世話係の部屋も覗いた。もちろんちょっと緊張して、心臓がどきどきした。最後は疲れて自分の区画に戻った。そこには、羅漢床〔椅子兼用の木製ベッド〕のような広くて大きな木のベッドがあって、二つの正方形の敷物が敷いてあり、その間に座卓があり、座卓の引き出しは私のおもちゃ——家、飛行機、自動車、それに木彫りの人形、馬、象といった骨董玩具——でいっぱいだった。私はそれらで遊んで遊んで……そして絵を、仏堂に馬、象、そしていろいろな小人、みんなが仏にお辞儀をしている絵を描いた。

　ある日の薄暗い午後、私は遊び友達を見つけられず、口を尖らしていた。その時、三、四人の人が現れた。見たことのある人たちだったが、クンブム寺の他の僧侶とは違って、不機嫌そうな顔できょろきょろして、無作法だった。その中の、一番悪そうな表情の俗人の服を着た男がゲゲン・ラクサムをにらんで大声で話し始めた。ゲゲンはこうべを垂れて、まるで叱られているような様子だった。「彼はガワン・ジンパというんだ」と、あとで誰かが教えてくれた。彼は何かの主任に任命されたということだった。

　彼らが立ち去ってから、ゲゲン・ラクサムはまたため息をついて、「生まれた時代が悪かった」とつぶやいた。

　この時から、ゲゲン・ラクサムは毎日学習に行かなくてはならなくなり、私の授業もなくなった。ほとんどの時間、兄のノリとチボ、そしてランイバ（世話係の甥っ子）と一緒に時間をつぶした。かくれんぼとなると私たちは何も構わず箱や棚の中に隠れ、中にあった敷物や鞍、座卓を引っ掻き回した。時には漫画本を見ることもあった。チベット語の『屍物語』『鳥と猿の物語』『仏教昔話』、それに八大チベット劇の『ペマ・オバル』『トンユーとトンドゥプの物語』『ノルサン王子』などなど。たまには漢語の『三国志演義』も見た。それを見た後は張飛になったり、関羽になったりしたが、誰も董卓や曹操になろうとはしなかった。時には私たちは壁や紙や布に四角い解脱図を描いた。それからサイコロを振った。六道輪廻《ろくどうりんね》[74]、南瞻部洲《なんせんぶしゅう》[75]、三十三天《さんじゅうさんてん》[76]などを書き込み、それからサイコロを振った。サイコロの六面に六文字の真言「オン・マ・ニ・ペ・メ・フム」[77]が書かれている。一つ一つの字が特定の場所を代表していて、負ければ地獄に落ち、勝てば天界に昇って成仏する。

　しかしある日、私の邸宅に大勢の人が来た。俗服を着ている人も、袈裟を着ている人もいた。外では自動車の音も聞こえた。彼らは何も言わずに、仏堂と客間の物を持ち去った。その後、この人たちと車は何度も来て、倉庫も含めてアジャ邸のほとんど全ての物を持ち去った。私の何代も前から残された仏具、家具、楽器、ペンダント型の仏龕《ぶつがん》、宝瓶《ほうびょう》（灌頂の水を入れる水瓶）、鞍、時計、衣服、靴や帽子、はては大型法会に必要なタンカなどなど、みんな没収されてしまった。私の前世は日本と交流があり、邸宅には宝石と瑪瑙をはめ込んだ嗅ぎタバコ入れの小瓶、茶器、食器など精巧な日本からの贈り物もあったが、それもみな没収された。灌頂の時に着る彫刻した象牙と骨でつなげた法衣、読経の時に被る銀製の五仏宝冠まで持ち去られた。

　持ち去られた物は二度と戻ってこなかった。他のリンポチェや僧侶の財産もみな持ち去られた。当時、クンブム寺では多くの僧侶が豊かだった。あるリンポチェは邸宅の空き部屋を宿屋として使い、新年や祭日、大型法会のたびごとに、箱を背負った駱駝を引いてはるか遠くモンゴルやシベリアから来た参拝客も、馬に乗り大小の包みを持ってアリク[78]、天峻《てんしゅん》[79]や黄河の南側から来たチベット人も、リンポチェの家に泊まる。そして帰るときにはカネだけでなく、絹織物、磚茶《だんちゃ》、金銀財宝などいささかの布施を置いていく。これらもみな没収された。

　それからは、自動車の音が聞こえると、「没収局が来た！」と言って人々は互いに教えあった。私も彼らを没収局と呼んだ。長い間、私たちの会話の中に「没収局」という言葉がひんぱんに登場した。

　ある日、ガワン・ジンパ主任がまた三、四人の手下を引き連れて私の邸宅に現れた。この時、彼らの中に一人だけが袈裟を着た人がいた。ガワン・ジンパは真っ直ぐ私に向かって歩いてきて、眉を吊り上げて言った。「明日闘争大会を開く、みんな参加するんだ、おまえもだ！」

　私は一言も言わずに、彼を見上げた。拒否しようとしたのではなく、理解できなかったのだ。

「返事をしなさい」と横にいたツルティム・ラクサムが焦って言った。

　それでやっと私はうなずいて「うん」と言った。

「ふん！」ガワン・ジンパ主任は鼻を鳴らして立ち去った。

　暗くなってから、めったに私の部屋に来ない主任世話係、世話係と何人かの従者がやってきた。彼らはすぐに低い声で、時々ドアの方を見ながらゲゲン・ラクサムと相談を始めた。「一体何が起こったんだろう?」と思いながら、私は聞き耳を立てた。しかし、私のまぶたが言うことを聞かず、私はすぐに眠ってしまった。

「これからは、自分のことは自分でしなくちゃならないよ」朝食の時に、私がミルクティーを手に取るかとらないうちに、ゲゲン・ラクサムは話しはじめた。そして懐から彩色プル〔プルはヤクの毛で織ったチベット産の毛織物〕を取り出して、中に挟んであった白い粗布を手に取り、目尻をこすり、鼻をかんで言った。「……こんな時代に生まれ合わせて……逃げようにも逃げられない……困ったことがあったら、たくさん三宝〔仏法僧〕にお祈りをしなさい。それに護法もある……あの積極分子たちの言うことを信じて、良心をなくしてはいけないよ……」

この日の早朝、つまり一九五八年十月十五日、チベット暦戊戌《つちのえいぬ》年九月二日、私たちが闘争大会の会場に着いたときは、高い壇の上にすでに机が一列並べられ、藍色の制服を着た幹部たちが座っていた。彼らはみな背筋をまっすぐにのばしていた。また、軍服を着て、軍用オーバーを羽織り、銃を担いでいる人もいた。前方には横断幕が掲げられていたが、漢字だけだったので意味は分からなかった。

ガワン・ジンパ主任が私に参加するよう命じた闘争大会は、「封建主義の覆いをあばく大会」[80]とも呼ばれ、ヤルナン・チューラ（九間殿前の広場）で開かれた。ここは九間殿《ジャムヤン・クンスイ》などいくつかの仏堂と大経堂《ツォクチェン・ドゥカン》で囲まれた数千人を収容できる中庭で、教理問答の試験や各種の大規模な法会が行われる場所だ。そしてあの高い壇の上はもともとは法会を主宰する大リンポチェ、大ケンポが座る場所だった。

壇の下には、大リンポチェ、大ケンポの他にも大勢の僧侶がいた。明らかにクンブム寺の全ての僧侶が集まっていた。私は左寄りの前の方に座った。数十人の軍服を着て、銃を担ぎ、腰と肩に弾帯を巻いた人々が私たちの近くを歩き回っていた。それから何人か近くの村の「貧下中農」代表も、銃を担いでぶらぶら歩きまわっていた。両側の建物の屋根にも銃が固定され、解放軍の兵士が瞬きもせずに中庭の人々を見つめていた。僧侶の中の積極分子、もちろん若者が、会場の縁を巡視していたが、他と違って彼らは銃は持っておらず、荒縄と鞭を握っていた。

杜華安が演説を始めた。彼は青海省統一戦線部の副部長で、紅軍の二万五千里〔中国の一里は五〇〇メートル〕の長征に参加し、紅四方面軍で兵士、分隊長、小隊長、副中隊長、中隊長を歴任し、のちに中国人民解放軍第一軍団第一師団で警護大隊の政治将校に就いた。彼は背は低いが、声は高かった。そしてしょっちゅう「フン」とか「ウン」という声を出して咳払いをし、一言話すたびに間を置いた。「フン、おまえたちは反動派、搾取階級、人民の肉を食らう、寄生虫だ、分かってるのか、ウン？」

それから杜副部長は一歩ずつ力を込めて足踏みをしながら舞台の上を歩き回った。「フン、塔爾寺〔クンブム寺の漢語名〕は反革命の巣窟だ。おまえたちはみんな羊の皮をかぶった狼だ、封建主義の覆いだ！　お前たちを打倒しない限り、人民は主人公になれない、立ち上がれない！」

通訳はいたが、私にはよくわからず、ただ悪態をついているんだと思った。私はオロンノール草原からクンブム寺に迎えられて五、六年がたっていたが、これまでにこれほど粗野な人は見たことがなかった。私の心臓はドキン、ドキンと鳴った。私がこっそり前後左右を見ると、僧侶たちは皆うなだれていた。私の前に座っていて、こっそり私を振り返り見た主任世話係、つまりランイバのおじさんは涙を流していた。

その後、闘争大会を開くたびに、杜華安副部長がまず訓話した。背の低い彼の姿が見えると、僧侶たちは皆顔を伏せた。そういうとき私はなぜか董卓と曹操を思い出した。

その日、杜華安の話が終わると、会場はこれまでにない静寂に包まれ、仏殿の庇の鈴が微風に揺れて発する微かな音まで聞こえた。遠くでは、カラスがガーガーと鳴いていた。突然、誰かが傍らで、私からあまり離れていないところで、大声で叫んだ。その途端に他の僧侶たちも、大声で叫び出し、こぶしを握りしめ、腕を振り上げた。

「封建主義の覆いをあばけ！」

「反動派を打倒しろ！」

「搾取階級を打倒しろ！」

「寄生虫を撲滅しろ！」

「苦しい者は苦しみを訴え、恨みある者は恨みを訴えろ！」

「宗教の迷信を打ち破れ！」

続いて、脇に立って、縄と鞭を握っていた若い僧侶たちが、一気に群衆の中に押し入って来て、中間に座っていた前の住持のラコ・リンポチェを捕まえて壇の下の中央に連れて行った。そしてがんじがらめに縛りあげ、数人が杖や鞭、オンドル用の木のスコップで、ラコ・リンポチェを滅多打ちにし始めた。

ラコ・リンポチェは背が低く、六十歳前後のひ弱な方だった。時計の修理、絵画、写真撮影が好きだった。年越しや節句にはいつもリンポチェたちを自宅に食事に招いていた。招かれたとき、私は彼の家あるいろいろな玩具で遊んだ。それらは本当は玩具ではなく、写真と時計修理の道具だった。拡大鏡や、小さなねじ回しなどなど。ラコ・リンポチェはそれらを私にくれた。だから、彼の家に行くたびに私にはたくさんの収穫があった。

　ラコ・リンポチェの家で、私が一番気に入っていたのは彼の座卓だ。それはもともとは木製の正方形の座卓だったのを、ラコ・リンポチェが上の板を取り去ってガラスを張り、ガラスの下に彼の自作の時計を入れてあった。それは昼間は太陽に夜は月になった。

　そのラコ・リンポチェが最初に引き出された。彼は殴られて顔から汗が吹き出した。そして、耐え切れずにうめいた。「アグルル！　アグルル！　グジグジ……」[81]。彼らはもっと激しく殴り始めたが、ラコ・リンポチェはきつく縛った荒縄の痛みしか感じないようで、「頼むから……緩めてくれ……」と哀願した。すると、一人が荒縄を解いて、もっときつく締めなおした。ラコ・リンポチェは、背中を丸めて、まるで小人のように小さくなって、すべてのクンブム寺の僧侶の前で泣いた。「頼むから、もうだめだ……もうだめだ……」

　私は親が子供を叩くところや、教師が小僧を叩くところは見たことがあるが、大人が大人を叩くところは見たことがなかった。私の五臓六腑は空っぽになり、頭も空っぽになった。私は深くうなだれた。彼らはどれぐらいラコ・リンポチェを殴り続けただろう。彼ら若い僧侶と付近の村の貧下中農代表は、また狂ったように群衆の中から人を捕まえて連れだした。私と同じようにできるだけ頭を低く垂れていても積極分子に見つかってしまう人もいた。他の人を捕まえる行動によって自分は逃れようとする人もいたが、結局他の人に引き出された。引き出される人が多すぎて準備した縄が足りなくなると、彼ら若い僧侶は引き出した人の僧衣の帯を解いて縛り上げた。

　第三陣は引きだされても縛られることはなく、工作組が舞台の上から名前を読み上げ、自発的に前に行かせた。そうして、クンブム寺の僧侶たちはいくつかの大きな組に分けられた。大きな組の中にはいくつも小さな組があった。だから、名前を読み上げる時は、第一大組の第二小組は誰々、第三大組の第一小組は誰々と読み上げられた。そして彼らが前に行くと、解放軍が直接手錠をかけた。最初は一人に一つの手錠だったが、後から足りなくなると、一つの手錠で二人をつないだ。

彼らは二列に並ばされ、解放軍が八個塔の広場に押送した。聞いた話では、軍用の幌掛けトラックが長い列をなしてそこに待っていたそうだ。解放軍は彼らを二人ずつ荷台に放り上げた。荷台に人が多くなると、混みあったり、新たに放り上げられた人が中の人とぶつかったりして物音がした。

「動くな!」解放軍はすぐに銃口を彼らに向けた。一方、車の下の人々の動作が少し遅いと、解放軍が銃床で彼らの背中や腰、時には頭を思い切りなぐりつけた。

後になって、私の教師のギャヤ・リンポチェが語ったところによると、彼らは西寧に押送されてから、郊外の非常に大きな建物に監禁された。部屋の中には何もなく、一束の乾草すらなかった。彼らは直接地面に座って時間をつぶした。夜になっても何も支給されなかった。

「あれ、おれたちに住まわせる家には、なんで毛布もないんだろう?」

「何でいつまでたっても食べ物をくれないんだ?」

「何でこんな扱いをされるんだ?」

ほとんどの人は、そこがどこなのか知らなかった。夢でもこんな体験をしたことがなかった。ごく少数の人だけが知っていて、「ここは牢屋だ」と言った。

牢屋? 牢屋は殺人、放火、強盗犯を入れる所じゃないのか? 今、多くの著書があり、修行を積み、人々の尊敬を集めるリンポチェがなぜ牢屋に入れられるんだ?

次の日になってやっと彼らに布団が支給された。布団は組分けの集計数字に基づいて運んで来たものだった。集計が不正確だったので、人によっては何日もたってからやっと布団を配給された。十月の冷たく湿った地面に寝ていたため、後から何人も病気になった。

チベット人の天性の楽観的性格は、僧侶にひときわ顕著である。一週間後、この環境に少し慣れたので、笑い声が戻ってきた。みんなで笑い話を言い合った。その中の一つは、アリク部族の阿呆《あほう》[82]が、ある年ラサに参拝し、粘土製の仏像が靴を履いていないことに気づき、自分の温かい靴を脱いで仏像に履くよう勧めた。仏像が動かないので、アリク部族の阿呆は仏像を押して言った。「あんたが寒かろうと思って勧めてるのに、何で履かないんだ?」。笑い声が牢屋に響いた。その時、まだ彼らは怖さを知らなかった。そこには一人チベット人の看守がいた。みんなが彼を韓処長と呼んでいた。どういうわけか、彼は漢人の姓を名乗っていた。韓処長はいつも眉間のできものを絞っていた。彼は厳しい顔をしているが、心根は良かった。この日、彼はみんなの笑い声を聞いて中に入って来て言った。「あんたら坊さんは、何にも知らないんだな。まだ笑ってる。ドアを見てみろ、外からカギがかかってるんだよ。ここは監獄なんだよ！」

　抑圧され続けて彼らはだんだんと笑い声が少なくなっていった。その後、彼らはレンガ工場で働かされた。突き固め成形、焼成、窯出し、そして積み上げて車に乗せる。毎日毎日、この単純できつい労働を繰り返した。お経は唱えられず、本は読めず、その上夜には毎晩毎晩闘争大会が開かれた。倒れる人も出て、笑おうとしても笑えなくなっていった。

　しばらく経つと、刑が決まってデリンハ[83]、ゴルムド[84]など遠い所に送られる人が出てきた。また、化隆[85]や湟中など西寧付近の監獄に送られる人もいた。判決の前には、ほとんど毎日取り調べがあったということだ。しかも決まった時間ではなく、時には夜中の、ぐっすり眠っているときにたたき起こされた。「おまえは以前何をしていた？」「おまえは何をやった？」「人民大衆はおまえの罪業を暴いたぞ！」そう言って、山のような書類を取り出し、「おまえの問題はすべてここに書いてある。さあ、正直に白状しろ！」と自白を迫った。

　ソナム・ギェルツェンという名の僧侶は、あだ名を「十八羅漢」と言った。彼も捕まって繰り返し自白を強要された。「おまえは十八羅漢だろう、正直に白状しろ、他の十七人はどこだ？」

　こんなふうにして、彼らは定期不定期に痛めつけられ、怒鳴りつけられ、わけもなく虐められた。一九五八年の「反乱」の首謀者とされた人々は、無期懲役や死刑の判決を受けたそうだ。重罪人はみな独房に入れられ、罪の軽い者は十数人一部屋の雑居房に入れられた。雑居房の中の人もひんぱんに入れ替わった。夜に整列して政治学習から帰って来たときは元気だったのに、次の日にはいなくなって、新しい人が入って来る。誰も何が起こったか知らない。どこかに移されたのか？　それとも死んだのか？

雑居房の入口にはおまるが置いてあって、大便も小便もそこにする。脇に寝ている人は不運である。ひどい臭気はともかく、ともすれば小便の際に大小便の飛沫が顔にかかるのだ。

監獄では、闘争大会と違って、あまり殴られなかったらしい。こっそり数珠を持ち込んだ人もいたが、隠しきれないとわかると作業の時に数珠を便所に捨てる。また、数珠が手に入れられないので、作業の時にこっそり麻袋の糸を抜いて、一本一本貯めていって、十分貯まったら数珠代わりに撚って百八粒の珠にする人もいたそうだ。

もう一度繰り返すと、それは一九五八年十月十五日、チベット暦戊戌《つちのえいぬ》年の九月二日だった。その日の闘争大会は、朝八時半（もしくは九時）から始まって、午後三時ごろまで続いた。合計三グループの人々が引っ張り出された。あとで聞いた話では、あの日、五百人以上が捕まったそうだ。わずか十五歳のスィムカン・リンポチェ、十八歳になったばかりのシナ・リンポチェまでも捕まった。私の教師、世話係、秘書、香灯師、従者たちは、一人残らず連れて行かれた。

私のジャマガ[86]

以前なら、私が法会に参加するときは、大勢の人に取り巻かれていた。だがこの日は、私は一人ぼっちになって、帰り道に迷ってしまった。その上大会は混乱のうちに終わったので、私は自分がどうやって邸宅に戻ったのか、まったく思い出せない。ただ覚えているのは、私が邸宅に戻ると、ノリ兄さんも、チボ兄さんも、世話係の甥っ子のランイバもいなくて、ショックを受けたことだけだ。私の家は、あっという間に「第一大組」になった。

私の部屋の中の物は、すべてなくなった。以前は、オンドルの上には座卓の他に、金の装飾模様の描かれた箪《たん》笥《す》があって、その中にはお菓子と私の新しい服が入っていた。箪笥の上には仏龕《ぶつがん》が置かれ、長寿三尊つまり、無量寿仏、白ターラー、尊勝仏母《そんしょうぶつも》が祭られていた。仏像の前には灯明皿と七個の浄水碗が置いてあったが、すべて無くなっていた。

部屋の中には知らない人が大勢いて、大きな声で話していた。その中には俗服の人もいた。くわえ煙草で、鼻

1970年代、後列左からセルドク・リンポチェ、ジャマガ、私、前列左からバディ、タシ・ギェルツェン、ダムチェン・ゲンドゥン

歌を歌いながら、出たり入ったりして物を持ち出していた。以前は、私の部屋はとても静かだったし、アジャ邸中が静かだった。教師も「大きな声を出さずに、礼儀正しくしなさい」といつも話していた。

私は自分の部屋の中でしばらく立ち尽くしていたが、誰も相手にしないので、部屋を出た。中庭には、大きくて広い木製ベッドが持ち出すために置いてあった。以前と同様、上には敷物が敷いてあり、背もたれがあって、中間に座卓があった。私が近寄って行って、座卓の引き出しをあけると、私のおもちゃがまだあったので、私はそれをいじり始めた。だが、私の脳裏には闘争大会の人を捕まえる情景が焼き付いていた。ラコ・リンポチェの哀願の声は私の前後左右で鳴り響いていた。それにゲゲン・ラクサムはなぜ影も形も見えないんだろう？ 知らず知らずに私は涙を流していた。

クンブム寺の寺主として、最も高貴なリンポチェとして、普段私の衣食住と行動は他人に面倒を見てもらっていた。経典を学ぶときは、教師が辛抱強く教えてくれ、食事のときは、調理人が面倒を見てくれ、遊ぶときは、兄たちや他の小僧がお供をしてくれた。だが今、私の知っている人は皆いなくなってしまった。孤独が緊箍《きんこ》呪《じゅ》〔孫悟空の頭のたがを締める呪文〕のように、どんどんきつく私を締め上げた。一番困ったのは、おなかがまたグーグー鳴りはじめたことだ。ミルクティーや、ツァンパ、牛肉餡入りマントウ、テントゥク[87]、五目炒め……いつも食べている料理がいろいろ私の頭に浮かんだ。けれど、誰も私に構わない。新しく来た人たちは鼻歌を歌いながら、荷物を運び出し続けた。

社会主義は素晴らしい、
社会主義は素晴らしい。
社会主義国家では人民の地位が高く、
反動派は打倒され、
帝国主義は尻尾を巻いて逃げだし……

やっと、袈裟を着た中年の人が近づいてきた。見上げると、彼の髭の濃い顔は少しも微笑んでいなかった。

「腹がすいただろう？　来い、食事だ」ぶっきらぼうに言った。

だが声はやさしかった。彼は新しい教師なんだろうか？　私は彼の後をついて彼の部屋に行った。実はそこは彼の部屋ではなく、私の前の秘書ガントゥモの部屋で、私がしょっちゅう出入りしていた部屋だった。この時、ガントゥモの物は無くなっていて、この僧侶が移って来たばかりだということが分かった。布団と湯飲み茶碗しかなかった。一部の僧侶が食堂に移されたとき、彼らの荷物は元の部屋に鍵をかけて置いて行ったが、その多くが無くなり、物によっては「没収局」が登録して持ち去ったということを、後に良く聞かされた。

その後、「没収局」は店を開いた。高価な物は国に上納し、残った物は分類して売り払った。食器、家具、仏具、そして山と積まれた袈裟などなど何でもあった。みんな中古品の値段で、最初は農村の人が買い、後には町の人も買いに来た。だが、寺の中には気にして買う人はいなかった。その商店は二、三年も開いていた。

「おれはチャンチュプ・ギャツォ、あだ名は『ジャマガ』だ」。この笑うのが不得手な髭の僧侶は、平鍋に入ったマントウを私の目の前に置いて、「腹いっぱい食べろ。大組長がおれにおまえの世話を命じたんだ」と言った。

その日から私はジャマガと一緒に住み始めた。

私たちは座卓を隔てて座り、暇なとき彼は私に物語を話してくれた。

「昔、うちのクンブム寺は周りの牧畜民と農村からの布施で足りていた。その後クンブム寺が大きくなり、チベット人、モンゴル人、トゥー族[88]など、僧侶がどんどん増えた。クンブム寺で寺の収支を担当しているのはチパだ。チパでは百人以上の僧侶が働いている。彼らをチパ・ナンセンと呼ぶんだ。おれもチパ・ナンセンをやったことがある。おれたちは大規模な法会の前なんかに定期的に托鉢して回る。ある時、一人のチパ・ナンセンが現金の布施をもらって、それを自分の懐に入れた。あいにく、彼が施主に法会を開くと約束した日に、施主が来て、着服が露見してしまった。彼は名誉も何もかも失った。その後、おれに托鉢の番が回って来たとき、おれはまずアムネマチン護法殿に行って灯明を供え、長くぬかずいてから言った。私は良心に反することはしませから、どうぞお守りください」

「おれは化隆で生まれた。小さいころに両親が亡くなり、その後チェンザ[89]に行き、チェンザからデツァ[90]に移って、デツァがおれの故郷になった。だからおれはデツァに行って皆に頼んだ。デツァは農業地帯だ。『おれたちの坊様が法会を開くぞ！』『そりゃ手伝わなきゃな！』『そうだ、そうだ』みんなそう言ってくれた。そして物のある人は物を、ツァンパのある人はツァンパを、お金のある人はお金を出してくれた。その法会は、ああ、円満なんてもんじゃなかった。だが一部の坊さんはうまくやれなかったんで、ペマ・タシに付け入るすきを与えたんだ」

犬殺しのペマ・タシ

ペマ・タシと聞いて、私の小さな体は震えた。人間だけでなく、クンブム寺の犬も、遠くにペマ・タシが見えたら必死で逃げる。だが、彼の手からは逃げ切れない。ペマ・タシは杜華安副部長が管轄する統一戦線部第二処の処長で、私が入れられた第一大組の工作組組長だった。彼はいつも吊し上げ大会の席でリンポチェたちを痛罵した。「おまえら活仏とやらは、労働人民の搾取と圧迫をし放題で、豪華な邸宅に住み、財産は山ほどためこんだ！　シャカムニは有名だが、シャカムニは邸宅を持っていたか？　十六羅漢は有名だが、十六羅漢は倉庫を持っていたか？　誰か言って見ろ！」「おまえたちは反乱を企てて、自分たちの天国を取り戻そうとしたが、それは白昼夢だ！」

「ちょっと聞くと、ペマ・タシの言葉はもっともらしい。一部のリンポチェは確かに仏法に従っていない。だが、これはペマ・タシが弱みに付け入ったにすぎない。そうでなくても、やつは他の弱みに付け入る。付け入るすきがなければ、他人の弱みを捏造する。やつの目的は仏語を使って他人を辱しめ、良心に逆らって悪事を働くことだ」ジャマガは言った。

ジャマガが怒るのも無理はない。ペマ・タシは一日中銃を腰にぶら下げて（当時の工作組はみな拳銃を身に着けていた）、腕がむずむずすると、犬を的にして、一発で仕留めた。ダライ・ラマ十四世の兄のタクツェル・リンポチェは犬を飼うのが好きだったので、彼がクンブム寺を去った後も七、八匹の大きなチベット犬が残っていたが、みなペマ・タシの的にされて一発で仕留められ、血みどろになって殺された。

ある晩「お上」が突然私のような小僧を集めて会議を開いた。その席には肉や肉入りスープがたくさん並べられ、私たちを特別に接待するためだと言われた。何人かは食べたあとで吐いた。ある者は、次の日口が腫れた。それで、私たちが食べさせられた肉はペマ・タシが殺した犬の肉だということが分かった。チベット人とモンゴル人にとって犬肉を食べることは最大のタブーだ。幸い私は小さすぎたので、私に回って来る前に肉はみんな食べつくされて残っていなかった。

その後も数えきれないほどの闘争大会が開かれた。以前に捕まって連れて行かれた人たちが、監獄や労働教養[91]などから連れ戻されて、臨時の収容施設に入れられて吊し上げられた。彼らは現れる時いつも非常にうろたえていた。彼らが首吊り自殺するのを防ぐためということで、長靴の紐も、比丘三衣[92]の上衣の帯も没収されていた。それで、しかたなく下衣の裙子《くんず》（巻きスカートのような服）を上に羽織っている人もいた。また、病気にかかっている人もいた。「砂糖餃子旦那」というあだ名の僧侶が戻って来たときは、睾丸が下垂する病気を患っていた。発病すると非常に痛くて苦しいらしい。だから、砂糖餃子旦那が戻って来たときは髪を振り乱し、両手で睾丸を支えて、人とも化け物ともつかないありさまだった。吊し上げのときは、「手を離せ！」「仮病を使うな！」と怒鳴られ続けた。

当時、幹部たちはみな「坦白従寛《タンバイツォンクアン》、抗拒従厳《カンジューツォンイエン》（自白は寛大に、反抗は厳罰にの意）」が口癖だった。クンブム寺の周囲には漢人も多く住み、僧侶の中には漢語を話せる人も多かったが、書ける人はいなかった。それで「タンバイツォンクアン、カンジューツォンイエン」を「坦白存款《タンバイツンクアン》、抗拒存菸《カンジューツンイエン》〔自白したらお金が貯まり、反抗したらタバコが貯まるの意〕」と聞き間違えて議論した。「お金が貯まるのとタバコが貯まるのを比べたら、お金が貯まる方がいいに決まってる」。それでもほとんどの人が自白をしなかったので、「老実交代《ラオシージャオダイ》〔おとなしく自白しろの意〕」が幹部たちの口癖になった。

「老実交代」は一九五八年の騒乱と関係がある。彼らはそれを「反乱」だと言って、人々に何をやったのか、どんな計画だったのかなどの自白を迫った。おとなしく自白しない人に対する懲罰の方法はいろいろあった。その中で髪の毛を引き抜くのはごく一般的な方法だった。タクツェル・リンポチェの世話係のあばた旦那〔彼はあばた顔だった〕が髪の毛を引き抜かれるときに、彼が言った言葉を覚えている。「わしの髪の毛を抜くな、今日は自白するから」

「よし、じゃあおとなしく自白しろ！」

「長い間肉を食べてないからめまいがして、自白もつじつまが合わなくなる……」しどろもどろにあばた旦那が言った。

「よし、こいつに肉を食わせろ」と幹部が怒鳴った。肉を食べ終わってから、あばた旦那は言った。「今度は頭痛がしてきて、話しができない。剃ってくれないか？」

そこで、彼の頭を剃った。

「まだ何か言うことはあるか？　おとなしく自白しろ！」

「もう言いたいことはない、自白は終わった」とあばた旦那は言った。

工作組と積極分子はまたよく「ダイブーファーバン〔逮捕法弁＝逮捕処罰の意〕」という言葉を使った。「禿げのチュージン」というあだ名の小組長は、畑を耕す時に牛が彼の言うことを聞かないと、「ちゃんと仕事をしないと、ダイブーファーバンするぞ！」と大声で叱りつけた。禿げのチュージンはそれを一番厳しい懲罰であると思いこんでいたのだ。

クンブム寺のネーチュン護法神の神おろしのチューキは、神と人との間の橋渡しだった。クンブム寺になにか儀式があるたびに神おろしのチューキにお伺いを立て、彼に神がかりになってもらった。毎月二日はいつも彼が霊験を現すラツェだし、正月《ロサル》[93]の時は言うまでもない。その彼も吊し上げられた。彼が吊し上げられたとき、私は二階にいて、彼らが神おろしのチューキを長い間ムチで打ち、さらに彼に護法神降臨の時に着る服を無理やり着させるのを目にした。それはもちろん彼を辱めるためだった。しかし、その服を着たとたん、神おろしのチューキは本当に神がかりになった。口から泡を吐き、血が上って顔は赤紫に充血し、全身が震えだした。彼は右手に煩悩を断つ剣を持ち、左手には照魔鏡を持って、飛ぶように速く走り回り始めた。彼の背中についた旗がパタパタと揺れた。神おろしのチューキはモンゴル人で、チベット語は知らない。しかし神がかりになると彼はチベット語を話した。だから周りにいた人々は彼が発する言葉が分かった。幹部と積極分子はみな後ずさりして、銃をおろしてカチャカチャと弾をこめ始めた。五、六分もたったころ、神が去って神おろしのチューキは倒れた。そして、彼らはまた彼をムチ打ち始めた。

　その後、寺に残った僧侶は子供組と大人組に分けられた。私たちの第一大組だけで小僧が百人以上いたが、一人が私より数か月小さいだけで、他はみな私より年上だった。私たちはタクツェル・リンポチェの邸宅に収容された。政治学習の外に、どうやって大人の「犯罪」を摘発するかも教わった。大人たちが何を話していたか、誰が共産党の悪口を言ったか、誰が隠れて読経したり仏像を拝んだりしたか、誰が旧制度を復活させたいと思っているかなどである。また、私たちに大人が隠している物を探しだすよう命じた。当時、多くの僧侶、特に商売をしたことのある僧侶は、悪い時代に巡り合わせたと思って物を隠した。ふつう僧侶は自分の弟子を警戒しないので、工作組は私たちに「摘発した数が多いほど光栄だ。これは手柄を立てて褒美をもらういい機会だ」と言った。工作組はまた、どうやって「反革命」を吊し上げるかを教えた。山水同志は私たち子供組を担当する幹部の一人だったが、性格がいい人で、よく自分を的にして教えてくれた。

「よし、今日は闘争大会を開こう、おれが反革命役だ」

と言って彼は九十度に腰を曲げた。

　私たちは一人一人順に「恨み」を言い立てる。

「おまえは人民を搾取し、人民を圧迫した。人民はおまえを恨んでいる！」

「自白は寛大に、反抗は厳罰に！」

「正直に自白しろ！」

「手柄を立てて罪を償え、大手柄を立てて褒美をもらえ！」

「頑固に悔い改めなければ、死への一本道だ！」といった漢語のセリフが吊し上げでよく使われた。

セリフは複雑ではないが、それでも子供にとっては難しかった。工作組は「反革命の身体につばを吐き、びんたをすることでもおまえたちが勇敢だということを示すことができる」と言って私たちを慰めた。

私たちは本当に舞台に上がった。吊し上げ大会で、私の順番が回ってきた。私の「敵」はゲンドゥン・ソバだった。彼は青海省平安県湧各村の出身で以前はゲクー[94]、つまり執法僧官だった。彼が吊し上げに引っ張り出されたとき、みんな彼をからかってオウム・ソバと言った。私は舞台に上がるとき、すごく緊張して、心臓がどきどき鳴った。それでも咳払いをして言った「反革命、おまえは人民を圧迫し、人民を搾取した。人民はおまえを恨んでいる！」。そして「ペッ！」と唾を吐きかけた。

夜、兄のノリが突然現れた。「あれ、兄さんどこ行くの？」「チボ兄さんはどこ？」「ツルティム・ラクサム先生に会った？」私は聞きたいことが山ほどわいてきて、兄の手を引っ張った。しかし、ノリ兄さんは私をしげしげと見て、「今日おまえが吊し上げ大会で人をののしったんで、僕は顔を上げていられなかったぞ。人のことを『人民を圧迫した』とか言って、その上、人の顔につばまで吐いて、ほんとに恥ずかしかったぞ！」

私は何も言えずに、うつむいた。

「僕は別の組になったけど、ずっと寺の中にいたよ」多分私を慰めるためだろう、ノリ兄さんはやっと私の質問に答えてくれた。「『お上』はチボを家に送り返したよ。ゲゲン・ラクサムは最初の闘争大会の日に連行された。僕たちとゲンドゥン・ソバは同じ身分で、同じ搾取階級なんだから、バカなことは絶対言うな。忘れるなよ！」兄は最後に私にそう言い聞かせて、急いで帰ろうとした。

私は兄の手を引っ張った。

「僕はいかなきゃ、自由に歩き回るのを『お上』に禁じられてるんだ。わかったね！」ノリ兄さんはそう言って目をこすると、駆けて行った。

ノリ兄さんは私より四、五歳年上で、私と一緒にクンブム寺に来た後、彼も出家した。父と私の世話係は以前、ノリ兄さんが大きくなったら私の宗教秘書にし、チボ兄さんが大きくなったら漢語秘書にしようと考えていた。ノリ兄さんは絵を描くのが好きで、後で知ったことだが、彼は漫画小組に振り分けられていた。「お上」は想像力たくましく、漫画小組に「反革命」を亀、カラス、毒蛇、サソリなどとして描かせた。そして、私が批判したオウム・ソバは、そのままオウムとして描かれた。私たちが彼を批判したとき、誰かがゲンドゥン・ソバに「言え、オウム、グァグァグァ！」と命令した。ゲンドゥン・ソバが口を開いた途端、誰かが何かを彼の口に詰めた。その頃、僧坊の中では夜におまるを使っていて、臭い漏れを防ぐためにおまるの口に栓をしていた。彼らが大僧官ゲンドゥン・ソバの口に詰めたのは、まさにそのおまるの栓だった。

　ジャマガがある時また物語をした。「人は良心に背いてはいけない、どんな場合でも人を助けなければいけない。因果応報は信じないわけにはいかない。ペマ・タシも捕まったそうだ」

「なんで？　あの人は工作組の人でしょ？」私は合点がいかずに聞いた。

「そうだ、ゴロク州の州長になることが決まっていたのに、就任の前の晩に西寧賓館で女性従業員を強姦したそうだ。良心が堕落しきってる！」ジャマガは首を横に振った。

　刑事犯として、ペマ・タシは刑務所に何年も入っていた。一九九八年、私は亡命する前に、彼に会いに行った。彼はその当時チェンザの近くの村の遠縁のゲシェ・イシという人の家に住んで、マニカン[95]の世話係をしていた。彼が刑務所から出たときには、家族はもう亡くなっていたそうだ。

　私は、何人もの人に聞いてやっとペマ・タシが世話係をしているお堂を探し出した。彼は私を参拝者だと思って、すぐに鍵を取り出してお堂の扉を開けてくれた。実は、好奇心の強い私は彼に会いに行ったのだった。四十年以上が過ぎて、彼はすっかり白髪になって、四つポケットの付いた色あせた黒い制服を着ていた。彼は寝床ひとつ分のオンドルがあるだけの小屋に住み、僅かな鍋や食器は地面に置いてあった。他に家財は何もなく、不憫なので少しお金を渡した。

私の同行者が私を彼に紹介したとき、彼は「わしもクンブム寺にいたことがあります。あれは一九五八年でした」と言った。

彼は私がまだ小さかったので、当時のことを覚えていないと思ったのだろう。

「あなたは射撃がうまかった、一発で犬を仕留めた」私は言った。

「当時はリンポチェたちを守るために、わしもいろいろ知恵を絞ったんです」彼は頭を掻いて、話をそらした。

「一緒に写真を撮りましょう」私は言った。

すると、ペマ・タシは腰を伸ばして、私の横に立った。

クンブム寺から関帝廟へ

クンブム寺に進駐した工作組、つまり共産党の幹部たちは、「お上」の異動命令で歓送会が開かれるたびに、徐々に減って行った。「宗教改革」はどうやら終わったらしい。ただ、宗教は依然として封建迷信と見なされ、時代遅れの、反動的な、暗黒の、進歩的な社会主義とは相いれないものと見なされていた。クンブム寺は閉鎖されたままだった。

僧侶たちの「前途」について、「お上」も方策を考え出した。再び「寄生虫」となって布施を受け取ってはならない。生産労働に参加して、思想を改造しなければならない。私のような小僧も考慮されていて、「先進文化」を教育し、社会主義の後継者にさせられることになった。

ジャマガが私をルシャル鎮の仕立屋に連れて行き、私の袈裟を小さな制服に縫い直した。その後、私とセルドク・リンポチェ、ヨンテン・ニマ、シェラプ・ソバ、ケルサン・ルントゥプ、ジクメ・ギャツォの六人の小僧が一緒に鎮の第二小学校に送られた。

小学校といっても実は荒れ果てた関帝廟だった。廟の屋根は非常に高かった。ごちゃごちゃに張った蜘蛛の巣を透かして、梁に描かれた「八仙過海」の絵がまだしっかり残っているのが見えた。壁の一部が剝落して、日干し煉瓦と麦わらがむき出しになっていて、壁の絵は見分けづらかった。それでも私は関羽、秦瓊〔秦叔宝〕、包公〔包拯〕は見分けがついた。机と長椅子はふぞろいで、黒く塗ってあるので、机の表面の新旧のナイフで削った

1960年代初め学校帰りに八個塔の前でユンテン・ギャツォと

落書きの跡がいっそう目立った。床はでこぼこで、土が溜まり、草の生えている所もあった。

　この教室を見てクンブム寺の私が授業を受けていた部屋を思い出した。その床板は、いつもはっきりと木目が見えていたし、オンドルの上の壁の木枠は磨きこまれて光っていた。私の邸宅だけでなく、すべてのリンポチェの邸宅がそうだった。普通の僧侶の家でも、床板が張ってあった。クンブム寺が八葉蓮華[96]だとすれば、ここはせいぜい蓮華の下の泥池のようだった。

　私はそれまでこれほど大勢の子供を見たことがなかった。男の子も女の子も押し合いへし合い私を取り囲んだ。「あ、くさい、チベット人のにおいだ！」と言って一人が鼻をつまんだ。別の子はくっつくほど私に顔を近づけてきた。すると、現地の漢人特有のオンドルの煙のにおいと薪のにおいが鼻をついた。寺の中のバターのにおいと、ビャクシンのにおいに慣れていた私は、思わず息を止めた。

　彼らは私のような人を見たことがなかったのかもしれない。私たちが着ていた服は袈裟とプル〔ヤクの毛の毛織物〕で作ったチベット服を仕立て直したものだった。彼らの服がどんな生地とデザインだったのかよくは覚えていないが、どれも綿サージで、ほとんど黒か紺色、緑色もあったように記憶している。

　顔つきも異なる。私とセルドク・リンポチェがモンゴルの血統であるだけで、他の数人は一〇〇％チベット人だから、ほっぺたは真っ赤だった。全体に、チベット人の顔は、前から強く引っ張ったように、彫が深いが、漢人の顔は、前から強く押したように、扁平だ。

　突然、乾いた泥団子が私の左肩に当たって、何かに咬まれたように痛かった。すぐに私が振り向くと、私より頭ひとつ分背の高い子が黒いゴムひもを張ったパチンコを握って、運動場に向かって走って行った。走りながら振り返り、私が追いかけるのを待っているようだった。その時、私の右足の靴が踏まれた。「おれじゃないよ、この子だ」私の顔に顔をくっつけるほど近づけて来た男の子が目配せして、おとなしく隅で指をくわえていた女の子を指差した。

私は、兄のノリ、チボ、それにランイバと一緒に遊んだ時の情景を思い出さずにはいられなかった。私たちにもそんなに愉快でない時もあったが、手を出すことはなかったし、まして訳もなく他の子を虐めることはなかった。ツルティム・ラクサム先生はいつも「目上の者は目下の者の、大きな子は小さな子の、強い子は弱い子の面倒を見なければいけないよ」と言っていた。

1960年代、左からセルドク・リンポチェ、一人置いて私、ユンテン・ギャツォ

「戻って、戻って、授業ですよ！」先生が来て、甲高い声が私の鼓膜を貫いた。礼儀を気にしなかったら、両耳をふさぎたかった。だけど、先生を責められるだろうか？　彼女はまだ小娘なのだ。「私は徐、徐先生と呼んで」私たちのそばに来て自己紹介したときの声はずっとやさしかった。

私たちの世話をするためなのか、歓迎の意味なのか、先生は私たちを最前列に座らせた。私以外は、みな背が高かったので、頭を低くして座った。私はいつもよそよそしい視線がいくつも、まるで蚊のように私の背中に止まっているのを感じた。

先生が出席を取った。彼らの名前は、王名孝、王天兵、趙成徳、葉富貴、賀海、牛恵明、李英、趙啦莫、趙玉璽……。私たちの名前が呼ばれると、生徒たちは笑い始めた。シェラプ・ソバの名が呼ばれると、一人の生徒が変な声で「七十四吧《チーシスーバ》」と叫んだ。それからシェラプ・ソバには「七十四《チーシスー》」というあだ名がついた。

「何がおかしいの、名前が違うだけじゃない。この子たちが前は寄生虫だったからって、今は生まれ変わってもう搾取生活はしてないんですよ」徐先生は教鞭で黒板を叩いた。「はい、はい、笑わない！」

　笑い声はさらに大きくなった。一人の生徒がチョークのかけらを徐先生に向かって投げて、彼女の手に当たった。私はびっくりして、じっと徐先生を見つめた。徐先生はチョークのかけらをつかんで、すぐに投げ返した。すると一人の子の頭に当たって、生徒たちは笑い転げた。続いて、いくつものチョークのかけらが徐先生めがけて飛んで行った。ゆっくり、ゆっくり、徐先生の目が赤くなり、背中を向けて教室の隅に行って涙をぬぐった。すると、笑い声が止まり、一秒間静かになった。しかし静かだったのは一秒だけで、すぐにワーワーという声が響き渡った。

　授業が終わると、徐先生は自分が泣きべそをかいたことを忘れたみたいに私たちに近づいてきて「ここは気に入った？」「あなたたちお寺ではどんな勉強してたの」「どんな遊びしてたの？」「何食べてたの？」と立て続けに聞いた。

　私たちが漢語をしゃべるといつも笑いの種になった。チベット語の文法は動詞が後ろなので、私たちはいつも「吃飯《チーファン》」〔ご飯を食べるの意〕を「飯吃《ファンチー》」と言い、「喝茶《ホーチャー》」〔お茶を飲む〕を「茶喝《チャーホー》」と言うので、みんながしきりに私たちをからかった。

「おまえたちなんで話ができないんだ？」と誰かが聞いた。

「自分の言葉は話せるよ」私は言った。

「じゃあ、一、二、三、四って言ってみろよ」

「チー、ニー、スム、シー」私は大声ですらすらと言った。

斧はタレ、縄はタクパ
チベット人は娘婿をマクパと言う
木の上のカラスはカタと言う
町の商人はケワと言う

そう叫びながら趙玉璽という名の生徒が近づいてき

た。「僕たちの言葉、話せるの？」私は目を丸くした。「僕の父さんは君たちチベット人相手の商売をしてるんだ。父さんは君たちの字も書けるんだぜ」。そう言って、「カ ka」と「カ kha」（チベット語三十文字の最初の二文字）を書いた。

「君たちはなんで僕たちと違うんだ？」他の子たちは不思議そうに首を振った。

「羊は羊、牛は牛だよ」シェラプ・ソバはそう答えた。

あるいは学校という大きな家庭は寺より温かみがあると思わせようとしたのか、あるいは先生が本当に私たちを好きだったのか、あるいは私たちが他の生徒のようないたずらをしなかったからか、あるいは私たちに官職への興味を持たせるためか、いずれにせよ、新学期が始まるときに、クンブム寺から来た小僧たちは全員が、赤いネッカチーフ〔共産党の少年先鋒隊のしるし〕を付けただけでなく、役職にも就いた。同じクラスではなかったが、私は中隊長になり、セルドク・リンポチェは大隊長に、ジクメ・ギャツォは小隊長になった。

時がたつにつれて、すべての違いがだんだんとあいまいになった。最後は、私たちが学校にお茶を持ってくる習慣を守っていることに興味を示すだけになった。私たちが電気ポットを取り出してお茶を飲むたびに、生徒たちは私たちを囲んだ。これは私たちが寺で身につけた習慣で、大規模な法会の時に限らず、僧侶は読経しながらお茶を飲む。普通のチベット人やモンゴル人もお茶がなくてはいられない。親戚の家に遊びに行くときも茶釜を持って行き、景色のいいところを通ったら、そこに座って、三つの石を釜の底に置いて、お茶を沸かしながら風景を楽しむ。

クンブム寺の第一大組の集団食堂は、私たちのために喜んでお茶を用意してくれたが、だいぶ後になって私たちはこの習慣を改めた。

だんだんと私はこの生徒や教師が、実はいい人々であることが分かり、大勢の友達もできた。しかし、私たちは女生徒とはせいぜい会話をするぐらいで、一緒には遊ばなかった。例えば、私は李英と言う名の女生徒と同じ机だった。彼女は勉強熱心で、いい成績が取れなかったときは、声を押し殺して泣いていた。私は笑って言った。「何で泣くのさ、他の子は零点でも笑ってるのに！」

ある日、李英が「孝」という字の書かれた黒い布をつけてきた。「これ何、ちょっと僕にもつけさせて」私は李英に言った。

「これは喪章よ、おばあさんが死んだから……」李英はそう言ってうつむいた。

「全然違う。人が亡くなったら、僕たちはお経を読んで、灯明をともして、それに放生《ほうじょう》をするのに……」私はつぶやいた。

賀海という名の生徒の父は、当時湟中県の共産党県委員会書記で、賀海はよく私たちを連れて県委員会ビルの中を歩き回った。ある時、私たちを連れてボイラー室の地下通路を探検した。とにかく同級生と一緒に遊ぶことが楽しくて、私も学校に行くのが好きになった。教師は次々に変わった。それぞれ性格が異なり、やさしい人も、怒りっぽい人も、やさしくもなく怒りっぽくもない人もいた。そして、生徒たちの教師に対する態度も人それぞれ異なっていた。敬われる人も、愛される人も、軽蔑される人もいた。後の方に来た張先生は、若くてきれいで、まじめでやさしかったので、生徒たちは彼女の言うことをよく聞いた。

当時は課外活動も多かった。「四害撲滅」もその内の一つだった。生徒はスズメや鼠を殺すと教師から表彰された。ハエたたきのノルマは一人一人に割り振られた。一人が必ず十匹以上殺さなければならず、一番多く殺した子は先生から表彰された。もちろん私もハエや蚊をたたいたが、最初にハエをたたいたとき、罪悪感を感じたことをはっきり覚えている。

学校では映画会もひんぱんに開かれた。どれも解放軍が国民党をコテンパンにやっつけるという内容だった。今でも『草原風暴』『砂漠追匪記』など映画の題名をいくつか覚えている。教師はまた映画の中のシーンを私たちに演じさせた。一方が解放軍になり、もう一方が匪賊《ひぞく》になって匪賊討伐ゲームをするのだ。みんな解放軍になりたがり、匪賊を割り当てられた生徒は不満いっぱいで、涙を流す子もいた。匪賊討伐の拳銃は、だいたいが紙を重ねて作ったものだった。多分親が作ってくれたのだろう、たまに木で作ったものを持ってくる子がいると、みんな物欲しげに見つめた。ゲームのルールは、一発撃っただけで、撃たれた「匪賊」は死ぬことになっていて、撃たれた子はしばらく横たわっていなければならない。しかし、「匪賊」はしばしばせっかちで、寝返りを打ってすぐ立ち上がるので、「解放軍」が怒りだす。すると「解放軍」と「匪賊」の間で本当のけんかが始まる。

「子供にそんなことを教えているのか？」ジャマガは私が学校での出来事を話すたびにため息をついた。「それでも学校かい、まるで匪賊の巣窟だ」

一番違っていたのは教科書だ。以前、私が寺で勉強したのは『帰依三宝発慈悲心《きえさんぽうはつじひしん》』『釈迦牟尼仏生平祈讃《しゃかむにぶっせいへいきさん》』『兜《と》率天上師瑜伽法《そってんじょうしゆがほう》』『救苦救難《きゅうくきゅうなん》ターラー讃《さん》』『普賢行願品《けんふぎょうがんほん》』などだった。いま私が学んでいるのは『東郭先生と狼』『董存瑞捨て身でトーチカ爆破』『黄継光勇敢に敵の銃口を塞ぐ』などだった。私にも、なぜ学校の教科書は自分の命を捨ててまで敵を滅ぼすことばかり教えるのか分からなかった。仏教の経典では、人身は山上からふもとの針孔に糸を通すほど得難いものだから、貴重で厳粛な命は大事に使わなければならず、たとえ敵であっても大切にしなければならないと教えている。

幸い私たちには他にも算数、音楽、体育、図画といった授業があった。私が一番好きなのは、図画の授業だった。私は生まれつき絵を描くのが好きだった。寺では、私はいつもルンタ、雪獅子[97]、四瑞図[98]、七政宝[99]、八吉祥[100]を描いていた。ある時、私たちが経を聞いていると（経を聞くとき、手と耳を併用することもあるし、聞くだけでいい時もある）、私はラコ・リンポチェが聞きながら、鵬《おおとり》を描いているのを見た。それから彼がマッチ棒の表面に脱脂綿を巻いて、墨汁を付けて、鵬の体表の模様を点描すると、本物そっくりになった。家に戻ると私もすぐにマッチ棒を探して、脱脂綿を巻いて、墨汁を付けて点描してみた。ためつすがめつ眺めて、大いに満足した。私の頭の中ではラコ・リンポチェの絵とほとんど同じだった。何年もたってから、私が再びその絵を取り出して見た時、ラコ・リンポチェの作品とは全然違うことにやっと気が付いた。

学校の図画の授業は机や、椅子や、木のベンチや、天安門や、五星紅旗などの静物を描くだけで、私にとっては簡単すぎたが、それでも図画の授業は好きだった。私が描く五芒星[101]は、教師も「すごくいい」「立体感がある」「整っている」といつも褒めてくれた。

一時期、ロシア語の授業もあった。ロシア語の教師はとても辛抱強く巻き舌を教えてくれた。巻き舌が一番うまい子が、一番いい成績をもらった。五十年近くたって、最近私が学んだ単語をロシア語の分かるモンゴル人に聞かせたら、誰も分からなかった。彼らは長い時間をかけてやっと私が言う二つの単語がブマーガ（紙）とキタイ（中国）であると言い当てることができた。

漢人の学校で、私は四年間だけ勉強した。全て漢語での授業だったが、四年間で簡単な基礎を学んだだけだった。私の今の漢語は、後にギャヤ・リンポチェに勧められて独学で身に着けたものだ。

僧侶が恋歌を歌う

僧侶たちが思想改造を受けているときは、ちょうど「三面紅旗」[102]がクンブム寺の上空にひるがえった。そして、クンブム寺の周囲の山に電灯を吊り、司令部のテントには創意をこらして放送局を設置し、昼も夜も開墾作業をするよう促した。

開墾とは、クンブム寺の周囲の山を掘り返して、草を抜き、木を切り、小麦、裸麦《はだかむぎ》、燕麦《えんばく》、豌豆《えんどう》、ジャガイモ、ナタネなどを植えることである。当時、集団食堂の給食はだんだん少なくなっていた。一日働いて、手も足も上げられないほど疲労困憊しているときに、司令部の幹部たちは歌のうまい若い僧侶に恋歌を歌わせて放送で流して、人々の勤労意欲を引き出そうとした。恋歌は民間には前からあり、チベット語でライ―[103]、地元の漢語で「少年《シャオニエン》」と呼ばれていたが、恋歌のこの使い方は確かに発明だった。チベット人はライ―を歌い、漢人は少年を歌った。

ひとしきり訓練すると、僧侶たちはうまく歌えるようになった。一番よく歌われたのは漢語の「花児《ホワアル》」[104]だった。

高山に登って平地を眺めると、
平地には一本の牡丹の木。
簡単に摘めそうだが難しい、
摘めなかったらむだ骨折り。
山に登るなら刀対山に登れ、
刀対山は高くて遠くまで飛べる。
片足で二つの船に足を掛けていたら、
船が出る時どっちも逃がしちまうよ。
子馬に乗って銃を担いで、

長城を越えて大黄《だいおう》を掘りに行く。
あの子を思ってひとしきり泣いて、
林に向かって二発ぶっ放した。
……

私が強く印象に残っている恋歌も、彼らが良く歌っていた歌だ。チベット語のライーで、題名は忘れたが、歌詞は覚えている。当時、人々は仕事をしながらこの歌の節を口ずさんでいた。

本当に馬に乗りたいの?
もしも本当に馬に乗りたいなら、
ラサの市場で鞍を買って来て、
パルコルでくつわを買って来て、
目の前の草原まで来たときに、
手綱を綯《な》うかどうかは自分で決めなさい。

本当に恋人を探しているの?
もしも本当に恋人を探しているなら、
袖の中に誓いの贈り物を入れて、
山神の前で誓いを立て、
うわさが立ちはじめた時に、
付き合うかどうかは自分で決めなさい。

もちろん、毛主席と共産党に感謝する歌は、どんな時にも欠かせない。しかし、彼らがいつも歌っていた毛主席をたたえる歌は、もともとはチベットの民間で歌われていたダライ・ラマとパンチェン・ラマに捧げる歌で、歌詞を変えただけだった。

元の歌詞:
ギャワ、パンチェンのお二人は
ガラヤチュオノーノー〔掛け声〕
まるで太陽と月のように
雪国の高原を照らした
心には慈愛がある

アーーアーー
雪山の上を照らした
心には慈愛がある

それからはチベット人民は
ガラヤチュオノーノー
幸せな生活を送った
イラチャンバノーノー

アーーアーー
幸せな生活を送った
心には慈愛がある

新しい歌詞：
毛主席の輝きが
ガラヤチュオノーノー
雪山の上を照らした
心には慈愛がある
（以下元の歌詞と同じ）

ライーを歌うことが、修行者にとって戒律に反することは言うまでもないが、私たちの草原で牧畜民の男女がライーを歌うときはゲルの見えないところで歌うし、農業地帯も同様、村が見えないところで、若い男女が農作業をしているときに初めてライーを歌うのであって、人の見ている所で歌ったら風俗を乱したとみなされ、老人たちが怒って彼らを追い回した。それが今ではすっかり変わってしまって、人前でいちゃつき、それを拡声器で拡散したので、寺の周囲に住む老人たちは怒って歯ぎしりをしていた。

　その上、湟中県第一中等学校と師範学校の女生徒もクンブム寺に派遣されて住んでいた。他のゲルク派[105]の寺院と同様、クンブム寺は女性が宿泊することを禁止していた。そして、特別な大法会の期間に、僧侶の両親や親戚が遠くから訪ねて来たときにだけ、寺に泊まるのを許していた。普段、特に夏安居《げあんご》[106]の期間、チベット語でヤルネーの期間は決して女性が寺に泊まることを許さなかった。

　今では、天真爛漫な少女たちが、笑顔を輝かせながら寺のあちこちに出没するようになった。そして、一部の僧侶はそうした女生徒と結婚した。僧侶の還俗には、戒律奉還の儀式が必要になる。奉還の意味で新しい僧服を作って、特別な儀式を執り行う。そういうことは過去にもあった。僧侶の両親や兄弟姉妹が亡くなり、彼が世俗の義務を果たさなければならなくなった時には還俗することもあったが、それはやむを得ない事情からだった。しかし、今ではすべてが改革され、外で妻を見つけて、還俗もしないで寺に連れてきて住む僧侶まで出てきた。

当時、昼間私は学校に行っていて、大人が何をしているか知らなかった。夜に山の上から歌声が聞こえて来るたびに、私はつられて遊びに行った。私はいつもセルドク・リンポチェ、ヨンテン・ニマ、ジクメ・ギャツォなど七、八人の小僧と一緒に遊んだ。ある時、私たちは「ツルティム・ギャツォと韓英華の結婚」というゲームをした。私たちはみんなその結婚式の一部始終を見ていたからだ。ツルティム・ギャツォはクンブム寺で最初に結婚した僧侶で、韓英華は漢人の女学生だった。

酒を飲んで煙草を吸う僧侶は積極分子として抜擢された。そして、煙草も吸わず酒も飲まない人は、宗教迷信にとらわれた落伍分子、頑固頭、開かない「封建主義の覆い」とされた。そういう人は、たいてい年長者で、周りに人がいないときには、しきりにため息をついて、こっそりと三宝〔仏法僧〕に祈っていた。

金剛導師、十万諸仏
私は今貪《とん》・瞋《しん》・癡《ち》に縛られ
身語意《しんごい》[107]で十不善[108]の悪業を積みました
三宝を誹謗侮辱し、正法《しょうぼう》を誹謗《ひぼう》し、衆生を傷つけました
諸仏菩薩の加持で
全てを告白し懺悔します！

のちに、多くの若い僧侶が西寧の大通炭鉱に労働者として派遣され、他に一部の人は西北民族学院と青海民族学院の学生になり、また還俗して家に帰った人も多く出た。もちろん、それ以前に逮捕されて連れ去られた人も、この間に逮捕されて連れ去られた人も、失踪した人もいた。こうして僧侶の人数は一気に減り、僧坊も空き部屋が多くなった。

「大躍進」の逸話

集団食堂開業の時は、祝いのために吉日が選ばれた。

クンブム寺の付近には当時すでに多くの漢人が住んでいたので、祝い方もチベットと漢の両方のスタイルが取り入れられた。八個塔の広場で銅鑼と太鼓を叩き鳴らし、爆竹を鳴らした。「張爺《ジャンイエ》ギュパ」というあだ名の密教学堂《ギュパ・タツァン》の僧侶が祭りの余興で道化に扮した。毛皮の服を毛を外に裏返しに着て、顔には真っ黒に炭を塗り、一方の手に銅鑼を持ち、もう一方の手には矛のような棒を持って、棒の先の球状の所には赤い絹布を結び付けて、銅鑼をたたきながら自分で作った戯れ歌を歌った。

「封建主義の覆い」があばかれた
貧しい僧侶は解放された
わしらの主任は結婚した
胸のリボンはこよなく赤い
封建迷信なんて怖くない
吊し上げだって打ちこわしだってやってやる

クンブム寺では高足踊りはやらなかったが、歌いながら踊る田植え歌チームはやった。当時は、学校、放牧地区、農業地区どこにでも文芸工作団[109]があり、クンブム寺も例外ではなかった。この日、若い僧侶の中の痩せた人が派手に着飾って結構きれいに女装した。見物人の中には、「あれ、おまえら寺に女を隠してたのか！」と言い出す者さえいた。

「違う、違う、これはラマが演じてるんだ。彼らはもうすぐ結婚する。この寺の民主管理委員会主任の、先頭にいるあいつはもうとっくに結婚してる。妻は楊金花だ、みんな知ってるだろ？」幹部たちはそう釈明した。

仏具の中では、チャルメラなど田植え踊りの役に立たない楽器を除いて、以前金剛舞やハヤグリーヴァ舞を踊るときに使った太鼓やシンバルなどは、みな田植え踊り隊が持ち去って、雨音のような音を立てていた。

ドンドンジャン
ドンドンジャン
ドンジャンジャン
ドンジャンジャン

集団食堂化は、こんなふうに張り切って始まった。最初のうちは牛肉餡入りのマントウや羊肉の塩茹が毎日出た。

私が所属していた第一大組の集団食堂は、数人の僧侶が調理人《ジャマ》になった。幹部たちはジャマを漢語の「炊事員」と言い直させた。そして彼らに墨染めの袈裟と頭からかぶるエプロンを着させた。そして、その数人の炊事員はマントウを蒸したり、白菜を切ったり、ダイコンの皮をむいたり、ジャガイモの皮をむいたりと毎日忙しかった。包丁がまな板に当たるトントンという音が聞こえると、私は厨房に入って行った。特に夜ジャマガたちが会議で、遊び友達もいないとき、私は足しげく通った。

冬の夜は寒いので、炊事員たちは私をかまどの縁に座らせてくれた。かまどの縁がまるでオンドルのように暖かかったのを今でも覚えている。たまに、炊事員は私にこっそりとマントウやホワジュアン（花捲。渦巻き型マントウ）を一つくれた。何度か私はかまどの縁で寝てしまったが、いつも炊事員の中の誰かが私を抱いて家のオンドルまで送り届けてくれた。

ある時、数人の炊事員がホワジュアンを作っているのを見て、私もやってみたくなった。「あれ、おまえ、羊を見たら羊のまね、牛を見たら応援か！　ほら速く、人に見られないようにな」そう言いながら炊事員のツルティム・ラジはやわらかい生地を私にくれた。私はすぐに作り始めて、本当に小さなマントウを数個作った。

「おまえたち搾取階級は、労働人民の血と汗を惜しまず、まるで泥のように食糧を浪費している！」ガワン・チワが突然入ってきた。彼はこの集団食堂の主任執事で、今は大管理員と呼ばれている。

だが私は決して食糧を浪費していない！　くやしかったけれど、口答えはできなかった。炊事員たちはみんなうつむいて、私を追い出さなかったことで互いを恨んでいるようだった。その後私は二度と厨房に行かなかった。しかし、みんなが飢え始めた時期になると、私が厨房の前を通ると、ツルティム・ラジがすきを見て、私にお焼きのような形の代用食を持たせてくれた。

その頃になると、小僧たちの規律もなくなり、放課後は夜までクンブム寺の中を走り回った。薄暗い電球の光に照らされて、三、四人の僧侶が集まって酒を飲み、拳[110]を打ち、また時には「羊追い」をしていた。「羊追い」は拳打ちと少し違う。毎回まず「シー」と羊を柵に追い込むときのような声を上げる。これは「大が小を押さえる」とも言い、小指か、薬指か、中指か、人差し指を出す。薬指は小指を押さえ、人差し指は薬指を押さえる。あれがこれを押さえ、これがあれを押さえ、負けたら酒を飲む。こうして、僧侶の中の積極分子は、戒律のない生活を楽しんだ。

ある日、「三つ角」と言うあだ名の僧侶が吊し上げられた。彼は以前寺の総務の高官で、食糧の受領と寄進された物の配布の全体を統括していて、一部の人に恨まれていた。その上、付近の村の貧下中農代表も一人群衆に紛れこんでいて、三つ角に向かって「悪党め、おまえはおれの母親を強姦しただろう？　今日おまえを父親と認めてやる！」とののしった。人々は皆唖然とした。後で人が「あの貧下中農代表は目立ちたいから、ありもしないことをでっち上げるんだ。これが初めてじゃない」と話しているのを聞いた。その時は、他にも三つ角の額を指さして、「反革命三つ角、おまえはおれたちを搾取迫害し、おれたちに牛馬にも劣る生活をさせた。今『封建主義の覆い』があばかれて、おれたちは毎日餡入りマントウや肉が食えて、いい生活が送れる！」と、ののしる人もいた。

「よかった、よかった。それが毎日続いてほしい」と言って三つ角はうなづいた。そういう彼の表情は誰にも見えなかった。彼は九十度のお辞儀の姿勢をさせられていたのだ。

集団食堂で食べるというのは、つまり、各家の小麦粉、バター、干し肉、それに人々が節約して貯めた米を全て集団食堂に供出するということだ。一晩のうちに大量の食物が集まれば、当然食事もよくなる。だが、食べるたびに減っていって、数か月後にはほとんどなくなってしまった。

最初のうちは、集団食堂で料理が出来上がると、幹部は鐘を鳴らして人を集めるよう要求した。幹部が何度言っても、僧侶の叩く鐘のリズムは、以前の法会と同じだった。ゴン、ゴン、ゴンゴンゴン……。

その後、鐘が鳴るのを待たずに、みんな集まって長い列を作るようになった。食事は大なべ料理で、基本的にいつもうどんだった。一人ひしゃく一杯、肉は目立って少なくなり、碗の中に一切れも肉がなかった人は、左右を見まわして隣の人の碗に肉があると、心穏やかではいられなかった。怒りや、恨みがこうして生まれた。そのうち、餡入りマントウは一ヵ月に一回しか食べられなくなった。そのさらに後になると、うどんはなくなり、餡入りマントウなど想像もできないことになった。うどんの代わりはすいとん、つまり野菜入りの練り粉スープだった。しかも、以前の三食が二食に減った。一食目は、普通はマントウだが、マントウの大きさはどんどん小さくなり、子供のげんこつより小さくなった。二食目がすいとんで、練り粉がスープの表面に浮いていて、それにわずかなジャガイモと干した菜っ葉が入っていた。

「このすいとんは箸でつかめない！」老人たちはますます薄くなるすいとんに不平を言った。

「飢えちまうかもしれない」

「まさか、今は新社会だぞ」

「年寄りの話では、天然痘で死人は出たし、地震でも死人が出たが、飢えで人が死んだなんて聞いたことがないらしい」

いろんなことを言っていたが、みんな心配で気が気でなかった。しかし、こうした会話は、すぐに幹部たちの耳に入り、「反革命流言」として断罪された。

だいたい一九五九年末になると、すいとんもごくわずかしか飲めなくなった。大なべの中のスープはほとんどが野草で、口に残るものは何もなく、全部真っ直ぐ胃に下ってしまうほど薄かった。人々の間に下痢が蔓延した。顔色もますます青くなり、歩いてもよろめくようになった。

しかし、政府はまだ「十年でイギリスに追いつき、二十年でアメリカを追い越す。社会主義のソ連は天国のようだ」などと宣伝し続けていた。ある人は、「ソ連では商店に販売員がいなくて、欲しい物は食品でもなんでも自分で手に取っていい。食べたいだけ取ることができ、腹いっぱい食べるのが原則だ」と言っていた。

この偉大な目標を実現するために、「お上」は今度は「鉄鋼大生産」を始めた。人々は、経堂の中の仏龕、書棚に付いた大小の蝶番、かんぬき、錠や鍵まで、およそ鉄製の物は全て取り外して鉄鋼生産に回した。

当時、鉄鋼生産の場所はあちこちにあった。しかし、クンブム寺に一番近い所は数十里〔華里＝五〇〇メートル〕離れた円石山だった。幹部たちは、そこで鉄鉱石が発見されたので、採掘すれば鉄鉱石が採れるし、もしかしたら鉄がそのまま出てくるかもしれないと言っていた。

多くの僧侶が、円石山の製鉄所に送られた。しかし、戻ってきた僧侶の中には寺にたどり着いたとたんに倒れてしまい、話しもできない状態の人もいたし、呼吸の乱れている人もいた。みんな怖くなって、こっそり護法神に自分が円石山に送られないよう祈った。


その後、集団食堂は食券を配布した。食券には二両〔一両は五〇グラム、十両で一斤〕、四両、半斤、一斤があった。どれも厚紙に印刷されていた。他にも配給券が配布された。食糧、食用油、肉、卵、砂糖、豆製品、布、マッチ、石けん、何を買うのにも配給券が必要になった。当時、商店は商店とは呼ばず、百貨公司と呼ばれていた。百貨公司に行く人はどんどん少なくなり、ひっそりとしていた。数量限定の物は売り切れたら、たとえ百回通っても買えないのだった。当時、夜使う電球でさえ制限されていて、一五ワットを超えるものはなかった。

「電球は赤くてまるで猫の目のようだ。全然見えない」

ジャマガは老眼鏡をかけて繕いものをするとき、いつもそうつぶやいていた。

ある日、ジャマガは破れた自転車のチューブを拾ってきて、薄暗い電球の下で、はさみを使ってたくさんの輪ゴムを作った。そして、私たち二人の食糧配給券や、布配給券、それに作業する時の労働時間記入表を、念入りに輪ゴムで留めた。「これはおれたちの食糧だから、なくしたら飢えることになるんだ」ジャマガはつぶやいた。「お上」はいつも「労働に応じた分配、多く労すれば多く得る、少なく労すれば少なく得る、労しなければ何も得ない」と言っていたが、決められた量が少なすぎて、腹を満たすことができないので、盗みを働く人が増えて行った。みんな冗談で、これは「盗み」じゃない「撈」〔労と同音。とる、せしめるの意〕だ、と言った。そして、ダジャレを編み出した。「多く撈すれば多く得る、少なく撈すれば少なく得る、撈しなければ何も得ない」

代用食品が出現した。例えば小麦粉は、粉に挽いたジャガイモの蔓やダイコンの茎で代用した。そしてノゲシ、ツルキンバイ、ネコノメソウなどの野草を食べ始めた。学校でも生徒に野草を掘らせた。ある生徒が大きなネコノメソウの根を掘りあてたら、みんなうらやましそうに取り囲んで、教師も何日も褒めた。「麻英子」と呼ばれる植物の根を私たちはたくさん食べた。

その後は、野草もなくなった。空腹に耐えきれなくなって、人々は山に入り、小川の岸に生えている緑色の植物の根を掘って洗った。それは絡まり合った根で、村人はそれを「渣垈《ジャーファー》（屑の塊の意）」と呼んでいた。私たちの第一大組と第二大組の集団食堂では、渣垈でお焼きを作った。周囲の農村ではもう長い間これを食べているという話を聞いた。

「家畜だって食べないのに、これを人間が食べられるのか？」

「これを食べなくて、他に何か食べるものがあるのか？」

みんないろいろ議論して、誰かが第一大組と第二大組の積極分子が率先して食べるという提案をした。

「うまい、すごくうまい。これは穀物のお焼きと違わない」彼らはみなそう言った。

それなら食べないわけにはいかない。まさに渣垈を食べようとした時、護法神のご加護か、「お上」から渣垈を食べてはいけないという指示が来た。

後から、渣垈には猛毒が含まれているということを聞いた。

学校が休みになると、私も大人と一緒に畑仕事をした。何人かの男が畑を横切る小道を坂の向こうのチュルカ村に向かって歩いて行くのが見えた。彼らはルシャル鎮での用事を済ませて家に帰るところのようだった。彼らの顔はほこりっぽく、むくんでいた。憂い顔で、暗い眼差し。当時の人はみんなそうだった。

「ミラレパが苦行をしていた時も、こんな様子だった」ジャマガが言った。「だが、ミラレパは慈悲と智慧を悟り、衆生に利益をもたらすためだった」

「僕たちは？」私は聞いた。

「社会主義路線に進むためだろうよ」ジャマガの声は

聞き耳を立てないと聞こえないほど小さかった。私は彼自身にも聞こえないのではないかと思った。

さて、その人たちが坂を上っていると、一人がだんだんと遅れだした。そしてついに座り込んでしまった。彼の同行者たちは立ち止った。彼は立ち上がってまた歩きはじめた。二、三歩進んでまた座り込んでしまった。「アー、座ってもいられない」彼はそう言って、地面に倒れた。私たちのうちの一人が農具を置いて駆け寄った。私もついて行った。私は彼が白目をむいて、虫の息になっているのを何もできずに見つめていた。

「すぐ彼の家族を呼んで来い！」誰かが叫んだ。誰かが呼びに行った。最初のうち、倒れた人が身動きしているのが見えた。しかし差し出す食べ物もなく、私は見ていることしかできなかった。しばらくして、一人の女性が魔法瓶のお茶とお焼きを一つ持って来た。どちらも代用食品だ。彼女は頭に巻いたタオルを取って、倒れている人の顔を拭き、魔法瓶のキャップにお茶を注いで、一方の手でその人を支えて、もう一方の手で茶を一口二口飲ませ、お焼きを食べさせた。すると彼は一息ついたかのように、身を起こして座った。

「あんたがたがすぐに知らせてくれたから、うちの夫は助かりました。ありがとうございます」女性は目を赤くしてみんなに礼を言った。

本当は彼女がとても機転がきいていたから夫が助かったのだ。ちょうど馬を引いた人が通りかかった。馬も力がなかったが、農具を積むことはできた。彼らは倒れた男に馬の尻尾を持たせて、村に帰って行った。

私たちの所では、こういうことがよくあった。坂道で動けなくなると、馬の尻尾を持たせる。乗らないで、馬にちょっと助けてもらう。

たまには、町で物を買う人もいた。最初のうちはこそこそと、物陰で急いで売り買いをしたが、後に政策が少し緩んだようで、売り買いの人も増えた。だが、どれも非常に高かった。砂糖菓子一個が、もちろん代用食品で、口に残るのはおがくずのようで、舌に刺さって痛くなって、呑みこもうにも呑み込めないような物が、十二元だった。

ある時、私はリャンフェン〔涼粉：緑豆で作るところてん状の食品〕売りを見かけた。私とセルドク・リンポチェはひさしくリャンフェンを見ていなかったので、立ち止まって物欲しげに見つめた。ちょうど一碗買う人がいて、まさに食べようとした時、別の人にひったくられた。ひったくった人は身をひるがえして駆け出し、盗られた人が追いかけた。まさに追いつこうとしたその時、盗った人は碗の中に自分のつばを吐いた。

アンジャス邸と私の家は隣り合っていた。アンジャス・リンポチェは顕教と密教の両方に通じた修行者だった。特に密教について、彼の悟性は人々に称賛されていた。彼はまた巡礼も好きだった。ラサだけでなくインドにも行ったことがあった。一九五八年十月十五日、あの最初の「封建主義の覆いをあばく大会」の時に、アンジャス・リンポチェは連れて行かれた。彼の邸宅は湟中県衛生学校に占拠された。

それは種まきの季節のことだった。馬が肥料をいっぱい積んだ荷車を引いて、力なく畑の脇を歩いていた。すると、小雨が降ってきて、坂道は滑りやすくなった。その馬が肢を踏み外すと、引いていた荷車はバランスを失い、馬を引きずって一緒に谷川に転落してしまった。その馬は即死だった。

私たちは空腹で我慢できなかったが、習慣上チベット人は馬肉を食べない。そのわけは七政宝の中の一つが馬だからだ。ではこの死んだ馬はどう処理しよう？

「食べちゃだめだ」最後は習慣が飢餓に勝った。この死んだ馬は、私の邸宅の隣の衛生学校に売ることにみんなで決めた。それで得たお金で食べ物を買うことにした。

衛生学校の学生たちがほとんど総出で、馬を運んで行った。

私の家の屋根に登ると、少し低い所にあるアンジャス邸、当時の衛生学校がはっきりと見えた。その日は第一食堂の人が全員出て来ていて、屋根の上に登ったり、軒とつながった塀の上に登って、腕を組んだり、首をのばしたりしてじっと衛生学校の学生たちを見つめていた。中庭では大勢の人が、皮をはいだり、骨から肉を削り取ったり、肉を切ったり、馬の腸を引っ張り出したり、まるで蠅のように動き回っていた。それが終わると、残った馬の脚と尻尾のついた皮を吊るした。皮をはがれた馬の肉は、牛肉とほとんど同じ色だった。

誰かが愚痴をこぼした。「おれたちが食べたってよかったのに」。多くの人がうなずいた。学生たちが馬肉を煮るのを見ていると、だんだんいい匂いが漂ってきた。しかし、もう売ってしまったから、何を言ってもしかたない。ただつばを飲み込むだけだった。

ジャマガのユンテン・ギャツォという名の友達が、共産党県委員会農場の集団食堂の炊事員に配置転換になった。そこにいるのはみな幹部の家族だから食事は少しはましだった。ユンテン・ギャツォはたびたびマントウやおかゆなどの珍しい食べ物をこっそり持ってきてくれた。マントウは竜眼のように小さく、おかゆは米粒をすくえないほど薄かったが、何といっても代用食品ではなく、本物の小麦粉と本物の米で作られていた。

ユンテン・ギャツォの持ってきてくれた食べ物を食べるとき、私はいつも少しずつ食べて、ゆっくりと飲み込み、穀物の香りができるだけ口の中に長くとどまるようにした。

ある日、ユンテン・ギャツォが来て言った。県委員会農場は解散するが、集団食堂にはまだ食糧が残っているから、みんなはお上に返納せず、自分たちで分けてしまおうと言っている。食事を作って、家族や友達をみんな呼んで食べてしまおうと提案する人もいたということだった。そこでユンテン・ギャツォは私とジャマガを思い出して、数日後に県委員会農場の集団食堂に来てくれと言った。

しかしその日、運悪く私は学校からの帰りがとても遅くなった。ジャマガは玄関先で長い間あたりを見回していた。

「ああ、一体何してたんだ、こんなに遅くなって、忘れたのか?」私の姿が見えると、ジャマガは急いで駆け寄ってきた。

「僕たちこっそりご飯食べに行くんだよね」私は笑って言った。

「シー、声が大きい」ジャマガも笑った。

そして私たちは出発した。私がジャマガの後ろについて歩いていると、彼のお尻の二つの黒いつぎはぎの動きがどんどん速くなるのが、まるで黒い鉄板をお尻に溶接したように見えて、笑い出しそうになった。彼のズボンも黒いのだが、袈裟を染めた黒なので、時間がたってえんじの地色が現れて赤黒い色になっていた。一方、二つのつぎはぎは新しいので目立つのだ。私たちはできるだけ速く歩いた。どこからそんな力が出たのだろう、熱くなって背中からも汗が吹き出た。

その日、県委員会農場の集団食堂ではテントゥクを作っていた。みんなすごい勢いで食べていた。大きな集団食堂の中は、ズルズルという麺をすする音と、タッタッタッとお代わりを盛りに走る足音だけで、人の声はほとんど聞こえなかった。

私はといえば、一気にどんぶり十二杯も食べた！　そのどんぶりは結構大きくて、私が両手で捧げ持てないくらいだった。あれが私の一生で一番たくさん食べた日だった。ジャマガは心配して「やめろ、やめろ、おなかを壊したらどうするんだ」と何度も言った。

確かに、私のおなかは膨れて、ちょっと痛くなった。しかし、私の眼はテントゥクにくぎ付けで、おなかは満腹でも眼はまだ満腹になっていなかった。

私たちは帰ってから、身体から食べ物のにおいがして気づかれるのではないかと心配になり、何度も水で口を漱いだだけでなく、部屋の中でビャクシン香をたいた。

夜六時ごろ、私たちが学校から帰ってきて、八個塔の広場を通った時、大勢の人が集まっているのが見えた。少なくとも二百人、男も女も子供もいた。全員黒い囚人服を着ていたが、その体つきからすると、牧畜地区から来たようだが、身に着けた服はぼろぼろだったし、牛馬もテントも持っていなかった。みな顔はほこりっぽく、ふらふらしていた。互いにチベット語で小声でを話していた。すでに大勢の人が彼らを囲んで見ていた。

「どこから来たんだね？」誰かが話しかけた。

「労働改造農場だ」[111]。地面に座り込んだ老人が答えた。

みんな顔を見合わせた。彼らは一九五八年のあの「反乱鎮圧」で捕まった人たちに違いない。当時、捕まった人は非常に多かった。私の故郷の海晏県も「反革命県」とされ、「お上」は「男を千人鎮圧して、海晏県では反乱を起こさせるな」と言った。それで海北州公安局は「千人の男を捕まえろ、千人に足りなかったら、不足分は女子供を捕まえろ」と命じた。

いわゆる「反乱鎮圧」の「反乱」とは、当時牧畜地域で集団化を強制したことに関係している。豊かな人も貧しい人も財産をすべて政府に没収された。家畜は連れて行かれ、金目のものは持ち去られ、一晩のうちに農民と牧畜民が苦労して貯めた富が強制的に没収された。自分の財産を守るのは本能だ。牧畜民の家庭には猟銃がある。普段は家畜が獣に襲われないためだが、この時は財産を守るために使ったのだ。

　だが、解放軍の銃と大砲には勝てず、最後はやむなく寺に逃げ込んだ。災難が起こったら寺に行くというのは千百年来の習慣である。そうして寺は「匪賊をかくまう拠点とされ、瞬く間にカムのリタン寺[112]、アムドのセルゾン寺[113]など多くの歴史ある寺が砲撃で廃墟となった。

「お上」はまたチベット人の自分の財産を守る行為を二つに分類した。一つは「反乱」、もう一つは「反乱予備」だ。クンブム寺はどうやって「反乱」するかも知らなかったし、まして「予備」などしようがないが、「反乱予備」と規定された。

　時を移さず事前に決められた比率での逮捕が始まった。

「当時、うちの部族の人々は大人も子供も全員、一人残らずトラックに詰め込まれ、西寧に連行されたんだ。これまでに大勢死んでしまった。今になってやっと生き残ったわしらを無罪だと言って釈放したんだ」地面に座り込んだ老人が言った。

「おれはその時ヒツジの放牧をしていた。道路をトラックが走ってきて、中の人が私に手招きしているのを見て、近づいて行ったら、手錠を掛けられた。審問の時どんな罪を犯したのかと聞かれたんで、おれは人数が足りなかったから捕まったと答えたよ」一人の若者が言った。

「あんたら家はどこだ?」野次馬の一人が聞いた。

「遠すぎて帰れないよ。捕まった時は車で連れてこられたが、送り返してはくれない。クンブム寺に行けば食べ物をもらえるという話で、ここに連れてこられた」また若者が言った。

「彼らはトラック数台に乗せられてきたんだよ。おれ見たんだ」一人の野次馬が裏付けた。

　それから、この二百人ぐらいの人々はクンブム寺で空き家を探して住み着いた。当時、クンブム寺には空き家が多くなっていて、雨期になると一部は自然に倒壊した。正常な頃のクンブム寺は、つまり一九五八年に集団食堂が始まる前は、整然と塀で囲まれた四合院が並んでいた。今は、長い間人が住んでいなかったので塀も崩れ、外から中の様子を見ることができた。

私たちは彼らを「収容犯」とか「アブホ」と呼んだ。遠くの牧畜民のことを私たちは田舎者という意味を込めてアブホと呼んでいた。ときに、「収容アブホ」と呼ぶこともあった。

初めのうち、彼らはクンブム寺の中で物乞いをしていた。しかし、寺は避難所ではなくなっていた。また、私たちも食べ物が欠乏していた。五、六ヵ月後には、収容アブホたちの顔はむくんできた。歩いているうちに倒れる人や家で死ぬ人も出てきた。私たちはアブホの子供や大人が大勢死ぬのを目撃した。

何年も後になって、私はクンブム寺の近くのラルカンという村で一人の婦人に会った。なまりが現地のチベット人と違うし、現地の漢語も話せたので、私は彼女の故郷はどこかと聞いた。

「私の故郷はジェクンドです」彼女は言った。

「なぜここに来たんですか?」私は聞いた。

「一九五八年に、私がまだ子供のころ、逮捕されて何年も収容された後に釈放されました。その後、私たちはクンブム寺に物乞いに来たんです」彼女は言った。

「ジェクンドにまだ親戚はいますか?」私はまた聞いた。

「いません。家族全員が労働改造農場に入れられました。私だけが生き残って、孤児になったので、ここで結婚しました」彼女はつらそうに言った。

彼女の話を聞いて、収容アブホの中にも生き残った人がいたことを私は初めて知った。

当時、「飢え」という言葉は非常に忌み嫌われた。人が死んでも、「餓え死に」とは言えず、「病死」と言わなければならなかった。「お上」はクンブム寺のチベット医療に覚えのある僧侶を集めて衛生組を作った。患者はどんどん多くなり、毎日長い行列ができた。代用食品しか食べていないのだから、病気になるのが当たり前だ。衛生組は薬を出したが、薬で飢えを満たすことはできないから、やはり死んでいった。このような状況で死んだ人のことは全て「病死」とされた。

クンブム寺の周囲の村では、だいぶ前から死人が出ているということだった。全村死に絶えた村もあり、チョガタン、タシタン、チョルカ、ジェカ、ギャヤタン、[114]バンロン、ホンヤール、ポジャイン、パンシャールでは多くの人が死んだ。

その後、クンブム寺にまた多くの見知らぬ人が来た。七、八十人もいただろうか、工作組の一つが連れてきた。彼らは幹部に対して礼儀正しかったが、卑下はしなかった。時には、幹部たちと冗談を言い合っていた。

彼らの服装は私たちと違っていた。どちらも制服だが、彼らの布地は上等で、見たところ幹部たちの服より良かった。

彼らの大部分はゲギャ邸に割り振られ、残りは隣の建物に割り振られた。

住み着くとすぐに、幹部たちは彼らにゲギャ邸と隣の建物の間の壁を取り壊させて、すべての人が同じ空間に住むようにさせた。

壁を壊すというのは、社会主義と関係があるそうだ。幹部たちの話では、社会主義になったら、電灯と電話付きの二階建ての家に住めるということだった。そこで、壁にみな穴をあけて、家と家をつなげた。うちの家の間の壁も取り払われた。電灯は、あまり明るくはなかったが、一九五七年ごろにはもうあった。

その後、彼らは「民主人士」で、逮捕されてはいないが監視対象になっているという話を聞いた。また、別の人は、彼らの本当の身分は千戸長、王侯、それに都会の資本家、馬歩芳の部下などで、いろんな民族がいる、と話していた。彼らは、彼らが来てから設立された「社会主義学院」の研修生となった。

研修生は毎日一か所に集められ、確かに学習していた。しかし、一体何を学習していたのか、誰も知らなかった。

しばらくたって、研修生たちも私たちと同じように労働するようになった。スコップや鶴嘴《つるはし》、鍬《くわ》などの農具を持って畑に行って、裸麦や燕麦、豌豆を栽培した。

またしばらくたって、誰かが、彼らの食事は私たちよりもっと悪いと言った。

一年後、彼らの中から「卒業」する人が出たので、山に運んで穴を掘って埋めた。最初のうち、幹部たちはゲギャ邸の仏堂で簡単な追悼式を開いた。その後「卒業」する人が多くなると、埋葬もせずに、山の中の雨で浸食されてできた溝に捨てるようになった。一人の僧侶は畑仕事をしているときに、その死体を指差して「何日か前までは元気だったのに、何で今日死んじゃったんだろう?」と言った。

私たちは、毎日の登下校の際に、寺の周りのくぼみで死体を見た。当時、クンブム寺を一歩出ると、私は身の毛がよだった。

だんだんと分かったことだが、彼ら「民主人士」がクンブム寺に送られてきたのは、「洗脳して思想を入れ替える」ため、つまり労働教養のためだった。

第三章　寺院の半開放

■■シェラプ・ギャツォ大師が来た

劉昌方という名は漢人の名のようだが、彼はチベット人だ。幼名を劉ラモといい、当時は湟中県統一戦線部の部長を務めていた。彼が一人の幹部を連れてやってきたとき、私はちょうど下校途中で八個塔のところでばったり彼に会った。

「今おまえを探していたところだ」劉部長は私を見つけて言った。「明日、おまえに宗教任務があるから、袈裟を着なさい」

「学校には行かないの?」私は驚いて聞いた。

「もう休みを取ってある」もう一人の幹部が言った。

「だけどぼく袈裟なんか持ってないよ!」私は不思議に思って彼らを見た。

「『お上』が用意してある。客間も用意した。ジャマガが教えてくれる」劉部長がいかにもわけありげに同行の幹部に向かってうなづき、二人は立ち去った。

その年、私は十一歳だった。かばん一つ、制服一組、布団一組とまくら一つのほかには何も持っていなかった。私の前世たちの残した仏具や貴重品は、すべて没収されてしまっていた。

私の邸宅に入ると、仏堂の脇の部屋が片付けられ、絨毯が敷かれ、家具が置かれ、部屋の真ん中の小座卓にはツァンパ入れが置かれ、その周囲に四枚のマットが置かれていた。しかし、以前ここにあった座卓とは違っていた。以前の座卓は部屋の大きさに合わせて作られたもので、赤地に八吉祥が描かれ、上には宝瓶、小鼓など各種の仏具が並べられ、その周囲に同じ色の六枚のマットが置かれていた。それに、他の家具も以前とは違っていて、高さも大きさも不揃いだった。

「みんな没収局が持って来たんだ。彼ら丸一日かけて並べて行ったよ」ジャマガが包みを一つ持って来て言った。「それから、袈裟も一組持って来た」。

次の日の早朝、私はバチュ邸に連れて行かれた。そこの客間は今はクンブム寺の応接室に変わっていた。私が着いたときにはすでに十数人集まっていた。その中にはセルドク・リンポチェもいた。何人かは袈裟を着ていた。

「何があったの？」私は小声でセルドク・リンポチェに聞いた。

「分からない」彼もいぶかっていた。

不意に、自動車のクラクションとブレーキ音が聞こえた。私たちはすぐに押し合いへし合いして外に出た、玄関に出ると、車のドアが開いて、袈裟を着た老人が現れた。えんじ色の巻布がずっしりと前後に揺れ、一目でテルマ〔毛織物〕で仕立てたと分かった。そして、華やかな六糸緞《むりょう》[115]のドンカ〔僧服の袖なしの上着〕が袈裟の間から見え隠れしていた。老人はごま塩ひげで、瘦せてはいたが、足取りはしっかりとし、腰はまっすぐに伸びて、とてもたくましそうに見えた。彼はまず大金瓦殿《セルドン・チェンモ》の方に向かって目を閉じて手を合わせ、チベット語で「またツォンカパ大師の誕生の地に来ました」と言った。

「会長ようこそいらっしゃいました！」

「大師のクンブム寺ご訪問を歓迎します！」

県の指導者たちが歓迎の言葉をかけた。

「こちらはシェラプ・ギャツォ大師[116]、中国仏教協会会長だ」劉部長は私とセルドク・リンポチェに彼を紹介した。クンブム寺側の「代表」として、私とセルドク・リンポチェが大師にカタを献上した。

「こんにちは《タシデレ》[117]！　お元気ですか《クンカムサン》[118]！　こちらはどなたですか？」大師は身をかがめてカタを受け取り、お付きに渡した。

「こちらはクンブム寺の寺主アジャ活仏、あちらはセルドク活仏です」劉部長が紹介した。

「そうですか、そうですか、あなたの前世の著作はだいぶ前に読みました。セルドク・ロサン・ツルティム・ギャツォの著作も読みました。チベット地区で彼らのことを知らない人はいないでしょうね？」大師はそう言いながら、警護員と省と県の幹部たちを見た。

お茶が出された。省と県の幹部たちは茶碗を持って、お茶をズーズー音を立ててすすった。

シェラプ・ギャツォ会長は供茶経[119]を唱えてからお茶を

一口飲んだ。そして、私とセルドク・リンポチェに向かって「君たちは普段も袈裟を着ていますか？」と聞いた。

「はい、普段も着ています」一人の民族事務委員会責任者が私とセルドク・リンポチェの代わりに答えた。

「共産党の宗教政策は素晴らしいですよ！」政治協商会議副秘書長が言葉をつないだ。

シェラプ・ギャツォ会長はうなづくと、また私たちの方に向き直って「お経は唱えられる？」と聞いた。

「できません。すっかり忘れました」私とセルドク・リンポチェは異口同音に、幹部たちの機先を制して答えた。こういう質問については私たちに経験があった。もしここでできると言ったら、試験を受けさせられるかもしれない。「リンポチェがお経を唱えられなくてどうするんですか！　さあ、私について。全き善行をつんだことで得られたお体、無数の衆生たちの願いをかなえるお言葉、知るべきものをそのとおりご覧になるお心、釈迦族の王に礼拝したてまつる[120]」

私たちは復唱した。シェラプ・ギャツォ会長は笑いながら「上手に唱えられるじゃないですか、何で忘れたなんて言ったんです？」と言った。それから、セルドク・リンポチェに別の四句経文を復唱させた。そのあと県の幹部たちに向かって、「よろしい、よろしい、現代知識も学ばなければならないが、経典も忘れさせちゃいけない。私は医学分野だけでも四十冊の仏教経典を読みました。むかしラサの三大寺〔ガンデン寺、セラ寺、デプン寺の総称〕で、教理問答会に参加して一番になったこともあります」「私は毛主席の才能に感服するけれども、教理問答となれば彼は私にぐうの音も出ないでしょう。信じないかもしれないがね。もちろん、彼は全中国を解放したという大きな功績があるから、尊敬していますよ」シェラプ・ギャツォ会長はそう言って笑った。

セルドク・リンポチェがそっと私をつついて、自分の下あごを指差した。毛主席の下あごにはほくろがあるから、彼は多分毛主席を暗示したのだろう。セルドク・リンポチェは次に親指と人差し指を伸ばして「八」の字にした。これは八路軍の暗示だろう。つまり、彼が言いたいのは、シェラプ・ギャツォは毛主席は八路軍のゲリラだと言っている、ということだろう。私はセルドク・リンポチェをつつき返したが、笑うのはこらえた。

「私はいろいろな人に会ったことがあります。国民党時代、私は役人でした。共産党が来た後も、私は役人になりました。違いは、共産党が人民に良くしているということです。だから私は共産党を支持しています」シェラプ・ギャツォは続けて言った。

「大師のおっしゃる通りです」幹部たちはしきりにうなづいた。

それから、私たちはシェラプ・ギャツォ会長のお供をして一緒に食事をした。ナマコとスルメイカ、キノコと春雨、キクラゲ肉炒めが並んだ。主食はお米だった。どれも共産党県委員会の特別食堂のコックが調理した。その上、テーブルの上にはキラキラ光るマオタイ酒の瓶と中華ブランドのたばこまで置いてあった。シェラプ・ギャツォは僧侶なので、酒もたばこもやらないが、これは当時の中央の高級幹部をもてなすときの通例だった。後にパンチェン大師が来られた時も、テーブルの上には同じものが並んだ。

食事の後、小規模な座談会が開かれた。共産党の宗教政策がいかに素晴らしいかをたたえる内容だったようだが、はっきり覚えていない。はっきり覚えているのは昼食のことだけだ。それは私が飢えるようになってから初めて食べた代用食品でない米飯と料理だった。私とセルドク・リンポチェは満腹になるまでがつがつと食べた。

後に聞いた話では、シェラプ・ギャツォ会長は周恩来と一緒にある国際会議に参加したことがあった。当時、中国政府は発言権のないオブザーバー参加だった。しかし、シェラプ・ギャツォは聞いているうちに「私もちょっと話したい」と言い出した。

「だめです、私たちには資格がありません」周恩来が言った。

シェラプ・ギャツォは制止を聞かずに、さっと壇上に登り、袈裟を着て、経典を手に、政治は語らず仏教の道理について語った。聴衆の一人は彼の話を聞いていて、たばこが燃え尽きたのに気付かず、やけどしてしまったそうだ。彼の話は五分ぐらいたった。終わりに彼が「周恩来総理から私たちには発言権がないと聞きました。みなさんが私に発言機会を与えてくれたことに感謝申し上げます」と言うと、万雷の拍手だったそうだ。周恩来も「シェラプ・ギャツォ会長、あなたは大したものだ！」と言ったそうだ。

多分一九六四年に、シェラプ・ギャツォ会長は「外敵と内通」「反乱教唆」「反動綱領立案」などで、青海省の故郷に送り返されて吊し上げられた。西寧では「シェラプ・ギャツォ反党反逆集団罪業展覧会」が開かれた。

ある時、私は西寧の大通りでシェラプ・ギャツォ会長に出くわした！　彼は褐色のチュバ、色あせたオレンジ色の帯を身に着けていた。襟と袖口は垢で汚れていた。手には買い物用の黒い袋を持ち、寂しそうに歩いていた。

まもなく、シェラプ・ギャツォが暴行を受けて障害が残り、食事も食べさせてもらえないと聞かされた。彼が飯茶碗を持つと、紅衛兵や積極分子がそれをひっくり返すのだ。その後、シェラプ・ギャツォは入寂された。亡くなった時の様子は誰も知らないし、法体《ほったい》〔僧侶の体の敬称〕は今でも行方知れずだ。

パンチェン大師の座談会

一九六一年、パンチェン大師がいらっしゃるということで、僧侶たちは各経堂の整理と清掃を始めた。大経堂の法座には厚くほこりが積もり、仏龕の中にも薄く積もっていて、仏の顔もほこりだらけで、労働改造された後のようになっていた。

寺中が以前のように忙しくなり、大厨房では肉、干しナツメ、ジョマ、ヨーグルトの入った、縁起物のごちそうのパクツァマを作った。伝統的に、ダライ・ラマとパンチェン・ラマが寺に来訪されるときは気前よく布施をし、寺中の僧侶にパクツァマをふるまう。この時は、おいしそうな匂いがクンブム寺の隅々に漂った。

数日後、数年間なかった盛大な儀式、ダライ・ラマとパンチェン・ラマを迎える時だけに行われる特別な儀式が挙行された。

私と他数人のリンポチェが香を捧げ持って、先頭に立って出迎える。数十名の僧侶から成る楽隊と儀仗隊がそのすぐ後につく。一般僧侶が両側に列を作って手に手に生花、カタ、香を持って経文を唱える。チャルメラと法螺が鳴り響く中、花のように開いた黄色い傘の下で、大柄でハンサムなパンチェン大師が彼のために特別に敷かれたペーデン[121]の上を歩いて、まず大金瓦殿《セルドン・チェンモ》に入った。

次の日の朝早く、パンチェン大師が大経堂の法座に端座すると、クンブム寺の僧侶が皆やってきて長い列を作って並び、カタを捧げ持って、ツォンカパ大師讃を高唱し、パンチェン大師に向かって深々とお辞儀をした。大師は一人一人に縁起物のお守り紐を掛け、さらにマニ丸薬を配った。大勢の民衆が、僧侶の後ろでひれ伏して拝んでいた。大経堂は中も外もぎっしり人で埋まった。老若男女、子供を抱いた人、病人をおぶった人、誰もが先を争って大師に加持を求めた。

　パンチェン大師はやさしく応対し、彼らの頭をなでた。ある老人などは立ち止って、お寺が破壊され、親族が逮捕される近年の悲劇を訴えた。ある人はまたパンチェン大師の手を握って泣き続けた。大師の話す声は良く響きわたった。「明日私が調査するから、みなさんがじっと我慢してきたことを全て話しなさい」

　次の日、大師は本当に吉祥行宮《きっしょうあんぐう》で座談会を開いた。人は多くないが、「宗教改革」の時に吊し上げに遭った高僧、刑期満了前に釈放された労働改造「収容犯」、さらに当時の積極分子など各階層の人々が含まれていた。

　一九五八年の「宗教改革」で僧官制度が廃止され、その代わりに「民主管理委員会」が組織され、有名な吊し上げ英雄のガワン・ジンパが主任になった。彼はかつて私の教師のツルティム・ラクサムに「宗教政策」学習に参加するよう命じ、私にも「封建主義の覆いをあばく大会」に参加するよう命じた。まさにその大会で五百名以上の高僧が殴られ、罵られながら縛られて、監獄に投獄されたのだった。

　ガワン・ジンパ主任はこの時すでに結婚していた。彼の妻は積極分子の楊金花だった。この日はしかしガワン・ジンパ主任も袈裟を着ていた。普段七三分けの髪は角刈りにし、前の方の長い髪は中に巻き込んで、ちょっと見には他の僧侶と区別がつかなかった。

　パンチェン大師がまず話した。

「誰でも宗教信仰の自由政策は知っている。だが、『宗教改革』運動の中で、一部の人が極左路線の誤りを犯し、多くの寺院が被害を受けた。無実の人が逮捕されたり収容所に送られ、仏像が壊され、経典が焼かれ、タンカや仏画がバラバラにされて靴底に使われた。今日、私は今後同様の誤りを犯さないように、そうした状況を調査しに来ました。怖がらずに、ありのままに有ったことを話しなさい。今日は、中央統一戦線部の同志と省の指導者も同席している。私は調査結果を直接中央に提出する。では、私の話はこれくらいにして、みなさんから聞きましょう」

　すると、共産党指導下の素晴らしい情勢について誰かが話し始めた。大師はすぐにそれをさえぎった。「どうやらみなさんまだ不安があるようなので、私から始めよう。ガワン・ジンパ主任、君は結婚したそうだが、なぜまだ袈裟を着ているんだね？　仏教の戒律では、俗人は袈裟を着てはいけない、袈裟を着ている人は俗人ではないとはっきり決まっている。君には僧侶を辞める自由があるが、仏法を汚す権利はない！」

　大師の話が終わるとすぐに、「守りきれない」というあだ名のツンドゥ・ギャツォが発言した。「宗教信仰の自由があるとは言っても、私たちには全く仏法を学ぶ自由も読経の自由もありません。『宗教改革』以降、寺は養鶏場、養豚場になってしまいました。その上私たちの財産はツァンパ、バターも含めてすべて没収されました。集団食堂で食べさせると言われましたが、何人餓死したかわかりません。その上大勢のラマが監獄に入れられて……」話しているうちに、彼は泣き出した。

「そうだ、一九五八年に、僧官と執事《レーナ》[122]が『反乱』を起こしたとして逮捕されたけれど、実際は彼らは何もやっていない」

「僧侶がどんどん少なくなっています」

「教理問答院を復活させてください。できるだけ早く仏教博士《ゲシェ》を養成しないと、特にこの子供のトゥルクたちの中から」

　座談会は長時間続いた。最後にみんながパンチェン大師に私とセルドク・リンポチェをタシルンポ寺に連れて行って勉強させるよう請願した。大師は、「それはいい提案だ。急いで仏教教学の伝承者を育成しなければならない。仏教には聞思修《もんししゅ》[123]だけでなく、持護増《じごぞう》[124]も必要だ。リンポチェたちは逮捕されたり、収容所送りになったり、入寂したりして、損失はあまりにも大きい」

　私はうれしくて口をぽかんと開けて聞いていた。話が聞き取れないときは、しきりにセルドク・リンポチェを見た。私がうれしかったのは、ラサに行けるからだ！　以前、セルドク・リンポチェがラサから帰って来たとき、私に手縫いの袈裟とインド製の絵筆、それに「ガンデン・ケンパ」と「レティン・シュパ」一袋ずつをくれた。それは私たちが一番好きなヨモギ香とビャクシン香で、ガンデン寺とレティン寺の一帯で産する。私たちは長い間大切に取っておいて、使うときは用心深く少しだけ燃やした。少しだけでも、濃厚なとてもいい香りが仏堂中に広がった。それに、ラサには三大寺、ポタラ宮殿、ノルブリンカ、それにブッダ十二歳等身像《ジョウォ・シャカムニ》も、ブッダ八歳等身像《ジョウォ・ミキュー・ドルジェ》もある。

　ゲゲン・ラクサムから、アリク部族の阿呆がラサに行って、うれしさのあまりいろいろ頓珍漢なことをやったという笑い話を聞いた。ある時、彼はポタラ宮殿に参拝に行った。彼の故郷にはゲルばかりで高層の建物はなかったので、上に登ってからどうやって下りたらいいかわからなくなった。灯明を照らしてあたりを見回すと、一匹の猫が階段を飛び下りた。「なるほど、そうか！」そう言って、猫のまねをして階段を飛び下りたら、転げ落ちてしまった。「いてて、速いことは速いけど、ちょっと痛いや」

　パンチェン大師が去った後も、僧侶たちはそのまま袈裟を着ることができた。寺も半開放を実施した。つまり、半日は労働、半日は読経である。私とセルドク・リンポチェは学校には通い続けたが、時々寺で読経することもあった。正月法会では、再びバター細工が作られたが、内容は大幅に変更された。以前の経堂は天安門に変えられ、大僧官は毛主席と劉少奇、周恩来、朱徳に変えられた。当時、中国ではある絵柄の年画〔新年に部屋に飾る縁起物の絵〕が流行していた。それはすごい剣幕の農民が、一方の手で水を吐く竜の頭を押さえつけ、もう一方の手に持った斧を竜の頭に振り下ろそうとしている絵だった。それは天と戦い地と戦うという意味だと言われている。「お上」は僧侶に対してもバターでこの年画を作るよう要求した。しかし、彼らがどんなに説明しても、僧侶たちは作ることができなかった。そこで「お上」は漢人の芸術家を派遣して指導に当たらせた。

　この芸術家はハーフコートを着ていた。コートの襟は厚い毛皮だった。無口で、世話係の僧侶とも話をしなかった。彼がバターを持つ様子は貫録たっぷりだった。まるで泥を持つように、ひとつかみずつ表面に貼っていき、それから遠くに離れてしばらく見ていて、また戻ってきて貼り付ける。どんどん貼っていくと、突然、像全体が崩れた。

「あれまー、大芸術家の竜の頭は、斧がなくても自分で落ちた！」みんなこっそり笑い合った。明らかに彼はバター細工の技術を持っていなかった。芸術家は少しきまり悪そうにし、そして少し謙虚になった。その後は僧侶たちが手取り足取り手伝ったので、なんとか大芸術家はバター年画の任務を達成することができた。

おかしなことに、当時一部の人は読経をしたが、一部の人は宗教は迷信だと信じ込んでいたから決して読経をしなかった。ギャヤン・サワという名の僧侶は、以前は積極分子だったが、この当時は読経をする側になってい て、畑にも経典を持っていき、牛を休ませている時に読経していた。人は彼を見せかけだと言っていた。いずれにせよ、情勢は全体的にすこし緩和した。

ある日、学校から帰るとジャマガが何人かの僧侶と何かを話し合っていた。以前の教義問答のように大声で話していて、私が帰ってきたのも気づかなかった。私はしばらく脇で聞いていて、やっと事情が分かった。彼らはどうやって集団食堂を廃止し、自留地〔集団農場で共有されずに各家庭に残される菜園用の土地〕を分配するかを話し合っていたのだった。

■■「活仏小組」

集団食堂解散の数か月前、逮捕と下放を免れた県内のトゥルクが全員学習のためにギャヤ邸に集められた。それは「活仏小組」と名付けられた。クンブム寺には八十数人のトゥルクがいたが、ほとんどが逮捕されていた。当時活仏邸と呼ばれていた彼らの邸宅は、すべて他の用途に使われていた。例えば、トゥカン活仏邸は、県の購買販売合作社[125]連合会が経営する履物工場になっていた。ジャマガは私を連れてその前を通るたびに小声で、「絶対にここの靴を買うんじゃないよ。靴底はタンカだ！」と言っていた。

以前、私はよくギャヤ邸に行った。記憶の中では、そこは非常に荘厳な場所だった。歴代のギャヤ・リンポチェから伝承された珍しい仏像、仏具、タンカや装飾品があったし、それに加えて当代のギャヤ・リンポチェは非常に注意深いので、どれも良く保存され、ある種神聖な雰囲気が漂っていた。だが今は、ギャヤ邸の仏堂の大門には封印紙が二枚交叉して貼られ、大きなチベット錠がしっかりと門扉の鉄の輪を嚙んで塞いでいた。

パンチェン大師の働きかけのおかげで、監獄に収監されていたギャヤ・リンポチェは刑期を短縮されて釈放され、中央民族学院が運営する社会主義学院に学習に送られた。そこの学生は全員がいわゆる文化宗教人士だった。夏休みの頃にギャヤ・リンポチェは帰ってきて、私たち「活仏小組」のメンバーになった。メンバーは他にはクンガ・リンポチェ、ホルトン・リンポチェ、タシ・リンポチェ、シャクリ・リンポチェ、それに私とセルドク・リンポチェで、私が一番年下で、十一歳だった。「活仏小組」設立の目的について、「お上」の説明はなかったが、私の推測では宗教政策の政治的任務に対応するためだったのだろう。

クンガ・リンポチェとホルトン・リンポチェは、どちらも二十歳過ぎで、ギャヤ・リンポチェの元の寝室に一緒に住んでいた。クンガ・リンポチェの右手の中指と人差し指の間には、まるで自然に生えて来たかのように、いつもタバコがはさまっていた。二つの指は煙で黄色く染まっていた。

ホルトン・リンポチェはハンサムで、非常に無口だった。

タシ・リンポチェはいつも新聞をつっかえつっか音読していた。ページを行きつ戻りつして、手放す時がないほど毎日繰り返し読んでいた。あるいは漢語を勉強していたのかもしれない。彼は三十過ぎで、眼鏡をかけていた。のちに彼はチベット医になった。

シャクリ・リンポチェは一番ハンサムで、眉毛は太くて黒く、まるで映画俳優のようだった。おかげでクンブム寺に進駐した女学生たちに取り囲まれ、用もないのに話しかけられていた。僧侶たちはみな彼を怖がり、彼が来ると一人また一人と立ち去った。なぜなら毎回の吊し上げ大会で、彼は率先してスローガンを叫び、「階級の敵」を情け容赦なく攻撃したからだ。

「お上」が若い僧侶に早く還俗し、封建迷信から離脱するよう奨励したとき、彼は積極的にこの呼びかけに応え、陳生玉という名の漢人女学生と結婚した。

ギャヤ・リンポチェは北京から帰って来たとき、ハンチング帽に革ジャンパーを着て、ポケットには万年筆を数本差していた。当時彼は四十過ぎだった。私とセルドク・リンポチェはその万年筆がすごくうらやましくて、どうやって使うのかしばらく想像していた。

ギャヤ・リンポチェの寝室はクンガ・リンポチェとホルトン・リンポチェに使われていたので、彼は階下の部屋に住むことになった。彼は掛布団一枚と絨毯一枚しか持っていなかった。掛布団は巻いて、絨毯は広げて、脇に数冊の本が置いてあった。本は全て社会主義学院の教科書で、ぴったり揃えて重ねてあった。それに湯のみ茶碗が一つ。その表面には「社会主義は素晴らしい」と印刷してあった。

私の教師のゲゲン・ラクサムは当時まだ監獄の中で、セルドク・リンポチェの教師は監獄で入寂していた。

「おまえたちはトゥルクなんだから、このままじゃだめだ。しっかり経典を勉強しなさい」ギャヤ・リンポチェは何度もそう言った。

けれど私たちは学校に行かなければならず、経典を学ぶ時間なんかなかった！　だが、私とセルドク・リンポチェは口答えできなかった。

「今日から、昼間は学校に行き、夜に私について経典を学びなさい」ギャヤ・リンポチェはそう決めた。彼は私たちの読経を試した。私とセルドク・リンポチェはつっかえつっかえ暗誦した。それ以降、彼は私たちに『帰依発心《きえほっしん》』[126]『兜率天《とそつてん》』[127]『懺悔三十五仏』『般若心経』『ターラー礼讃経』『大白傘蓋』などの経文を復習させた。時間を見つけて、『帰依経』と『菩提道次第小論《チャンチュプ・ラムリム・チュンワ》』[128]の講義もしてくれた。

強制移住させられたモンゴル人の部族

「パンチェン大師は何でまだ来ないの？」私は気がせいてギャヤ・リンポチェに聞いた。

「十本の指で何度も数えたよ」セルドク・リンポチェもつぶやいた。

「彼は中央で忙しいらしいから、しばらく来れないだろう」ギャヤ・リンポチェが思案して言った。「なんなら、一度故郷に帰ってみるか。タシルンポ寺に行ったらいつ帰れるかわからないから。わしらの家はみんなオロンノールからアリクに引っ越したそうだ」。

「引っ越した？」私とセルドク・リンポチェは同時に声を上げた。

「そうだ。祁連山の南側に引っ越したそうだ。去年の休みに、おまえのおじさんのロサン・トンユーとおまえの二番目の兄さんのタンパが汽車に乗って武威〔甘粛省の地名〕に行った時に聞いたそうだ。おまえの兄さんの話では、アリクから来た人に会って、探しに行ってみろと言われたそうだ。それで山に登った。だが、山は高すぎたし、あいにく大雪も降って、道も見つけられなかった。仕方なく武威に引き返したそうだ」ギャヤ・リンポチェはそう言うと、ふと何かを思い出したように、「それとも先にカンツァ[129]に行くか。ロサン・トンユーは西寧で、大男のヤンベンの一家がカンツァに引っ越したと聞いたそうだ」

　ヤンベンは私のおじ、つまりギャヤ・リンポチェの妹婿だ。

「じゃあ、おまえたち二人の休暇願を工作組に出しておこう。学校が休みになったらすぐ出発しよう」。ギャヤ・リンポチェはそう決めた。「スリグ、おまえは帰ったらジャマガに伝えなさい。バクシ[130]〔セルドク・リンポチェの愛称〕、おまえも帰ったらヤンペルに伝えなさい」

　セルドク・リンポチェの教師はすでに監獄で入寂したので、彼は当時兄のヤンペルと一緒に住んでいた。

「おまえたちに無発酵のお焼きを持たせてやるから、道中で食べなさい。ギャヤ・リンポチェを怒らせるんじゃないぞ。ちゃんと彼の言うことを聞きなさい」ジャマガは私の帰省を大いに支持してくれたが、セルドク・リンポチェの兄のヤンペルは、どうしても同意しなかった。

「なんで、ギャヤ・リンポチェと一緒に故郷に帰れるなんて、こんないいことないのに！」私はとても残念だった。セルドク・リンポチェもどうしようもなくて、ひとしきり泣いていた。

　帰省の一行は、ギャヤ・リンポチェ、おじのロサン・トンユー、次兄のタンパ・ギャツォ、そして私の一行四人だった。私たちは簡単な荷物を持って、家族へのお土産にビスケットを買って出発した。その当時は、飢饉が過ぎ去ったばかりで、代用食品でない食品はとても喜ばれた。

　路線バスで西寧に着いてから、私たちは長距離バスに乗り換えた。バスの屋根の上の網の中にはごちゃごちゃと荷物が積まれ、バスの中は三十数人が詰め込まれ、バスは苦しそうに走った。坂を上るときはまるで牛のよう

私の次兄タンパ・ギャツォ、1960年代北京で

にウーウーうなった。早朝に出発して、夕方六時頃になってやっとカンツァ県にたどり着いた。もうもうとほこりが立つ中で私たちは下車し、顔を見合わせると、みんなほこりだらけになっていた。

それから人に聞いて回った。

「すいません、ヤンベンを知っていますか？」

「ヤンベンはどこにいますか？」

暗くなる前に本当にヤンベンがハルガイ郷に住んでいることを突き止めた。

ヤンベンのゲルは以前とほとんど同じだった。戸は低く、かまどが真ん中に作ってあった。私たちがかまど台を囲んで左側に座ると、ヤンベンは向かい側に座ってすぐにあれこれ聞いてきた。おばさんは私の母と同じで、とても背が低く、いつも微笑んで、右側の厨房といったり来たりして茶を出したり、食事を出したりしてくれた。

夜が更けた。聞きつけた人が一人また一人とやってきて、みんなかまどを囲んで、ここ数年の変化を小声で話し合った。話すときしょっちゅう左右を見た。みんな海晏県から来た親戚だが、ここ数年の政治運動で誰もが怯えていた。火が小さくなって誰かが牛糞を加えると、ポンという音がして、また火が大きくなる。ときどき犬の吠え声が聞こえると、そのたびにまた一人親戚がやってきた。

一九五八年の「宗教改革」の時、私の故郷の海晏県は「反革命県」とされ、「反乱予備」を口実に多くの人が捕まったのだった。その後、捕まらなかった人たちは強制移住させられた。出身階級の良し悪しに基づいて、近くの県に移住する人と、数百華里も離れた無人の荒野に移住する人に分けられた。また一部の「お上」が信頼できるとみなす「貧下中牧」は、とどまることを許され、海晏県に建設された二百二十一廠、対外的には「青海省総合機械廠」、実際は核兵器開発基地[131]のカムフラージュに使われた。

大移住の前に、工作組は牧畜民を集めて何か月も学習を行わせ、また吊し上げ大会を開いて、積極分子と民兵がその場で人々を逮捕した。家畜を守るために牧畜民はもともと銃を持っていた。それは旧式の叉杖《またづえ》付きの火縄銃[132]だった。どの家にもあったこの銃が、「反乱」の証拠とされた。この頃は食糧不足で、牧畜地帯にも盗賊が多かった。もっぱら牛や馬を奪う盗賊もいた。また、オオカミも多かったので、「オオカミ駆除隊」もあった。オオカミ駆除隊は盗賊退治もやった。そしてこの時、オオカミ駆除隊の人々はみな「反乱分子」にされた。

部族の王や族長もみな捕まった。私たちバイス部族の小王、つまり私の一番上の姉の夫も逮捕された。それにアラク・ケンポという名の、うちの部族の唯一のトゥルクも逮捕された。以前彼はよくクンブム寺に私を訪ねてくれた。彼は非常に肥っていて、えらがぱんぱんに張っていた。お茶を飲みながらよく居眠りをするので、私は「早くアラク・ケンポにお茶をついでよ」と言った。私は彼がお茶を飲むときに目を閉じる様子を見たかったのだ。しかし、彼も連行されてしまった。他の人はがんじがらめに縛られたが、アラク・ケンポだけは、彼が祭っていた一番大きな仏像である緑ターラー像を首にかけられて、重くて体を起こせない姿勢で連行されたそうだ。

「おまえの上の兄さんのウェンマは、ナイフを握りしめて、積極分子をにらみつけていたそうだ」私の叔父のツェタルは私を見て言った。「もし誰かが父さんに手を出そうとしたら、捨て身で立ち向かおうと思っていたんだろう」

「おまえの父さんが捕まるとき、ウェンマは本当に飛び出して行って、『こん畜生《シレコ》！[133]』と叫んだ」別の親戚が言葉をつないだ。

「だが積極分子の奴らは雄牛みたいに頑丈で、たちまちおまえのウェンマ兄さんを取り囲んで、彼が手に持ったナイフを取り上げ太い麻縄で縛り上げた。おまえの父さんは縛られて群衆の中から引き出され、麻縄は彼の首にきつく巻かれていて……」ツェタルおじさんの声はだんだん小さくなった。

親戚たちはまた、その前から共産党の呼びかけに応じて移住しなければならないと聞かされていたが、なぜ移住するのか、一体どこに、いつ移住するのか、何も聞かされていなかった。みんなひどくうろたえながら荷物をまとめ始めた。故郷が恋しくて、あれも持っていきたい、これも持っていきたいと、家の中の物すべてを荷物にまとめた。

すると突然工作組がやってきて「『お上』の指示で、祁連に行く者は今日中に出発する。何も持っていく必要はない。向こうで全て準備してある」と言った。「じゃあ肉をたっぷり食べてから出発しよう」誰かが言った。

「だめだ！　一分一秒も待てない！」工作組が言った。

「肉を持って行ってもいいだろう?」誰かが聞いた。

「許さん！」工作組が乱暴に言った。

犬の牙と呼ばれた積極分子は、他の人々と一線を画すために、自分の父親を追い立てて、靴を履くいとまも与えず出発した。

「ヤクの子がヤクとは限らない、ゾ[134]〔ヤクと牛の交雑種〕もいるよ」とみんな嘆いた。

こうして人々はいくつもの群れになって故郷を後にした。海晏県から西に進み、私の家族のようにカンツァ県にとどまる者もあった。最も信頼できないとみなされた人々は、さらに遠く辺鄙なアリクに、今日の青海省祁連県阿柔に送られた。

「リンポチェたちの話も聞こう」親戚の誰かが話題を変えた。

ギャヤ・リンポチェとロサン・トンユーが話し始めた。時々タンパ・ギャツォも口を挟んだ。一九五八年から私たちは親戚と会っていなかった。みんな「宗教改革」が発生したことは聞いていたが、細かいことは知らなかった。親戚たちはギャヤ・リンポチェまで監獄に入れられたと聞いて、自分を慰めた。「リンポチェたちまでそんな苦労をしたのなら、わしらの苦労なんて大したことない、どうってことないよ」

みんなで相談して、ツェタルおじさんが明日私たちの道案内をすることになった。二十年前、猟に出たとき彼はその道を通っている。

翌日、私たちは生産隊の馬を六頭借りた。私たち四人とツェタルおじさんが各一頭に乗り、残りの一頭にテントを積んだ。

ギャヤ・リンポチェが羅針盤を持ってきていなかった

ら、東西南北も分からなかっただろう。数日間歩いて、テント一張りも、人一人も見なかった。「おい、ツェタル、この道は正しいのか？」ロサン・トンユーおじさんは何度も聞いた。

　海晏県の平らな山とは似ても似つかない。高い山や低い山が延々と続いていて、いくら越えても終わらない。何度もこれが最後で、この山を越えたら牧畜民の宿営地があると思ったが、越えてみたらさらに山があった。だが、景色はとても美しく、遠くの雪山と足元の青々とした草地は、趣のあるコントラストを成していた。それは七月で、ときどきにわか雨がパラパラと降った。だが、ツェタルおじさんは、どちらに行けば雨をよけられるかを知っていた。

　祁連県の県境では、景色は正に絵のようだった。山は山らしく、木は木らしく、日陰の斜面にはマツが生え、日向の斜面にはビャクシンが生えていた。日陰斜面の木はよく茂り、日向斜面の草は浅黄色だった。数えきれないほど川を渡った。川を渡るとき、私たちは馬に乗って渡ったが、私の馬は小さいので、いつも遅れた。前を渡る馬の尻尾が水に漂っているのを見て、私は馬の尻尾がもし馬の尻についていなかったら水に流されてしまうと思った。時々、モウコノウマ、バーラル、モウコガゼルが遠くを二、三頭で駆けていくのが見えた。それにオオカミがいつも岩陰に隠れて、私たちを見つめていた。

　日が落ちる前には、ギャヤ・リンポチェが「今日はこのあたりで休もう！」と言う。すると、私たちはテントを張り、周りに牛糞を拾いに行った。「あ、このあたりに人が住んでる」。牛糞を見つけると、私たちはそう言った。ギャヤ・リンポチェは拡大鏡を持っていて、一つまみの草を手に取って太陽を当てて火を起こした。お茶が入ると、私はジャマガが作ってくれた無発酵のお焼きを取り出した。

「おじさん、拡大鏡で火がつくって何で知ってるの？」私はギャヤ・リンポチェに聞いた。

「『律蔵』[135]に書いてあるよ」と言ってギャヤ・リンポチェは笑った。

　ある日、歩いていると、羊肉が落ちていた！　きっと私たちの前に、牧畜民が通ったのだろう。その羊肉はちょうど分かれ道の所にあった。ロサン・トンユーおじさんは「こりゃきっと山神さまの贈り物だよ。上にカタがかかっていないけれど、山神さまがおれたちにくれたに違いないよ!」とつぶやいた。

その日、ギャヤ・リンポチェはいつもよりずっと早く私たちにテントを張らせ、太陽が沈む前に私たちはたらふく肉を食べた。一食では食べ終わらず、その後の何食も肉を食べることができた。

私の任務はギャヤ・リンポチェの肩掛けかばんを持つことだった。かばんの中身は全て彼の学習用の資料だった。大きなかばんではなかったが、私にとってはとても重くて、どう担いでもしっくり合わなかった。タンパ兄さんはこうしちゃだめだ、ああしちゃだめだとしょっちゅう私を叱った。するとロサン・トンユーが「大丈夫だ。ほら、おれが手伝ってやる」と言ってくれた。

六、七日歩いてついに私の母方の祖母の家のある祁連県の托勒牧場[136]に着いた。

以前、ギャヤ・リンポチェがパンチェン・ラマ九世を母方の祖母の家に招いたとき、パンチェン・ラマは祖母に贈り物を持って来たが、なかなか祖母を見つけ出せなかった。やっと見つかった祖母は、羊小屋の外でパンチェン・ラマの滞在している家に向かってぬかずいていた。祖母は自分が産んだ息子のギャヤ・リンポチェが偉くなったからといって、少しも自慢する様子がなかった。祖母は敬虔な仏教徒で、大きな法会のたびにクンブム寺に巡礼に行った。若いころは五体投地をしながら行ったそうだ。

私たちは、遠くから祖母の姿を見つけた。彼女はテントの外で乳を絞っていた。ギャヤ・リンポチェは急いで近寄って、彼女を助け起こした。祖母は顔を上げて、ギャヤ・リンポチェを上から下まで見回して、それから私たちを見て泣き出した。

「母さん、せっかく会えたのに、何で泣くんだ」そう言うギャヤ・リンポチェも涙ぐんでいた。

従兄姉《いとこ》たちはみなそこにいた。ただ私の二人のおじ、僧侶のチャンチュプ・ユンテンとチャンチュプ・オーセルは、「宗教改革」の時に捕まって、まだ監獄にいた。そうでなければ、私たちと一緒に戻って団らんしたはずだ。

食べたり飲んだりした後、従兄姉たちはため息をつきながらオロンノールからの強制移住の経験を話し始めた。「私たちは何でこんなに運が悪いんだろう。『お上』はここには何でもそろっていると言ったのに、来てみたら何にもなかった」

「ここはゲルには向かないから、うちも他のモンゴル人もみんなヤク毛のテントに変えたんだ」従兄が言った。

従姉は、引っ越しの時、鍋釜も、牛乳桶も、包丁も持たせてもらえず、仕方なく道すがら解放軍が「反乱鎮圧」時に捨てて行った缶詰の空き缶を拾って、その蓋で物を切り、缶をカップの代わりに使ったと話した。その時、裸足で追い立てられたので、従姉の足は凍傷にかかってしまった。それで仕方なく毛皮の上着を裂いて足に巻いたそうだ。

人々はやっとの思いで托勒牧場にたどりついた。本来なら私の家族もここにとどまるはずだったが、まもなく、私たちの部族の一部の人々は再び門源近く[137]の多隆郷[138]に移住させられた。そこも祁連県だが、母方の祖母の家族と私の家族は山々を隔てて遠く離されてしまった〔托勒牧場と多隆郷は直線距離で約三五〇キロメートル離れている〕。

「人間はね、死ななければご飯は食べられるよ。羊の顎の下にはいつも草があるようにね」祖母はそう言って私たちを慰めた。

そして、また出発した。今度は四日間歩いて、やっと私の母のテントがジャサク平原に見えてきた。山の上から見下ろすと、草原と一筋の小川以外、何もなかった。いや、他にも鉄鋼大生産の時の煙突が一本あり、その周りに鉄屑が散らばっていた。私の家のヤク毛テントは一つだけぽつんと張ってあった。母も、長兄のウェンマもいた。二人とも悲喜こもごもにたくさん泣いた。

私の母は牛革の袋から、砕けた乾麺を慎重に取り出して、茹でてキバナニラを少し入れてくれた。ウェンマ兄さんもどこにしまってあったのか、私たちに乾燥牛肉を出してくれた。以前母が私のために用意してくれていた手回しの粉挽き器で挽いたラッコル・ツァンパも、固まりそうなくらい濃い「寝かせたヨーグルト」も、今回はなかった。暮らしがとても苦しいことが分かった。しかし、ウェンマ兄さんは「今はだいぶ良くなった、少し前までは政府が開墾させるために配った種をこっそり食べてやっと生き延びることができた」と言った。

かまどを囲んで、母はしきりにため息をついた。「おまえの父さんさえいればねえ。でも、捕まってから全然音沙汰がなくて、生きてるのか死んでるのかさえ分からないんだよ」

第四章　タシルンポ寺にて

パンチェン大師の行宮

実家から戻ってから、私はずっと気が晴れなかった。ある日、ギャヤ・リンポチェが私とセルドク・リンポチェを呼んで「パンチェン大師が西寧に着いたそうだ。明日みんなでシガツェに行くよ」と言った。

「ほんと?」私はうれしくなって心臓がドキン、ドキンと鳴った。セルドク・リンポチェも目を見開いた。

次の日の早朝、ギャヤ・リンポチェは私たち二人を連れて西寧の楽家湾空港に行った。大勢の僧侶がパンチェン大師に拝謁するために集まっていた。ノリ兄さんも来ていた。パンチェン大師は人混みの中から私とセルドク・リンポチェを引き出して、私に「おデブちゃん、おデブちゃん」と声をかけたと思うと、みんなの方に向き直って「今回はクンブム寺に行く時間はないけれど、二人の小リンポチェは安心して私に預けなさい」と言った。

それは一九六二年の夏の日だった。私たちが乗ったのは初期の軍用飛行機だった。窓を背に鉄製のベンチに座ったら、鼓膜が破れそうな騒音が響いた。飛行機が地面を飛び立ってから、窓の外を見たら、身体が一方に傾いて怖くなった。下に見えていた建物が徐々に小さくなって、最後は白い雲に隠れてしまった。

二、三時間飛び続けて、飛行機は降下を始めた。地面は白一色で、氷かと思ったら、塩湖だった。そこは塩湖の上につくられたチャルハン軍用飛行場[139]だった。そこからラサまではさらに一〇〇〇キロメートル以上あるが、自動車で行くしかない。六、七台のトラックと数台のアメリカ式ジープから成るパンチェン大師の車両チームが総動員でシガツェからはるばる大師と随員を迎えにやってきていた。

簡易舗装の道路はでこぼこで、私の体は上下に飛び跳

1962年、私がタシルンポ寺に行く前日、左から叔父のロサン・トンユー、兄のツルティム、私、兄のノリ、母。

ねた。車窓の外には、遠くに雪山とくねくね曲がった川がずっと見えていた。それに二、三頭ずつ群れたチベットカモシカ、モウコノウマ、キツネが見え、そしてたまには遠くにオオカミが見えた。道中、軍の補給所以外、ほとんど人家はなかった。私たちに同行したのは、パンチェン大師の教師グルチュ・リンポチェ、ギャヤ・リンポチェ、パンチェン大師のご両親、それに彼の弟のゴンポ・キャブとその妻のペマ・ヤンチェン、そして彼らの二人の子供だった。途中から、ガプー・ガワン・ジクメ[140]夫婦一行も、私たちの一行に加わった。

「車の中で縮こまっているのも苦しい、どうせなら馬に乗った方がましだ」パンチェン大師の父上は思ったことをすぐ口にするから、車が停まるとすぐ不平を言った。二人の孫が走り回るのを見ると、笑って聞いた。

「走るな、走るな、おまえたち雪山は好きかい？」

「ほら、子供たちにお茶を飲ませて！　小リンポチェたちも来てお茶を飲みなさい！」パンチェン大師の母上は、いつも忙しそうに走り回り、魔法瓶で私たちにお茶を注いでくれたと思ったら、すぐに揚げ菓子《カプセ》[141]を持ってきてくれた。

痩せて背の高いガプー先生は、眼鏡をかけて上品な物腰だった。車が停まるたびに、彼の護衛が毛布や敷物を持ってきて、石の上や平らな所に敷いて、ガプー先生に勧めた。しかし、ガプー先生は必ずパンチェン大師に先に座るよう勧めた。彼の侍医は時々血圧を測るか問診に来た。ガプー夫人は立派な服を着ていた。オーバーの下から見え隠れするチュバはずっしり重そうで、上等なラシャで作られているに違いない。革靴にはほこりはついていたが、それでも普通とは違う華やかさは隠しようもなかった。ガプー夫人はパンチェン大師の母上とは正反対でパンチェン大師に挨拶をするとき以外、ほとんど話をしなかった。

まるで永遠に続くように思われた道も、ついに終点を迎えた。遠くにポタラ宮殿が見えた。その金色に輝く屋根、鮮やかなコントラストの紅宮と白宮、ぎざぎざで趣のある塀が、藍色の空の下でことのほか美しかった。私はそれが現実の物とは信じられず、まばたきを繰り返した。

私たちは薬王山下《チャクポ・リ》のパンチェン大師の行宮シュクリン・ドルジェ・ポタンに宿泊した。敷地は非常に広く、母屋は二階建てで、パンチェン二階家と呼ばれていた。パンチェン大師は二階に住んだ。パンチェン二階家の前にも平屋の建物があり、それは小さな映画館だった。脇にも二階建ての建物があり、その間にいくつか平屋の建物が並んでいた。私たちはパンチェン二階家からあまり遠くないもう一つの二階建て建物に住んだ。私とセルドク・リンポチェ、そして彼の世話係、つまり私のロサン・トンユーおじさんが一階に住み、ギャヤ・リンポチェと一人のラブラン寺の僧侶が二階に住んだ。

シュクリン・ドルジェ・ポタンの敷地には他にもチベット語で「ツェ・ロプタワ」と呼ばれる機械学校があった。そこではチベット各地から選抜された非常に有能な百名以上の学生が学んでいた。いくつかのクラスに分かれ電気、写真、自動車修理、映写機操作などを学んでいた。そして基礎科目は共通で、仏教学、チベット語、数学、歴史を学んでいた。内モンゴルから来た一人の騎兵士官が馬上射撃、剣術、障害物乗り越えなどを教えていた。当時、パンチェン大師は門源馬、新疆馬、それにカムの馬など多くの馬を買い集め、行宮では毎日馬の調教をし、忙しく人が出入りしていた。

そのモンゴル人士官は私とセルドク・リンポチェがモンゴルの血統だと聞きつけて、しばしば話をしにやってきた。口を開くと我々モンゴル人はうんぬんかんぬんと、私とセルドク・リンポチェが分かっているかどうかお構いなしに話し続けた。彼の服には階級章が付いていたが、尉官だったか佐官だったか覚えていない。

パンチェン大師の配下には大勢のケンポと「大ラマ」（僧官）がいた。例えば、ソルプン・ケンポは料理長一人、普通の料理人三人、厨房助手三人、それに掃除夫、水汲み人、柴刈人、ツァンパ頭《がしら》などを指揮していた。スィムプン・ケンポは、パンチェン大師が普段着る衣服の管理、式典で着る衣服の準備、新しい衣服の準備などの仕事をする僧俗の官吏を指揮していた。チューブン・ケンポは、各寝室の供え物と式典祭礼用品の管理をする数人の僧官を指揮していた。その他に、パンチェン大師は衛兵、侍医、駕籠かき、馬丁、舞楽隊、テント隊などを有していた。私は大きくなって初めて、彼らがみな厳密な行政組織に所属していたことを知った。それは「パンチェン・ケンポ会議庁」といい、十七世紀のパンチェン・ラマ四世の時代にはすでにこの組織はあって、その当時は「ギェルツェン・トンポ」と呼ばれていたそうだ。

いま、私たちは毎日パンチェン大師に会うことができる。彼は仏教活動がある時は袈裟を着て、シュクリン・ドルジェ・ポタンの中庭に出てくるが、普段は金色の下着とコーヒー色のチュバを着て、コーヒー色の帽子をかぶっていた。たまに乗馬靴を履くと元々ハンサムなパンチェン大師がもっとハンサムになった。「やあ、おデブちゃん、お経の勉強は進んでるかい？」「家が恋しくないかい？」そんなふうに彼はよく私たちに聞いた。

雨でシガツェに行く道が崩れてしまったので、私たちはしばらくラサで待つしかなかった。パンチェン大師の教師のグルチュ・リンポチェの経典講義を聞く以外、私とセルドク・リンポチェはほとんどの時間敷地内を走り回って遊び呆けていた。

ある日、シュクリン・ドルジェ・ポタンの後ろの広い草原に、黄色地に青の刺繍をほどこしたパンチェン大師のテントと他にも数張の白地に青色の刺繍をしたテントが張られ、多くの果物やお菓子が並べられた。自治区の官吏が大勢やってきて、パンチェン大師の機械学校の学生の馬術演技を参観した。パンチェン大師の両親、弟のゴンポ・キャブ、教師のギャヤ・リンポチェも列席した。セルドク・リンポチェと私ももちろん見に行った。

　最初に登場したのは、数人の騎兵で、馬に乗り、刀を振る模範演技はとても優雅だった。続いて、騎兵の一隊が現れた。彼らは二人一組で対戦し、刀を振るピューピューという音が聞こえた。その次も騎兵の一隊で、馬の背にはドラム式機関銃が据え付けられ、「伏せ」とひとこと言うと、その馬はすぐに伏せて、ドラム式機関銃がダダダダッと火を噴いた。射撃しているとき馬は少しも動かなかった。もちろん演技に過ぎず、実弾は抜いてあった。

　ラサを発つ前に、パンチェン大師は機械学校の学生と私たちを連れて山に射的演習に出かけた。彼の十数台の自動車にすべての銃を積み込んだ。

　私とセルドク・リンポチェは興奮して口をぽかんと開けていた。子供の頃は、どこに行くのでも、出かけると聞くとうれしくて、内心できるだけ遠くに行きたいと思った。しかしこの時は、一時間ほど走っただけで停車した。セラ寺の後ろだという人もいたし、デプン寺の後ろだという人もいた。いずれにせよ無人の山林で、大きな岩が多かった。みんなで車の荷物を全て下した。学生たちは岩の後ろに行って、標的を立てた。そして、手回し電話を取り出した。二人の学生の間の距離は遠いが、ハンドルを回すと通話できる。こちら側では、射撃の準備をしている。一人が旗を持って、岩陰に隠れ、開始や終了の指示を出した。パンチェン大師もピストルを持って、標的を立てる学生が隠れ終わる前にパンパンパンと撃ちはじめた。弾は全て的に当たった。私もうらやましくなって、銃を取ろうとした。「子供は銃に触っちゃだめだ!」パンチェン大師が言った。そしてピストルをギャヤ・リンポチェに渡して「ヨンジン・リンポチェ[142]〔高僧の教師に対する尊称〕、試してみませんか?」と言った。

　ギャヤ・リンポチェは本当に銃を受け取った。しかし、目を閉じて、狙いも定めず撃ったので、みんなが笑い出した。

　それらの銃を私たちは「カナダ」と呼んでいた。一号カナダ、二号カナダ、三号カナダと三種あり、三号が一番小さくて、一号が一番大きかった。

トゥルナン寺で発願《ほつがん》

イシは私と同じアムドの出身でパンチェン・ケンポ会議庁の職員である。彼は自分から私たちをジョカン[143]〔トゥルナン寺の別名〕のお参りに連れて行くと申し出た。「必ずうやうやしくジョウォ・リンポチェ〔ブッダ十二歳等身像〕に頂礼《ちょうらい》[144]するんだよ。こんな幸運にめぐり合うなんて普通のご加護じゃないよ」ロサン・トンユーおじさんはだいぶ前からわたしとセルドク・リンポチェにそう言い聞かせた。

「ジョウォ・リンポチェの心臓の上には特別に如意宝が置いてある。着いたらしっかりお祈りしなさい」ギャヤ・リンポチェも私たちにそう言い聞かせた。

ずっと小さなころから、私はラサに三大寺とポタラ宮殿、ノルブリンカがあることを聞き知っていた。その中で一番有名なのが、ジョカンである。なぜならシャカムニがみずから開眼《かいげん》供養をしたブッダ十二歳の頃の等身像があるからだ。『王統明鏡史』[145]には「身体は金色で、一方の手は禅定印、もう一方の手は触地印を結び、相好を具えた仏像を建立した。目の当たりにするだけで三毒の病を鎮め、本物の信心が生まれ、見たり、聞いたり、念じたり、触れたりするだけで多くの功徳が得られる。本物のシャカムニのお身体と違わない像だった……シャカムニみずから開眼供養をなさり、花を撒いて加持なさった」〔岩波文庫本『王統明鏡史』の訳文に若干手を加えた〕と書かれている。

ジョカンに行くとき、私はしきりに目をぱちくりさせた。燻《いぶ》されて黒くなった香炉から層になって香の煙が漂い、ビャクシンの香木の清浄な香りがあたりを満たしていた。壁の上の方のタマリクスの小枝を重ねて作られた扶壁は緋色一色で、チベット香を積んだようになっていた。両側の石壁には、白い漆喰の表面が長年の雨で流されて溝になり、まるで峡谷にある風化した石のように深く凹凸が刻まれ、世の中の変転を形に表していた。石壁の間の金メッキの銅鏡、十相自在図とサンスクリット文字は格別に輝きを放ち荘厳に見えた。また各種ののぼり旗や幡蓋《ばんがい》[146]、タルチョ[147]が風になびき、屋根の角に吊るされた風鈴がチリンチリンと鳴っていた。

ジョカンの前には五体投地しながら人々が押し寄せる

ので、地面の石板は磨かれてつるつるになっていた。大門の両側に、壁に沿って行列が長く伸びていた。バターの灯明を捧げ持っている人もいれば、小さな薬缶、チャン〔ハダカムギで作る醸造酒〕、カタを捧げ持っている人もいた。ほとんどの参拝者はチュバを着て、帽子をかぶっていた。その帽子は四つの鍔《つば》がついていて、男物はツェリン・キンケプ、女物はツェリン・ニャンシャと呼ばれ、各種の色がある。私たちが袈裟を着ているのを見ると、彼らは舌を出して尊敬の念を示す。それは古くからの礼儀である。私たちは行列の後ろに立った。誰かがイシに気づいて、「ああ、おたくはシュクリン・ドルジェ・ポタンから来た人だね！」と言うと、道を開けて私たちを先に通してくれた。弥勒堂《チャンパ・ラカン》の門前まで行くと、一人の僧侶が迎えに出てきた。彼はまず門前に敷かれた大きな石を指差して、「この石は、ジョウォ・リンポチェに正対しているので、ここで祈禱するとなんでも思い通りになりますよ」と言った。

私は両手を合わせて、石の上に立ち、私の母とジャマガの長寿を祈り、私が早く五明に精通してゲシェになれるよう祈り、パンチェン大師の長寿と仏事の円満を祈った。

弥勒堂の中は、正面に二体の僧侶の粘土塑像があった。一体は前を指差し、もう一体は手を額に当て、遠くを見ているようだった。前を指差している僧侶はインドから来た高僧だという。その昔チベットにはパドマサンバヴァ大師[148]、シャーンタラクシタ大師[149]などのインドの高僧たちが来られていたのだ。言い伝えによると、最初塑像を作ったときはインドの高僧の両手は下がっていたが、ツェル・クンタン[150]の方で火事が出ると、彼は手を上げて「クンタン寺が火事だ！」と言ったそうだ。それから彼の手は二度と下がらなかった。隣のもう一体の塑像は、手を上げて日差しをよけながら、「どこだ？」と言ったそうだ。

ついにジョウォ・リンポチェにお会いできた。その慈悲に満ちた両目、軽く閉じた唇、五冠の下にわずかにのぞくらせん状の頭髪、そのどれもが荘厳だった。ただ、顔に金粉を塗りすぎていて、ちょっと変だった。ギャヤ・リンポチェに言われる前に私は三回頂礼《ちょうらい》〔五体投地に同じ〕して、その後ジョウォ・リンポチェの周りを右回りで一周した。

さらに歩いていくと、左側の仏殿の壁に一頭のヤギの塑像があった。ジョカンの僧侶の説明では、ジョカンを創建するとき、ヤギで毎日土を運び、湖を埋め立てたので、ジョカン竣工後、僧侶たちがこの塑像を作ってそのヤギを記念したのだそうだ。

この仏殿を出て、南門有鏡堂《ロゴ・メロンチェン》と呼ばれる、壁の上に特別な意義のあるという黄文殊菩薩像を見た。言い伝えでは、むかしむかし、漢人がラサを攻撃してジョウォ・リンポチェを奪おうとした。チベット人はジョウォ・リンポチェを小さな仏殿の中に隠し、入口を泥でふさいで壁にし、その壁に黄文殊菩薩像を描いて、カムフラージュとした。その後、ラサに平和が戻って、人々がジョウォ・リンポチェを仏殿から出そうとしたが、どうしても入口が見つからない。その時、黄文殊菩薩が口を開いて「私を少しずらしなさい」と言った。それで人々は入口を思い出して、ジョウォ・リンポチェを担ぎ出した。それから、この黄文殊菩薩は「ガヨマ」(「ちょっとずらせ」の意)と呼ばれるようになったそうだ。

ジョカンの伝説は話し尽きない。全ての塑像、全ての彩色や浮彫の施された梁が、みな特別で、クンブム寺にいたときには想像もしなかった。二階と三階の間で、女性の護法神パルデン・ラモを見た。彼女はとても恐ろしげな真っ黒い顔をしていた。ギャヤ・リンポチェは私とセルドク・リンポチェにぬかづかせた。私が身体を曲げると、鼠が一匹走ってきた。「怖がることはない。その鼠は特別で、食糧は食べず、餌として与えたものだけしか食べない。子供を産まない女がいたら、これをちょっと擦り付けるだけで治るんだ」ジョカンの僧侶はそう説明して、乾燥させた鼠の死骸を持ってこさせてギャヤ・リンポチェに進呈した。

「ひょっとして、ここには鼠の死骸がたくさんあるのかな……」セルドク・リンポチェが私につぶやいた。

ジョカンの巡礼が終わって、私たちはまたにぎやかな往来に出た。大勢の人が時計回りに、せかせかと歩いていた。数珠を持っている人や小さなマニ車を持っている人もいた。彼らはジョカンを周回している商店街パルコル[151]を回っていたのだ。パルコルの両側は全て商店で、金銀宝石、トルコ石、サンゴ、カタ、馬の鞍、プル、チベット香など、欲しいものは何でもあって、私は目がくらみそうだった。しかし、私たちが一番長くいたのはパルポ・ツォンカン（ネパール人の商店）だった。そこはパルコルの他の店とは異なり、インド香をたき、ネパールの国王と王妃の写真を飾り、ネパールの音楽を流していた。

パルコルを回ってジョカンの香炉の前に戻ってきた。ああ、ガンデン・ケンパとレティン・シュパがこんなにたくさん！　以前はラサに行った人がたまにクンブム寺に持ち帰ったが、小さな袋に入れて節約して使っていた。ほんのちょっとずつ香を焚いて、私はその香りをしきりに鼻から吸っていた。

私たちは各人が一袋の香を買い、それを香炉にくべた。かぐわしい煙の中で、イシはギャヤ・リンポチェに言った。「アムドの同郷人がここで店を開いているんだが、彼女の店を見てみませんか？　彼女の旦那はアルシャー[152]の人で、二人ともあなたが来ると聞いていつ来るのか何度も聞きに来たんです」

「行きましょう！」ギャヤ・リンポチェは同意した。

思いがけず、アルシャー夫と彼の奥さんは私たちにどうしても食事をしていけと迫った。その熱意は、ロサンおじさんの言葉を借りれば、七月の太陽より熱かった。

その後、私たちは何回もパルコルに行った。他にも小昭寺《ラモチェ》[153]、ユト橋、ゾンキョ・ルカンにも行った。ただひとつ残念なのは、ポタラ宮殿と三大寺に行けなかったことだ。そのわけは、ギャヤ・リンポチェがパンチェン大師が手配してくれるのを待つべきだと言ったからだ。その結果、七〇年代末、文化大革命の嵐が去った後になってやっと私は宿願をかなえることができた。しかしその時には、三大寺は見る影もなくなっていた。とりわけガンデン寺は廃墟になっていた。

緑ターラー菩薩のふところ

タシルンポ寺に着いたのは真っ暗な夜だった。私たちは結構大きそうな宮殿に案内された。私は足音が大きな音で反響しているように感じた。私と、セルドク・リンポチェとロサン・トンユーおじさんは大きな部屋に通された。土間に絨毯が敷かれ、いくつも木のテーブルが置かれていた。

ほとんどすぐに、バター茶とかごいっぱいのカプセが運ばれてきた。

次の日の朝、ドゥンパ・ラ[154]〔秘書官様〕がやってきて、私たちをパンチェン大師のところに案内した。部屋を出る時に初めてこの宮殿が朱塗りの門に黄色い壁の華麗な建物であることに気付いた。宮殿内は柱がそびえ立ち、天井が高くて明るかった。ドゥンパ・ラは私たちに、ここは一九五七年に竣工したデチェン・ポタンという名のパンチェン大師の夏の離宮だと教えてくれた。

パンチェン大師の寝室は二階にあり、部屋には絨毯が敷かれ、布団の上にあぐらをかいている大師は、大きくて山のようだった。ギャヤ・リンポチェがパンチェン大師の横に座っていた。

私たちは、まずぬかづいてから、絨毯の上に座った。

「タシルンポ寺での手配はもう済ませた。これからはしっかりと経典を勉強しなさい」パンチェン大師が言った。

「御前様《クンドゥン》[155]のお手を煩わせる人は多くないぞ、早くお礼を言いなさい！」ギャヤ・リンポチェが言った。

大師へのあいさつが終わって、私たちは退室した。それからドゥンパ・ラは私たちを花壇の付いた大きなベランダに案内してくれた。遠くにえんじ色の建物群が見えた。「あれがタシルンポ寺です。大師の指示で、向こうにあなた方の住まいを用意しました。明日には移れます」

私はすぐにでもタシルンポ寺に移りたかった！　そこは全てが非の打ちどころがないように見えた。陽光の下で、いくつかの屋根の金色の輝きが建物群全体を神秘的に照らしていた。そして背後のネースル山はよりいっそう高く聳え、緑色の生気を放っていた。

「ネースルの手前の小山が見えますか？　あれがドルマ山です。タシルンポ寺はドルマ山の懐にあるんです」ドゥンパ・ラが言った。

「なんでこれをドルマ山と言うんですか？　どのドルマ〔ターラーのこと〕？　緑ターラー？」ロサン・トンユーおじさんが聞いた。

ドゥンパ・ラは笑って「そうです、よく見てください。上の尖った頂上の白い所がターラーの顔で、左右の盛り上がった小山が、緑ターラーの乳房で……」

「へえ、タシルンポ寺は緑ターラーの懐にあるんだ」セルドク・リンポチェが目を細めた。

「そうです。この地形は完ぺきな緑ターラー像です。

全ての峰、すべての泉が緑ターラーのやさしいお姿を表していています。タシルンポ寺の周りにはたくさん泉が湧いていますが、その中の一つは普段は飲まず、法会の期間だけお供えに使います」ドゥンパ・ラは説明した。

「なんでお供えにしか使わないんですか？」私は聞いた。ドゥンパ・ラは笑っただけで、何も答えなかった。何年も後になって、私はタシルンポ寺に関する本を読んで、その泉が緑ターラーの陰部に見立てられ、特別に珍重されているということを初めて知った。

私はまた、タシルンポ寺はもともと十五世紀ごろにダライ・ラマ一世ゲンドゥン・トゥプパがシガツェに修行に来て創建した寺であることを知った。ガンデン寺への思いに駆られ、彼はいつも無意識に東方を見つめていた。そして遠くの雪山の上には、いつも三つの白雲が昇って、紺碧の空に浮かんでいた。中間の雲はいつも少し高くて、それが彼のツォンカパ大師師徒三尊〔ツォンカパ大師とゲルツァプジェ、ケードゥプジェの三人〕への思いをいっそう深めた。そして彼は『東方の白い雪山』という有名な詩を書いた。

ある時、ゲンドゥン・トゥプパは背負子を背負って、一枚のタルチョを結んだ杖をついて、南に向かって歩いていた。彼は『聖妙吉祥真実名経』を唱えながら歩き、今日のタシルンポ寺の位置まで歩いてきたとき、ちょうど「法幢《ほうどう》を立てる[156]のに絶妙なり」というところを唱えたので、この場所を記憶し、少し休んで、また歩きはじめた。帰り道に、ここまで来てまた「法幢を立てるのに絶妙なり」と唱えた。「あれ、なんでこんな吉兆があるんだろう？」彼は自問して、振り返るとネースル山の手前の小山が一面の緑だった。「そういうことか。ここは緑ターラーの懐だ！」。後に、ゲンドゥン・トゥプパはここにタシルンポ寺を建てた。その後、歴代パンチェン大師の住むところとなり、パンチェン大師の祖寺となった。

なにはともあれ、私とセルドク・リンポチェはタシルンポ寺で新しい生活を始めた。では、私はここに何年間滞在するのだろう？　普通は五部大論[157]を学び終わるのに二十年はかかり、その上でゲシェに合格するのに少なくとも二、三十年はかかるから、一生ここにいることになるのだろうか？　かつて多くの出家者がチベット各地から三大寺やタシルンポ寺に仏法修行に来て、二度と故郷に戻らなかった。彼らの五部大論に精通する才能は尊敬に値する。けれど私が二度とクンブム寺に戻れないとしたら、ジャマガにも会えないし、母にも会えないんじゃないだろうか？　父はまだ監獄にいるのだろうか？　それともう家に戻れただろうか？

白ほら貝を吹く

チベット仏教寺院は、基本的に学堂《タツァン》と学寮《カムツェン》によって構成されている。寺によって名前は異なるが、構造はほぼ同じだ。例えばクンブム寺では、ツェンニー・タツァン、すなわち顕教学堂で五明や五部大論を学び、ギュパ・タツァン、すなわち密教学堂で四部タントラを学[158]び、ドゥンコル・タツァン、すなわち時輪学堂で天文暦法を学び、マンバ・タツァン、すなわち医学堂で『四部医典』を学ぶ。タツァンは大学の学部に相当し、その下に学級に相当するジンタがある。最高学位は顕教博士《ゲシェ・ラランパ》と密教博士《ゲシェ・ガランパ》の学位である。その下に修士に相当するゲシェ・ツォランパ、学士に相当するドランパがある。タツァンは寺院の行政機構でもあり、複数のカムツェンによって構成され、カムツェンは複数のミツェンで構成され、それはいずれも出身地で分かれている。

1950年代の私のタシルンポ寺での教師カチェン・ダワ・ケンポ

　タシルンポ寺にもトゥサムリン、シャルツェ、キルカン、ガクパの四つのタツァンがある。ガクパ・タツァンでは密教を教えているが、他はみな顕教の学堂である。私たちはシャルツェ・タツァンのサムロ・カムツェンに入ることになった。シャルツェ・タツァンの六階に自分の部屋と台所をあてがわれた。大きな叢林寺院〔僧が集まって修行する寺院〕で、このような特別待遇は非常に珍しかった。

「すべてパンチェン大師の温情だよ」ロサンおじさんは感動していた。

シャルツェ・タツァンのケンポのカチェン・ダワ・ラが私とセルドク・リンポチェの導師になった。彼は大ゲシェなのに少しも学識を誇らなかった。

毎日午前中、私たちがケンポ・カチェン・ダワ・ラの部屋に授業を受けに行くと、彼はいつも分厚いチュバを羽織って、経典の山に埋もれて、読経するのではなく読んでいた。彼の部屋の窓は狭くて細長く、壁も分厚くて、部屋の中は非常に暗く、ことのほか静かだった。香の煙がはっきり層になって部屋の中をゆったりと漂っていた。私とセルドク・リンポチェは、部屋に入るといつも行儀よく牛糞の火に掛けたバター茶の陶製のポットを取って、ケンポ・ダワ・ラの座卓の前まで行って、ポットを少し振ってから彼の茶碗にたっぷりお茶を注いだ。そうするといつも彼はうなづいて笑いながら「もういい《ディクソン》、もういい《ディクソン》[159]」と言った。私はポットを持ち上げる時に広がる乾燥牛糞の匂いを嗅ぐと、いつも故郷のかまどを思い出し、父と母の匂いを思い出した。

ケンポ・ダワ・ラの顔は、痩せて角張り、まばらな髭には白いものが混じっていた。彼はツァンパが好きで、その食べ方にはシガツェ人の特徴があった。まずツァンパを皮袋に入れ、揉んでから食べた。たまに一つ二つ私とセルドク・リンポチェにくれた。

ケンポ・ダワ・ラはよく身の上話を私たちに語った。彼は貧困家庭の出身で、ゲシェの勉強をしているとき、バター灯明のお金がなくて、夜経典を読むときは、一本の線香の微かな光を頼りに読んだ。そのため彼の経典にはたくさんの焦げ跡が残っている。彼は以前石板の地面に座禅を組んで教理問答をし、五部大論の修練を積んだ。全てのゲシェがこうやって修行してきたし、彼もそういう努力をして初めてゲシェ・ラランパの学位を取得し、シャルツェ・タツァンのケンポになることができた。

かつて、タシルンポ寺の僧侶は四、五千人いた。今は「宗教改革」を経験したとはいえ、それでも二千人以上いて、各タツァンの教務と法務はとても忙しくしていた。それはタシルンポ寺がパンチェン大師の祖寺だという特殊要因があったからだ。

各タツァンのゲシェたちは以前と同様、学級ごとに講義をしていた。学僧たちは教師を見つけると、近寄って頂礼をした。新しく寺に来た小僧はまずたくさんの経文を暗記して、それから寺の統一試験を受け、それに合格して初めて入寺を許される。私は大経堂の前のドゥダタン[160]で試験に参加した。試験官は四、五人で、開け放たれた二階に座り、受験生は私とセルドク・リンポチェの他にもう一人ガリ[161]から来た小僧がいた。その日、私たちは昇殿の際に必ず唱える『法行明経』を半日近く暗誦し続けた。

他の叢林寺院と同じように、タシルンポ寺の教学も非常に厳しい。毎日夜明けに、白ほら貝のブォーブォーという音で全僧侶が昇殿して経典を朗読するのが朝の授業。その後、小僧たちは教師の僧坊に行って経典を学ぶ。午後の三時四時ごろには、全員大経堂の前のドゥダタンに集まって集団で教理問答をする。夜には、昼間学んだ経文を大声で朗誦する。屋根にも経堂にも読経の声が響き渡る。タシルンポ寺の読経の声はとても有名だと聞いた。

写経と暗記は努力の積み重ねだ。暗誦でしどろもどろになるとケンポ・ダワ・ラはいつも言った。「経文の暗誦は、清水の流れのように、すっきりしていなければならん。一つ一つの言葉は熱した鍋の中から飛び出す裸麦のように、はっきりしていなければならん」。整った経文の韻律を、私がうまく暗誦できた時、ケンポ・ダワ・ラは私を励まして言った。「うまいぞ、こんなふうに精進を続ければ、教師の私を超えられるし、ガンデン・ティパ[162]の候補になるのも難しいことじゃないよ」

タシルンポ寺では多くの法会が営まれた。特にチベット暦新年とシャカ誕生の吉祥の日には、真新しいタンカやタルチョや勝幢《しょうどう》〔悪魔に打ち勝つ旗〕、色とりどりのチュゼ[163]が掛けられた。昇殿する僧侶も比丘三衣を着た。遠くや近くから来た人々が、にぎやかにタシルンポ寺の路地にあふれた。

六月の祈願法会を私たちはトゥッパ・ツェ・シ〔六月四日の意〕と呼んでいる。それはシャカムニ仏の初転法輪の日〔初めて説法をした日〕で、この日の供茶僧には、その年度の成績が一番よかった僧侶が選ばれる。彼らは気配りが非常に行き届いていて、昇殿するすべての僧侶が満ち足りた気持ちになる。供茶が終わると、使い終わった銀のティーポットは中も外もきれいに拭く。その銀のティーポットは非常に洗練されていて、上の開口部とポットの首、そして底の部分は、打ち出し模様に金めっきが施してあった。私たちは最初から準備しておいた小銭を一人一人ティーポットに入れ、彼らの行き届いたサービスと学業精進への褒賞とした。

　ほとんどすべての民衆が私たちにお布施をくれた。また法会の期間は、寺自身も多くの供物を用意し、法会が終わるとすべて僧侶への布施とした。私たちは次から次へと繰り返し供物をもらった。その後、それを在家の施主と分け合い、施主はさらにそれを親戚や友人と分け合う。こうして、ほとんどすべての僧侶と在家信徒が加持を経た供物を得ることができる。

　宗教的な祭日の外にも、休日があった。その時は、僧侶の友人や同郷者が集まって、野外で食事をした。ある日、ロサンおじさんの友人のシガツェ人のツェンドルが私とセルドク・リンポチェ、それにロサンおじさんをリンカ[164]に誘ってくれた。私とセルドク・リンポチェは大喜びだった。早朝、長い布を持って行って、寺の外の公園《リンカ》の一角を布壁で囲み、敷物を草地に敷いた。ロサンおじさんは私たちアムドのミルクティーを、ツェンドルはシガツェのツァンパとチュラ[165]［チーズ］を持ってきていた。

「アムドのラッコル・ツァンパはこんなに細かくないよ」私が言った。

「シガツェのツァンパはやっぱり違うな」ロサンおじさんが笑った。

「どこで生まれてもおれたちチベット人はみんなツァンパが好きさ」ツェンドルが感慨を込めて言った。

「だけど僕たちはモンゴル人だよ」セルドク・リンポチェが叫んだ。

「ほんとか？」ツェンドルが珍しげに言った。

　ロサンおじさんがツェンドルに私たちのオロンノール草原について説明し、私の両親が私を抱いている古い写真を取り出してツェンドルに見せた。

　その時、私とセルドク・リンポチェは他の小僧と一緒に小川の岸に駆けて行って、スィーペー・コルロ遊びを始めた。これは僧侶が好きな遊びで、まず布に四角形を書いて、それに天界、地獄など宇宙の地名を書き込んで輪廻図を作る。それから六文字の真言の書かれたサイコロを図の上で振る。地獄に落ちたらもちろん負けだ。時々私たちはバラやティカもやった。バラもサイコロ遊び、ティカは羊のくるぶしの骨を使う遊びだ。

周りに人が増えてきた。ピクニックの人も、洗濯に来た人もいた。子供たちが私たちを囲んで、私とセルドク・リンポチェは大勢の新しい友達ができた。

しかし時には私とセルドク・リンポチェはロサンおじさんにずいぶん心配をかけた。彼が留守のすきに私たちは悪さをした。何回かおじさんの鍵を盗み出して、五階の貯蔵室に忍び込み、彼が針金に掛けてあった乾し牛肉と乾し羊肉をこっそりはずして盗み食いした。たまには、ケンポ・ダワ・ラが飼っている子犬を追いかけたり、脅したりした。また時には棒切れを持って互いに殴り合い蹴り合いのけんかをした。

絵のように月が美しいある晩、私とセルドク・リンポチェはロサンおじさんが熟睡しているすきに、こっそり起き出して六階の塀の上に登った。行ったり来たりしているうちに、誰が早いか競争になった。この遊びは本当に危ない。昼間なら、六階でなくても塀の上を歩いて下を見たらめまいがしてしまう。

あっという間に三年が過ぎた。腕白だったけれど、私もセルドク・リンポチェもタシルンポ寺の祈請文、チベット語の書道と文法、『摂類学〔基礎論理学〕』や『因明学〔論理学〕』など多くの仏法を学んだ。教理問答の技巧も多少は身に着けた。例えば、先に「世の中にはどんな原色と補助色があるか？　ほら貝と同じ白はルビーの赤を代表できるか？」と聞く。相手は多分「もちろんルビーの赤は代表できない、白は白、赤は赤だ」と答えるだろう。すると、私たちはそこから敷衍《ふえん》して、「ならば、白のように清浄な観世音菩薩は、黄金色の文殊菩薩を代表できないだろうか、慈悲は知恵を代表できないだろうか？」などと重ねて問うことができる。

リンポチェの下肥《しもごえ》汲み

タシルンポ寺は緑ターラーのふところにあるとはいえ、何重にも重なり合って、まるで山城のようになっている。高い所から下を見ると、一つ一つの邸宅、一本一本の路地、一人一人の僧侶が全て視界に入る。僧侶たちはみな上の方に住んでいるので、この時はみんな興味深そうに自分の邸宅の塀に登って下を見ていた。

新たに来た百人ほどの工作組は寺の下の方に住むこと

になった。緑色の上着を着た人、紺色の制服を着た人、布団を干している人、銃を磨いている人、書類を見ている人……だれも彼らが何をしようとしているのか知らなかった。数百年来、ずっとえんじ色の袈裟で覆われていた寺の中では、この突然闖入《ちんにゅう》してきた俗人たちは非常に場違いだった。

「あの銃の中に実弾は入ってるかな?」

「実弾? おおかた木銃だろうよ」

みんな大笑いした。私も興味があったが、他の人と違って私は喉が締め付けられて笑えなかった。一九六四年の秋、このとき私はわずか十四歳だったが、六年前にクンブム寺で行われた「宗教改革」、とりわけ最初の「封建主義の覆いをあばく大会」で五百名以上の僧侶が連行された光景は、私の心の中に暗い穴を空けていて、思い出すといつも気持ちが暗く沈んだ。タシルンポ寺の僧侶と比べると、私とセルドク・リンポチェは「ベテラン運動員」だった。そしてロサン・トンユーおじさんも、一言も発せずに工作組の人々を見つめ、顔をしかめた。

工作組はすぐに本領を発揮した。最初に、彼らは寺の僧侶全員を集めて「三大教育運動」[166]の動員大会を開催した。許同志という人がいて、私たちは彼をチベット語でロトゥン・シュイ・ラ[167]（「許同志様」の意）と呼んでいた。彼が大会で説明した。「三大教育運動とは、階級教育、愛国主義教育、社会主義前途教育のことで……」

大会の大部分の時間は幹部たちが社会主義制度の優越性を話し、通達を読み上げた。ちょっと聞くと、社会主義社会は極楽浄土よりも完璧だった。大会を開き、政治通達を学習する場所は大経堂の前の石畳の広場、つまりドゥダタンだった。平時は教理問答場だったが、今では教理問答は停止された。朝晩の読経もなくなった。

早朝に彼らは銅鑼を打ち鳴らして私たちに大会を開かせる。昼は、朝持って来たツァンパを適当に食べて、大厨房から持って来た茶を飲み、再び広場に座って通達を学習する。時にはカムツェン単位で屋根の上で学習したが、雨が降りだすと経堂の中で学習した。夜も暇はなく、小グループに分かれて追加学習をさせられた。

徐々に、仏教の修習はすべて停止された。

クンブム寺の「宗教改革」の時と同じく、幹部たちの「細やかな教育と積極的な促し」によって、僧侶の中の「積極分子」が教理問答の時のような迫力で発言し始めた。一方、私たちリンポチェは今回は「封建主義の覆い」から「階級の敵」に変わった。名前は変わったが、無産階級独裁の対象という性質は変わらなかった。もし私たちが何か言ったり、何か表情を浮かべたりすると、積極分子たちは「おまえたち上層階級は、態度を改めて貧困ラマから教育を受けろ！」となった。

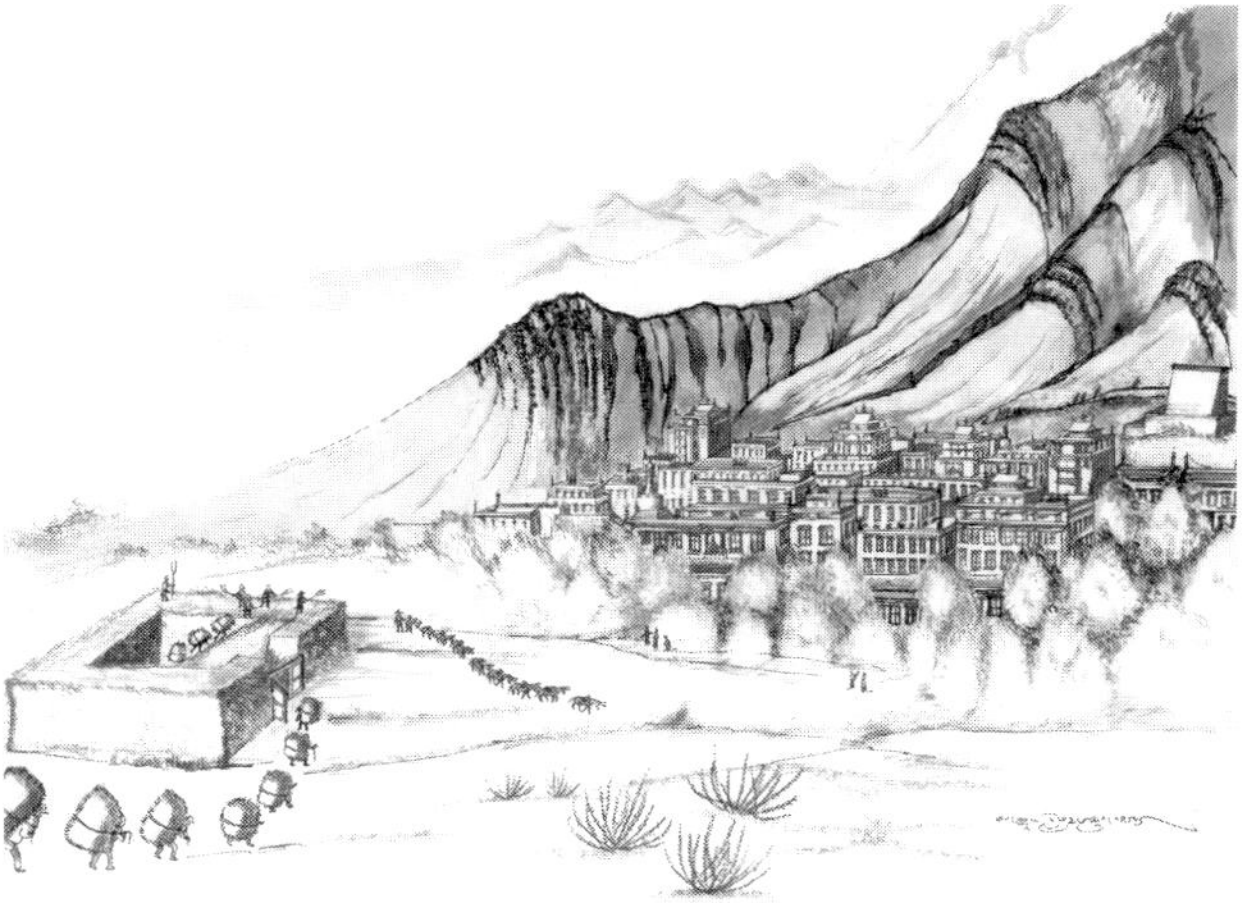

1964年セルドク・リンポチェと私は思想改造の意味で、柴刈りに行かされた。刈った野いばらを20～25キロメートル離れた所から背負って帰って、上に積んだ。たまたま地元の人の牛糞を運ぶロバのキャラバンが、ロバの首に下げた鈴の音を立てながら、我々の横を通った。（アジャ・リンポチェ画）

六、七ヵ月学習すると、政治的な語彙が増えただけでなく、生産労働も増えた。例えば、塀や屋根の修理、壁の石灰塗りなどである。その中でも下肥汲みが一番汚い仕事だ。以前寺は経験のある農民を雇って糞便を処理させていた。農民たちは非常にまめで、四、五日おきに乾いた土をまいた。そうすると糞便と土が混じって悪臭を吸収し、汲み出しやすくなる。

だが、これからは僧侶が自分たちでやることになった。一日中政治学習に忙しい私たちに、乾いた土を撒く時間なんてあるわけがない。あたり一帯に臭いが充満したころになって、工作組はやっと僧侶を集めて乾いた土を撒くよう命令した。この時、私たちはタシルンポ寺から十里（一華里＝五〇〇メートル）ほど離れたところに行って、乾いた土を袋に詰めて、担いで持ち帰って肥溜めに撒いた。しかし、底の方は水分が多かったので、みんな汲み取りに悩まされた。

その後こうした任務は私たち「階級の敵」に割り当てられた。積極分子は私たちの改造態度を見るために、私たちに袈裟をたくし上げて裸足になって、肥溜めに入って糞便を汲み出すよう要求した。その臭いは、私たち肥溜めに入った人は言うまでもなく、寺の隅々にまで漂った。

ある日、セルドク・リンポチェが高熱を出したので、組長に休みを申請すると、組長は許可しないばかりか「仮病」だと言って彼をどなりつけた。そして、誰も彼の身代わりをしてはならないと命じた。セルドク・リンポチェはやむなく仕事に出たが、汲み取りの時に大汗をかいたら、思いもかけず風邪が治ってしまった。それを組長は仮病の証拠をつかんだと宣伝して回った。「階級の敵に対して目を光らせろ。手を緩めてはならん！」

ロサンおじさんはギャヤ・リンポチェの言葉を引用して、私とセルドク・リンポチェをなぐさめた。「糞尿は甘露[168]のような物で、その源は五穀だ。五穀が人の体内で変化して、最後は体外に排泄される。人は糞便を身体の中に持っているときは少しも不浄だと思わないが、いったん排泄されると汚くて臭い。その一切は、物質に対する執着が原因で、そのために区別する心が生じる」。ロサンおじさんはそれに続けて「一番汚く一番苦しい仕事は、罪障と災禍を除く最良の方法だ」と言った。

■■流れ去らない死体

その後、私たちは解放水路の掘削に派遣された。それはシガツェ地区を横断する大工事だった。全ての事業所、寺院、学校、村に任務が割り当てられていた。

タシルンポ寺に割り当てられた区間は、ギャンツェからシガツェの間だった。私とセルドク・リンポチェも水路掘りの行列に加えられた。荷物を背負い、三百人ほどの僧侶とともに、列になって出発した。丸一日歩いてやっと目的地に到着し、テントを張って宿舎を設営した。寺にあった大小のテントをすべて持って来ていた。一番小さいので二十人寝ることができ、一番大きいのは百人以上寝ることができた。だが実際はほとんどの人が寝る場所の周りを少し布で囲んで目隠ししただけで外で寝た。

次の日から労働が始まった。杭は事前に打ってあった。冬で、凍土層は厚く、まず鶴嘴《つるはし》で凍土を割り、そこに爆薬を詰めて凍土層を爆破する。そして、緩んだ土をすべて水路の外に運び出す。土運びの方法は背負うか、スコップでさらうかである。二人で一つのスコップを使い、一人が下に掘り、一人が土を片側に寄せる。これがシガツェ地方独特のスコップの使用方法である。片側に寄せる縄をスコップの首のところに結ぶ。その縄は羊毛を編んで作ったもので、乳白色とコーヒー色の糸で美しく編み上げられ、ウルド[169]〔投石紐〕に似ていた。かつでチベット人がこの工具を使うときは、いつも歌声が伴った。今も歌声があるが、純粋に動作を一致させるためだけであり、何の楽しみもない。しかも掘り進めるには鼠が凍土を咬むように力が要った。

凍土を割り、続いて掘り進める時、上にいる人々は土を袋に詰めて、袋を背負って運び去る。一回に一袋を担いで行き、戻ったら紙券を一枚受け取り、最後に紙券の数でその人の労働態度が評価される。

チャンチュプという名の、私と同じアムド出身の僧侶は、多くの経典を読み、学識豊富だったが、彼がもらう紙券の数はいつも一番少なかったので、積極分子に目を付けられた。「チャンチュプ、もっと早く歩け！」。だが、チャンチュプの足取りは牛のようにゆっくりで、しかも、彼の袋の中の土は他の人より明らかに少なかった。

「もう動けない！」チャンチュプが言った。

「おまえの袋は他の奴より少ない上に、歩くのも遅い。反面教材になりたいのか？　さっさと歩け！」組長は耳を貸さなかった。

「きのうおれはチャンチュプの隣で寝たが、彼は一晩中うなっていた」誰かが小声で言った。

「今日出てくる前に、彼は組長に休みを申請したが、組長は仮病だと言ったんだ」別の人が言った。

そのあと、一人の施工管理員が来て、東北から来た大学生だと自己紹介した。「楊同志と呼んでください。こんなふうに垂直に掘り進んではだめです。これは水路なんです。斜めに掘って、台形にしてください」楊同志は恒大マークのタバコの箱を取り出して、それに絵を描いて見せたが、みんな彼の言葉を理解できなかった。私はテントの中に走って行って、私の掛布団の下の厚紙を破いて四十五度に折って台形を作ってみんなに見せた。それでみんな意味が分かった。

楊同志は驚いて私の顔を見た。「君は漢語が分かるのか？　どこで勉強したの？」

「青海」私は答えた。

「君は青海人か、来て来て、僕の通訳になってくれ」

楊同志は重荷をおろしたようにほっとした。

楊同志は、寺の工事区間を担当しているだけでなく、郷と学校の工事区間も担当していた。それからは、私はほとんど毎日楊同志について工事現場を歩き回った。これは本当にいい仕事で、水路を掘らなくていいだけでなく、あちこち歩き回れた。それに楊同志も親切な人だった。私は毎日楊同志が来るのを待ち望んだが、時々いくら待っても来ないことがあった。

ある日、仕事が終わると私たちのサムロ・カムツェンは組長のテントで会議だと誰かが大声で言った。組長のテントは小さくて新しい、温かいテントだった。私たち五、六人はテントに入ると床に置いたあった長い物に疲れて寄りかかった。

組長はいつもと同じように、まず素晴らしい情勢について長々と語り出した。誰かがいびきをかき始めたが、組長はいつもと違って睨みつけて起こしはせず、急に話題を変えた。「おまえたちの同郷人のチャンチュプが死んだ。おまえたちが寄りかかっているのが、彼の死体だ」

私たちは飛び起きた。眠気は跡形もなく吹き飛んだ。

「時間がないから火葬はできない。水葬にすればいい。もしおまえたちが同意するのなら、死体は川に投げ捨てる」組長は言った。

「川に捨てるのはまずい、我々の飲み水はどうするんですか?」誰かが心配した。

「水汲み場の下流の氷洞を選べば大丈夫だ」誰かが答えた。

「下流は探したが氷洞はなかった。上流に一つだけあった」組長が言った。

「じゃあ飲み水はどうするんですか?」みんなが異口同音に聞いた。

「使う水を汲んでおけ。死体が流れ去ったらまたヤルツァンポ河の水を飲める。心配するな。二、三日もすれば水はきれいになる」組長は自信たっぷりに言った。

私たちは水を汲んだ後に、チャンチュプの死体を上流の氷洞に投げ込んだ。

何日もたって、水汲みに行った人が走って戻ってきた。「おい、おれは見たぞ。チャンチュプ・ラマの死体はまだあそこにある。流れてないよ!」

だが、私たちはもう何日も前から川の水を飲んでいた。

第五章　パンチェン大師が「反革命」になる

「私生児」

あれは一九六四年の一番寒い日だった。全ての人がタシルンポ寺の東南の角の空き家に集められた。隣は歴代パンチェン・ラマの夏の宮殿キーキ・ナガだ。それは幸福な庭園という意味で、四方を高い壁に囲まれ、中にはうっそうと大樹が茂っていた。

表面的には、この突然召集された大会は以前と何の違いもなかった。ただ、幹部が全員銃を肩にかけていた。また、僧侶の中から長い時間をかけて育成した積極分子のケムパ主任、ドルジェ・シャラン、セプ、ガリ、パサン・ノリたちが、絶え間なく周囲を歩き回っていた。

一人の漢人幹部が演説を始めた。「我々の運動は最高潮に達し、まもなく偉大な成果を勝ち取るだろう。諸君は党の政策を学習し、情勢を見極め、意識を高揚させたので、千年の長きにわたって我々の頭の上で糞尿をたれ

ていた敵は隠れ通すことができず、羊の皮をかぶったオオカミが尻尾を出した。今こそやつらを徹底的に暴き出し、批判し、地面に突き倒し……」

演説が終わるとすぐに、ドルジェ・シャランが右手のこぶしを突き上げて、叫んだ。「パンチェン反革命打倒！」「七万言の罪状を暴き出せ！」

全員がそれに合わせて叫んだ。「パンチェン反革命打倒！」「七万言の罪状を暴き出せ！」などなど十数分も叫び続けてやっと静かになった。すっかり静かになって呼吸の音さえ聞こえない。「宗教改革」以降、人々はまるでオウムの口まねのように誰かがスローガンを叫ぶとそれに合わせて叫ぶようになっていた。

彼らは半年あまり回り道をして、ついにこの凍えるほど寒い朝に、パンチェン大師を失脚させる目的を達した。大師は隣の夏宮で縛り上げられているのだろうか？私の頭の中を妄想がめぐり、動悸がひどくなっていっ

た。

　パンチェン大師は結局その場に現れなかった。事前に手配済みの数人の積極分子が次々にわめきたてた。彼らの言葉は罵り言葉より残忍だった。「パンチェンは『七万言上書』で社会主義を中傷し、共産党を攻撃して、反抗を企てた。武器と車両を蓄えて、機械学校の学生を訓練したのは亡命の企て、チベット独立の企てである」などなど。批判される人が現場にいない闘争大会は、威張り散らして、脅しつけるための見せしめに過ぎない。もちろん私がそれを知ったのは何年もたってからだった。当時まだ少年だった私は、パンチェン大師が解放軍と幹部たちに頭を押さえつけられる哀れな様子の妄想を振り払うことができず、ハラハラしていた。
　二、三時間もたって大会がやっと終わり、幹部たちは成果を総括した。「貧困ラマの発言を聞いて非常に感動した。貧困ラマたちがパンチェン反革命をはじめとする『三大領主』[170]をこれほど恨んでいたとは！　彼らはこれまで全く発言の機会を与えられなかった。今日我々は偉大な中国共産党の指揮下で、ついに『三つの山』[171]をひっくり返し、彼らに本音を語らせた。毛主席の恩情はヒマラヤ山脈よりも高く、共産党の恩情はヤルツァンポ河よりも長い」
　一九五八年の「宗教改革」の時、クンブム寺に派遣された幹部たちも全く同じことを言っていた。積極分子が全て指示されて行動していることは疑いもなかった。

　その後、幹部たちはまた僧侶を多くの小組に分け、発言と態度表明を迫った。最初みんな下を向いていたので、幹部が順番に指名した。「おまえがまず発言しろ。最初の砲撃だ！」

　チベット仏教の教義の中には、導師を敬い親しく交わることは、修行者の成果でありかなめであると、はっきりと書かれている。だから、私たちは導師を選ぶための観察に普通でも一、二年をかけるし、十二年をかける場合さえある。一旦選んで、師と仰げば、導師に帰依し、導師の教えに忠実に従わなければならない。修行者としては、たとえ少しでも導師を悪く言ったら、修行の基礎を壊し、帰依の学びに反する。ましてこのような誹謗などとんでもない。毎日の修行で成果を得られないどころか、大罰当りだ！

　ブッダは衆生母の如しと言われた。だから般若六度

〔六波羅蜜に同じ〕、つまり布施、持戒、忍辱、精進、禅定、智慧を修めて、すべての衆生に向き合わなければならない。布施とは「捨心」、自己を捨てて、他人を助けることである。持戒とは「防護心」、自己の心が他人を傷つけるのを防ぐことである。忍辱とは損をすること、失うことを気にかけないことである。精進とは勤勉のこと、辛抱強く仕事をし、成功しても自慢せず、失敗しても他人を責めないことである。禅定とは注意力を分散しないこと、善事を行う精神を分散させないことである。智慧とは清く明らかで執着せず、五明《ごみょう》と諸法の道を了知することである。

衆生に対してすらこうなのだから、まして法恩深い導師に対しては！　導師を通じてのみ私たちはブッダの教えを得ることができるのだから、尊師はブッダのようなものだ。もちろん、導師も誤ることはある。しかし彼が誤るのは彼が人の姿をとって現れているからである。人の姿をとって現れたからこそ私たちは「導師を親しく敬うこと」と「六度」を修行する機会を得られるのではないだろうか？

二十一世紀に私がチベット仏教のこの伝統を西洋世界に紹介する時、小中学生も、高校生、大学生も、彼らの教師たちもみな、それが教師を敬う良い伝統であるだけでなく、深い哲理を含んでいると受け止める。あるヨーロッパの心理学者の言葉を借りれば、他人を敬うことは、その社会が健康で好循環していることの証左である。しかし、二十世紀の中期から今日まで、チベット高原のこの良い伝統は「人民に奉仕する」と公言する共産党政権によって否定され、踏みにじられ続けている。

幹部たちはその後さらに事実無根のでっち上げを行った。「反革命パンチェンは道徳的に腐敗している。彼の弟の妻ペマ・ヤンチェンはパンチェンの情婦だ！　信じないなら、特別に闘争大会を開いて、ペマ・ヤンチェンに真相を暴露させよう」

こうして、うわさがどんどん広がったので、みんなペマ・ヤンチェンが寺に来て「反革命パンチェン」の醜聞を自分で暴露すると思った。しばらくして、シガツェ市は本当に一万人大会を開いた。各職場から隊列を組んで会場に向かった。もちろんタシルンポ寺の全僧侶も例外ではない。ぎっしり詰まった群衆の間に大きな電柱が立ち、その上には大きなスピーカーが取り付けられていた。だが、待てど暮らせどペマ・ヤンチェンは現れなかった。幹部たちは弁明した。「本来ペマ・ヤンチェン自身が来て、『反革命パンチェン』の醜聞を暴露するはずだった。彼女はどこにでも出ていくが、タシルンポ寺の僧侶の前だけはちょっと恥ずかしいらしい。代わりに本物の彼女の声の録音を聞かせる」。そして、スピーカーが鳴った。ひどい雑音の中で泣きながら話す女性の声が聞こえたが、ペマ・ヤンチェン本人の声かどうか全く確認のしようがなかった。

散会後、ツェンドルがうちの僧坊にやってきた。彼は顔をゆがめて、いまにも泣きそうに言った。「みんな狂ってる。あんなありもしないことを言って」

「パンチェン大師がもし本当に何かしても、それは仏が彼を試しているということだ。私たちの肉眼で何が見えるもんか？　なんにせよ、不信心者が悪業を行うに任せておくということは、我々も一緒に悪業を積むということだ」ロサンおじさんは苛立って言った。

「君たちに伝えたいことがあって来たんだ。パンチェン大師の批判が始まってから、ある幹部が他の小組を回って、君たち二人がパンチェン大師の私生児だと触れ回っている」ツェンドルは私とセルドク・リンポチェの顔を見てそう言った。

「僕たちが？」私とセルドク・リンポチェは異口同音に言った。

「そうだ。僕はすぐに『あの二人はモンゴル人だし、実の両親もいる。写真だって見たことがある』と言ったんだ。だけど幹部たちは信じないどころか、余計なことを言うなと僕を脅したんだ」ツェンドルは窓の外をうかがいながら言った。「いま、みんなが陰で噂してる。知らないのは君たち二人だけだ。これからは何事も慎重にしろよ」

私とセルドク・リンポチェはお互いの顔を見て、腹を抱えて笑った。工作組がタシルンポ寺に進駐してきてから、初めて心の底から笑った。ペマ・ヤンチェンの録音がどういうことかも理解できた。

その後、ラサで本当にパンチェン大師の吊し上げがあったと聞いた。またその後、パンチェン大師が北京中央民族学院などに送られて吊し上げられたと聞いた。そして共産党は彼を秦城監獄に十年近くも閉じ込めた。

■■政治の嵐の下でホームシックに

今は大部分の幹部は撤収し、数人が残っているにすぎない。その目的は「階級の敵」を引き続き改造することだ。改造の方法の一つは、農場の開墾である。もともと寺には何か所も農場があるのに、工作組幹部の黒鼻の徐は、「これはお上の決定だ。カムポ・ギャムダに必ず新しい農場を作るんだ」と言った。カムポ・ギャムダとは乾いた岸という意味だ。「お上」のスローガンは「カムポ・ギャムダをゴンポ・ギャムダに！」だった。それは乾いた岸を緑の岸にという意味だ。黒鼻の徐は「あれはいい所だが、唯一の欠点は水がないことだ」と言った。一部の若い僧侶は自発的に開墾作業に志願した。私は志願しなかったが、発表された名簿には私とセルドク・リンポチェの名前も載っていた。

どうやら、寺の積極分子は一心に私たちを「改造」しようとしていた。もし本当に彼らと一緒に農場に行ったら、私たちもチャンチュプ・ラマのように、氷洞に投げ込まれるかもしれない。なぜなら、私たちは彼らの想像を超えた嫌がらせに対応できないからだ。ロサンおじさんはその前から私たちの里帰りを申請し、黒鼻の徐も内諾していた。だが、新農場開墾の名簿に私たちの名前を載せたということは、私たちをクンブム寺に戻らせないつもりなのだろうか？

「おまえたち家に帰っていいぞ」ある朝、積極分子のセプが言いに来た。「経典、仏像はいっさい持ち出し禁止という『お上』の指示だ」

ロサンおじさんが震えながらパンチェン大師の手紙を持ち出して、仏像を見て言った。「これらはみんな私たちにくれたことになっていますが……」

その積極分子は手紙を受け取ると、見もせずに細かく破って、地面に投げ捨てて踏みつけた。「パンチェンが主人の時代はもう終わったんだ。今はおれたち貧困ラマが主人だ！」

幸いその頃、数人の僧侶を学習のためにラサに送る車があったので、私たちもその無蓋トラックに便乗した。トラックに乗る前に、パンチェン大師が住んでいたデチェン・ポタンを見ると、寂れ果てて人っ子一人見えなかった。かつてのにぎわいはまるで夢のようだった。そして私たちのタシルンポ寺の友人であえて見送りに来た人は一人もいなかった。トラックはゆっくりとこのネースル山に抱かれたタシルンポ寺を離れ、緑ターラーのふところを離れ、この私に希望と絶望を与えてくれた場所を離れた。

　ラサでは、私たちは自治区第二宿泊所を割り当てられた。ここはかつてダライ・ラマ十四世の両親の荘園でヤブシ・タクツェルと呼ばれていたそうだ。中庭は非常に広く、三方を建物に囲まれ、正面は多層の建物で、建物のドアの外には廊下があった。私たちの部屋には敷物を敷いたベッドが三つあるだけだった。サービス係は漢人の娘で、毎日決まった時間にポット二本のお湯を持って来た。私たちが漢語を話せると知ると、どこから来たのか、どこへ行くのか、何を書いてるのか、見せてくれないか、などと私たちにいろいろ聞いてきた。

　私とセルドク・リンポチェがノートを隠すと、ロサンおじさんは脇で笑った。チベット語で書いていたので、私たちは彼女に時代遅れと思われたくなかった。

　食事は一階で食べた。そこは大広間で、白い布のかかったテーブルが数卓置いてあった。サービス係は毎朝ボール一杯のおかゆと漬物、マントウ、餡入りマントウ、つまり標準的な中国式朝食を持って来た。

　この宿泊所はジョカンからとても近かったので、私たちはこっそり礼拝して、できればまたガンデン・ケンパとレティン・シュパを買って帰ろうと思った。そこで私たちは、トムシカン[172]の角を曲がってパルコルに入った。これがパルコルなのか？　急ぎ足で周回巡礼する人々の足音は聞こえず、通る人はまばらだった。ネパール商店も含めて、全ての商店が閉まっていた。ジョカンの前まで回って行くと、いつも開いていた門もきつく閉ざされていて、誰一人として五体投地をする人の姿はなかった。かつてピカピカだった地面にはほこりが厚く積もっていた。香炉にも火の気がなく、かぐわしいビャクシンの香木の香りもない。もちろんガンデン・ケンパとレティン・シュパを売っている人など影も形もなかった。

　私たちはまた例の同郷人を探し当てた。アルシャーの男性と結婚して店をやっているアムドの女性である。夫婦は以前と同じように親切で、私たちを食事に引き留めた。アルシャーの夫の話では、ジョカンはだいぶ前に、「三大教育運動」が始まるとすぐに閉鎖されたということだった。他にもラモチェ寺、ポタラ宮殿、ノルブリンカ、三大寺……みんな閉鎖された。彼の話では、彼らも運動をやっていて、それで店がみんな閉まっているのだった。

その後、自治区統一戦線部から私たちに呼び出しが来た。私たちの他に一人、面識のないチベット人も一緒に統一戦線部の事務室に到着した。私たちに応対したのは、漢語の南方方言を話す漢人だった。「君たちはいつチベット自治区に来たんだ?」

「六二年です」私たち三人は同時に答えた。

「今は六五年だ。ラサはずいぶん変わっただろう?」

「すごく変わりました」私たち三人はまた同時に答えた。

「十年後に来たら、もっと大きく変わって、分からなくなっているかもしれないぞ。党の政策を信じるんだ。帰ってもしっかり党の言うことを聞いて、社会主義建設に貢献する真人間になるんだぞ」この漢人幹部はそれから私たちに一緒に到着したチベット人を紹介した。彼はトゥンパ・プンツォクで、私たちを西寧まで連れて行く役目を負っていた。私は心の中で思った。「この人は見張り役と世話役のどっちなんだろう?」

実はトゥンパ・プンツォクは以前パンチェン・ケンポ会議庁に勤める僧侶だった。だが今は還俗して漢人と結婚していた。今回彼は中国内地に異動になったのだった。漢人幹部は最後にトゥンパ・プンツォクの異動がうまく行き、新しい職場でより大きな役割を発揮するよう祝福した。

帰りがけに、私は遠くからシュクリン・ドルジェ・ポタンの門が固く閉じて、死んだように静かになっているのを見た。

次の日、トゥンパ・プンツォクは私たちを連れて長距離バスに乗った。バスの中には他にも「チベット援助」スタッフもいた。まるで地質調査隊のように、おそろいの革コート、ゴム底革靴、綿入れズボンを身に着けていた。

青海チベット道路は以前ほどでこぼこではなくなり、道幅もだいぶ広くなっていた。しかし、ほこりはやはりひどかった。対向車と行きかうたびに、舞い上がったほこりでしばらく外が見えなくなった。道沿いにはやはり村は見えず、私たちは軍営で食事をとった。

車窓が雪で覆われた。私は窓側に座って、絵や字、それにロシア語の文字数個を書き続けた。誰かが近づいてきて、しばらく判読しようとしていたが、最後はあきらめて「分からん」と言った。

ラサから出発して、七日間かかってやっと西寧に着いた。トゥンパ・プンツォクは私たちを西門口の小さな旅館にチェックインさせてから、青海省統一戦線部に連れて行って到着報告をさせた。それで彼の世話役としての仕事は終わった。私たちに応対した幹部は「帰郷を歓迎する。君たちこれからどうする?」と聞いた。

「僕たち学校に行きたいです」私とセルドク・リンポチェが同時に言った。

「学校?」彼は非常に驚いて言った。そして、まるで私たちが寝言を言っているかのように「そんなことできるかな?」と言った。

再びクンブム寺を見る

ジャマガに再会した。ノリ兄さんもいた。一番うれしかったのは、ゲゲン・ラクサムが戻って来ていたことだった。一九五八年の「封建主義の覆いをあばく大会」で彼が連行されてから、初めての再会だった。私が彼に頂礼すると、彼はぶつぶつ言いながら私を抱き起した。

「人に見られたら、面倒なことになる」

長い獄中生活で彼の関節炎は悪化していた。ひざにリスの皮を巻いているのでひざの関節が腫れて固まっているように見えた。歩くときは、靴のかかとが地面をこすった。しかし彼は、出獄してすぐに三法衣を見つけ出したと、とてもうれしそうに私に言った。それは捕まる前夜に隠しておいたものだった。

みんなは、私とセルドク・リンポチェ、ロサンおじさんがパンチェン大師の境遇とタシルンポ寺の災禍について話すのを一心に聞いた。最後にジャマガがため息まじりに言った。「どうやらどこも同じだ。ここじゃ今回の運動を『社教運動』[173]と呼んでいる。むかし、年羹堯[174]がクンブム寺を占領したとき、八個塔のところで寺主と高僧を殺した。当時クンブム寺には三百人の僧侶しか残らなかった。残った彼らを三百子分と呼び、皇帝の決定だと言ってカネを配った。その後、年羹堯が高僧を殺した場所に八個塔を建てて記念とした。今回は三百人も残れないだろう。一九五七年の『反右派』運動から始まって、大躍進、人民公社化、『一平二調』[175]と今回の『社教運動』、おれたちはずっと平和に暮らせない」

「五七年にも運動があったの？」セルドク・リンポチェが聞いた。

「そうだ、あの時はセルティ・リンポチェが[176]『右派』にされたんだ」。

セルティ・リンポチェは当時クンブム寺の住持だった。私はよく覚えている。色白の丸顔で、ハンサムな上に気立てもよく、その上とてもいたずら好きだった。当時、「お上」がクンブム寺や他の寺の活仏と世話係を西寧の「学習班」に呼んで、その後の「宗教改革」の地ならしのために、彼らに早めに「思想を解放」させようとした。当時リンポチェや世話係は「お上」の目的を知らなかったが、彼らの笑顔は日一日と少なくなっていった。しかし、セルティ・リンポチェは気落ちしないばかりか、しょっちゅう人の口まねをしていた。彼とギャヤ・リンポチェが西寧で別々の宿に泊まった時、彼はギャヤ・リンポチェに電話をかけた。「クンブム寺のギャヤ活仏か？」

「はい」とギャヤ・リンポチェは答えた。

「おれは統一戦線部のペマ・タシだ。すぐに西寧賓館の会議に出てこい」セルティ・リンポチェのペマ・タシの口まねは、迫真のレベルだった。

ギャヤ・リンポチェがいつもの習慣で右手を振りながら、あたふたと西寧賓館に着いたとき、セルティ・リンポチェは大きな口をあけて笑った。「ほら見てごらん。リンポチェがまた引っかかった」

セルティ・リンポチェは以前、中華全国青年連合会[177]の委員に任命され、ソ連を訪問した。レーニンの遺体を見学しているとき、彼は記者の取材を受けたそうだ。彼は、「一般の人も革命の指導者もみんな死にます。死はみんなが通らなければならない道です」と答えた。この言葉のために、その後セルティ・リンポチェはわずか二十五歳で獄死させられた。

その年、セルティ・リンポチェはソ連から帰ってから私にお土産をくれた。それはゴム製のカエルで、カエルとつながったチューブの端にゴム球がついていて、ゴム球をにぎるとカエルが飛び跳ねる。私はよくこのおもちゃを袈裟の中に隠しておいて、カエルを飛び出させてみんなを驚かせた。

ジャマガが言った。「『反右派』の時に漢人地区からの移民が始まったんだ」

「移民ってどんな様子だった？」私が聞いた。

「移民の顔色はみんな蠟《ろう》のように青白かった。ちょうどデブのロサンがいつも着ている制服みたいにね」ジャマガが答えた。

デブのロサンというのはクンブム寺の僧侶で、太っていて、藍色の制服を着て、ちょっと漢人みたいだった。このころ、彼はみんなから「移民ロサン」というあだ名を付けられた。それ以降、移民はどんどん増えた。私が見た彼らの顔色は蠟のように青くはなかった。むしろ白かった。

ジャマガが続けて言った。「運動が始まってから、たくさんの積極分子を育てた。もっぱら僧侶を互いに摘発するようしむけた。弟子に教師を摘発させ、甥っ子におじさんを摘発させ、そして密告を奨励した。そうした行いは仏法で忌み嫌われる離間罪だよ」

「タシルンポ寺も同じだ。やっぱりたくさん積極分子が育った」ロサン・トンユーおじさんはそう言ってため息をついた。

「今回の社教運動は、ここでは『四清』とも呼ばれてる」ノリ兄さんが言った。「まだここじゃ終わってないよ」

数日後、隊長が私たちに社教運動の総括大会に参加するよう言った。今回は、鉄棒ラマのソナム・ニマに[178]「四類分子」のレッテルを張った。一九五八年の「宗教改革」以後、寺院の規則や戒律は封建制度として廃除されていたし、本当の宗教活動はなくなっていた。ソナム・ニマが鉄棒ラマになったのは一九六二年からで、宗教の「半開放」に対応するために過ぎず、実際は政府に指名された虚名だったが、偽物も本物と見なされて吊し上げられた。

吊し上げ大会は以前バター細工を作った場所で行われた。そのあまり大きくない中庭には石段があって、私たちは下に座り、石段の上には幹部が数人、ソナム・ニマは石段の右側に立ち、両手を前で交差させ、うつむいていた。大衆の発言はそれほど激しくなかった。干からびた作物のようにうつむいている人もいた。幹部たちは単調な声で「人民の首にまたがって、えばり散らした旦那様」「貧困ラマの中に隠れていた階級の敵」だとソナム・ニマの罪状を宣告した。

　その次の大会では、ギャヤ・リンポチェもレッテルを張られた。いわく彼は「パンチェン反革命集団の黒幕だ」「七万言反動綱領の起草を幇助した」「社会主義を中傷した」「態度が悪い」などなど。

　三角帽子をかぶせるレッテル貼りは、毛沢東時代に発明され、有形と無形の二種類があった。有形のレッテル貼りは、吊し上げされる人に紙製の三角帽子をかぶせ、帽子の正面には墨でどぎつく「反革命」「悪質分子」などいろいろな罪名が書かれる。もう一種類は無形のレッテル貼りで、表面上は三角帽子はかぶせないが、精神的にレッテル貼りの三角帽子をかぶせる。例えば、だれかを「魑魅魍魎《ちみもうりょう》」「地主・富農・反革命・悪質・右派」「歴史的反革命〔むかし反革命だった人の意〕」「現行反革命」「反社会主義分子」などと規定した。一旦そう規定されると、無産階級独裁の対象とされ、発言権も、生きる権利も奪われた。中の下レベル以下の「貧下中」牧畜民と無産階級は誰でも彼に独裁権力をふるうこと、つまり「監督改造」することができた。だから、たとえ投獄されなくても、同様に自由を失った。大僧官ソナム・ニマとギャヤ・リンポチェがかぶらされたのは「四類分子」の帽子だった。

　この時、アムドの大部分ではすでに人民公社が設立され、私たちのクンブム寺はルシャル人民公社のクンブム寺生産大隊となった。残った僧侶は五、六組の生産隊〔生産大隊の下の組織〕に分けられた。私とセルドク・リンポチェは別々の生産隊に振り分けられた。

　冬がゆっくりと過ぎ去り、春の耕作が始まった。生産隊は私に地ならしをさせた。地ならしとは、牛が鋤き起こしてできた筋状の盛り上がりとくぼみを平らにならすことだ。そうすることで苗が均一に伸びるし、同時に水分を保持することもできる。地ならしは私とギェルツェン・ドルジェの任務で、彼が二頭の馬に地ならし器を引かせて先を歩き、私が柳の枝で編んで作った地ならし器の上に乗って、両足で前後に揺らして、種をまいたばかりの地面を平らにならしていく。

「おまえは毎日背が伸びるな」ジャマガは私を見て感嘆した。毎日元気なく過ごしてはいたが、運動が行われているときよりはまだ気楽だった。

大字報で覆われたヤク毛テント

「四清」運動は主に幹部の粛清で、どうやら階級闘争は共産党の最高指導部内で行われているらしかった。私とセルドク・リンポチェはこの頃はひまができると自転車で西寧まででかけた。そしてたまには食堂にも入った。その頃食堂は非常に少なかったし、料理の種類はもっと少なかった。マントウ、ワンタン、餡入りマントウに数品の家庭料理ぐらいだった。食堂に入るとまず食券窓口に行って食糧配給券を食券と交換し、それから受け取りカウンターに並ぶ。いつも人が大勢並んでいた。買うときに並ぶだけでなく、食べる時にも並ばなくてはならない。椅子とテーブルが少ないので、まだ食べている人の脇に立って、座っている椅子の横木に足を掛けて、腰に手を当てて割り込みを防ぐ。そうして初めて食べ終わった人の後に座ることができる。だが、食べ終わった人はわざとすぐに立ち去らないで、国の未来がどうの、造反がどうの、革命がどうのと互いに議論を始める。それは、文化大革命の初期だった。それに続いて、新聞に毛沢東の「四大自由」――大鳴〔大いに見解を述べ〕、大放〔大いに思想を解放し〕、大弁論〔大いに議論すべし〕、大字報〔壁新聞を張り出し〕――が掲載された。私たちはそれは教育のある人の話で、普通の人には関係ないと思っていた。

「大丈夫そうだから、里帰りしよう」セルドク・リンポチェが言った。

当時、クンブム寺にはギャヤ・リンポチェ、セルドク・リンポチェと私の三人しかリンポチェは残っていなかった。一時的に私たちに対する監督もゆるんだ。ギャヤ・リンポチェだけは「四類分子」のレッテルを貼られていて、行動の自由がなかった。そこで、私とセルドク・リンポチェ、ノリ兄さんの三人で生産隊長に二十日間の里帰り休暇を申請し、家に帰った。

最初の里帰りの時、私は威勢よく馬に乗って行った。二回目は、ずっと格が落ちて、もしギャヤ・リンポチェが羅針盤を持っていなかったら、道に迷うところだった。そして今回私はもっと落ちぶれて、すっからかんだった。私たちは荷物を背負ってまず西寧に行き、街中で砂糖菓子を少し買い、祁連行きの長距離バスに乗った。夕日が山の間に沈むころ、やっと祁連に着いた。私たちは旅館を探して、一晩泊まり、翌日の早朝には荷物を背負って出発した。

托勒牧場にはバスは通じていないので、歩いて行くしかない。祁連一帯は、私の故郷のオロンノールと違い、標高が高く垂直分布が鮮明で、高度の違いで違った植物が生育している。だが、この時は冬だったので、上も下も一面の黄褐色で、荒涼とした美しさだった。私たちはずっと黙勒河に沿って歩いた。川幅は広く、水も澄み、曲がりくねった渓谷を青く澄んだ水が流れていた。両側は切り立った岩の崖で、赤土が侵食されて林のように切り立った土林も現れた。それは広々とした藍色の空の下でとても神秘的だった。たまに、山の中腹に切り開かれた道路も見えたが、木材を運ぶトラックが通るだけでバスは見えなかった。遠くに時々一人、二人馬に乗った人が見えた。

ある晩、私たちは野牛溝郷に泊まった。郷幹部の家族はとても親切で、無料で寝床と食事を提供してくれた。彼らのただ一つの質問は、「あなた方は北京に行って、毛主席に会いましたか？」だった。

「私たちは北京には行ったことありませんよ！」と言って、顔を見合わせた。

「ああ、なんて謙虚なんでしょう。もちろん、それこそ私たちが学ぶべき、紅衛兵の高尚な品格です」と村人は言った。

彼らはどう説明しても私たちが「紅衛兵」でないとは信じなかった。私たちの年齢が高校生ぐらいだったからだろうか？　そんなふうにして、三日間歩いてやっと托勒牧場のセルドク・リンポチェの家に着いた。彼の母は、彼を一目見てうれし泣きした。「あらあら、おまえずいぶん苦労したんだろうね？」「パンチェン大師が捕まったそうじゃないか？」「タシルンポ寺では虐《いじ》められなかったかい？」

「母さん、その話はいいから」セルドク・リンポチェの兄のヤンペルが入ってきた。彼はもともとクンブム寺の僧侶だったが、今は還俗して戻っていた。ヤンペルの話では牧場でただ一つの学校も休校になって、生徒たちは荷物を背負って、『毛沢東語録』を読みながら、続々と「大交流」に行き、毛主席に会うために北京にも行ったそうだ。牧畜民のテント学校も休校になって、北京に「交流」に行ったということだった。その話を聞いて、私たちが道中紅衛兵と間違われたわけが分かった。

ヤンペルは続けて言った。現在、牧畜民は毎日一ヵ所に集められて政策を学習し、階級闘争を行っている。私のおじさんの中では、ギャヤ・リンポチェ以外にも二人が「四類分子」のレッテルを貼られた。彼らは何をするにも貧困牧畜民に「許可申請」しなければならない。私の家について、ヤンペルは首を横に振って、もっと悲惨だと言った。「一目見ればわかるよ」彼は言うに忍びないという様子だった。

私たちはセルドク・リンポチェの家にちょっと滞在しただけで、多隆に向けて出発した。私の家は、この時すでに双峨堡に引っ越していた。冬の牧畜地帯は、殺風景で、遠くの森林に陰影があるだけだった。私たちの目の前には、絡まり合った低灌木がどこまでも広がり、いくら歩いても尽きることがないと思われた。牧畜地帯は農業地帯と違って、ほとんど人家がない。その上ここは辺鄙なので、幾晩も泊まるところを見つけられず、野外で夜を過ごした。三人で周囲からタマリクスの枝を集めて来て火を起こし、暖を取った。その後、燃え尽きた灰の脇で、三人で脚と脚をくっつけて温めあって眠った。明け方には、背中が凍ったように寒くなっていた。

ある真っ暗な夜、私たちが火を起こして、お茶を沸かしていると、突然七、八人の民兵に囲まれた。まるで空から降ってきたように、全く音を立てなかった。みな、馬に乗り、銃を持っていた。「動くな！」彼らが叫んだ。私たちはびっくりして跳びあがった。「おまえたちは何をしている？」彼らが聞いた。「実家に帰るところです」ノリ兄さんが答えた。彼らは私たちの帰省証明書を調べてから言った。「スパイか何かと疑ったが、違ったようだ。火に気を付けろよ」と言って立ち去った。

何日も歩き続けて、やっと遠くにテントが一張り見えた！　すると、私たちはたちまち喉の渇きを覚えた。「ゆっくりお茶が飲めるぞ！」セルドク・リンポチェが舌を鳴らした。

「そうだ、天はおれたちを見放さなかった」そう言ってノリ兄さんは早足になった。

遠くで、吠えている犬の後ろから、満面の笑みをたたえたの女が現れた。「あんたたちどこから来たんだね。紅衛兵ですか？」

私たちは首を横に振った。

「じゃあ県の幹部ですか？」女が期待を込めて聞いた。彼女は毛皮の長衣を着て、両袖をまくり上げていた。

私たちはまた首を横に振った。

「私たちはウェンマの親戚です」セルドク・リンポチェが言った。

「どこのウェンマだ？『四類分子』のウェンマか？」女の顔から笑顔が消えて、凶悪な顔つきになった。「一体あいつのどんな親戚なんだ？」

「ウェンマの弟です」ノリ兄さんが答えた。

女は目をむいてにらんだ。まるで「おまえたちが『四類分子』ウェンマの親戚なら、悪い人間に決まってい る！」と言っているようだった。女は私たちに紹介状を持っているのかと聞いた。私たちが帰省証明書を出すと、彼女はためつすがめつ眺めていたが、内容が分からなかった。そこで、テントから出てきた子供に言った。

「なんて書いてあるんだ？」

子供は八、九歳の小学生だろう。証明書を受け取って眺めていたが、最後に首を振って女に返した。

女は言った。「公印が押してあるから、証明書なんだろう。『四類分子』ウェンマに報告に来るよう伝えろ！」

我が家のテントを探し当てると、思ってもみなかったことに、我が家の黒いテントの中には大字報がいっぱい貼られ、風が吹くたびに音を立てていた。私の母は風ではがれた大字報の角を貼りなおしていたが、突然私たちを見て、固まってしまって全く動かなかった。彼女は破れた毛皮の上着を着て、顔色は黄色くなって、全く元気がなかった。妹と弟もぽかんと私たちを見つめていて、非常におとなしそうに見えた。

「あんたはノリでしょ？　この二人は誰？」兄嫁が先に話した。

「これはスリグ」ノリ兄さんは私を指差して言った。「そしてセルドク・リンポチェを指差して「これはバクシ」。どちらも家族の私たちに対する愛称だ。

それを聞いて兄嫁は大声で泣き出した。「私たちがどんな悪業をしたというの！　なんで死んだ方がましな目に遭うの？」

実は、ついさっき紅衛兵が私の家を襲って、長兄のウェンマを吊し上げて行ったばかりだった。家族はみんな私たちが紅衛兵の第二陣だと思って、恐怖にすくんでいたのだった。そして、私たち三人の笑顔が母を不安にさせていた。「この紅衛兵たちはなぜ笑っているんだろう?」

母も大声で泣き出した。弟と妹は、この時外に駆けて行って、牛糞を持ってきてかまどにくべた。火がまたぱちぱちと燃え始めた。私たちはかまどを囲んで、ここ数年の出来事を兄嫁と母が泣きながら訴えるのを聞いて、心臓が切り刻まれるように痛んだ。

兄嫁は、ユト隊長は私の長兄に対して特にひどく当たると言った。「四類分子」と呼ぶだけで、名前も呼ばない。ユトはまた幹部から漢語の「転がり出る〔「滾出去」とっとと失せろの意〕」という言葉を学んで、報告が終わるとこの言葉を投げつける。すると報告に来た人は本当に地面に横になって、転がって出ていく。なぜなら彼らはこの漢語が罵り言葉だということを知らないからだ。

一九五八年の「宗教改革」運動以降、私の一族の中で二十九人が捕まって、有罪判決を受けた。獄中から出てきた一人の人が、一九六二年に彼の獄友に手紙を出した。そして手紙を受け取った人が我が家に手紙を届けてくれた。手紙の中に一人の死者の名前、民族、年齢などが書かれていた。それは私の父と似ていた。しかし、いまだに私の父の遺骨は見つかっていない。

明かりをともす頃になって、ウェンマ兄さんがうつむきながら帰ってきた。私たちを見て、無理に笑顔を作った。彼は古い毛皮の上着を着ていて、白い毛は黒く汚れ、襟も袖も破れて、内側の羊毛が出ていた。唯一変わっていないのは、彼の口の中の一つの金歯だけだった。彼はかまどの脇に座り込んだ。彼は一目で私たちが誰かわかった。兄嫁がお茶を入れたとき、彼は涙を流した。しかし、やはり何も言わず、黙ってお茶をすすり、腰からタバコ袋を取り出して吸った。彼は老け込んで、顔も黒くなっていた。今の彼の姿からは、かつて刀を抜いて父を守ったことが想像もできなかった。かつての英気はあとかたもなく、今ではおとなしく言うことを聞くだけだった。

「この人たちの話じゃ、あんたユトに報告に行かなきゃいけないそうよ」兄嫁が言った。

「必要ない。たった今やつにこっぴどくやられてきた」

長兄が言った。

どうやら、私たちの今回の里帰りは彼らを吊し上げる罪名を余計に増やしただけだったようだ。紅衛兵がいつ襲ってくるかわからないので、私たちは翌日出発することにした。夜が更けても私は眠れず、吹きすさぶ夜風でテントの中の大字報がガサガサと鳴るのを聞いていた。

夜中に、三番目の兄のツルティム・ギャツォが帰ってきた。彼も以前出家していて、その時はセルドク・リンポチェと一緒だった。今は体が丈夫なので、ヤクで生産隊の物を運ぶ多隆輸送隊に派遣されていた。私たちに会って、彼はとても喜んだ。そして翌日私たちを途中まで送ってくれると言った。

朝四時ごろ、母は業報《ごうほう》の道理で私たちを慰め、涙を流しながら私たちを見送ってくれた。私たちはツルティム・ギャツォ兄さんについて、まずユト隊長のテントに行った。

「隊長?」ツルティム兄さんは慎重にテントの外で停まり、「私の弟が行きます。検査をお願いします」と言った。

だいぶたってから、やっと中で動きがあった。「『四類分子』ウェンマの親戚が行くのか?」

「はい」月明かりの下でツルティム兄さんはへりくだって腰をかがめた。

それからまたしばらくたって、隊長と彼の妻がのろのろと出てきた。だが、私たちを見もせず、逆の方向に歩いて行った。女はしゃがみ、隊長は立ったまま、ズボンを下ろした。二人は小便が終わってから、ズボンを上げて、腰をひねって、やっと私たちの方に歩いてきた。隊長は懐中電灯をつけて、私たちの荷物をくまなく検査した。最後に女が言った。「いつまでぐずぐずしてるんだ!ここに立って誰に向かってえばってるんだい?」

第六章

文化大革命の災難

■■仏像破壊

里帰りからの帰り道は、銅鑼や太鼓を打ち鳴らす音だらけだった。特に西寧に入ると、大通りにも路地にも、赤地に「紅衛兵」と黄色い字で染めた腕章を付けた若者がうろついていた。隊列を作って五星紅旗（中国国旗）を掲げ、行進しながらスローガンを叫んでいる集団もいた。道路わきの壁にも、建物の正面や側面にも「革命無罪、造反有理！」「四旧打破、四新樹立！」[179]「毛主席万歳！　万々歳！」などのスローガンが貼り付けてあった。

クンブム寺も一九六六年から始まった新しい運動に巻き込まれた。「宗教改革」の時に寺院民主管理委員会の主任だったガワン・ジンパは、今回は一部の積極分子を引き連れて「防衛隊派」を作り、積極分子のロサン・ラギャルも他の積極分子を集めて「八一八派」を作って対立した。

ロサン・ラギャルの一派はガワン・ジンパがクンブム寺民主管理委員会主任で実権派なのだから、当然打倒して踏みつけなければならないと考えていた。ガワン・ジンパはちょっと足元が危なくなったので、自分を守るために、断固として革命をやり遂げなければならないと考えた。そして、「四旧打破」を実際の行動に移した。

ある夜、私は銅鑼や太鼓を打ち鳴らす音で飛び起きた。寝床から起き上がったところで、ガワン・ジンパの一派が私の家に押し入ってきた。彼のグループの中のコンチュという名のチベット医が、ゲゲン・ツルティム・ラクサムの部屋に向かった。彼はもともとゲゲン・ラクサムの弟子だった。すでに横になっていたゲゲンに、コンチュは礼儀正しく腰を曲げて言った。「ゲゲン、まだ比丘三衣を持っておいでですね？」

ゲゲンは起き上がって座って言った。「それを聞いてどうする？」

「隠しておくことはできません。早く渡した方がいいですよ」コンチュは腰を伸ばして「比丘三衣は何といっても『四旧』なんですから」

「比丘三衣もおまえたちの恨みを買ったか?」そう言ってゲゲン・ラクサムはコンチュを見た。

コンチュはゲゲンの視線を避けて、両手でオンドルのへりの一端を引っ張ると、隙間から包が現れた。コンチュはそれをわしづかみにすると、振り向きもせずに出て行った。

この時、ガワン・ジンパは草ぶきの小屋から屋根の乾草を引き抜いて持ってこさせ、自分で「シュッ」とマッチを擦って乾草に火をつけた。コンチュは包みを開けて比丘三衣を取り出し、燃え上がった乾草の上に投げ入れた。黄色の比丘三衣に燃え盛る炎が絡みつき、布の焼け焦げる臭いが漂った。

続いて、ガワン・ジンパ一味は私の部屋にも押し入ったが、私は何も持っていなかった。しばらく前に、工作組から活仏が自分の邸宅に住んではならないと言われ、この家に移り住んでいた。この家は長い間無人だった小さな四合院で、傷みが激しかった。南側の山沿いの三つの小部屋は湿気がひどくて人は住めなかったので、柴置場にしていた。北側の三つの小部屋はジャマガが住んでいた。東側の三つの小部屋の両端に、ゲゲン・ツルティム・ラクサムと私が住んでいた。

私の部屋の唯一の装飾品は、ガラスのカバーの付いた額縁に入れた白黒写真だった。それは私が『人民画報』から切り抜いたタシルンポ寺の写真だった。そこでガワン・ジンパは額縁を没収して、中庭で地面にたたきつけて粉々に割った上、写真を火に投げ込んだ。三十分ほども暴れ回った後、ガワン・ジンパが音頭を取ってひときりスローガンを叫んで、やっと銅鑼と太鼓を鳴らしながら立ち去った。

だんだんと小さくなる火を見つめながら、ゲゲン・ツルティム・ラクサムはじっと動かなかった。涙が彼の痩せて年老いた頬を伝って、一滴一滴とこぼれ落ちた。比丘法衣は比丘にとって一生身体から離してはならない聖なる物だ。彼が二十歳で受戒してから、「宗教改革」の災禍さえ逃れて六十年間それはずっと彼の傍らにあった。しかし今日、彼の弟子によって火にくべられてしまった。私は彼を慰めようと思ったが、言葉が出てこなかった。
二、三日後のある晩、また銅鑼と太鼓の音が鳴った。どうやら西側で音がしているらしく、ジャマガはすぐに屋根に登って西側を見た。
「ギャヤ・リンポチェの家が火事だ！」ジャマガが叫んだ。

私たちがいっせいに屋根に登り、ギャヤ・リンポチェの家を見ると、火が見えただけでなく、スローガンを叫ぶ声と銅鑼と太鼓を鳴らす音も聞こえた。

「今度はあっちに罰当りなことをしに行った！」ジャマガがゆっくりと言った。

この時、ギャヤ・リンポチェはまだ自分の邸宅に住んでいた。正面の建物は二階建てで、土台は数個の石段でかさ上げされ、他の建物より高くなっていた。上階には三室分の広さの仏堂があり、数代のギャヤ・リンポチェが集めた仏像、経典、そして各種の供物が置かれていた。ガワン・ジンパたちはギャヤ・リンポチェの中庭で夜が明けるまでそれらを燃やし続けたそうだ。そして、それらの文化財を焼くとき、大勢の人が物を盗み、後で幹部の一人に見つかったそうだ。その幹部が集まっていた人々の服を脱がせると、金の仏像、玉の仏像、象牙やサンゴの供物、七宝焼、銀のポット、そして金箔と銀箔を貼った各種の銅銭が彼ら積極分子の懐から落ちてきた。そこで、人々はそれらを拾って、壊し、焼いてしまったそうだ。

私は後で知ったのだが、私の家に来る前に、ガワン・ジンパは彼の一派の積極分子を引き連れてスィムカン・コンマにも行っていた。それはダライ・ラマ三世が泊まったことのある宿坊だ。スィムカンとはダライ・ラマの宮殿の意、コンマとは上の所、上手《かみて》の意である。チベット暦第十ラプチュン丁丑年《ひのとうし》（一五七七年）、ダライ・ラマ三世はチンギス・カンの子孫のトゥメト・モンゴルのアルタン・ハーン父子の招きに応じてここに来て、閉じこもって修行をした。その時のクンブム寺は、まだ弥勒仏殿だけだった。ダライ・ラマ三世の提案でクンブム寺は五明《ごみょう》学科を伝承する寺院となった。その後さらに顕教・密教だけでなく、医学と時輪《カーラチャクラ》タントラも教えるゲルク派の叢林寺院となった。

ダライ・ラマ三世はクンブム寺を発つ時、ネーチュン護法神のタンカを置いて行った。そしてみずから僧侶に作り方を教えて、粘土で大悲観音《トゥクジェ・チェンポ》、つまり、千手千眼観世音菩薩像を作らせた。その工芸はすばらしく、衣服のしわまでが洒脱で、自然にビャクダンの香りが漂い、巡礼に来た人々はみな浄土に行ったような喜びを感じた。チベット各地にこの仏像に関する伝説が伝わっている。この仏像は一メートルぐらいの高さで、あまり大きくないので力のある男が力をふりしぼれば担ぐことができる。その日、ガワン・ジンパはギャヤン・サワ、あだ名が「荒くれ者ギャヤン」という積極分子に命じて、スィムカン・コンマの仏堂からトゥクジェ・チェンポを担ぎ出し、石段の上から下に投げ捨てさせたので、千手千眼観世音像は砕けてしまった。積極分子たちはスコップや鍬《くわ》を振って、砕けた破片をさらに粉々に砕いてしまった。

■■大金瓦殿《セルドン・チェンモ》前の紅衛兵

私たちはいつも鍋を背負って、桶二、三杯分の水と食糧を持って畑に行った。着いたら、食事を作る人と農作業をする人に分かれ、お昼近くに食事の支度ができる。すると、食事係は麦わら帽子を取って畑に向けて振る。みんなはそれを見て農具を置いて昼食を食べに集まる。若者はその時にチベット相撲をとったり、吊り相撲[180]や棒相撲[181]をとって遊ぶ。つまり、できるだけ生活の中に楽しみを見つけようとしていた。

しかしこの日は、天気もしょんぼりとして、灰色の雲が頭上をおおっていた。みんな黙ってえんどう豆畑で食事をしていた。

「みんな降りて来い、おまえたち。会議だ！」突然、峠の方から叫び声が聞こえた。

みんな仕事を切り上げて、下に向かって歩き出した。聞こえるのは、みんなが腰に差した鎌の「カラカラ」という音だけだった。寺の前に着くと一人が「大変だ、大金瓦殿《セルドン・チェンモ》に大きな穴が開いている！」と言った。

「違う、違う。屋根に上る天窓だ」別の人が言った。

本当はそれは小さな戸だった。普段は人目を引かないが、それが今開いている。誰かが五星紅旗を持って、小さな戸から出て来て、セルドン・チェンモの屋根に立った。私たちは急ぎ足になって、すぐに九間殿の前の広場に着いた。読者はまだ覚えておられるだろうか。そこは一九五八年のあの「封建主義の覆いをあばく大会」が開かれた場所、つまりヤルナン・チューラである。この時、建物の中ではすでに大勢の「紅衛兵」と書かれた赤い腕章をした若者が歩き回っていた。

隊長が言った。「みんな座れ、紅衛兵の闘士からおまえたちに話がある」

私たちは九間殿の中庭の地面に座った。学生のような身なりの人が私たちの前に立って、毛沢東の「最高指示」を読み上げた。

「間違った思想、毒草、魑魅《ちみ》魍魎《もうりょう》は、すべて批判しなければならず、決して彼らを自由にのさばらせてはならない」「全ての反動分子は、我々が打倒しない限り倒れない。それは掃除と同じで、ほうきで掃かなければほこりは自分で失《う》せるわけがない」

毛沢東語録を読み終わってから、その学生らしい人は長々と話をしたが、その内容は、自分たちは「四旧打破」のためだけに来たのだから、我々に思想上の重荷を下して、「四旧打破」の隊列に加われという意味だった。この時、セルドン・チェンモの前で口論が始まった。一人は若い男で、緑色の軍服を着て、「八一」文字の入ったベルトを締め、両袖は肘までまくり上げていた。彼はセルドン・チェンモを打ち壊すことを強硬に主張していた。もう一方は女学生で、頭髪は短く、頭に緑色のつば付き帽子をかぶり、色白で眼鏡をかけていた。彼女はこれは文化財だから保護しなければならないと主張していた。論争の輪が大きくなり、最後は打ち壊しを主張する人が多数になり、この女学生は孤立した。すると誰かが「大金瓦殿を開けろ！」と叫んだ。だが、門番のツェリンは、とっくに大金瓦殿《セルドン・チェンモ》に鍵をかけて身を隠してしまっていた。この方法は役に立ったようで、紅衛兵たちはすぐには立ち入ることができず、門番を探し回った。

彼らは大勢の人に聞いたが、みんな似たようなほこりっぽい服を着ていて誰が誰だか見分けがつかず、みんな知らないと答えた。紅衛兵は工作組の李組長に、おまえが鍵を探し出せなかったら、おまえは「実権派」だと言った。それでやっと李組長はツェリンを見つけ出した。

ツェリンは仕方なく鍵を渡した。その時、彼はセルドン・チェンモを含む四つの仏殿を管理していた。この四つの仏殿の門が学生によって一斉に開けられた。「ワー」

と一気に彼らは右側の弥勒仏殿——クンブム寺最古の仏殿——になだれ込んだ。弥勒仏は大きくて、紅衛兵はすぐには壊せないので、まず二階に上がって百八部の『大蔵経』を一巻ずつ下に投げ捨てた。地面は石敷きだったので、しっかり縛ってあった経典は、石にぶつかって転がったり、衝撃で紐が切れてバラバラになったりして、木版印刷の紙が散乱した。

紅衛兵は弥勒仏殿からセルドン・チェンモに移った。セルドン・チェンモは三階建てだが、ツェリンが二階に鍵をかけてあったので、彼らは二階に上がれなかった。当時のセルドン・チェンモは四面全てが経典と仏像だったということだが、中が真っ暗だったので紅衛兵はそれを見つけられなかった。右側に回った紅衛兵が、中から四、五十部の経典を外に投げ捨てた。ある紅衛兵は普段タンカを掛けるのに使う鉤のついた長い棒を見つけて、セルドン・チェンモの中に掛けてあったタンカを取り外し始めた。ちょうどその時、ツェリンが入って行って、その紅衛兵から棒を受け取り、外に持って行って隠した。それで一部のタンカは破壊を免れた。

この紅衛兵たちは、全く組織されていないらしく、今度はセルドン・チェンモを飛び出して、左側の仏殿《ジョカン》と護法神殿《ゴンカン》に飛び込んだ。そこの仏像も大きく、彼らが仏像の手の中の仏具を取ろうとしていた時、誰かが中庭で叫んだ。「よし、これから四旧を焼いてしまおう！」

それで、紅衛兵はたくさんの経典と運ぶことのできる小さな仏像、仏具を九間殿《ジャムヤン・クンスイ》の中庭に運び出して燃やした。勢いよく燃えて、火の粉が高々と舞い上がった。

耐え切れず涙を流す僧侶もいた。「びっこの旦那」というあだ名の僧侶は、普段は積極分子なのに、この時は大声で泣き出した。微動だにしない僧侶もいたし、駆けて行って火に油を注ぐ僧侶もいた。

突然雷鳴がとどろき、雨が降り出した。

「下の四つ辻に持って行って焼こう、みんなを教育しよう！」一人の紅衛兵が提案した。焼け残った『カンギュル』〔チベット大蔵経の仏説部〕その他の経典は、彼らが乗って来たトラックに積まれた。そして、数人の紅衛兵が、どこからかはしごを持って来て、九間殿の四枚の扁額——それは歴代の著名人がクンブム寺に来たときに書いた題辞だ——も車に放り込んだ。そして、ルシャル鎮の四つ辻に運んで行って焼いた。しかし、雨が強くなってきたので、最後は紅衛兵も焼くのをあきらめて、帰って行った。

民衆の一部は焼け残ったものを拾って、家に持って帰った。ある仕立屋は、木の板を持って帰って布の裁断用の台として使っていた。だいぶたってから、誰かがこの板は厚すぎるから二枚に分けようと言った。そこで、ひっくり返してみると、文字が書かれていた。その文字は白崇禧[182]が書いたものだった。

「私たち宝物を見つけましたよ！」私がクンブム寺の住持をしていた時、この仕立屋は数人がかりでこの扁額を返しに来た。

■■反面教材

ガワン・ジンパも収監された。もちろん、彼が吉祥行宮のタンカを盗んだからでも、貴重な経典や仏像を焼いたり壊したりしたからでもなく、まして彼が「宗教改革」と「大躍進」で無実の僧侶を虐《いじ》めたからでもない。文化大革命の両派の闘争の中で負けた側にいたからだった。

彼のライバルのロサン・ラギャルがクンブム寺革命委員会の主任になった。「八一八」派が「防衛隊」派に勝ったのだ。しかし、その後まもなく、「お上」はまた新しい「指示」を出し、僧侶は全員が搾取階級、寄生虫であり、紅衛兵に加入する資格がないと宣告した。するとロサン・ラギャルが組織した「八一八」派は反革命組織と認定され、ロサン・ラギャルも収監された。その後、ガワン・ジンパとロサン・ラギャルは、二人とも釈放され、私たちと一緒に畑で労働した。

この間、「お上」は全ての僧侶を対象に「上山下郷」動員大会を開いた。しかし、僧侶たちはこの新しい言葉を理解できなかったので、幹部たちは、次のように説明した。「おまえたちの中で牧畜地域から来た者もいるだろう？　それなら『上山』だ。農業地域から来た者もいるだろう？　それなら『下郷』だ。つまり、『上山下郷』は家に帰ることだ。そして、寺院は搾取階級の場所だから、おまえたちは農村と牧畜地域に帰って自分を改造するんだ。明日より今日、午後より午前、すぐに帰る者は今すぐ申請しろ」

この説明を聞いて多くの人が申請した。もちろん、申請した人は本当に帰りたかったわけではなく、それしか選べる道がないと思ったからだった。申請しない人も多かった。私とギャヤ・リンポチェ、セルドク・リンポチェは申請しなかった。私たちは成り行き任せの気持ちだった。「『お上』の好きなようにすればいいさ、帰らされたら放牧すればいいさ」ギャヤ・リンポチェは何度もぶつぶつ言った。

私が二歳から暮らしてきたクンブム寺を本当に去らなければならないのだろうか？　私は小さい時に化身ラマとして寺に送られてきたが、それは自分の選択ではなかった。だが今日、もし自分で選択できるなら、私は「寺を離れない」と繰り返し言うだろう。しかも、この時になってはじめて私はこの寺に残ること以外、他のことは私にとって何の意義もないということを悟った。ここを離れないために、私はこれまでに何回も引き裂かれる苦痛に耐えてきた。もし必要なら、私はこれからも耐え続けるだろう。しかし、私の運命は自分では決められない。

私はゲゲン・ツルティム・ラクサムの部屋に行って、頂礼をした。

「これからはご自分を大切にしてください。私はもうあなたをお世話できません」そう言うと、私は涙があふれた。

「心配するな、おまえは出て行かない。私たちの運命は、私の見立てでは、一緒だろう」ゲゲン・ラクサムはそう言って私を慰めた。

それから、幹部たちは毎晩カチェン邸で会議を開いた。「今晩が最終決定だ。我々に指名されたら、すぐに寝具をまとめろ。遅れてはならん！」

クンブム寺生産大隊の中の数隊の生産隊の三、四百人が集められた。生産隊ごとに、一人一人名前が読み上げられた。例えば、第一生産隊のロサン・チューダク、第二生産隊のチャンチュプ・ソナム……といった具合だ。ある人は自分の名が読み上げられると泣き始め、友人に慰められていた。しかし、最後まで、ギャヤ・リンポチェ、セルドク・リンポチェと私の名前は読み上げられなかった。

私たち三人は途方に暮れて、顔を見合わせた。その時、一人の幹部が近づいてきて言った。「おまえたち三人も出て行かなければいかん。具体的な時間は『お上』

から通知される」

しかし、私たちは結局通知を受け取らなかった。私たちと同様に通知がなかったのは半分以下の人だった。私たちをクンブム寺に残したのは、反面教材としての生きた標本にし、紅衛兵と革命大衆に搾取階級がどんな生活をしているのか具体的なイメージを与えるためだったということは、後で知った。確かに、紅衛兵がクンブム寺に来るたびに、「お上」は「四類分子ギャヤ出てこい！」と言って呼びだした。

それ以降、「階級浄化」[183]のためにたびたび人がやってきて経歴を調査し、戸籍を登録した。彼らは口を開くと字を読めるかと聞いた。もちろん彼らの言う「字」とは漢字のことだ。だから、クンブム寺の九〇％の僧侶が最終的に「字を読めない」文盲とされた。その中にはゲシェや五明《ごみょう》に通じた大学者も含まれていた。頭の痛い問題は、私たちの誕生日だった。修行僧は、生よりも死や無常の方を重視するので、多くの人が自分の誕生日を覚えていない。だから、登録に来た幹部は適当に修行僧の誕生日を決めた。また一部の人は、自分の誕生日は覚えていても、旧暦で覚えていて、新暦の方は知らない。そうすると登録係は適当に一ヵ月後にしてしまう。私の誕生日もその時に登記係が適当に決めた日付だ。

毒水を飲む

この頃は、私たちが仕事に出る前に飼養院、つまり生産隊の事務所に集まって、農具、食糧と鍋を受け取り、一緒に畑に出発することがルール化されていた。なぜ飼養院というのか？　その理由はそこで十数頭の馬と五、六頭の牛を飼っていたからだ。クンブム寺が生産大隊になった時から、飼養係はそこに住んでいたが、そこはもともとアジャ邸の一部だった。

「明日から、飼養院に集合しないでいい。おれの家に集まってから出発する」ロサン・ラギャルはみんなにそう通知した。彼とガワン・ジンパの二つの造反派の内部闘争事件が収まってから、彼は再びクンブム寺生産大隊の大隊長になっていた。

彼はアジャ邸のもとの主任世話係の部屋に住んでいた。そこに壁の三分の二を占めるほどの大きな毛沢東の肖像画を掛けていた。次の日の朝、人がそろうと、彼はまずみんなを彼の部屋の外で整列させ、服のほこりを払わせ、襟を整えさせた後で、やっとみんなを部屋に入れた。しかし、人数が多かったので、一部の人は仕方なく外に立っていた。彼は、毛沢東の肖像画に向かって帽子を取り、三回お辞儀をしてから言った。「敬愛する毛主席、私たちはルシャル人民公社クンブム寺生産大隊第一生産隊の大衆です。私たちは永遠にあなた様に忠誠を尽くします。今日私たち第一生産隊は窪地に行って焼き灰を作ります。私たちは時間通り全ての任務を達成し、私たちの労働の意気込みであなたの恩情に報いることを決意しました。あなた様の幾久しきご長寿をお祈り申し上げます！　林彪副統帥のご健康をお祈り申し上げます！」

老僧リンチェンは、もともとくそまじめで有名な人で、いつも唇を軽く閉じて、静かにみんなの話を聞き、余計なことを言わなかった。その彼がこの時突然笑い出したので、みんな我慢できず笑い出した。ロサン・ラギャルも笑った。「おい、これは『お上』から言いつかった任務だぞ。おれたちクンブム寺の生産隊だけでなく、きっと全県、全省、全中国の人民がみんなこうやってるんだ。今回は最初だからしょうがないが、これからは笑うなよ」

私たちはみな宗教家で、黙々と祈ったり声をそろえて読経するのは、当たり前のことだが、この日の言葉はいつもの祈禱と全く違っていた。毛沢東は戦争を指揮した殺人者だ。しかも神も仏も信じない。それどころか神や仏に少しでも関係があれば「封建迷信」とか「四旧」と言って、焼いたり壊したりしている。その毛沢東がなぜ神になったんだろう？

それに続けて、もっと奇妙なことが起こった。バスに乗るにも、物を買うにも、とにかく何をするにも先に必ず毛主席語録の一節を唱えなければいけなくなった。バスの中で車掌は乗って来た客にこう言った。「『我々の事業を導く力の核心は中国共産党である。我々の思想を導く基礎理論はマルクス・レーニン主義である』。はい、じゃあ切符を買ってください。総寨までは五毛、水車場までは一元、終点の西寧までは一元二毛。途中下車する人は手を挙げて、降りる前に必ず毛主席語録を暗誦すること」

百貨公司では、販売員は客を見るとこう言った。「毛主席は『敵が反対することの全てを我々は擁護しなければならない。敵が擁護することの全てに我々は反対しなければならない』と教えています。同志、何を買いますか?」

お客はこう答える。「毛主席は『全ての反動的なものは打倒しなければ倒れない』と教えています。縞模様の生地を七尺ください。いくらですか? はい、これ布の配給券です」

一日の仕事が終わると、私たちはまたロサン・ラギャルの家に行って毛沢東の肖像画に向かって報告しなければならない。「今日私たちは本当は時間通り任務を終わらせなければならなかったのに、天気が原因で終わらせられませんでした。申し訳ありません。私たちは明日は任務を超過達成する決心をして……」

ワンディという名の僧侶は、毎日こっそりと灯明を供えて念仏を唱えていた。ある日、彼が灯明皿に火をともしたところでちょうど工作組の王が入ってきた。ワンディは灯明皿を手に持っていたので、仕方なく持ったまま両目を閉じて、壁の毛主席の肖像画に向かってつぶやいた。「毛主席の長寿万歳、長寿万歳……」

後で、学習大会の席で王は言った。「ワンディの毛主席様に対する忠誠にみんな学ぶべきだ。ただ、バター灯明をともす必要はないぞ」。それを聞いてみんなこっそり笑った。毛主席の肖像画の後ろに、緑ターラー像が隠されていることはみんな知っていたからだ。

毛主席に対する礼讃は工事現場にまで伝染した。当時、「お上」が各公社に与えた任務は非常に多く、私たちは橋造り、道路造り、ダム造りなどいろいろな仕事をやった。その中でも、ダム造りはよくやった。私たちは黄鼠湾ダム、李家山ダム、螞蟻溝ダムを造った。そしてこれらの工事現場には、数十個の拡声器を取り付け、朝から晩まで「四旧打破、四新樹立」の最新成果と革命歌曲を流していた。もちろん、最も多いのは「毛主席の幾久しきご長寿をお祈り申し上げます! 林彪副統帥のご健康をお祈り申し上げます!」というたぐいのスローガンだった。

しかし、報酬は非常に少なかった。私たちが朝から晩まで丸一日働いても、一元にもならなかった。私たちはわき目も振らず働いたが、それは稼ぐためではなく、生産隊の際限なく増えていく任務を達成するためだった。そのうち人々は解決策――ワイロ――を見つけた。ある人は施工管理員にワイロを送り、ある人は工事指揮官にワイロを送り、ある人は会計係にワイロを送り、ある人は工事指揮官にワイロを送った。その結果、数字の虚偽報告、作業時間の水増しができるようになった。そうなれば、任務を早く達成することができる。毎日酒を飲んで酩酊している工事指揮官や施工管理員を見た後に、下を向いて、首を伸ばして、汗を垂らしながらリヤカーで自分の体重より何倍も重い土を運ぶ農民を見たら、誰もが「これが新社会がもたらした公平と平和なのか？」と疑問に思うだろう。

ある時、ルシャル人民公社総指揮部が私たちのテントを彼らのテントと同じ場所に張るよう要求してきた。彼らは言った。「おまえたちは料理ができるから、おれたちに料理を作ってくれたら任務分担でおまえたちを優遇してやる」。彼らは確かに約束を守って、私たちには道路修理、工場や工事現場との間の通路建設、指揮部への部品輸送などの割と軽い仕事を割り振った。毎日彼らの食事を作るので、接触が増え、見知ることも多くなった。実はどの生産隊も彼らにワイロを送っていたのだった。牛肉や羊肉を送っているところも、焼酎を送っているところもあった。ワイロを届けたら、ほぼすべて見返りを得ていた。

工事現場では一、二万人がまるで蟻の引っ越しのように土を運んでいた。屈強な男が、一人一人リヤカーを引き、土を坂の上から運んできてローダーでおし固めていた。一台のリヤカーには少なくとも〇・三立方メートルの土が積まれた。スコップと鍬の音とスピーカーで叫ぶスローガンの声が引きも切らずに聞こえていた。

黄鼠溝ダムを建設する一、二ヵ月の間、盛んに議論されたのはクンブム寺のことだった。クンブム寺は最大の「四旧」で、反革命分子の「巣窟」だと言うのだ。ある日、電柱の上のスピーカーから大きな音で「今日は一日休業するが、みんな家には帰るな。みんなでクンブム寺に行って『四旧』を打破するから、鍬、鶴嘴、スコップ、レーキを持ってこい。忘れるな」

クンブム寺は一巻の終わりだ。数百年続いた叢林寺院、何代もの高僧が積み重ねた功徳が踏みにじられる。私たち数人の僧侶はお互いに顔を見合わせて、みな一言も発せず、のろのろと隊列の後ろをついて行った。こうして、数千人の大隊列がクンブム寺に向かって進んだ。半分ぐらい行ったところで、突然、自転車に乗った人が前からやってきて口笛を吹いた。「止まれ！　止まれ！　指揮部に『お上』からの新しい指示が届いた」

　こうして、クンブム寺は運よく残った。

　私が作業員をしていたときは、ダムも造り、道路も造り、馬車で石や砂も運んだ。植えつけ、除草、刈取りなどの農作業を含めて、どの仕事もできるようになったが、もしその時間に僧侶としてやるべきこと——読経、教理問答、法典講義、翻訳——をやれたらどんなに良かっただろう！　しかし、この時代、ほとんどすべての人が自分が本来やるべきことをできなかった。学生は勉強できず、労働者は作業ができず、僧侶は読経ができず、学者は研究ができず、世の中が完全に混乱していた。しかし、私たちはこの混乱を生みだした張本人に対して、いわゆる「朝に指示を仰ぎ、晩に報告する」という形で、毎日感謝の念を伝えていた。この世界は狂ってしまったのか？

　ジャマガがこんな昔語りをしてくれた。むかしむかし、アムニェシリ[184]の近くの村に修行僧が一人住んでいた。彼は何でも知っていて、八部衆[185]と話しをすることもできた。ある日、彼は毒の雨が降ろうとしていることを知って、村人に井戸に蓋をするよう告げたが、人々は彼の話に耳を貸さなかった。その後、村人は毒の水を飲んでみな気がふれてしまった。しかし、村人はこの修行僧が気がふれたと言った。

本物と偽物の活仏

　その後、私たちはまた「学習班」に参加した。それには何人も省と県の幹部が来た。私たちが良く知っている人では、省の幹部のセンゲ・ダルギャと曹守仁、県の幹部では公安局局長の周三堂、それにルシャル人民公社の王奇山社長と劉副社長、ルシャル人民公社派出所の李啓発所長などがいた。この中では、行商人上がりの周三堂が一番有名だった。戦争時代、彼は行商人の身分で地下工作を行い、文革期間は「魑魅魍魎」たたきで名をはせ、湟中県公安局局長に昇進した。言い伝えでは、彼の前に立つと「階級の敵」がいくらうまく正体を隠していても、必ず見破られてしまうそうだ。彼の得意技はかまかけだ。例えば、誰かが隠れて読経しているとする。彼はそれを見ていないが、「昨晩おまえは何をしていた？」と尋ねる。

「何もしていません」と相手は答える。

「何もしていない？　違うだろうー」彼は語尾を伸ばして、じっと相手を睨みつける。「おまえの行動は全部割れてるんだ！」

「私はちょっとお経を読んだだけです」相手は自信なく言う。そして、この蔓《つる》をたどって瓜《うり》を探り出す。

ルシャル鎮には張という名の銀細工師がいて、いつもこっそり仏教徒の注文に応じて仏具を作っていた。周局長はこの銀細工師を見つけ出して、かまかけの訊問で、この銀細工師が三尊の仏像、五個の灯明皿を修理していたことを白状させた。こうして誰もが周局長を恐れ、彼が現れるとみんな鼠が猫に出会った時のように、できることなら隠れてしまいたいと思った。

王奇山社長は全くの無学で、どんなに簡単な発言原稿も書くことはできないが、話すことはできた。例えば、共産党を礼讃する話をしたいときは、紙に「党」という字を書いておくだけだった。劉副社長は少しは学があったが、眉を逆立てて凶悪な顔つきをしていた。僧侶たちは彼に「マンバ」というあだ名をつけた。マンバとはチベット語で医者の意味だが、劉副社長のあだ名には他人を懲らしめる人という意味が込められていた。

幹部たちはひとしきり素晴らしい情勢について話した後、通達を読み上げ、続いて指名が始まった。指名されたら、立って「はい」と返事をしなければならない。しかし、ギャヤ・リンポチェが点呼された時、彼の所属するクンブム寺生産大隊第一隊の隊長が「彼は病気で、欠席です」と言った。

「病気だと？　病気だって会議には参加できるだろう！」周局長がえばって口を挟んだ。「奴を連れてこい！」

三十分もしないうちに誰かが叫んだ。「四類分子のギャヤを連れてきました！」その声とともに、ギャヤ・リンポチェが連れてこられた。彼はうつむいて、肥え汲みの時に着る緑色の帆布のコートを着ていた。

「おまえ病気だそうだな？　だったら地面に座れ！」周局長が命令した。

ギャヤ・リンポチェは仕方なく直接地面に座った。指名が続いた。セルドク・リンポチェや他にも大勢の人が呼ばれたが、私は呼ばれなかった。

会議の終わりに、周局長は言った。「省の指導者が来て学習班を開くから、指名された人間は必ず残るように。帰らずにルシャル人民公社に泊まれ」

私が外に出ようとすると、劉マンバが私を呼びとめた。「おまえは行っちゃだめだ！」

「私の名前は呼ばれませんでしたよ」私は言った。

「漏れたんだ。おまえみたいな反革命の芽を改造しないで、一体だれを改造するんだ！」劉マンバが言った。

それで私が残っていると、ちょうど派出所の李啓発所長がやってきた。「おまえここに残って何してる？」

「残れと言われました」私は言った。

「帰れ、帰れ。みんな学習班に参加して、家に誰もいなくなったらまずいだろ？」李所長はそんな名目で私を守ってくれた。

実は、李所長が私を守ってくれたのは、これが初めてではなかった。それどころか、彼との初対面の時にさかのぼる。それはある日の昼、李啓発所長と「お上」の数人が私の家に来た。その中の二人は私と非常に親しいふりをして、私のオンドルに寝転んだ。そして勝手に座卓の二つの引き出しをあけて、何か探し回った。その後、お茶を飲むという口実で、オンドルの脇の茶碗棚を開け、中を詮索し始めた。私は彼らの食事を作るために、出たり入ったりしていた。李啓発所長が台所にやってきて、声を落として言った。「若いの、彼らが何をしているかわかるか？　おまえが『貴徳〔貴徳は海北チベット族自治州の県〕騎兵隊』という名の反革命組織に参加しているかどうかを調べに来たんだ」

「参加してませんよ！」私は言った。

「本当か？」彼は私の驚いた表情から何かを理解したのかもしれない。「それなら何も気にするな」彼は言った。

昼食を食べてから、彼らは改めてまた来ると言って、帰って行った。数日後、本当にやってきて、また食事をした。その後、彼らは私と話したいと言った。合計三人で、一人は座卓に向かい、ペンと紙を出し、もう一人と李所長は並んで立っていた。「おまえは『貴徳騎兵隊』という地下組織を知っているか？」と聞かれて、私は知らないと答えた。続けて、彼らは他の質問をしたが、私はやはり知らないと答えた。突然、記録を取っていた人が顔をこわばらせて、食事の前とは全く異なり、まるで私を知らないかのように、思い切り座卓をたたいて言った。「白状しろ！」

　彼らはまたギャヤ・リンポチェとセルドク・リンポチェについて、彼らが普段何をしているか、いつもどこに行くか、誰に会っているかなどと聞いてきた。

「私は彼らがどんな組織にも参加していないと保証できます」私は言った。

　最後にまた本題に戻って、「おまえの『貴徳騎兵隊』に参加していないという言葉を信じよう。だが、もし何か隠していることが分かったら、罪は重くなるぞ。それから、何か情報が耳に入ったら、告発して手柄を立てろ！」

　その後、ルシャル鎮で私は李啓発に会った。彼は自転車で退勤途上だったようで、遠くから私に声をかけた。

「おい、若いの、おまえはしっかり人をかばって、なかなかいい品性だな」

「かばってなんかいません。本当の話です。私はギャヤ・リンポチェとセルドク・リンポチェを良く知っています」私は言った。

　李所長は笑いながら言った。「若いの、今度何かあったらおれに相談しろ」

　そんなことがあったから、彼が今回も私を守ってくれたことを、意外には思わなかった。

　この学習班は、大きな運動の中の無数の小さな運動の一つにすぎない。学習班の中には、いろいろな独裁の対象者がいた。「反革命」「投機取引分子」「地主・富農・反革命・悪質・右派」「魑魅魍魎」「反革命の芽」、それに数人のアホン[186]もいた。モスクもすべて閉鎖されアホンも引っ張り出されていたのだ。それに「黒五類」[187]、学校の中の「鼻つまみ者〔知識人を指す〕」、銀細工師などなど。

　夜になると、彼らは大きな板の寝床で寝て、一人に掛け敷き布団各一枚と毛布一枚だけ使用が許された。だから、軍隊と同じで、いつでも荷物をまとめて移動することができた。私がギャヤ・リンポチェとセルドク・リンポチェに布団を届けたとき、セルドク・リンポチェが私に紹介してくれた一人のムスリムの若者はとてもハンサムだった。

「彼は自分がセルドク活仏だとさっき白状したばかりだ」セルドク・リンポチェは笑いながら言った。

「そんなことあるの？」私は驚いてセルドク・リンポチェの顔とその偽活仏の顔を交互に見た。二人とも同じような年恰好だった。

「食っていくためさ。その時はチベット人からたくさん布施をもらった。そうでなかったらとっくに餓死してたよ」その若者は屈託なく言った。

「みんな彼を偽セルドクと呼んでるんだ」セルドク・リンポチェは彼を見ながらもっと大きく笑った。

「これは周三堂局長に感謝しなくちゃ。彼のおかげで本物と偽物のセルドクが知り合えたんだからね」私は感慨を覚えた。

その後、周局長たちは「アジャ」とか「セルドク」という活仏の名前は、封建迷信の産物だから、使ってはならん、本名で呼べと命令した。私の本名は「ロサン・トゥプテン・ジクメ・ギャツォ」、セルドク・リンポチェは「ロサン・シェードゥプ・チューキ・ギェルツェン」、ギャヤ・リンポチェは「ロサン・テンペー・ギェルツェン」だ。本名とはいえ、とても言いにくくて、前よりなお特殊な感じを与えたので、数日後に「お上」は元のアジャ、セルドク、ギャヤに戻すように命令した。

ガワン・パルダンという名の僧侶が突然私を訪ねてきて、ルシャル鎮でクンブム寺の吉祥行宮の貴重なタンカ三枚が売られているのを見たと訴えた。吉祥行宮はダライ・ラマとパンチェン大師がクンブム寺に来たときに泊まるところで、そこの物は千金にも換えがたい貴重なものなので気づいたのだと彼は言った。

「きっと誰かが盗み出したんだ」と私は思った。

「取り戻すことができますか？」ガワン・パルダンはすがるような目で私を見て言った。「今、クンブム寺には私たち数人の僧侶しか残っていません。私たちが放っておいて、誰が取り戻しますか？」

「やってみましょう」私はそう言ったが、何のあてもなかった。運よく、ガワン・パルダンを送り出した直後に、私の家の玄関に一人の牧夫が現れた。「まさに護法神のご加護だ！」私はそう心の中で言って、彼を呼びとめて自己紹介した。普通私たちは自己紹介はしないが、その時は事情があったので、私は自分から名乗った。牧夫は周りを見回したあと、帽子を取って頭をなでて加持してもらおうとした。私は、「入って、入って」と言った。

私の部屋の中で彼の頭をなでて加持した。

「なんてありがたいことでしょう！」牧夫は感激して、とても恭《うやうや》しく自分はクジャという名で、貴南[188]の牧畜地帯から来たのだと自己紹介した。「私はチベット医に診てもらいに来たんです。持病で足腰が痛くて……」

「ちょうどいいところに来てくれた。一つ手伝ってほしいことがあるんです」私は単刀直入に言った。

「何でもお申し付けください」彼は言った。

「他は何もしなくていいから、タンカを買うふりをして、タンカを売っている人を見て来てほしい」私は彼に正確な場所を告げた。

彼はすぐに探しに行った。私もすぐに自転車に乗って派出所に行った。ちょうど李啓発所長が中にいたので、私はいきさつを説明し、彼に助けを求めた。彼はすぐに引き受けて行動を開始した。まもなく、李所長はクジャとタンカの売人を捕まえた。クジャはひどくおびえていた。私はずっと派出所の門の外で待っていて、出てきたクジャにひたすらお礼を言った。何年も後に、アメリカに亡命した私が初めてダラムサラに巡礼に行った時、クジャの息子に会った。彼は、父がよくこの時のことを話していたと言っていた。

当時、李所長はこっそり私に言った。「物が戻ってきたからいいだろう。ガワン・ジンパが持ち出したんだ。やつにはおれたちも手が出せない」

何はともあれ、取り戻すことのできたこの三枚のタンカは今でも吉祥行宮に掛けてあるが、一体どれだけの文化財が盗み出されたまま戻っていないか想像もつかない。

臨終の秘めたる教え

ゲゲン・ラクサムが風邪をひいた。次の日、彼はギャヤ・リンポチェと私をそばに呼んで、悲しげに言った。「私は寿命だ。出家して六十年余り、晩年になって比丘三衣まで火にくべられてしまった……」。実は、そのことこそが彼をむしばむ病魔だった。

「ラクサム、心配するな。この風邪は良くなる。比丘三衣も心配するな。ロサン・ギャツォがいつか一式そろえてくれるだろう。それに着なくても大丈夫だ。比丘三衣はわしらの心に中にある」そう言ってギャヤ・リンポチェは慰めた。

「幸運なことに、私は生涯あなたのお世話になった。そして小リンポチェも、物心つくころから私になついてくれた」そう言ってゲゲンは完全に私に向き直り、「おまえの数代の前世はみな大学者だった。おまえが彼らのようになって初めて、お前のゲゲンを務めたことが報われる。私が死んでも、読経しなくていいよ。罰せられるから」

「ラクサムの言うとおりだ。修行者と一般の人は違う。一般の人が亡くなったら、たくさんの法事をして初めて、本人の浄信《じょうしん》と相まって、往生することができる。だがラクサムは平時から修行しているから、臨終のときに仏法の助けを多く求める必要はない。必要なのはわずかな手助けだけだ。一般に、僧侶は臨終のときに普段やり慣れたことを行うことを好む。例えば、自分の袈裟を着て、数珠を繰《く》り、仏像を拝み、経典を開くことなどだ。だからおまえはゲゲンの袈裟と金剛鈴《こんごうれい》[189]を持ってきて、『上師供養』を誦経しなさい。もし差し障りがあったら、『帰依上師匠《ナモ・グルペ》、帰依仏《ナモ・ブッダヤ》、帰依法《ナモ・ダルマ》、帰依僧《ナモ・サンガヤ》』を繰り返しなさい」ギャヤ・リンポチェはそっと私に言いつけた。

三日目に、ゲゲン・ラクサムの大弟子のロサン・ギャツォが入って来たとき、（余談だが、ロサン・ギャツォは二〇一三年チベット暦十月二十五日、ツォンカパ大師の入寂の日に享年八十歳で亡くなった。それ以前、私が彼とインターネットで連絡したとき、彼は病気になって二年がたっていて、身体はだいぶ弱っていたが、意識は鮮明だった。安堵したように、「ようやくまた会えたから、もう思い残すことはない」と言っていた）私はすでにギャヤ・リンポチェの言いつけに従って、すべての準備を終えていた。ロサン・ギャツォはずっと教師《ゲゲン》に帰依し、一九五八年以前に成績が優秀だったので、読経の先導役の候補になった。「宗教改革」が始まってからは、彼も生産労働に参加したが、私たちは二人とも同じゲゲンの弟子だったので、互いにひそかに信頼し合っていた。彼が入って来たとき、ゲゲン・ラクサムはもうしばらく目を開けていなかった。ロサン・ギャツォはまずぬかずいて、それから先生に近寄って、小さな声で私に言った。「ゲゲンに比丘法衣を着せる時が来た」。そこで、私たち二人はゲゲンにそっと袈裟を着せた。ロサン・ギャツォはギャヤ・リンポチェを呼んできた。私は金剛鈴を取り出して、『上師供養』を誦経《ずきょう》し始めた。その時、ゲゲンの呼気が吸気より長くなり、止まりそうになった。それから、私が『三帰依』を大きな声で三回誦経し終わった時、鈴の音に連られて、彼の目が少し開いて、まるで鈴の音で彼が静止した夢から覚めたように天井を見た。そして、とても小さく私に向かってうなづいて、最後の息を吸った。彼が最後に息を吸う音を聞いて、私はこれからは彼は永遠に私の傍らにいると思った。

これは一九七三年二月十一日、ゲゲン・ラクサム八十四歳の時だった。

私とロサン・ギャツォ、ジャマガはギャヤ・リンポチェの手ほどきで、ゲゲン・ツルティム・ラクサムのためにひそかに七回の法事を行い、『秘密集会《グヒヤサマージャ》』『勝楽《チャクラサンヴァラ》』『大威徳《ヤマーンタカ》』『大日如来《ヴァイローチャナ》』を修練した。この七回の法事は、いずれも夜中に行われた。私たちの慎重さとゲゲンの福運のおかげで、誰にも見つからなかった。最後に私たちはギャヤ・リンポチェの提案で、ゲゲン・ツルティム・ラクサムの法体《ほったい》〔僧侶の体の敬称〕をラモリ山の高い所で鳥葬にすることにした。しかし禿鷹は飛んでこなかった。そのわけは、周辺に大勢の人が流入し、付近の土地が開墾されて農地になってしまったからだった。

ギャヤ・リンポチェは私たちに、「朝になっても鳥葬が終わらなかったら、火葬にしなさい」と言いつけた。私たちがゲゲンの法体に付き添って山の上に泊まった夜、ロサン・ギャツォは法体の上で大きな炎が燃えているのを見て、すぐに私たちを呼び起こした。だからみんなはっきりと炎を見た。その炎は少しも変化せず、長い間燃え続けた。仏教では如来三身――法《ほっ》身《しん》、報身《ほうじん》、応身《おうじん》――と言うが、この時の火の光の環はさだめし法身の顕現、あるいは修行者の霊の光だったのだろう。だから、ゲゲン・ラクサムの法体はきれいなままだった。

明け方、私たちはゲゲンの法体を火葬した。心の奥深くの涙の他に、何か捧げられるものがあるだろうか？ゲゲン・ラクサムは私が看取った初めての修行僧だった。彼の入寂までの一生に、私は修行者の真面目を見た。

この時から、私にとって死は身近なものになった。しばらくして、ジャマガが脳卒中になり、私はずっと彼の看護をした。病状は深刻で、話すことはできなかったが、心の中ではすべて理解していた。私は彼の向かいに座って低い声で彼のために『般若心経』を誦経した。「色不異空、空不異色、色即是空、空即是色、受想行識、亦復如是……」。彼は私を見つめていた。十日あまり後、彼も往生した。亡くなる三十分前ぐらいに、彼は突然意識がはっきりし、私に向かって懸命に手まねをした。私は分かった。彼は、私に頭をなでて祈ってほしいと言いたいのだった。私は彼の近くに寄って『般若心経』を彼の頭上において、彼の顔と手をなでた。私の手が彼のひたいに触れると、彼は目を閉じて、目の端に涙がにじんだ。そうして彼は安らかに彼岸に旅立った。

「誰でも、他人に対して慈悲深く、優しければ、なんの心配もなく安らかに来世に往くことができる。もし正《しょう》法《ぼう》を修めず、他人を傷つけ、または口先で読経をしながら、心中で金銭財物を思っていたら、哀れな死に方をし、来世でも煩悩に陥る。だから、どれほど多くの経典を学ぼうと、最も大切なのは、他人に対する慈悲と優しさである。とりわけ現代のような末法の時代には、私たちは仏法を学ぶことはできないが、仏法を修行する機会はたくさんある」これはジャマガが往生する時に、ギャヤ・リンポチェが私に言った言葉だ。

ネンジは心の優しい普通の僧侶だった。高度な仏教理論を学ぶ機会はなかったが、文革中にいつも私に言っていた。「私は誰かを助けることはできないけれど、人を傷つけたりはしない」。彼の言う助けるとは、慈悲心を起こすことと、六波羅蜜を修めることを指している。そして、人を傷つけないとは三宝への帰依と十善戒[190]の厳守を指している。このような簡単な修行こそが最も直接的で真実の「帰依」であり、そのため彼の臨終は非常に穏やかだった。往生のその日、彼は友人たちとおしゃべりをしていた。もちろん、友人たちは彼の体が弱っていることに前から気づいていたので、万一に備えてずっと彼に付き添っていた。その日彼は、坐っていられないから横になりたいと言った。そして友達に席を外さないで、善い行いについて議論してくれと頼んだ。気ままな談笑の中で、彼は微笑みながら往生した。他にも、私の二人の兄、ギャヤ・リンポチェおじさん、ケルサン・ラマ、

1973年2月11日、導師ゲゲン・ツルティム・ラクサムの法体を鳥葬にするために山の上に運んだ。しかし禿鷹も鷹も人を恐れて降りてこなかった。しかたなく、次の日に法体を火葬にすることにした。その晩、私たちは導師の法体が光を放っているのを見た。夜が明けてから見ると法体には何の変化もなかった。（アジャ・リンポチェ画）

ロサン・ギャツォ・ラマもみな私が葬儀を取り仕切ったり、臨終に立ち会ったりした。彼らの入寂は人々に尊敬の念を呼び起こした。

　ケルサン・ラマはモンゴル人で、クンブム寺の大ゲシェだった。一九五八年の「宗教改革」の時、モンゴル草原に追放された。彼はずっとひそかに三学[191]戒律を守っていた。ゲシェとして彼は五明、とりわけ医方明に精通していた。その後、彼は内モンゴルのシリンゴルで医者になり、定年退職まで勤めてからやっとクンブム寺に戻った。戻った時すでに年老いて、眉毛まで真っ白になっていたが、声は教理問答の時のように澄んで歯切れ良かった。彼が入寂する前、私が彼を見舞ったとき、彼は十日以上食事をとっていなかった。声は前のように大きくはなかったが、思考は明晰だった。彼は、今体内の四大（風・火・水・地）が外に還るのを待っている所だと言った。彼はまた規則と戒律をしっかりと覚えていて、ゆっくりと言った。「今後法会の時は、施主に菜食を施すよう勧めなさい。そうすれば、だんだんとクンブム寺の僧侶たちも菜食に慣れるでしょう。あなたが肉を断てば、あとの人の利益になりますよ」。そう、その時から私は肉を断って、菜食するようになったのだった。彼はまた彼の仏教学の成果について、すべて彼の導師、つまり私の前世の加持と督促のおかげだと語った。彼は往生の道をほとんど把握しており、十二因縁[192]の教えを修行に用いていた。聞くところによると、彼は誦経しながら入寂したそうで、火葬後にたくさんの舎利が[193]見つかった。

僧院を「大寨式畑」[194]に変えよ

文化大革命以降、クンブム寺はいくつかの異なる段階を経た。第一段階は、「魑魅《ちみ》魍魎《もうりょう》」の巣窟と「四旧」の標本として、毎日何組もの紅衛兵グループを受け入れていた。第二段階は、「労働人民の血と汗と智慧の結晶」として、毎日四方八方からの労働者、農民、解放軍を受け入れていた。第三段階は、「国家重点文化財保護団体」として、毎日多くの参観者を受け入れている。

かつて、クンブム寺の規模は非常に大きかった。クンブム寺に来たカナダ人宣教師でチベット探検家のスージー・カーソン・ライジンハートは、一八六一年以前には、クンブム寺に七千人以上の僧侶がおり、一八九四年には少なくともまだ四千人以上いたと書き遺している。しかし、一九五八年の「宗教改革」、一九五九年の「反乱」鎮圧、そしてその後の大躍進、「社会主義教育」運動、「四清」運動、文化大革命を経て、クンブム寺に残った僧侶はわずか五、六十人だった。

こうして多くの家が空き家になった。そのため、人民武装部〔中国共産党指揮下の民兵組織〕が湟中県を接収したとき、革命委員会〔文革期の行政機関〕の張政治委員はクンブム寺の空き家を取り壊して、廃材を幹部と農民に売って、県の財政収入を増やすことを決定し、すぐに壊し始めた。周辺の農村から大勢の人が馬車やロバ車に乗ったり、東方紅四輪トラクターや鉄牛マークのハンドトラクターなどを運転して集まってきた。クンブム寺の路地という路地がぎっしり埋まった。トラクターのエンジン音、家畜を追い立てる人の声、家畜の鳴き声、取り壊しの鍬とスコップの音が混然一体となって、寺中が破壊されてしまった。

空き家の中には、歴史的価値の高い絵の描かれた梁や彫刻の施された柱が昔のまま残っている家もあったが、すべて取り壊された。私たち僧侶まで、駆り出されて取り壊された家から集められた窓枠や壁板の見張りをさせられたが、つらくて顔を上げられなかった。

太陽が沈むころ、木材を山と積んだ車両が竜のように連なって寺から去って行った。先頭の車が県城〔県政府所在鎮のルシャル鎮〕に入った時、しんがりの車はまだ寺の中の路地にいた。

「あんたがクンブム寺の寺主だそうだな。いま寺主は寺を守ることもできないが、一体どんな気持ちだ？」一人の農民が私の前に来て聞いた。

「守ってるじゃないですか？　あんた方が昼間壊した物を、私たちが夜守ってる[195]んですよ」私は口では冗談を言ったが、内心とてもつらかった。

　こんな状態が一ヵ月近く続いた。どれだけの家が壊されたのか分からない。不幸中の幸いは、クンブム寺の主な殿堂がほぼ残ったことだ。また、アジャ邸と当時数十人の僧侶が住んでいた僧坊も残った。数年後「お上」は、「周恩来総理の指示のおかげで、クンブム寺は完全に無傷で残った」と大々的に宣伝した。そして、似たような話を本の中にも書いが、全く笑うに笑えず泣くに泣けない悪い冗談だ。

　実際僧侶たちは涙を流し、「腕は太腿に勝てない。取り壊されちまうのも無常ってもんさ」などと言ってひそかに慰め合った。とはいえ、山賊の襲撃を受けた後のような家々はまったく見るに堪えなかった。

　二年後、クンブム寺生産大隊の会議の席でペンパ隊長が言った。「『お上』からの指示で、ルシャル人民公社では『大寨に学べ』[196]運動が盛り上がっている。我々クンブム寺大隊も後れを取ってはならない。段々畑を作って素晴らしい情勢に追いつこう！　どうだ、この廃墟の上に大寨式の新しい景色を作ろうじゃないか！　だが、うちは年寄りと子供ばかりだから、人の手だけでは期限通り任務を達成できない。『お上』はおれたちの困難に配慮して、たくさん爆薬を配給してくれたぞ」

　こうして、クンブム寺に、このツォンカパ大師の誕生の地に、轟々《ごうごう》たる爆破音が響き始めた。もうもうたる硝煙の中で、おもむきのある古い邸宅や取り壊された後の廃墟が次々にがれきの山に変わっていった。そして本当に大寨式の段々畑になった。

タマリクス刈り

無常については、信じないわけにはいかない。ある時、工作組が会議を開いて、クンブム寺は「全国重点文化財保護団体」の一つだと突然言いだした。「それなら、何であんなに手間をかけて壊したんだ？」みんな小声で議論したが、答えは出なかった。

　クンブム寺は標高が高く、寒くて湿った場所に立地している。大経堂《ツォクチェン・ドゥカン》、大金瓦殿《セルドン・チェンモ》、九間殿《ジャムヤン・クンスィ》を含めてここの全ての建物の基礎は、盛り土でできているから、ひんぱんに補修しないと基礎が沈んでしまう。だが、一九五八年以降次から次へと政治運動が起きて、そのたびに破壊するだけで保護はしなかった。誰も補修など考えなかった。また、その間クンブム寺の周囲の土地は過剰に開墾され、植生が衰退して土壌の流失が進んだことも、クンブム寺の建物群の状況をさらに悪化させた。最初は九間殿のあちこちで雨が漏り始めた。続いて護法神殿《ゴンカン》の基礎が崩れた。その後、大経堂の四面の壁全体が傾いて亀裂が生じ、今にも倒壊しそうになった。

　チベット式建築の壁と梁、柱は互いにつながっており、厚い壁は重さを支えているだけでなく、その表面には古い壁画も残っていて、計り知れない歴史的価値がある。すでに政治運動でひどく壊されてしまったが、壁が倒れたら残った壁画も完全に失われてしまう。補修しないわけにはいかない。

　補修で最も必要とされるのはタマリクスだ。それはチベット高原に育つ褐色の灌木である。チベットでは、主な仏殿や経堂などの建物の壁の上に、一メートル前後の高さのえんじ色の装飾壁があり、おおらかで重々しい雰囲気を醸《かも》し出している。それはタマリクスの枝を積み上げて作られた壁で、チベット独特の伝統的建築工芸だ。クンブム寺生産大隊は大経堂を修復するためのタマリクスを刈るために、オーセル・ギャツォに率いられた十人の若い僧侶を群加林場[197]に派遣した。その中には、私とセルドク・リンポチェもいた。二人に一台の馬車があてがわれた。私たちは荷物を馬車に乗せて出発した。

　丸二日間歩いて、やっと群加林場本部に着いた。山の上から見下ろすと、そこは谷の平地で、間に一本川が流れ、川沿いに人家がぽつりぽつりと点在する農村からは、炊事の煙がゆるやかに立ち昇っていた。群加はもともと典型的なチベットの村で、タルチョはなくなっていたが、香炉は残っていて、空気中にかすかに香煙のにおいが漂っていた。私たちは馬車を走らせて、山をくだ

この絵は1970年から1976年までの間のエピソードを描いた。文革後期の夏か秋に、私たちは農作業に出ていて、昼食後に私はみんなでトランプ遊びをした。（アジャ・リンポチェ画）

り、二、三時間かかってやっと林場本部に着いた。すると、外で走りまわっていた子供たちや、出入りの大人たちに一気に囲まれた。

「お坊様、いらっしゃい！」一人の村人がセルドク・リンポチェと私に気づいたらしい。

そして、彼らは私たちを本部事務室に案内してくれた。私たちが紹介状を見せる前に、本部の幹部は湟中県とクンブム寺工作組から電話が来たから、すでに私たちのタマリクス刈りの場所を山の上の方に割り当ててあると言った。どうやら私たちは無駄に山を下りてしまって、また山を登らなければならないらしい。先に分かっていたら、馬車は上に置いてきたのに！

ちょうど初春で、山の上は、木の葉が芽吹き、空気は冷涼で、周囲はことのほか静かだった。私たちはすぐに宿営の準備を始めた。まずテントを張る場所を平らに整地し、枯れ草を刈って地面に敷いて、その上にテントを張った。私とセルドク・リンポチェが馬の餌やりを終えるころには、みんなもかまどを作り終えて茶を沸かしていた。

「坊様たちはいらっしゃいますか？」誰かが呼んだ。

「どうぞ入って、お茶を飲んでください」私たちのうちの一人が言った。

客人はテントに入ると、帽子を取って懐にしまった。それから持って来た牛乳を地面において、振り分け袋から焼きたての大きな焼きマントウを二つ取り出して、新聞紙の上に置いた。

「このお二人はリンポチェで信用できますから、心配しないでください」。オーセル・ギャツォ隊長は私とセルドク・リンポチェを指差したあと、みんなを見て言った。「みんな仲間です」

「知っています。こちらはアジャ・リンポチェ、あちらはセルドク・リンポチェ、私はお二人のリンポチェとみなさんに会うために来たんです」客人はそう言って、手を合わせた。

私は客人が本部で私たちに声をかけてくれた村人だったのに気付いて、急いで茶碗をおいて立ち上がった。

「お気遣いなく。楽に、楽にしてください」

「あなた方はタマリクスを刈ったことがありますか？」その村人はオーセル・ギャツォに向き直って聞いた。

「ありません。稲刈りと同じじゃないんですか？」オーセル・ギャツォは聞いた。

「あなた方の鎌は、どんな鎌ですか？」村人は笑いながらそう聞いた。

私たちは稲刈り用の鎌を取り出した。

「これじゃだめですよ。タマリクスを刈る鎌はもっと狭くて厚いのでないといけない。あなた方のは広くて薄い」村人はその道に長けていた。

次の日の早朝、続々と人が集まってきた。みんな鎌を手にしていて、すぐにタマリクスを刈り始める人もいた。

「私たちは子供のころからタマリクスを刈っています」一人の村人が言った。「手伝いましょう」

「そんな、申し訳ないこと……」オーセル・ギャツォと何人かの僧侶はあわてて言った。

「リンポチェに加持してもらえればそれでいいですよ」タマリクスを刈っていた一人の村人が、私とセルドク・リンポチェを見てそう言うと、みんな大笑いになった。

「じゃあ私たちが食事を作ります。一緒に食べましょう」私たちの食事係が言った。

「私たちも食料を持ってきました。一緒に食べましょう」村人たちはそう言って、もって来た食料をテントに運び込んだ。

こうして、村人が私たちの代わりにタマリクスを刈って、私たちは彼らの食事を作った。たちまち、最初の輸送分のタマリクスを刈り終わり、五台の馬車が一緒に出発した。六、七日後戻ってきた彼らは、道中順調だったと言っていた。

その日夜までかかってまた馬車に積み込み、第二便の準備をした。しかし翌朝、テントを開けると雪が舞っていた。私たちは一日待って、雪が降りやんでから出発することにした。三日目の朝、テントから這い出すと、木の枝が積もった雪の重みで傾き、馬は私たちを見るとふうふうと荒い息を立てて、鼻の穴を広げたり狭めたりして、出発を拒んでいるようだった。

一晩で大雪が降っていた。私たちはそれでも出発することにした。だが積んであったタマリクスは雪で重みが増し、馬は疲れて少し歩くたびに止まって荒い息をした。鼻の穴を大きく広げて、腹もそれに合わせて大きく膨らんだ。春なので、ひんやりしてはいても雪はだんだん融けて、道は緩んでぬかるみになった。ああ、全ての悪運が私たち第二便の組の身に振りかかったようだ！

天気は変わりやすく、またみぞれが降ってきた。もとから湿っていたタマリクスがさらに湿って、ますます重くなり、馬はさらに疲れた。それに私たちの馬は農耕馬で、駄馬ではなかった。特に上り坂では、しょっちゅう止まってあえいだ。すると私たちは急いで手綱を引いて、坂を滑り落ちないように馬車の方向を変えた。その後は、みんなで一緒に馬車を押して坂を上った。一台一台押し上げるので、普段なら一時間の道のりに、今回は二、三倍の時間がかかった。

私たちは薄着で、余分な服も持っていなかったので、寒風が肌に突き刺さった。馬は懸命に前に進もうとするが、車は少しも動かない。そんなことを丸一日繰り返して、やっと峠を越えた。その時、雲間から日が射して、白銀の山と大地が日光で輝いた。突然そんな強烈な光を浴びたので、私たちはみんな目をやられて、痛痒くて涙が止まらなくなり、そのうち腫れてきた。だれかが、これは雪目《ゆきめ》だと言った。幸い出発前に経験のある老人が私たちにヤクの尻尾で作ったアイマスクを持たせてくれていた。これは正にこのような状況の時に目を守るためのもので、私は小川の冷水で目を洗ってから、このアイマスクを掛け、また急いで出発した。第一便が二日で着いた道のりを、私たちは三日かけてやっとクンブム寺に着いた。その後、私たちはさらに四、五回タマリクスを運び、群加林場の村人たちと名残を惜しみつつ別れた。彼らは長い時間私たちを見送ってくれた。私たちがずっと遠くで振り返った時、彼らはまだ見送っていた。

蘭州に行く

生産隊には、出張から帰ったら、洗濯や繕いもののために数日休みを取ることができるという規定があった。私たちはタマリクスを刈り終わってから友達数人集まってお茶を飲んだ。

「西寧から蘭州まで飛行機があるよ。試験飛行だって」友人のラコ・ロサンが言った。彼はラコ・リンポチェの家族なので出身は悪かったが、学校に行ったことがあって漢語が読めた。それで生産大隊の会計をやっていた。

「なんでわかったんだ?」歪歪《ワイワイ》が聞いた。歪歪は名をインパといい、歩くときに体が少し傾くので、このあだ名がついていたが、気持ちは真っ直ぐな人だった。

「新聞に書いてあったんだ」ロサンが答えた。

「おまえとセルドク・リンポチェは飛行機に乗ったことがあるが、おれたちはだれも乗ったことないぞ」黒《くろ》さんが言った。彼は第二生産隊の隊長で、いつも私たちに情報を知らせてくれる。

「僕たちが乗ったのはまるでトラックみたいな軍用飛行機だよ」セルドク・リンポチェが言った。

「飛行機代は高いのかな?」私が聞いた。

「一人たったの二十元だよ」ロサンが答えた。

「二十元? 二百元じゃないの?」歪歪が声を上ずらせて言った。

「これは試験飛行だから安いんだ。歪歪、試験飛行ってなんだかわかるか?」ロサンがちょっと不満げに言った。

「僕は賛成だ」ケルサン・ルントゥプが言った。彼は私の子供のころの同級生で、工作組からは、出身不明の流れ者と見られている。

「僕も賛成だ。民用航空の飛行機ってのがどんなものか見てみたい」セルドク・リンポチェが私を見て言った。

「帰りはどうする?」私は聞いた。

「列車に乗ればいい。片道だけでも乗ればいいさ」歪歪は欲張らなかった。

「『お上』に知られたらまずいぞ」黒さんが言った。

「この部屋で話したことは部屋の中にしまって、絶対外に漏らすな」ロサンがみんなを見て言った。

次の日の早朝、私たちはこっそり出発した。みんな怪しまれないように普段の古い作業着を着ていた。私たちはまず路線バスで西寧に行き、それから公衆浴場に行って体を洗い、シャツを買って新しい服に着替えた。それから楽家湾空港に行った。

その頃、飛行機の切符を買うには紹介状が必要だった。生産隊の会計のロサンは用意周到な人で、会計の地位を利用して紹介状を書いた。だから、私たちは空港でスムーズに航空券を買うことができた。本当に二十元で、とても安かった。私たちは互いの顔を見て笑った。

一九六二年に最初に飛行機の乗ってから、もう十数年がたっていた。時間がたつのは速い。飛行機には見覚えがあったが、民用は軍用の飛行機とは違っていて、座席はベンチではなく全部柔らかなシートだった。この飛行機は小さくて、搭乗者も全部で二十数人と少なかった。ほとんどが出張の幹部のようだったが、農民のような人もいた。私たちもはた目には出張の幹部のように見えた。例えば私は、白いシャツを着て、上着は真新しい「抓革命、促生産〔革命に力を入れ、生産を促す〕」という字がプリントされたデニムの上着、コール天のズボン、黒い布靴といういで立ちだった。これは当時、焦裕禄[198]の質素倹約を学ぶということで、幹部の間で最も流行った装束だった。私たちのかばんの中には着替えたボロ服しか入っていないことは誰も知らなかった。

飛行機が離陸して、下を見ると、写真で見る大寨の畑と同じように山肌は全て段々畑になっていて、唯一蛇行して流れる湟水だけが大寨の風景とは違っていた。段々畑と湟水がだんだんとかすんでゆき、雲が次々に頭の上ではなく目の前を通り過ぎた。雲がだんだん多くなり、まるで海面の白波のようにうねっていた。私はまばたきひとつせずに下を見つめながら思った。「何で最初に飛行機に乗った時これを見なかったのだろう？」

楽家湾から蘭州まではわずか四十分だった。飛行機が降下するとき、私たちの眼下にまた大寨のような段々畑が見えた。実は当時の中国ではどこでもみな大寨のまねをしていたのだった。

しかし、空港から蘭州市内までは長い道のりだった。「あ、蘭州の町に入った！」最初のビルが見えたとき、黒さんが叫んだ。

私は時計を見て言った。「空港から蘭州市内まで三時間もかかったよ！」

「今晩どこに泊まるか考えよう」歪歪が言った。

「飛行機にも乗って楽しんだから、今日の内に列車に乗って帰ろう」ロサンが言った。

「その方がいいね。二等座席切符なら少しお金も節約できる」ケルサン・ルントゥプが言った。

「賛成」私が言った。

「飛行機に乗って出かけて、二等座席列車で帰るなんて、知らない人が聞いたら気が狂ったと思うよ」黒さんが言った。

「そんなこと構うもんか。縁起でもないけど、もし周三堂に知られたらなんて言われるかわかったもんじゃないよ」セルドク・リンポチェが言った。

私たちは真っ直ぐ駅に行き、二等座席切符を買った。二等座席車両は満員で、立っている人が大勢いた。幸い私たちは座席番号付きの切符も数枚買えたので、順番に座ることができた。列車は各駅停車で、小さな駅にもみんな停まった。

「飛行機のテーブルは、これほどしっかりしていなかったよ」セルドク・リンポチェは飛行機でのことが忘れられなかった。彼は一番前に座ったので、目の前のテーブルは押すと下がった。飛行機が揺れたときは、押さなくても「ポン」という音と共に勝手に下がった。

「飛行機の中は、この列車よりきれいだった、ホントに」ロサンが言った。

「あの飛行機はソ連製だって話だよ」歪歪が言った。

「その通りだ、歪歪、U一五だ」ケルサン・ルントゥプが言った。

「機内はすごくうるさかった。まるで耕耘機を運転しているみたいだった」セルドク・リンポチェがみんなを笑わせた。

列車の中でずっと私たちは飛行機に乗った感想を話し合った。だがその後、私たちはそのために大きな代償を払うことになった。

クンブム寺に戻ってから、二、三日後、周三堂がやってきた。彼はクンブム寺生産大隊の人民公社員全員大会を開くと言った。ルシャル鎮からも人が来て、二百人ぐらいの人が集まった。彼は机をたたき、髭を吹き、目をむいて言った。「現在、国内情勢は素晴らしいが、クンブム寺では多くの問題が起きている」

続いて、周三堂は私とセルドク・リンポチェを批判し始めた。いわく、私たちがタマリクス刈りの機会に大衆を搾取し、大衆に食べ物や飲み物を要求したと批判し、その上、その罪を無実のギャヤ・リンポチェに着せた。「これはみな反革命分子のギャヤが思い上がって、アジャとセルドクという二つの反動の芽を後ろで操ってやらせたことだ。しかもこの二人は意識が低く、立場がぐらついている者たちとぐるになって、飛行機の上から反革命ビラを撒こうとした」

私は飛行機の中で、波がうねるような雲と、大寨式段々畑を見つめていただけで、「ビラ」なんて言葉は頭の片隅にも浮かばなかった。

第七章　災難の後の再生

■■「神」は死んだ

その日、生産隊は私たちを工事現場の後片付けに派遣し、残った砂を馬車で運ばせた。お昼近くになって、私たちは疲れたので、馬車を脇に停めて、地面に寝転んで休んだ。その頃は、多くの電柱にスピーカーがついていて、それが非常に大きな音でいろいろなニュースを流していた。「原子爆弾の試験が成功した」「人工衛星を打ち上げた」「何とか会議が勝利の内に閉幕した」などなど。そして会議参加者の名前を読み上げるときは、名字の画数順に読み上げた。慣れてきたら、スピーカーから名前が流れる前に次はだれかが分かった。

私たちが眠りかけたころ、頭上のスピーカーが突然鳴り始めた。いつもと違って、聞こえてきたのは葬送曲だった。アナウンサーは珍しい涙声で言った。「我々の偉大な導師、偉大な領袖、最も敬愛する毛主席……」。私たちはすぐに起き上がって、互いに顔を見合わせた。この葬送曲は聞きなれていた。この一年で、周恩来と朱徳が亡くなった時も流れた。だから、「大男」というあだ名の僧ロサン・ゲレクは、すぐに歌いだした。

「大男、狂ったか？　すぐに口をつぐめ！」セルドク・リンポチェが言った。

私はゲゲン・ラクサムを思い出した。数年前のことだった。当時毛主席が死にそうだという噂が流れた。なぜかというと、映画本編の前に上映される「ニュース・ダイジェスト」で必ず毛主席の姿が出てきたが、その顔がどんどんむくんできて、まるで水を吸って膨らんだ枯れ木のようになっていたからだ。しかし毛主席はまだ死んでいなかった。ある時、私は家に帰って言った。「ゲゲン、ゲゲン、毛主席が死んだって！」

「本当か？」ゲゲン・ラクサムの眉間《みけん》がゆっくりとゆるんだ。

「まだ死んでない、冗談だよ」私はそう言って、また外に飛び出した。

ゲゲンは杖をついて追いかけながら言った。「こら、そんな冗談は言うもんじゃない。わしに向かってもそんな冗談は言っちゃいかん。分かったか？」

残念ながら私のゲゲンはこの日まで生きられなかった。生きていたら彼の眉間はすぐに緩んだだろう。

私が後から聞いた話では、毛主席が亡くなった日の晩、ギャヤ・リンポチェの一番下の弟のゲバは酒を飲んだ。「毛主席が亡くなったのに、酒を飲むのか？」と人が聞いた。

「おれは本当に悲しいから、酒でまぎらしてるんだよ」と彼は言ったそうだ。

「お上」は全員に白い服を着て、胸に白い紙の造花をつけ、腕に黒い喪章をつけるよう要求した。

それで私は子供のころ隣の席の李英のおばあさんが死んだとき、彼女が袖に「孝」と書かれた黒い布を巻いていたことを思い出した。その時私は李英に「これ何、ちょっと僕にもつけさせて」と言ったのだった。

「お上」はさらに私たちに隊列を組んで湟中県の大講堂に行って、毛主席遺影告別式典に参加するよう要求した。先に着いた人たちが大声で泣き叫ぶ声が遠くからも聞こえてきた。

「人生無常、因果必報」。私はゲゲン・ラクサムのこの言葉を思い出した。彼はまた、「毛主席という人は、罪がとても大きい。私たちの寺を壊し、私たちの経典を焼き、大勢のリンポチェを労働改造農場に送り、大勢の人を餓え死にさせたのだから、来世はきっと無間地獄《むけんじごく》[199]に落ちるだろう」と言って、目を閉じて毛主席のために経を読んでいた。

このように思い出に浸りながら、私は長い行列について毛主席の霊堂に入った。主催者が大声で「三回お辞儀」と言うと、人々の中からまた啜り泣きと叫び声が起こり、何人もの人が悲しみのあまり失神し、外に運び出されて介抱されていた。だが後で聞いた話では、泣くふりや失神するふりをしていた人が多かったということだ。

それから数日たって、県で万人追悼大会が開かれた。当時の湟中県は他の県とおなじく半軍事管制状態で、人民武装部の政治委員が同時に県革命委員会の主任だった。湟中県の張政治委員兼主任がまず演説をした。「今日の追悼会は全国一斉に開かれていて、中央人民ラジオ局から実況中継される。大会開会中に修正主義者〔ソ連を指す〕や帝国主義者〔米国を指す〕が戦争を仕掛けて来たとしても、中国人民解放軍と武装民兵は十分な準備を整えている。命令を受けたらすぐに作戦に入る。県政府機関の者は共産党県委員会の防空壕に退避する。各学校と職場の者は会場から速やかに撤収してそれぞれの防空壕に退避する。ルシャル人民公社は東拉山の谷に退避し、大源人民公社は劉琦山の谷に退避し……」さらに続けて、「停電した場合に備えて県給電局が二台のディーゼル発電機を準備してある。『反革命分子』『地主・富農・反革命・悪質・右派分子』がこの機に乗じて反転攻勢をかけて来たら、我々は少しも容赦せずその場で殲滅《せんめつ》する……」。話が終わる前に、周りを巡回していた解放軍と民兵が銃を構えた。その陣形は一九五八年の「宗教改革」の時とそっくりで、私は思わず寒気を覚えた。

「お上」はソ連修正主義やアメリカ帝国主義の侵犯を恐れていると言っているが、私たち追悼会に参加した民衆の反抗が怖いから、わざと国外の敵の「陰謀」を強調しているのだと私は思った。

続いて、スピーカーから華国鋒国務院総理のひどい山西なまりの、偉大な領袖であり導師である毛主席の「偉業」をたたえる声と、大群衆の泣き声が流された。張政治委員をはじめとする湟中県の指導者たちもそれに合わせて鼻をかんだり涙を拭ったりしていた。

湟中県革命委員会主任の趙禎綏は涙声で、「毛主席様、毛主席様、あなたは私たちが三つの山をひっくり返すのを指導し、私たちを社会主義に導き入れ、自ら呼びかけて『史上前例のない』無産階級文化大革命を発動してくれました。あなたの恩情は山よりも高く、海よりも深く……」。会場からまた泣き叫ぶ声が沸き起こり、また大勢が「卒倒」した。それは毛主席に対する忠誠に発しているのだろうか、それともそのように忠誠を示さないと何が身に降りかかるかわからないという恐怖に発しているのだろうか？

逆さまに書かれた名前

私とセルドク・リンポチェが西寧の公衆浴場に行こう

として、西寧の西門まで行ったら「打倒王張江姚！」という大きなスローガンが貼られていた。しかも四つの名字は逆さまに貼ってあった。

大勢の人がその下に集まって議論していた。みんな「江」は江青のことだと言っていた。

「どうやら毛の時代は終わったらしいぞ」セルドク・リンポチェが私に耳打ちした。

「すぐ戻ってギャヤ・リンポチェに知らせよう」私が言った。

セルドク・リンポチェももちろん同意した。私たちはすっかり風呂への興味をなくしてクンブム寺に引き返した。

ギャヤ・リンポチェは黙って私たちの話を聞き終わった後も、しばらく沈黙していた。そしてやっと話し出した。「これは林彪事件[200]とは違って、悪くなるかもしれないし、良くなるかもしれない。悪くなれば、今よりもっと悪くなる。良くなれば、王朝が交代するかもしれない。いずれにせよ諸行無常だ」

それ以降、政治情勢は刻々と変化し続けた。「四人組[201]」の失脚に続いて、華国鋒も失脚した。そしてクンブム寺でもいくつもの変化があった。例えば、以前は「四旧」として焼いたり壊したりされた仏像や経典、古い経典の版木などが再び文化財に変わった。クンブム寺の工作組は、文化財と僧侶を管理する「文化財管理小組」と名前を変えた。工作組の李組長と陳永華会計は、あまり悶着を起こしたり、不当な利益をむさぼったりせず、わりといい人たちだった。ある日、彼ら二人がギャヤ・リンポチェと私を訪ねてきた。「知ってると思うが、文化大革命は終わった。我々二人の任務はクンブム寺の文化財を整理することだ。例えば、『大蔵経』の被害は大きかったから、整理して目録を作らなければならない。おまえたち二人は今日から農作業に行かずに、経典の整理をしろ」

「いいですが……」ギャヤ・リンポチェが言いかけてやめた。

「はっきり言え」陳会計が言った。

「私のような『四類分子』が経典を整理してもいいんでしょうか？」そう言ってギャヤ・リンポチェは二人の幹部を見た。

「おい、爺さん、お前はまだ党の宗教政策を心配しているのか」陳会計は李組長を見て、二人で笑った。

1978年、文革終結の翌々年、ギャヤ・リンポチェ、ガワン・ギャツォと私の三人が工作組に文革中に紅衛兵に破壊された経典の整理を命じられた。これはギャヤ・リンポチェと彼の弟子のガワン・ギャツォが大蔵経を持っているところ

「それならもう一人加えて、三人で整理するならいいだろ?」李組長が上機嫌に言った。

こうして、ギャヤ・リンポチェの弟子のガワン・ギャツォが加わって、私たち三人で大金瓦殿《セルドン・チェンモ》の蔵書の整理・登録を始めた。

こんなことは、毛沢東が権力を握っていた時には夢想だにできないことだった。私の手が晴れて再び経典に触れたとき、その久しぶりの感触に私は強い感銘を覚えた。毎日、私は早々と出勤し、先人が残した貴重な本を開いて読んだ。ある日、経典の山の中から大学者プトゥン・リンチェントゥプ[202]が手ずから書写した『大蔵経』を発見した。

『大蔵経』には多数の版本があるが、この『大蔵経』は金銀宝石の粉で書かれ、合計百十巻、一巻の欠本もない完本だった。奇跡だ！ プトゥン・リンチェントゥプが生涯で七セット書写したと言われている中の一セットである。その他にも、私たちはナルタン版の大蔵経、すなわち『仏説部《カンギュル》』と『論疏部《テンギュル》』各一セットを発見した。ナルタンとは、シガツェ付近の小さな村に過ぎないが、ナルタン寺とナルタン印経院《パルカン》で有名である。しかし、私たちが詳細に登録していくと、四、五十冊の欠本を発見した。明らかにあの紅衛兵たちに九間殿《ジャムヤン・クンスィ》とルシャル鎮の十字路で焼かれたのだ。十数年後のこの時、あの燃え上がる炎と僧侶たちの泣き声、そして紅衛兵の狂騒が再び脳裏によみがえった。

クンブム寺にはかつて非常に大きな印経院《パルカン》があった。それは、セルドク・リンポチェの前世が個人の印経院（セルドク・パルカン、セルドク邸の隣にあった）を寺に寄付したのが始まりである。最盛期には印経師が七、八十人もいた。主にゲルク派の開祖のツォンカパ大師とその高弟の経典を印刷し、またクンブム寺の教学大師のテンタル・ラランパ、アジャ・ヨンジン、セルドク・ロサン・ツルティムなどの高僧の著作も印刷した。各タツァンもそれぞれ小さな印経院《パルカン》を持っていた。例えばマンバ・タツァンはもっぱら医学分野の経典を印刷し、ギュパ・タツァンは密教分野の経典を印刷していた。クンブム寺の印経院《パルカン》には一万枚近くのチベット語の経典の版木があったが、文化大革命で破壊されてしまった。

ある日、紅衛兵たちが経典の版木を運び出して山積みにして火をつけようとしていた時、誰かが「今日は風が強すぎて危ないから、日を改めて農具の材料にしよう」と言った。

「そうだ、取っておいて農具にしよう」大勢が同調したので、焼失を免れた。外に三、四日放置されていたが、誰かが「とりあえず屋内に運び込もう。ここにおいても邪魔だ」と言った。

それらの版木はこのようにして残った。しかし、傷みもひどかった。それは当時運んだ時、適当に放り投げた結果だ。私たちは整理の過程で、いろいろ修復を考えたが、どれもうまくいかなかった。仕方なく、最後は他の残存『大蔵経』の中から対応する部分を探し出して補うことにした。しかし版本が異なると、大きな違いがある。私たちは他の版本を組み込んだ歴史的理由についての説明もつけておいた。

この整理の仕事を、私たちは二年間行い、新たに目録を作った。それには経典の数、版本、著者、背景などを盛り込んだ。これは私にとってはとても重要な学習機会だった。

「四類分子」のレッテルが取れる

もし「収容犯」という言葉が監獄や収容所に収監された囚人を指すとすれば、「四類分子」は監獄の外の囚人を意味する。どちらになるかは、完全に積極分子と幹部の気分次第だ。万一、出身の悪い人の中に気に食わない人がいたら、吊し上げ大会を開いてその人にレッテルを張る。その時からその人は完全に自由を失う。自由に外出することはできず、休暇もなくなる。政治運動が始まると、最初に舞台の上に引きずり出されるのはレッテルを張られた人たちだ。場所によっては、レッテルを張られた人は生産隊長と積極分子の家の家事もさせられた。私の兄のウェンマと姉のドルマは生産隊長に呼ばれて、彼の家の羊小屋とヤク小屋の中の糞の掃除と家事をさせられた。

クンブム寺ではギャヤ・リンポチェも「四類分子」のレッテルを張られた。うわさでは、しっかり改造したら、一年ごとの審査の時に「四類分子」の四類が一種類ずつ外されると言われていた。そのためにはまず自分の極悪非道さを認めて、しっかり改造する決心であるという反省文を書いて申請しなければならない。だから、年末の審査の時になると、四類分子たちは競って反省文を提出した。しかし、申請が許可されたことはなかった。何度も繰り返しているうちに、みんなやっと気付いた。「お上」は最初からレッテルを外そうなどと考えてはいなかったのだ。このうわさは、レッテルを張られた人を従わせるための一つの手段だったのだ。

湟中県公安局の周三堂局長が二人の男を伴ってギャヤ・リンポチェをたずねてきた。周局長は部屋の前で立ち止まって、煙草を一口大きく吸い、吸い殻を地面に投げ捨てて、力を込めて踏みにじり、吸い殻をバラバラにしてから部屋に入った。いつもと違って、ギャヤ・リンポチェに会うとすぐに帽子を取った。「ご老人、最近お身体の具合はいかがですか？」

ギャヤ・リンポチェは顔を上げて、周局長を見つめた。文化大革命期間中は、ギャヤ・リンポチェのような四類分子は顔を上げて人を正面から見る資格はなかった。それに、周三堂はいつも私たちにしかめ面をしていたが、今日は笑って黄色い歯をのぞかせていた。しばらくたってギャヤ・リンポチェはやっと相手がだれかが分かった。「まあまあです。ただ関節炎が思わしくなくて、曇りや雨の日は痛みます」

「よく休んでください。ご老人はこの寺の宝ですから」周局長がそう言うと黄色い歯がむき出しになり、黒いヤニも見えて、タバコ臭い息が漏れた。

私の長姉ドルマ。1980年代にクンブム寺に私を訪ねて来て裁縫をしている情景

「しっかり態度を改めて、早くレッテルが取れるよう頑張ります」ギャヤ・リンポチェが言った。

「師匠、私たちはその用件で来たんです」もう一人の幹部が言った。

「あなたの四類分子のレッテルを外せという『お上』の指示が出ました」周三堂がギャヤ・リンポチェの近くに寄って続けた。「毛主席様の恩情と、わが党の寛大な政策に感謝しなければいけません」

「党の寛大な政策」というたった一言で、数十年間わけも分からず耐え忍んだ屈辱を帳消しにしろと言うのだろうか？　そして「毛主席様の恩情」に感謝しなければならないのか？　それなら、一体だれが根拠もなくギャヤ・リンポチェにレッテルを張ったんだ？　いったい誰がこの高僧を根拠もなく人々に蹂躙される対象にしたんだ？　彼の前世は誰一人こんな境遇に落ちたことはなかった。

外の壁に一枚の布告が貼りだされた。当時はこういう布告はひんぱんに張り出された。例えば誰かを吊し上げたり、銃殺したりするとき。銃殺される人の名前の上にはバツ印がついていた。しかし、今日の布告は、ギャヤ・リンポチェのレッテルを外すという内容だった。人づての話では、県城でも百貨公司の正面の壁に同じ布告が張り出されたということだった。

「おじさん《アシャン》、おじさん《アシャン》の永遠に外れないと思っていた

1980年代初め、ギャヤ・リンポチェの名誉回復直後にクンブム寺のギャヤ邸で

レッテルが、今日確かに外れたね！ うれ《チー》しい《ラ》！ うれ《チー》しい《ラ》！」私はギャヤ・リンポチェに言った。

「布告も張り出されたし、僕は大声で叫びたい！」セルドク・リンポチェが言った。

ギャヤ・リンポチェはあぐらを解いて、オンドルから降り、出口に歩いて行って、習慣的に左右をうかがってから、布告の前に歩いて行ってしばらく見つめていた。

そして、嗅ぎタバコの壺を取り出し、親指と人差し指で嗅ぎタバコをつまんで、左右の鼻の穴に入れ、深く息を吸った。「おまえの上の兄さんのウェンマや他の親戚たちはレッテルが外れただろうか？」

私の親戚には、豊かな家庭も、貧しい家庭もあり、出家した人も、リンポチェに認定された人も、部族の族長も、普通の牧畜民もいた。つまり、いろいろな人がいた。しかし、彼らの中の多くの人が「宗教改革」と文化大革命の中で、でたらめに「反革命」「魑魅魍魎《ちみもうりょう》」「四類分子」のレッテルを張られた。例えば、ギャヤ・リンポチェ、ウェンマ兄さん、ドルマ姉さん、ロサンおじさん、ゲバなど十数人がレッテルを張られた。私の父のワタン、姉婿《あねむこ》、チャンチュプ・ユンテンおじさん、チャンチュプ・オーセルおじさん、そしてツェタルおじさんたちは労働改造農場に送られた。また、私の直接の関係者の教師、世話係たちは逮捕投獄された。また、恐怖のあまり自殺した人もいた。合計で二十八、九人が二十二年間におよぶ悪夢に苦しめられた。

この頃、母は私がクンブム寺に引き取っていた。私からこれらの話を聞くとき、母は親指で目をぬぐって、数珠を繰った。「もしおまえの父さんが生きていたら、出てこられるのにね。あの人は理由もなしに監獄に入れられ、わけも分からず中で死んで、私たちは遺体にさえ会えなかった」

■■労働改造農場のオーセルおじさん

参観という名目で、大型バスが大勢の釈放された人々を乗せて、クンブム寺に入り、九間殿《ジャムヤン・クンスィ》の外に停まった。ほとんど全員が供物としてプラスチック製の造花を手に持っていた。当時は何も買えるものがなくて、彼らを困らせた。

にぎわいの中で、彼らが西寧で会議に参加してきた、つまり幹部から共産党の政策宣伝を聞いてきたこと、そしてクンブム寺の参観は共産党の宣伝活動の一環だということを知った。彼らの多くは僧侶で、涙を浮かべて感激していた。クンブム寺から連れ去られたリンポチェたちの一部も帰ってきた。私はチェシュ・リンポチェが私の方に歩いてくるのを見つけた。大男の牧畜民が彼の後ろからついてきていた。

「ああ、ずいぶん探したよ。彼は君の親戚のター・ロサンだ。君に話があるそうだ」チェシュ・リンポチェが言った。

ター・ロサンは顔が赤紫色で、目が充血した五十がらみの人だった。「おい、おまえのおじさんのチャンチュプはまだ釈放されていないんだ。行くなら今だぞ。おれの一生でおまえのおじさんと別れる時ほどつらかったことはなかった。彼が群れを離れた子羊になるのをみすみす見送ったんだ……」

私は心をかき乱されて、すぐにギャヤ・リンポチェを探した。私のチャンチュプ・オーセルおじさんは彼の弟なのだ。ギャヤ・リンポチェはしばらく考え込んで、それから嗅ぎタバコを二口吸ってから言った。「いいだろう。わしも今それを考えていたところだ。以前バクシとタンパも探しに行ったことがある。今度はおまえが面会に行ってくれ。明日すぐ出発しなさい。今回はチャンチュプの住所もあるしな」。

労働改造農場はどこも地獄だということは誰もが知っている。青海省全体でそんな地獄がいくつあるのか、私は知らない。私が聞いたことがあるのは、甘都[203]、塞日克、哇玉香卡[204]、察察相卡、デリンハ、諾門洪[205]、ゴルムド、浩門[206]、貴南、香日徳[207]の労働改造農場と南灘監獄[208]だけだ。各労働改造農場にはいくつかの大隊があり、大隊の下には分隊や小隊がある。一部の農場の敷地は相当広く、大隊本部から隣の大隊本部まで半日歩いても行き着かないほど離れている。

　ター・ロサンから聞いた詳しい住所を頼りに、私は丸一日バスに乗って、やっとデリンハ労働改造農場の本部に着いた。それは小さな村役場のような場所で、粗末な仮設の建物だった。私は本部でオーセルおじさんの友人の王さんを探し当てた。王さんは上海人で、刑期満了後も農場に残っているいわゆる「新生人員」[209]で、二十年以上ここで農作業をしていた。私は彼の飯場《はんば》に泊まった。彼は私にごま油麺を作ってくれた。彼がごま油麺〔麻油麺 ma2 you2 mian4〕と言ったのを私は馬油麺〔ma3 you2 mian4〕と聞き間違えてびっくりした。

　次の日の朝、王さんは分隊に荷物を届けに行く馬車を探し出して、私に便乗させてくれた。

　午後になってやっと私はオーセルおじさんを見つけた。そこは新緑が芽吹いたばかりの草地だった。オーセルおじさんと浙江人の朱さんがそこで馬を放牧していた。朱さんは小資本家出身で、おじさんと同じく労働改造させられていた。彼ら二人の持ち物は、テント一張りだけだった。

　その晩、おじさんは私に労働改造農場での出来事を一晩中話し続けた。夜明け前になって私たちはやっと眠った。

　オーセルおじさんはセルドク・リンポチェの世話係だった。五〇年代には、よくラサに行っていて、インドにも行ったことがある。当時、彼のような世話係は、みなよく出張していた。インドから帰って、彼は親しい人たちに、インドこそ本当の修行の場所で、チベット人も大勢行っていると語っていた。「そこはとても静かで、手は水道水で洗い、床にはエナメルのようなものが敷いてあり、その表面には様々な模様が印刷されていて、裸足でそこに上がると、ひんやりとしてとても気持ちがいいんです」。一通り紹介し終わると彼は言った。「私はセルドク・リンポチェをインドに連れて行って勉強させたいと思います」

「気でも狂ったか。クンブム寺の仏様はクンブム寺にいなきゃいかん」高僧の一人が言った。

その後、「お上」は上流階層の人々を組織的に内地参観に送りだした。オーセルおじさんも北京、南京、上海などに行き、そこで進められていた「土地改革」[210]を見た。帰ってからも、セルドク・リンポチェをインドに連れて行きたいと訴えたが、誰も同意しなかった。ギャヤ・リンポチェも同意しなかった。一九五八年の「宗教改革」で彼は反革命のレッテルを張られ、その後さらに「投機的取引」の罪名を加えられた。その理由は彼がインドに行ったことがあるからだった。そのため、いまだに釈放されることなく労働改造農場で二十年以上辛酸をなめ続けている。

ここには監視人がいないけど、あなた方が逃亡することを心配しないんですか？」私はおじさんに聞いた。

「逃亡した人もいたよ」朱さんが答えた。「でも結局つかまって懲戒房に入れられた。彼らは厳重な網の目を張っている。ただ一人だけ、国民党のスパイが、トラックの底に潜んで香港に逃げたという話は聞いたことがある。本当かどうか分からないが」

私は数日間滞在して、一旦帰ることにした。

「おれも一緒に行く。もう決めた」オーセルおじさんは自分の数着の古着まで朱さんにあげようとした。

「もし出られなかったらどうするんだ？」朱さんがオーセルおじさんに言った。「分かってるだろ。釈放はそんな簡単じゃないよ！」

「あんたたち漢人は不吉なことばっかり言う」そう言うとオーセルおじさんは地面に「ぺっ。ぺっ」と唾を吐いた。

「朱さんが言うのももっともだよ。今はタイミングが悪い。心配しないで、帰ったら何とかするから」私は彼を慰めた。

「おれは本部に行って、母が危篤《きとく》だから一日会いたいと言う」オーセルおじさんはどうしても私と一緒に行くと言って、私の説得を聞かなかった。

私たちは本部に行った。趙看守は私を上から下までじろじろ見てから、礼儀正しく立ち上がって片手を差し出し、椅子を指差して「どうぞお座りください、条件が悪くて済みません」と言った。

この時、オーセルおじさんは猫ににらまれた鼠のように、腰をかがめて揉み手をしながら、趙看守に親族訪問の理由をひととおり言った。

趙看守はおじさんの話を聞くと、笑顔がさっと消えた。「オーセル、今回の釈放はおまえの罪が対象じゃない。一時外出で母親を見舞うのはいいが、入院証明と公社の紹介状が必要だ。証明書が全部そろってから検討しよう」

私がバスに乗るとき、おじさんは身じろぎもせずに立ちすくんで、涙をぽたぽたとこぼしていた。

胸につかえた悔しさを吐き出す

ある日、私たちリンポチェは、釈放されたばかりの人も含めて、全員が省都の宗教者学習会に参加せよという通知を受け取った。私たちが会場に着くと、クンブム寺のリンポチェだけでなく、全省のリンポチェ、アホン、神父、学者など当時の著名な宗教関係者がみんな来ていた。ほとんどが労働改造農場から釈放されたばかりの人たちだった。

会議室には真新しい白いテーブルクロスが掛けられたテーブルが一列並べられ、その上に魔法瓶とガラスのコップが二つ一組で伏せて置かれていた。何人かのリンポチェは、会議室に入るとすぐに魔法瓶を取り、慎重に少しも音を立てずに、伏せてあったコップをひっくり返して、幹部たちのためにお茶を入れ始めた。

「なんで活仏にお茶を入れさせるんだ。ここの職員はどこにいる？」一人の幹部が言った。

ほほえみを浮かべた職員がすぐにリンポチェたちの手から魔法瓶を引き取った。この日は省の幹部全員の態度が非常に友好的だった。少し申し訳なさそうな態度で、これまでの経験について話し、政府に対して多くの意見を出すよう何度も求めた。

幹部たちの口ぶりから十中八九は想像がついた。どうやら今後宗教政策は緩和されるようだ。だが長年の経験が私たちに物語るのは、どんな新政策が出ても、いわゆる討論は見せかけに過ぎないということだ。実際は「お上」が先に決めている。とはいえ、この会議の席では多くの人が自発的に発言した。共産党に対する感謝と称賛以外に、多くの人が自らの体験と宗教破壊の状況を語り、信仰と宗教の必要性を訴えた。しかし、一、二人は一九五八年以降の口調で宗教を批判し、宗教の害を語った。驚いたことにスンパ・ケンチェンもそんな話をした。

歴代のスンパ・ケンチェンはゲルク派の大学者で、仏教に大きな貢献をした。この代のスンパ・リンポチェは五〇年代から革命に参加し、一九五八年の「宗教改革」の時には、「反革命」吊し上げの急先鋒だったが、文化大革命で批判されたことで、積極性がくじかれた。そして、彼はこっそりと毛主席の写真に金剛橛《こんごうけつ》を打ち付けた。これは三角錐型の端が尖った法具である。毛主席の額の真ん中に打ち付け、忿怒《ふんぬ》金剛呪《こんごうじゅ》を唱えた。これはかなり強力な呪文である。その結果、彼は自分の親しくしていた人に裏切られ、監獄に入った。今スンパ・ケンチェンは六十歳前後だが、老け込んで完全に白髪になっている。多くの災いを経験したのだから分かってもよさそうなものだが、彼が懸命に仏教を批判したのは恐れからだったのだろうか、それとも本心だったのだろうか？

「どうやらスンパ・リンポチェはまだ心配なようですね」仏教協会のサンクオ秘書長が言った。「では、みなさん労働改造農場での経験をお話しいただけませんか？」

全体としては会場の雰囲気は緩やかだったし、これまで本音を語る環境がなかったので、多くのリンポチェが自分の収容中の体験を話し出した。

チュプサン・リンポチェはチュプサン寺の住持で、クンブム寺のリンポチェでもある。青海省互助県にあるチュプサン寺は十七世紀に創建されたゲルク派の有名な寺だ。現在のチュプサン・リンポチェは、七十過ぎの老人だ。かつて国民党の国民大会代表だったので、文化大革命中は国民党の戦犯と同じ房に収監され、二十数年の監獄生活を過ごした。彼の話では、六〇年代の飢饉のときは監獄の中で毎日死人が出た。はじめのうちは一人ずつ穴を掘って処理していたが、その後は死者が急増したので、死体を屋外に置いて凍らせ、それを頭と足を互い違いにリヤカーに積んだ。そうすればリヤカー一台で死体を十二体運べた。

彼はもう一つの体験を話した。ある日、ある囚人が注射薬の瓶を二本探してきて、油を浸したひもでガラス瓶に巻いて火をつけてからすぐに冷水に入れた。すると、ひもを巻いてあったところで二つに割れた。その断面はまるでグラスカッターで切ったようにそろっていた。それから、その囚人は宣伝画を描いた後に残った絵具を使って、瓶の中に鳥や花を描いて房の中に並べて置いた。一人の看守がそれを見咎めて、「どこから持って来た?」と聞いた。

「自分で描きました」囚人が答えた。

「余計なことをするんじゃない!」看守はそう言って瓶を没収した。

その後、この二本の瓶を看守の上司が見て、大いに感心した。「芸術品みたいだな。誰が描いたんだ?」そう言って瓶を持ち去った。この絵が描かれた瓶は一段一段上層部に上がってゆき、ついには監獄長の手に渡った。

「これは贈り物にいいな」

そして、監獄の中に十数人の囚人を集めて「贈り物工場」が開設された。チュプサン・リンポチェもそれに参加した。二年余りの間、注射液の瓶は人気商品だった。

チェシュ・リンポチェは言った。「あなた方の獄中生活はなんてロマンチックなんだ。瓶に絵を描けるなんて! 私らの所では、看守も隊長も足湯が大好きだった。まず私たちにお湯を準備させて、それから彼らの足をマッサージさせた。いま他のことは分からないが、脚のツボは目をつぶっても探し当てられる。足湯の功績で、私はそのあと監獄病院の看護師に抜擢された」

ソナム・ツェモ・リンポチェがこの時長い溜息をついて言った。「もしチェシュ・リンポチェの話を聞かなかったら、この話を私は一生胸にしまっておいただろう。だがもう言わずにいられない。みんなに笑われても構わない。労働教養で収容されているとき、私は本当に看護師になって、『導尿』の手技を学んだ。私は導尿がうまくて、患者は少しも痛みを感じなかったので、看守たちはよく私を連れだして、友人や親戚、それに上司の導尿をさせた。ある時、私の大隊の大隊長の妻が尿が詰まったので、大隊長は私に妻の導尿をさせようとした。それまで私は男の患者の導尿をしたことしかなく、女の患者の導尿をするなんて考えたこともなかった。まして大隊長の妻なんて笑い事じゃない。だがやらないわけにはいかない。私は仕方なく大隊長について彼の家に行った。彼の妻はその時ベッドに横になって、痛みに顔をゆがめていた。大隊長は顔をひきつらせて妻の横に座った。私は導尿管が男女共用なのかどうかも知らなかったが、探して合いそうな男性用導尿管を軽くその患者の陰部に差し込み、同時に彼女の表情を見た。隊長の妻は歯をむき出して、顔をもっとゆがめた。

『軽く、軽く！』隊長は続けざまに叱った。

私はふるえる手で、一生懸命努力したがうまくいかなかった。その時、わたしは一つ質問をしたかったが、恥ずかしくて『うん、うん』と口ごもっていた。

『『うん、うん』じゃない。ちゃんと任務をやり遂げろ！』隊長はまた叱った。

私はやむなく、懐中電灯で詳しく観察したが、それでもよくわからなかった。そこで仕方なく隊長に聞いた。

『上下二つの穴があるんですか？』

『当たり前だ！』隊長は真剣に言った。

それから私はまた用心深く試した。最後に『パッ』と音がして、尿が出てきた。隊長の妻の表情も緩んで、何度も礼を言った。だが隊長は無表情なままだった。隊長にとって私は礼を言うべき相手でないことが私にもわかった」

「ここ数年、リンポチェ方もずいぶん苦労されたんですね！」民族事務委員会の幹部の楊慶喜はそう言ってため息をついたそうだ。

第八章　落ち着かない獅子法座

■■馬小屋から獅子法座へ

パンチェン大師は馬小屋で生まれた。私たちモンゴル人やチベット人は、牛小屋や羊小屋で生まれた子供は丈夫に育つと信じている。

それはドメー地方のヤーツィに属するウェンド部族のクンツァン村だった。ヤーツィはチベット語で、その後漢語の循化県に改名され、ウェンド部族は漢語の文都郷に改名され、クンツァンは多分漢語由来ではない麻日村に改名された。クンツァンはチベット語で、その意味は官府である。パンチェン大師はその官府《クンツァン》、つまり部族の族長の家に生まれた。

他の村民と違って、この家ではゴンポ・グル、つまり大黒天《マハーカーラ》を祭っていた。それはサキャ地方だけで祭られている護法神で、大師の祖先はサキャから来たのだった。大師が生まれる前、この族長の庭に自然に一本のポプラの木が生え、幹はどんどん伸び、葉はうっそうと茂った。クンツァン付近で大威徳《ヤマーンタカ》を修練していた一人の密教導師が、これはご神木で、この家から高貴な方が生まれることを示していると告げた。数年後、パンチェン大師が誕生した。しかし、この高貴な方の生涯は多事多難であった。

その年、パンチェン大師九世がジェクンドのジェグ寺で入寂したとき、馬歩芳に法体の移送を妨害されるのを避けるため、偽《にせ》の法体を二体用意した。本当の法体は、秘密裏にタシルンポ寺に送られ、偽《にせ》の二つの法体はそれぞれジェグ寺とクンブム寺に一体ずつ安置されたという話だ。はたしてどれが本物なのか？　諸説入り乱れている。しかし、クンブム寺の法体については、見たことのある人は皆パンチェン・ラマ九世とそっくりだし、指も動くし、荘厳《しょうごん》だったと言っている。それはいまでも大金瓦殿《セルドン・チェンモ》の一階正面、つまりツォンカパ大師の蓮聚宝塔の前の仏龕《ぶつがん》の中に祭られている。

パンチェン大師ケンポ会議庁に残った一部の人々は、化身を探した。当時、何人も候補を探し出したが、一番理想的だったのがヤーツィのウェンド部族クンツァン村のこの子だったので、クンブム寺に招いてギャヤ・リンポチェが心血を注いで育て上げた。

「なんで私のところにとどめておくんですか？　吉祥行宮に住むべきでしょう！」ギャヤ・リンポチェはうれしかったが、心配でもあった。

「十中八九、この子だろうが、まだ決まったわけじゃないから吉祥行宮には送れません」パンチェン大師ケンポ会議の人はそう説明した。

「もしかしたら、パンチェン大師九世が私に残した『これから私たちはいつも一緒だ』という遺言が実現したのかもしれない」ギャヤ・リンポチェはそう思って、それ以上何も言わなかった。こうして化身はギャヤ邸にとどまった。

パンチェン大師確認の儀式はクンブム寺で行われた。もちろん金瓶《きんぺい》ではなく、ツァンパ団子で行われた。一九四九年、この子が正式にパンチェン・ラマ十世になり、ギャヤ・リンポチェも正式に彼の教師となった。それ以後、あの特殊な時代に一緒にいられなかったほかは、ギャヤ・リンポチェはまるで影が形に添うようにパンチェン大師の突然の入寂まで、ずっと大師の傍らにいた。

ギャヤ・リンポチェは私に、パンチェン大師には子供のころから尋常ならざるしるしが現れていたと言った。彼は坐って経文を丸暗記することを嫌ったが、ギャヤ・リンポチェが大きな声で読経しているのを脇で聞いていると、一、二時間後には暗誦できるようになっていた。七、八歳のころ、ある日ギャヤ・リンポチェに口述筆記してくれと頼んで次のように言った。「豊かな人も貧しくつらい目に遭っている人も、世の中の衆生に対して平等に対応しなければいけません。ブッダよ、尊いお方よ、あなたには分け隔ての心がないのですね。ブッダよ、私は心からあなたに頂礼《ちょうらい》[211]します！」。何と彼の語った言葉は深い法意の出離[212]の偈頌《げじゅ》[213]だった。

四〇年代末は戦争で世の中が荒れていた。ある日、クンブム寺の僧侶たちが屋根の上に立って、馬歩芳の軍隊と共産党の軍隊がクンブム寺の東斜面で交戦しているのを見ていた。共産軍は役所、貿易会社と汪家（当時の質屋）の住宅に放火して、数百騎で劉琦山を駆け下りてルシャル鎮を占領した。その後、共産軍がこんどはクンブム寺に攻めてくると言うので、僧侶たちはネーチュン護法神の加護を祈った。

パンチェン・ケンポ会議庁はパンチェン大師たちの安全のために、幼いパンチェン大師を都蘭県の香日徳寺に避難させることを提案し、ギャヤ・リンポチェにも同行を求めた。その寺はアムド地方のタシルンポ寺系列の寺院で、クンブム寺からは五〇〇キロメートルほど離れている。

その後、共産党第一野戦軍司令官の彭徳懐がクンブム寺に使者を派遣して、パンチェン大師の行先を聞いてきた。そして香日徳寺に追って来て、あの手この手でパンチェン大師をクンブム寺に戻るよう説得した。当時、パンチェン・ケンポ会議庁の人々が混乱に陥っていた中で、チェン・ジクメは、中共とうまくやっていくべきだと提案した。チェン・ジクメは西安まで彭徳懐に会いに行って、彭徳懐がパンチェン大師にあてた手紙と彭徳懐の写真、および彼が贈った袈裟用の生地一反、繻子《しゅす》一反、磚茶《だんちゃ》十個を持ち帰った。もちろんそれらは中共が好意を示すために持たせたのだ。

結局、共産党はパンチェン大師に何か月もまとわりついて、繰り返し説得した。「お前が声明を一つ出すだけで、愛国的で共産党を支持していると認められる。それでお前たちの安全が確保されるだけでなく、地位も保証されるのだ」。パンチェン・ケンポ会議庁は説得に応じて声明を出した。その後、中共はその声明はパンチェン大師の自発的な意思に基づくものだったと主張した。パンチェン大師は化身としては、経典学習の上で時に並はずれた理解力を示したが、複雑な政治に関しては、共産党が何者であるかを含めておそらくあまり知らなかった。何と言っても彼はわずか十一歳の子供だったのだ。しかし、一つの事実が生じた。それは、パンチェン大師が幼いうちから不安定で予測不可能な政情に巻き込まれたということだ。

香日徳寺から帰った後、パンチェン大師は引き続きクンブム寺に逗留し、結局クンブム寺での滞在期間は十年におよんだ。一九五一年十二月、ギャヤ・リンポチェはわずか十三歳のパンチェン大師と一緒にタシルンポ寺への帰還の長旅に出発した。

タシルンポ寺に着いてから、ギャヤ・リンポチェはパンチェン大師を新しいヨンジン・リンポチェ（高僧の教師を指す）に引き渡し、暇《いとま》を取って各寺院の巡礼をした。パンチェン大師は別れを惜しんで、ギャヤ・リンポチェに彼の最初の教師として得るべき全ての待遇を与えたいと希望した。しかし、ギャヤ・リンポチェは「私に普通の出家僧と同じように巡礼させてください。それこそが私の最大の慰めです」と言った。そして、彼は背負子《しょいこ》を背負って、巡礼の旅に出発した。

ある日、巡礼の一行が疲れて道端で休んでいるとき、後ろから五、六人の人が追って来た。

「トプデンじゃないか?」ギャヤ・リンポチェがその中の一人に気づいた。

「はい、ヨンジン・リンポチェ。パンチェン大師がお話しがあるそうです!」トプデンは息せき切って言った。「それに新しいヨンジン・リンポチェも、あなたに戻ってほしいと言っています」

ギャヤ・リンポチェはすぐにタシルンポ寺に取って返した。実はある人がパンチェン大師にカーラチャクラ灌頂法会の開催を依頼した。しかし、新しい教師は五明《ごみょう》に精通してはいるがパンチェン大師にカーラチャクラ灌頂法会を教える自信がなかった。ギャヤ・リンポチェは仕方なく戻ってパンチェン大師に詳細に伝授したのだった。

カーラチャクラ灌頂は極めて複雑で、五、六ヵ月間かけて伝授してパンチェン大師が全ての手順に習熟してからやっとギャヤ・リンポチェは再び背負子を背負って巡礼に出発した。ある日、彼らがある寺に近づいたとき、前から数人の僧がやってきて、彼らを一目見るなり近づいて、パンチェン大師の教師のヨンジン・リンポチェかどうかを確認した。それから一目散に駆け戻った。するとすぐに寺の中の全ての僧が出て来て、法螺を吹き、黄色い傘を差しかけて、盛大に彼らを寺に迎え入れた。さらに特別に銅製の蒸篭《せいろ》を持ち出してその寺の独特なモモ（餡入りマントウ）でもてなしてくれた。アムドとラサでは食習慣が少し異なる。ラサの人は遠慮してあまり量を食べないが、アムドの人は豪快に思う存分食べる。その時、彼ら五、六人のアムド人はその寺の全僧侶が食べる量の三分の一の餡入りマントウを平らげてしまったそうだ。

■■パンチェン大師と彭徳懐

共産党が蘭州を攻める前に、毛沢東は彭徳懐に次のような電報を打ったという話だ。「パンチェンがいま蘭州にいる。蘭州を攻める時は、パンチェン・ラマを保護し丁重に扱うよう十分注意せよ」。この言葉の後にさらに何か意味深長な言葉が続いていたかどうか、もちろん私には知るよしもない。

そこで、彭徳懐は使者を派遣した。使者は夜を徹して歩いて、遠い山奥の香日徳寺に幼いパンチェン大師を慰問し、共産党の民族政策を宣伝した。一九五一年、パンチェン大師は中国の首都北京に行き、朱徳、周恩来、陳雲、郭沫若、黄炎培、聶永臻らが北京駅で出迎えた。その夜、周恩来は歓迎宴を開いてパンチェン大師をもてなした。メーデーの日に、毛沢東とパンチェン大師は一時間余り会談した。この時、パンチェン大師はわずか十三歳だった。そして五月二十四日、『十七ヵ条協定』締結の翌日、毛沢東はカシャ政府の代表団を招き、またパンチェン大師も招いて中南海の懐仁堂で盛大な宴会を開いた。大勢の人の前で、毛沢東は自分の胸をたたいてパンチェン大師に言った。「我々共産党員は君たちチベットの文化と経済の発展を手助けするために行くんだ。役人になるためでもないし、悪事を働くためでもない。もし漢人幹部が君たちを虐《いじ》めたら、私、毛沢東に相談しなさい」

しかし、かつての穏やかで平和なチベット高原は、「平和解放」されると大勢の僧侶が逮捕され、経典やタンカは靴底の材料にされ、仏像は壊され、数えきれないほどのチベット人が「反乱鎮圧」の名目で殺された。その後「大躍進」で餓死した人々の中にも数えきれないチベット人がいた。こんなことはチベットの長い歴史の中でこれまで起こったことがなかった。そこで、パンチェン大師は自分でチベットの状況を調査して、有名な『七万言上書』にまとめ、毛沢東に提出したが、かえって吊し上げられ、秦城監獄に投獄されてしまった。一九六二年に始まった迫害は、パンチェン大師にとって文革よりもひどい体験だった。

「向かいの人は新入りか?」誰かが大声で聞いた。パンチェン大師が最初に投獄された時、房は囚人が互いを見れないように斜めに向かい合っていた。そのため大声で話すしかなかった。これは大師が出獄してから私たちに語ってくれたことだ。

「パンチェン・エルデニです」パンチェン・ラマが答えた。その頃、彼は漢語があまりうまくなかったが、名前を聞かれていることは分かった。

「パンチェン・エルデニ？　活仏のあなたまで誤りを犯したのですか？　毛沢東が、毛沢東が……私は彭徳懐です。覚えていますか？」

「覚えています」パンチェン大師が答えた。彼はこのはっきりとした音の名前を忘れるわけがなかった。かつて、まさに彭徳懐が香日徳寺に使者を派遣して「中国共産党はチベット人民のためにいいことだけをする」とか「共産党を支持すれば、君の安全だけでなく君の地位も保証する」と言って、彼に共産党側につくよう説得したのだった。だが現在、彭徳懐に向かって「あなたの約束は？　あなたの約束はどこに行ったんですか？」と聞けるだろうか？　いや、彭徳懐もまた自分の運命を掌握できなかった。彼は今はただの一人の囚人に過ぎない。まったく笑うに笑えず、泣くに泣けない話だ。パンチェン大師、そして彭徳懐、二人とも多分こんな場所で再会するとは思ってもいなかっただろう。いや、これは再会ではない。声が聞こえるだけで、互いの顔は見えないのだ。

大師は彭徳懐の顔を覚えていた。彼が十一歳の時、彭徳懐の写真を受け取っていた。パンチェン大師は自分の写真とマニ丸薬を民衆に贈ることはあっても、俗人の写真など受け取ったことはなかった。もちろんパンチェン大師も少し大きくなってからは、彭徳懐がパンチェン大師に頂礼する仏教徒ではなく、むしろ自分に従わせたいと思っている人物であることが分かった。何と言っても彭徳懐は征服者なのだ。そしてこの時、パンチェン大師は写真の彭徳懐が意気軒昂で、太くて黒い眉毛が厳粛な雰囲気を醸し出し、両の瞳を輝かせて、自信に満ちた目でパンチェン大師を見つめていたことを思い出した。写真の彭徳懐はあたかも「中国共産党の言うことを聞け。中国共産党だけがチベット人を救う！」と言っているようだった。

いま、彼らは監獄の中で再会した。これは歴史の皮肉なのか、それとも因果の采配なのか？

「君は何をしているか？　新聞は読んでいるかね？　鍛えなきゃいけないぞ！　若いうちに監獄に入れられたからと言って、鍛えなかったら完全につぶれてしまうぞ」彭徳懐は老婆心で忠告した。

「つぶれるってどんな意味ですか？」パンチェン大師が聞いた。

「ダメになるってことだ」彭徳懐が答えた。

彭徳懐の獄房からはしょっちゅう粗い呼吸や、駆け足の音が聞こえてきた。彭徳懐は生命力が非常に強いようだった。あるいは自分が出獄できることを確信していたからかもしれない。

パンチェン大師も鍛え始めた。もちろん、獄房の中で走るようにもも上げをしたり、腕立て伏せをするだけだ。彼が一番困ったのは、木の板のベッドだった。パンチェン大師が獄中生活を振り返るとき、必ずその狭くて短い木の板のことを話した。パンチェン大師は体の大きな人なので、寝るときはいつもベッドから体がはみ出した。頭をベッドに上げれば、足がベッドからはみ出し、足をベッドに上げれば、頭がベッドから落ちてしまう。眠れずに寝返りを打つことがしばしばだった。そういう時、大師は起きて新聞を読んで漢語の勉強をした。監獄では新聞以外何もなかった。彭徳懐もよく眠れなかったのだろう。よく彼の声が聞こえてきた。

「君は新聞を読んでいるのか？　大きな声で読みなさい。教えてあげるから」

「騒ぐんじゃない！」看守の声で彼らの対話が断ち切られるのはしょっちゅうだった。

パンチェン大師の漢語が上達してきたら、彭徳懐は大師に廬山《ろざん》会議[214]と毛沢東のことも話した。

「廬山会議で私は彼を批判したが、彼はそれを恨んだ。革命をやっていたころ、彼は平等を主張し、批判と自己批判を推奨した。だが、本当に彼を批判したら、違っていた」

「彼は宗教の自由が必要だと言っていますが、チベット人地区では宗教迫害が続いていて……」パンチェン大師は言いかけてやめた。

「彼は耳触りのいいことばかり言う」彭徳懐はため息をついて言った。「だがそれを真に受けたらだめだ！」

「声を出すな！」看守がまた彼らの対話をさえぎった。

このように対話を制限されていたが、彭徳懐はある時、朝鮮戦争についても話した。毛沢東の息子が死んだことでも、彼は毛沢東の恨みを買ったと言っていた。要するに、彭徳懐には腹の立つことが多かった。だが、パンチェン大師は、かつて彭徳懐が毛沢東に対して西南軍にチベットを攻撃させるよう提案したのかどうかも、どうして香日徳寺に使者を派遣してパンチェン大師に共産党を信じるよう説得したのかも、かつてパンチェン大師に送った手紙と写真の意図も聞かなかった。これら特別な意味のあった全てのことが、あたかも歳月の深い雪の下に埋もれてしまったかのように。

　パンチェン大師が一番忘れられないのは、秦城監獄[215]の暑さだった。当時は扇風機もなく、まして空調もなく、夏になると監獄の中は耐えがたい暑さになった。どこからか分からないが、パンチェン大師は芭蕉扇を手に入れてあおいで暑さを紛らわした。だが、長く使っているうちに葉が裂けてしまったので、シャツを破って補修した。毎年補修を続けて、最後はシャツの布で芭蕉扇全体を巻いた。出獄後、パンチェン大師はこの唯一無二の団扇《うちわ》をギャヤ・リンポチェに贈り、それはいまでもギャヤ・リンポチェの邸宅に祀られている。

　パンチェン大師は非常に若かったし、中共が彼に与えた地位は非常に高かったので、もし彼が『七万言上書』を書かずに、共産党と毛沢東のお世辞を少し言っていたら、監獄に入ることがなかったばかりか、栄華を極めていたことだろう。しかし、彼はそうしなかった。そのため、彼は毛沢東が死ぬまでの九年八ヵ月間秦城監獄に収監され続けた。

東総布胡同五十七号

　ギャヤ・リンポチェが突然私を近くに呼んで、小声で言った。「私の手紙を持って、すぐ北京に行ってくれ。早ければ早いほどいい。わしらの導師が結婚するかもしれない」

「どちらの導師ですか?」結婚? 私はとっさに意味が分からなかった。

「パンチェン・リンポチェだ」

　驚いただけでなく、言いようのない気持ちになって、私は涙で目の前が曇った。導師に会えるのはうれしかったが、私たちの導師はなぜ結婚しなければならないのだろう？

少し前にパンチェン大師が出獄したことは聞いていた。中央ラジオの番組でなんとか大会が「勝利のうちに開催された」と言った後、会議参加者の名が読み上げられた中にパンチェン大師の名があった。多くのチベット人がその時悲喜こもごもの気持ちでラジオに向かってぬかづいた。

「パンチェン大師の結婚のことは、彼のご両親も反対している。お二人ともあきらめきれない。私が手紙を書いたから届けてくれ。ついでにおまえのお母さんを連れて行って、大師にお参りして来なさい」。ギャヤ・リンポチェは折りたたまれた北京地図を開いて、丸印を付けた所を指差して言った。「見えるか？　これが北京の有名な王府井百貨商店だ。おまえのお母さんはここで待たせて、おまえは東総布胡同に行きなさい。ほら、すぐそばだ」

私はうなづいた。ツルティム・ラクサム先生が入寂してから、私は母を寺に呼び寄せた。兄弟子のバディもひんぱんに母と私の様子を見に来てくれていた。今回、私は母とバディを旅の伴に連れて行くことにした。

このことは、いま思い出しても謎だ。私にはギャヤ・リンポチェにどうやってパンチェン大師の住所を知ったのかを聞く機会がなかったからだ。何回か聞こうとしたが、ギャヤ・リンポチェが不在だったり、いても話をはぐらかされるということがギャヤ・リンポチェの入寂まで続いて、結局聞くことができなかった。

私たちは三十六元の二等座席の切符を買って、丸二日乗り続けて北京に着いた。駅を出て、私は和平里に住んでいる友人に電話をかけた。その後も私たちは北京に行くたびに彼の家に泊まった。次の日、私は母とバディを連れて、ギャヤ・リンポチェの指示に従ってすこぶる順調に王府井百貨商店にたどり着いた。しかし漢人は予想外に好奇心旺盛で、たちまち私たちは何重にも取り囲まれてしまった。母が民族衣装を着ていたので、彼らはみな母を見に集まってきたのだった。

「二人ともここで待っていてくれ。絶対離れるなよ」私は言った。

「スリグ早く戻ってきておくれ」母は気をもんで言った。

私は人混みから抜け出して、王府井大通りを横断し、いくつも路地を曲がって、何人もの人に道を聞いて、やっと東総布胡同五十七号にたどり着いた。しかし、大きな鉄門はしっかりと閉まっていて、高い塀がほとんど一ブロックを囲んでいた。門の隙間から中の衛兵が見えた。軍人を見て私の心はかき乱された。それに大都会に対する不慣れと、言葉が通じないことで、どうしていいかわからなくなった。私は途方に暮れて、塀の周りを歩き始めた。幸い私は大きなマスクをしていたので、緊張した表情を隠すことができた。最後に、私は電柱の後ろに立ち、小声で金剛亥母《ドルジェ・パクモ》の呪文《じゅもん》をとなえた。そして心の中で何回も「父上か母上、早く出て来てください」と言った。

私の母、1980年代クンブム寺で

三十分ほど待っていると、大門の脇の通用門が「カチャ」と開いて、スカーフを頭に巻いた老婦人が灰色のプラスチック紐で編んだかごを下げて出てきた。食材を買いに行くようだった。私は十数年会っていなかったが、すぐにパンチェン大師の母上だと分かった。

私は急いで彼女の後を追った。しかし、すぐには声をかけずに、前後左右を観察し、彼女が角を曲がったところで、誰も監視していないことを確認してから、やっと歩み寄って、彼女の腕を取って言った。「母上！」

「あなたは――」彼女は目と口を大きく開けた。

「ギャヤ・リンポチェに言われて来ました。お元気ですか？　父上にもお会いしたくて――」私は言いかけた。

「身体はまあまあよ。ところで、あなたは誰？　いったい誰なの？」彼女は疑わしげに聞いた。

「前に、あなたと一緒にタシルンポ寺に行ったじゃないですか？」私はヒントを出した。

「そうよ、二人の小リンポチェと行ったわ！　あなたは大きい子、それとも小さい子？」彼女が聞いた。

パンチェン・ラマの父上ヤプシ・グルゴン・ツェテンと母上ヤブシ・ソナム・ドルマ、1980年代北京で

「私は小さい方です」私は答えた。

「あなたはヨンジン・リンポチェの甥っ子だね？ 大きくなったね！」彼女は目をしばたたかせながら私を見た。

「あれからもう十年以上になります」私は言った。

「ヨンジン・リンポチェはお元気？ もうずいぶん会ってないわ」そう言いながら、母上は泣き出した。少し泣いてから、突然スカーフの角で涙を拭いて、前後左右を見た。

そして、何か思い出したように言った。「行きましょう。ここに立ってちゃまずいわ」

母上は私を小さな食堂に連れて入り、有無を言わせず私に豆乳と油条《ヨウティアオ》を買ってくれた。そして声を落として言った。「ここに座って食べなさい。大丈夫、誰も気にしないから、さあ」

どうやら、母上もいろいろな政治運動を経験したようだ。彼女はすぐに姿を消した。だが、十分ぐらいたってから父上を連れて戻ってきた。

「どこだ？ どこだ？」父上は食堂の中の人を一人一人見回して、チベット語で聞いた。私を見つけると、急いで私に歩み寄って、両手を私の肩に置いた。「いつ来たんだ。ヨンジン・リンポチェは元気か？」そう言って、泣き出した。

「さあ、うちに帰ろう」父上は目をこすって言った。

東総布胡同五十七号に戻って、父上が呼び鈴を押すと、衛兵がすぐに門を開けて言った。「これは誰ですか？」

「親戚、親戚」お父さんは遠くを指差して「田舎、田舎」と言った。

「田舎から出てきたご親戚ですか！」衛兵は丁寧に聞いて、それをノートに記録した。

後で知ったことだが、東総布胡同五十七号には二家族が住んでいて、もう一家族は史良だった[216]。一つの衛兵班が二軒の指導者の家を警護していたのだ。

冬だったが、ドアを入ると、熱い風が顔に吹きかかった。床板を踏むと、一種荘厳な感覚が私を包んだ。「私たちの導師はここに住んでおられるんだ！」そう思って、足音をできるだけ小さくしたが、その床板は必ず「カタカタ」と音を立てたので、私はなおさら緊張して、すぐに全身から汗が吹き出した。

「まず二階に行こう」父上はそう言って、前を歩いた。

「パンチェン大師は二階にいらっしゃるんですか？」私は声をひそめて聞いた。

「二階だよ」父上は階段を上がりながら振り向いて言った。

「それじゃ、大師の頭の上に行くのか？」そう思うと、私はひどく動揺した。父上と母上は私を彼らの部屋に入れ、すぐにぴったりとドアを閉めた。

「これまで、彼らは息子を監獄に入れておいて、今度は結婚を勧めてきたんだよ。ヨンジン・リンポチェがここにいたら、こんなことは起きなかっただろうに」母上はそう言うとまた泣き出した。

「北京には、故郷の人は一人もいない。息が詰まったら、公園に行って座っているしかないのよ。息子が監獄にいる九年余りの間、私たちは二、三回しか面会が許されなかったわ」。父上も泣きながら「御前様《クンドゥン》[217]を結婚させるために、最後はシャブドゥン・カルポが説得に来たんだ」と言った。

「あの人が自分で結婚するなら構わないけど、他人に結婚を勧めるなんて」母上はもっと激しく泣いて「あの人が来てめちゃめちゃにしてしまった」

シャブドゥン・カルポという人を、私は前から知っていた。彼もアムド地方の大活仏で、青海省人民代表大会副主任を務めていた。一九五六年の「宗教改革」の時、「反革命」の吊し上げに功績があって、積極分子として抜擢された。だが文化大革命の時には彼も「五七幹部学校[218]」に送られた。だが、名誉回復後も様々な誤りを「四人組」のせいにして、相変わらず共産党への忠誠を示していた。いままた彼は大師に結婚を勧め、父上と母上を説得する「欽差大臣《きんさだいじん》」[219]として共産党から派遣されたのだ。後で聞いた話では、当初政府は老革命家のタシ・ワンチュク[220]を派遣して、パンチェン大師を説得させ、大師と両親の関係を調整しようとしたが、タシ・ワンチュクに断られたのだった。すると、シャブドゥン・カルポは喜んでこの空席を埋めたそうだ。

「母上、父上、あまり悲しまないでください。ギャヤ・リンポチェのパンチェン大師あての手紙を持ってきました」私は言った。

「じゃあ、すぐに会わなくちゃ」父上が目を輝かせた。

「私の母とバディも来ています。いま王府井で待っています」私は言った。

「すぐに連れてきなさい」母上と父上が同時に言った。

私が急いで王府井に駆けて行くと、母とバディはやはり人に囲まれていた。しかし、それは野次馬ではなく店員だった。彼らは、二人が迷子になってしまったのではないか？　誰か迎えに来るんだろうか？　道を間違えたんじゃないか？　誰か言葉の分かる人はいないか？　と心配していた。

「来た、来た」母が遠くから私を見つけた。人々は彼女が何を言っているのか分からないが、その指差す方向を首を伸ばして見た。そして私を見つけてみんな笑顔になった。バディは今日パンチェン大師に会うとは思ってもいなかったので、チベット服を和平里に置いてきていた。これは私たちの習慣で、ダライ・ラマ尊者とパンチェン大師に拝謁するときは一番いい民族服を着て、敬慕の念を示さなければならない。そこで私は再び彼ら二人を残して、和平里にバディのチベット服を取りに行った。

どれぐらい時間が経ったろうか、私が戻って来たとき、二人は疲れ切って階段に座り込んでいた。私はバディにトイレで着替えるよう言ったが、彼はトイレを一目見るなり「いいよ、いいよ、ここで着るよ」と言った。

「行けよ」私は勧めた。

「いいよ、いいよ」バディの強情さは有名だ。だが、彼が服を広げて体に羽織り、まだ帯を締めないうちに四、五十人の野次馬に囲まれてしまった。バディはそこでやっと少し後悔して、顔を真っ赤にして人混みに潜り込んだ。私は片手でバディを、もう一方の手で母を引っ張って、やっとのことで人混みを抜け出した。

再び東総布胡同五十七号に戻った時、父上が門の前に立って私の方向を眺めていた。「早く！　行ったっきり何時間も何をしてたんだ？」父上が遠くからそう聞いた。

　父上と母上は私たちを大師の客間兼執務室に連れて行った。入口の正面は天井に届きそうな本棚で、線装本や黄色い絹の布に包まれた長いチベット語の経典が収められていた。一幅のチョモランマの絵が精巧に木枠にはめ込まれ、本棚の中間に掛けてあった。左側の壁には、数幅のタンカが横に並べて掛けてあった。広い事務机の上には石彫の鷹が電球をくわえている小さな電気スタンドがあり、スタンドの傘には房飾りが縫い付けられていた。電気スタンドの横には電話があり、電話の上には銀製の透かし彫りの香炉があり、ビャクシンの香木の良い香りが部屋にあふれていた。ラサのシュクリン・ドルジェ・ポタンやシガツェのデチェン・ポタンとは比べようもないが、やはり一種荘厳な雰囲気に包まれていた。

　まもなくパンチェン大師が奥の部屋から出てきた。やはり大きくてハンサムで、生気に満ちていた。私の母はとたんに泣き出した。私たちはすぐに大師に向かって頂礼をした。大師は非常に和《なご》やかにアムド・チベット語であいさつをされた。「お元気ですか《デモインナ》[221]？　ヨンジン・リンポチェはいかがですか？」

「彼は元気です。でも、あなたに会えなくてさびしそうです」私は震える声でそう答えて、カタとギャヤ・リンポチェの手紙を取り出した。大師はカタを受け取って私の肩に掛け、続いて手紙を受け取って、両手で額まで捧げて拝礼し、すぐに封を開けた。読み終わると、彼の目は赤くなっていた。私は大師がこんなに感情を高ぶらせたところを見たことがない。

「すこししたら、一緒にご飯を食べよう」そう言うと、大師は手紙を元の折り目どおり、丁寧に折った。

「それがいい、それがいい。じゃあまず私の部屋に行こう」父上が言った。

「シャブドゥン・カルポが来るかもしれない。もし彼が来たら、ヨンジン・リンポチェの手紙のことは話さないように」食事の前に、父上が私に言った。

　私たちは北側の小食堂で大師と一緒に食事をした。その食事は、料理四品とスープ一品だった。それに特別に私たちのために羊肉の塩茹とふるさとのモモ〔餡入りマントウ〕を出してくれた。その他に、花巻《ホワジュアン》と米飯もあった。コックはもと周恩来のコックだったという話だ。

本当にシャブドゥン・カルポが来た。私たちは以前に面識があった。彼は私を見て非常に驚いた。「あれ、どうしてここに来たんだ?」シャブドゥン・カルポは五十前後で、いかにも役人らしい風貌だった。聞いた話では彼は漢語がうまかった。食卓には、父上、母上とシャブドゥン・カルポの外に、パンチェン大師の弟のゴンポ・キャブもいた。パンチェン大師が監獄に入れられているとき、ゴンポ・キャブも農場に下放され、長年「再教育」を受けた。そうだ、食卓には他にもパンチェン大師の以前の食事担当官のマチェンモもいた。私が最初に彼に会った時、彼は背が高く、眼光鋭く、濃い髭を胸まで伸ばしていたが、今では七十歳を過ぎて白髪になっていた。今彼はパンチェン大師大師に付き添って北京に住んでいたが、料理はしていなかった。この会食の主な客はシャブドゥン・カルポだった。しかし、家の人たちは誰も彼と話をしなかった。パンチェン大師だけが彼に応対したが、親切にではなく、表面的な応対をするだけだった。

パンチェン大師は私たちに聞いた。「ヨンジン・リンポチェは文革中どうだった?」

「『反革命』にされて、何年も吊し上げられました」私はときどき父上の顔を見ながら、できるだけ短く答えた。

母上はずっと私の母の世話をし、ときどき母のお椀に肉を入れてくれた。

■■パンチェン大師の結婚

しばらくして、ギャヤ・リンポチェは中央統一戦線部から北京でパンチェン大師に会うようにという通知を受け取った。当時、この旅行が数ヵ月におよぶとは思いもしなかった。戻って来たとき、省の統一戦線部と政治協商会議の役人たちが駅で彼を出迎えた。

まず次兄のタンパが一等寝台車から出て来て、戻ってギャヤ・リンポチェを支えて下車させた。二人とも一目でパンチェン大師からもらったと分かる真新しいウールの制服を着ていた。これも大師の習慣で、後に私にも一着作ってくれた。

帽子をかぶっていた役人が急いで帽子を取った。

「おかまいなく、おかまいなく」ギャヤ・リンポチェは言った。

その日、統一戦線部の役人たちがギャヤ・リンポチェを省政府で接待したので、翌日になってやっとクンブム寺に戻った。私たちは待ちきれずにパンチェン大師の様子を聞いた。

「身体は問題ない。文化大革命で彼があんなに迫害されてたなんて、わしらは思いもしなかった」そう言うと、ギャヤ・リンポチェは目を閉じて、ひとこと祈りをささげた。

「周総理の保護を受けたんで、そんなに吊し上げられなかったんじゃないんですか？」セルドク・リンポチェが聞いた。

「そんなに吊し上げられなかった？　誰よりひどかったんだ。普通の人が受けないような迫害を彼は受けていた。ああ、やめておこう」ギャヤ・リンポチェは熱い磚《だん》茶《ちゃ》を一口飲んだ。

しばらく沈黙して、ギャヤ・リンポチェは口から出かかった言葉を飲み込んだ。そして大師の母上と父上がこの九年余りの間に受けた精神的拷問について話し始めた。当時、パンチェン大師の弟のゴンポ・キャブは農場に送られて牛飼いをし、妻のペマ・ヤンチェンは彼らと決別して解放軍の軍人と再婚した。老夫婦は北京で孤立していた。秋が一番つらい季節だった。落葉を見るたびに彼らは郷里の人々が洋梨などの新鮮な果物やクルミを持ってきてくれたこと、彼らが郷里の人々をミルクティーでもてなしたをことを思い出していた。母上は若いころは他の人と同じように畑に収穫に行っていた。彼女はいつも明るく、他の刈り手と一緒にマニ歌〔祈禱歌〕を歌った。

当時彼らは、まるで水から上がった魚のように、不慣れな北京に住まわされた。もし北京からあまり遠くない秦城監獄に、パンチェン大師という気がかりの種が収監されていなければ、彼らはとっくに死んでしまったかもしれない。

初冬の頃、老夫婦は薄雪を踏んで、公園の中を歩き回り、監獄の長男を思い、遠くの農場で牛飼いをしている次男を思っていた。かつて、彼らが解放軍と一緒にチベットに入った時、張国華と牙含章は『十七ヵ条協定』を締結すればチベットはどんどん良くなると言っていた。また、チベットの政治体制は五十年変えないと言っていた。これが五十年変えないということなのだろうか？

　ある晩、母上は夢を見た。動物園の檻に閉じ込められていた虎が逃げ出して、母上のかたわらに来たが、全く彼女を傷つけなかった。次の日、父上と母上は電話で、パンチェン大師が釈放されたと告げられた。それを聞いた彼らは自分の耳を疑った。

　大師が家に帰り大きな体で老夫婦の前に立つと、母上と父上は号泣し、パンチェン大師も涙を流した。

　釈放されてすぐに「お上」は大師に政治協商会議に参加するよう命じた。一台の車で数人の「民主人士」[222]を乗せて会議場に行った。その後はパンチェン大師専用に一台の青リンゴ色の古い「上海」マークのセダンが迎えに来るようになった。それには私も乗ったことがある。この車が玄関前に着いて、クラクションを鳴らすと大師は出て行って政治協商会議に参加し、学習、発言、態度表明をした。「お上」の指導者も大師と話すようになった。それは主に国家民族事務委員会主任兼統一戦線部副部長の楊静仁だった。

「パンチェン、君はまだ若い。獄中に十年近くいたら、まだわだかまりがあるだろうね」楊静仁が言った。

「私が書いた七万言上書には一言もうそは書いていないのに、私は有罪にされました」大師が言った。

「どうやら君はまだわだかまりがあるようだ。それはみんな『四人組』がやったことだよ」楊静仁は言った。

「私は周恩来と毛主席に提出したんです。その頃まだ『四人組』はありませんでした」大師が言った。

「毛主席は晩年に確かにいくつかの誤りを犯した。それに『四人組』がつけこんだんだ。だが、毛主席は功績の方が誤りより多い。過ぎたことは過ぎたことだ。前向きにならなきゃいかん。一つ提案があるんだ。君はまだ若いし、いつまでも独身でいるのもよくない。君のご両親も年を取ったから、考えてみないか……」楊静仁は口ごもった。

「どういう意味ですか？」大師が聞いた。

「以前の君のパンチェン・ケンポ会議庁の再開は永遠に不可能だ。結婚して自分を私たちのような普通の人間に改造することを考えてみたらどうだ？　もちろんそれは君自身の選択だ。だが、君がもし結婚せずに活仏の身分を維持するのなら、誰も君を信用しない。これは本音で言ってるんだ」楊静仁は親身な口調で言った。

パンチェン大師は沈黙した。

数日後、楊静仁はまた大師に聞いた。「パンチェン、よく考えてみたか？」

「民族のためなら、私はどんな犠牲もいといません」

1980年代初めにパンチェン・ラマがクンブム寺を訪問したとき、ツォンカパ大師塑像に頂礼しているところ、左からセルドク・リンポチェ、チューテン（お付き）、パンチェン・ラマ、私

大師は言った。

「相手は漢人の方がいい。文成公主[223]だって漢人だっただろ？　そうすれば君の北京生活も不自由なくなる」楊静仁はまるで本当の友人のような口調で提案した。

それから、楊静仁主任は中央指導者の間で「パンチェンは思想を解放した。もう恨んでいない。結婚する気にもなった」と触れまわった。

国民党の寝返り将校の董其武は、引退した高級幹部たちのマージャンの席で楊静仁の話を聞くと、帰って家人に話した。すると彼の娘は乗り気になって、自分の長女、つまり董其武の孫娘をパンチェン大師に紹介しようということになった。

楊静仁はすぐにそのお見合いの場を手配した。立会人の中には、董其武の娘が母親として出席したほか、当時十八歳ぐらいの次女も、謎に包まれたパンチェン活仏を見てみたいという好奇心で付いてきていた。だがその結果、パンチェン大師は次女の方を気に入ったという話だ。もちろん、当時の実際の状況がどうだったのか、私もよくわからない。要するに、統一戦線部はこの「婚礼」を進めるために、裏でも表でも様々な工作をしたの

1980年代にパンチェン・ラマが二回目に青海省を訪れたとき。前列左から私、シャブドン・カルポ、パンチェン・ラマ、ギャヤ・リンポチェ、チェシュ・リンポチェ、後列左よりチューテン（大師のお付き）、セルドク・リンポチェ、チュプサン・リンポチェ、シナ・リンポチェ、ゲギャ・リンポチェ、ヤンジャ・リンポチェ

だった。

ほどなく政治協商会議で三峡視察団を派遣することになり、パンチェン大師と董其武も団員になった。互いの気持ちをはぐくむためだろう、楊静仁は特別に董其武の下の孫娘も同行させた。

パンチェン大師の婚姻の準備はこの婚姻の総設計師の楊静仁主任の指揮下に、スムーズに進んだ。最後に、楊静仁はパンチェン大師に対し共産党中央に自筆の書面で結婚の申請をし、その中で婚姻が彼自身の意思であると明記するよう要求した。ふつう申請の承認には非常に長い時間がかかるが、大師のこの申請は、午前に提出したら午後には楊主任が自分で承認書を届けに来たそうだ。その効率の高さは、中国共産党建党以来の記録を塗り替えたことだろう。それは一九七八年六月のことだった。

だが、中共はこのことが対外宗教宣伝にとって重大な失敗であったことをすぐに意識した。鄧小平はパンチェン大師の結婚の話を公開すれば、外国は中共の悪口を言うだろうと言ったそうだ。実際、当時すでにダライ・ラマは戒律を守ることで国際的な威信を保っているのに、パンチェン大師が還俗したら威信を失うだろうというわさが流れていた。だが、事ここに至って、もう引き返すことはできなかった。そのため、パンチェン大師の結婚のことは、公開禁止とされ、彼の夫人になった李潔も彼と一緒に宗教・政治活動に参加することは一切許されなかった。

■■青海民族学院の研究生

早くから私の心の中では、勉強したいという願望が根を張っていた。経典を学ぶ機会がないのであれば、普通の勉強でもいい。私は自分自身にそう勧めていた。だから、青海民族学院が学生を募集すると聞いて、すぐに応募した。そして、本当に入学許可通知が届いたが、入学には湟中県の指導者の承認が必要だった。当時は軍人身分の趙禎綏がまだ共産党県委員会書記だった。申請は転々と人の手を伝って彼の所に届いたが、いつまでたっても承認がおりなかった。

一九七八年、今度は青海民族学院にチベット語研究生コースができたと聞いたので、また入学申請を出した。この時はコネを使って、私の申請を学部長のタシ・トンドゥプに送った。タシ主任はチベット人だが、チベット語が話せず、私のことも相手にしなかった。しかし、この申請は当時、青海省民族学院長兼共産党省委員会副書記をしていたタシ・ワンチュクの手に渡った。

「いいことだ。活仏が新しいことに触れるのを奨励すべきだ」とタシ・ワンチュクが許可した。

私とセルドク・リンポチャの二人は青海民族学院の入学通知書を受け取った。ギャヤ・リンポチェは私たちのために歓送会を開いてくれた。ギャヤ邸で、私たちはオンドルの上にあぐらをかいて坐った。その席にはギャヤ・リンポチェ、セルドク・リンポチェと私の他にも次兄のタンパとロサンおじさんがいた。私たちは羊肉の塩茹とテントゥクを食べながら、ギャヤ・リンポチェの言いつけを聞いた。

「今は寺で勉強できないから、青海民族学院で勉強するのはいいことだ。シャルドン・リンポチェも招かれているということだから私も安心だ。おまえたちも向こうでできるだけ仏教知識を学んできなさい。学校という組織は、私も知っているが、何とかして学生を洗脳しようとするところだ。自分が仏教徒だということを忘れるな。三宝を敬いなさい。信徒がおまえたちを信仰しているから今のおまえたちがあるんだ……」

私たちのチベット語研究生コースの学生はわずか七人で、私たち以外みなチベット語と漢語に精通していた。私とセルドク・リンポチェは長年勉強から遠ざかっていたので、特に宿題は大変だった。

チベット語の構文は漢語とは全く異なる。特に『意義修飾法』を学ぶ時は、論じたり賛えたりの構文が複雑で、少し構文が変わるだけで別の意味になってしまう。例えば、例証、修辞があり、称賛もあれば批判もあり、誇張もあれば強調もあり、隠れた称賛もあれば祈願もある。私とセルドク・リンポチェはいつも勉強が遅れた。しかし同級生たちはみな敬虔な仏教徒だったので、私たちを特別に大事にしてくれた。例えば、私たちが教室に入ると、彼らはみな起立し、私たちが座るのを待った。少しも私たちを同級生として扱わず、いつもリンポチェに対するように扱ってくれた。

私たちの主な授業は、チベット語の修辞学と史学、そして経典解釈だった。すべて、シャルドン・リンポチェが教えてくれた。シャルドン・リンポチェはチャキュン寺の有名なリンポチェだ。幼年時代にチャキュン寺で学び始め、大小五明《ごみょう》[224]と金剛乗[225]に精通していた。彼は以前「右派」のレッテルを張られ、文化大革命のときは故郷に送り返されて貧農下層中農の再教育を受け、かなり吊し上げられた。だが、シャルドン・リンポチェはそのすべてを忍耐修行の機会と見なした。彼は悪習に全く染まらず、戒律を厳守し、後にチャキュン寺から出版された『菩提道次第大論《チャンチュブ・ラムリム・チェンモ》』[226]木版版の校閲にも参加した。そうしたことから、人々は彼を非常に敬っていた。

五十年代、シャルドン・リンポチェは青海民族学院のチベット語学部に招かれ、チベット語コースの主任教授を担当した。仏教学の上で彼は、私が山のような恩を受けた導師であり、学校の授業の他に、彼は私にひそかに『三十七の菩薩の実践』[227]『修心七要』[228]そして『入菩薩行論』[229]を教授してくれた。

英語は私がずっと学びたいと思っていた授業だ。六〇年代、私はタシルンポ寺で経典を学んでいた時、かつてカシャ政府で任官していた一人の貴族と知り合った。彼はチベット語と英語に精通していて、私は彼から学ぶ計画を立てた。不幸なことに三大教育運動の過程で私たちはどちらも「階級の敵」に分類され、彼から学ぶ機会を失した。その後の文化大革命のとき、ギャヤ・リンポチェは私に、どんな知識でも学ぶ形にこだわる必要はないと自習を勧めた。その頃、私は必死に英語教師を探し、あちこち聞きまわってやっと湟中県電力供給所に外国語のできる桂という人がいることを知った。私は彼を訪ねて行ったが、桂君ができるのはロシア語で、英語ではなかった。

「ロシア語を学べばいいよ。前に使った教科書があるから、教えられるよ」そう彼は言った。

そこで私は教科書を買った。桂君は今度は「うちは人の出入りが多くて不便だから、君の家に行って教えるよ」と言った。

私は喜んで同意した。時間がたつうちに、桂君の出身家庭も悪いことを知った。彼はよく毛主席の悪口を言い、自分は民主が好きだと言っていた。私はもちろん同感だった。そのうちに私たちは親友になって、一緒にいるときは、毛主席の悪口を言う時間の方がロシア語を学ぶ時間より長くなった。

青海民族学院はこの頃英語共通コースを開設したので私はこれにも応募した。英語教師は以前国民党の軍人で、監獄に二十年以上収監されていた壮という人だった。彼の以前の専門は法律だと言っていた。彼は英語はほとんど忘れてしまったと言っていたが、先生たちはみな彼の英語は録音テープとほとんど同じだと言って褒めた。

ある時、一年間一生懸命勉強した成果を外国人と話して試す機会があった。だが、その外国人の話すことばを私は一言も聞き取れなかった。そして、私が話す「クンブム寺にようこそ」という簡単な英語に、彼は首を横に振って言った。「すいません。すいません。私はチベット語が分かりません」

二年間の勉強はあっという間に終わった。卒業後、青海省統一戦線部は私を青海省仏教協会本部に配属した。通知・通達の学習、現地視察とたまの北京での会議の他は、ほとんど仕事はなく気楽で自由だった。私はよく暇を見つけてはクンブム寺にギャヤ・リンポチェを訪ねた。

精神安定剤

また会議の通知が来た。場所は第二生産隊の飼養院だった。私が会場に行くと、僧侶たちはすでに座っていた。だが、私たちの方を向けて前に並べられた椅子はまだ空いていた。

まもなく、共産党青海省委員会副書記兼民族学院長のタシ・ワンチュクが、共産党湟中県委員会書記の霍燦らの幹部を引き連れて入ってきた。タシ・ワンチュクは痩せて枯れて見えた。もう七十歳だろう。両側に分けられた髪の毛は縮れて、顔は他の人よりすこし黒かった。灰色の立て襟に組紐ボタンの中国式の上着を着て、その上に軍用オーバーを羽織っていた。席の前まで行くと、すぐには坐らず、両腕を交叉させて内側から軍用オーバーを引き上げた。

「ギャヤ活仏、チェシュ活仏も来ていますか？」タシ・ワンチュクはそう言って会場を見回した。

「来ています。みんな来ています。アジャ活仏とセルドク活仏も来ました」誰かが答えた。

タシ・ワンチュクが先に演説をした。彼は以前より元気そうで、声に張りがあった。それは私の錯覚だったかもしれないが、演説内容は以前と違っていた。

「党の民族宗教政策が元に回復した。わが党の宗教政策は一貫して自由だ。みんな心の重荷をおろして、思想を解放しなければいかん。諸君も他の人を説得しなければいかん。ラマは袈裟を着なければいかん。諸君はなぜ仏殿に行って誦経しないんだ？　何も問題はない。それは間違ったことじゃない……」

一九五八年の「宗教改革」や十年にも及んだ文化大革命なんて起きたことがなかったと言うのだろうか？　私たちが袈裟を着るのを嫌がったのか、それとも彼らが許さなかったのか？　私は心の中で問い返した。

「これはきっと本心じゃないよ。おびき出す作戦じゃないか？」セルドク・リンポチェが私の耳にささやいた。

演説は続き、ますますわけが分からなくなった。みんな互いに顔を見合わせて、少し離れたところにいたギャヤ・リンポチェとチェシュ・リンポチェも互いに顔を見合わせ、まるで私に「信じるか？」と聞くかのように私たちの方を振り向いた。

そうだ。こんなうまい話を信じられるわけがない。まして私たち「搾取階級」のラマに再び袈裟を着させるなんて、まさか太陽が西から登ったのだろうか？

「数日後に、重要な客人が来訪する。彼らはダライ・ラマが派遣した代表団だ。彼らにここの状況が素晴らしいことを、我々が民族宗教政策を実行していることを見せるんだ。彼らは戻ったら間違いなくダライ・ラマに報告する。そしてそれはダライ・ラマの一日も早い祖国帰還に大いに役立つぞ」タシ・ワンチュクが続けた。

「つまり、ダライ・ラマの代表団に見せるためか！」

「とはいっても、以前とは違う。おれは構わずに袈裟を着るよ」

「また事後弾圧されるかもしれないぞ！」

「何を隠してるんだかわかったもんじゃない」

人々の議論は紛糾した。

「諸君はもう何も心配することはない。『四旧打破』も文化大革命も終わって、『四人組』も打倒された。だから諸君は必ず袈裟を着なきゃいかん。これも『お上』からの任務だ」霍燦も言った。

そうは言っても、これまでのことはみんなの心に傷を残した。ほとんどの人が疑って、言われた通りにはしなかった。それでも一部の人は大胆に袈裟を着た。私は相変わらず紺の制服を着て黒いコール天のズボンをはいていた。しかし、当日になって久しく見ていなかったえんじ色、赤紫色がクンブム寺に現れたとき、私の目はとても気持ち良くなって、まるで昔に戻ったような気がした。残念ながら、僧侶はほとんど残っておらず、僧坊も解体されたり、倒壊したりして、わずかに残った主な仏殿の建物もすっかり荒れ果ててしまっていた。かつてのクンブム寺は水に映った影か蜃気楼にすぎなかった。

声を出して誦経する人や、家の中でバター灯明をともす人まで出てきた。もちろん、文化大革命中もバター灯明をともす人はいた。だが当時人々は非常に用心深く、蓋を半開きにした鍋の中に灯明皿を入れ、時々周囲の様子をうかがって、何か動きがあればすぐに蓋を完全に閉められるようにしていた。いま、人々は灯明皿を机の上に置いたが、ときどき無意識に窓の外をうかがっていた。あの動悸《どうき》が収まらない感覚はなかなか消えなかった。

「お上」の手配でアジャ邸でダライ・ラマの代表団を応接することになった。私も仕事に出ないで、掃除して、長年倉庫に入っていた仏龕を出してきて、客間を片付けて飾り付けたり、椅子を追加したり、各種仏具をそろえたりしなければならなかった。うまい具合に、その頃あることが起こった。私は一人の信徒から彼の早世した両親の済度のために百個の灯明を供えるよう頼まれた。私は承知したものの、内心不安だった。灯明を供えるには誦経しなければならない。それは宗教上の儀式として必須だが、「お上」は本当に「辮髪《べんぱつ》を摑《つか》まない」[230]だろうか？　事後弾圧が怖いので、私は声を出さずに短い祈禱文の『普賢行願讃《サンチュ・モンラム》』を誦経した。

誦経が終わった途端、治安主任のギェルツェン・タクパが息せき切って飛び込んできた。「大変だ！　省公安庁のドゥクブムジャ同志が検査に来た。この百灯明はどこに隠そう？」」。彼のうろたえた口調の中には幾分か私に対する非難が含まれていた。みんな目を大きく見開いて互いに顔を見合わせた。話が終わる前に、ドゥクブムジャが数人の幹部を引き連れて入ってきた。私たちはたちまち口をつぐんで、あきらめてうつむいた。「おお、結構、結構。君たちは心の重荷をおろしたようだな」。ドゥクブムジャ同志は朗らかに笑って、ギェルツェン・タクパの方を向いて言った。「みんなに心配するなと言え。思想を解放するにはまずおまえたち責任者が思想を解放しなければいかん。そうして初めて大衆へ働きかけられる」

彼の口ぶりでは、まるで私たちが僧侶としての義務を果たしたがらないかのようだ。まるで彼らは僧侶を弾圧したことなどなかったようだ。まるで彼らは宗教は「封建迷信」だなんて言ったことがなかったようだ。全く笑止千万だ。

だが、何と言っても「情勢が緩和した」（当時の流行語）のだから、やはり喜ばしい。しかも、当時の流行語で言えば「冤罪事件」が「名誉回復」された。監獄で亡くなった私の父も名誉回復された。ここで付け加えておくと、数年後私は機会あって馬海霖という名の友人から「名誉回復」のいきさつを聞いて、それが本当に困難だったことを知った。

馬海霖は当時共産党青海省委員会統一戦線部の幹部で、その後青海省イスラム教協会秘書長を務めた。彼は私に、七〇年代末から八〇年代初めにかけて、タシ・ワンチュクが何度も中央に行き、一九五八年の青海地区の「反乱」の名誉回復を求めたことを話してくれた。タシ・ワンチュクはチベット人の中で最初に紅軍に参加し、紅軍と一緒に長征した「赤い子鬼」〔共産軍の少年兵の愛称〕の一人であり、また、最初に青海に入ったチベット人指導者の一人でもある。だから彼は一九五八年の青海省の「反乱鎮圧」の状況をじかに見ていた。その後彼はしばしば中央に「反乱」の徹底的な名誉回復を要求していた。ある時馬海霖はタシ・ワンチュクと共に北京でハイランクの会議に参加した。タシ・ワンチュクは北京の会議に参加するたびに中央の指導者を訪ねて青海「反乱」の徹底的な名誉回復を要求し、青海「反乱鎮圧」の誤りを語り、「反乱鎮圧」が現地の少数民族にもたらした災難、とりわけチベット人に対する虐待について語り、「反乱」を名誉回復しなければ党の信望は回復せず、仕事も進められないと語った。

馬海霖は、当時は中央から地方まで、「反乱」の名誉回復には非常に大きな抵抗があったと言った。特に省の指導者の抵抗が大きかった。いわゆる「反乱」の鎮圧を命令し、弾圧に参加した州や県の指導者が当時すでに省の指導者に昇進していた。「反乱」の名誉回復は彼らの地位、利益、名誉を脅かすので、彼らは自らの誤りを認めず、「反乱」の名誉回復も望まなかった。彼らは「拡大化」にはやりすぎもあったかもしれないが、「反乱鎮圧」は正しかったと言い張った。

しかし、タシ・ワンチュクは「反乱」の徹底的な名誉回復を主張した。彼はあらん限りの力を尽くして、資料を集めて回り、あらゆる機会をとらえて「反乱」の名誉回復のために諦めずに努力をした。北京で会議があったある晩、タシ・ワンチュクはわざと回り道をして散歩中の鄧小平に「出くわした」。鄧小平は多分かつて共に長征に参加したよしみから、彼の顔を立てて彼を単独で引見して会談した。そして党の信望を回復して、少数民族区域で党の政策を実行しやすくするために、「反乱」の徹底的な名誉回復を行うことに同意した。

タシ・ワンチュクは戻ると、鄧小平の「勅命《ちょくめい》」を手に、省の様々な抵抗や妨害をはねのけて、各州・県の公文書を集め、共産党省委員会で名誉回復のための秘密会議を開催した。厳戒の下でそれら封をされた公文書が開封された。馬海霖もいくつかの公文書を目にする機会があった。彼はそれを見て慄然《りつぜん》とした。当時の鎮圧は少数民族に対する言語を絶する虐殺だったのだ。こうして初めて名誉回復が実現し、「反乱」は無罪と宣言され、一部の家庭はわずかな賠償を手にし、「反革命」の霊魂たちも済度《さいど》された。私は馬海霖にそれらの公文書は今でも見れるかと聞いた。彼は太陽が西から登らない限り、普通の人は見れないだろうと言った。青海省の「反乱」が名誉回復されたのはタシ・ワンチュク一人の功績だと言って、私のムスリムの友人馬海霖は、このチベット人老革命家を称賛した。

ダライ・ラマの代表団

その日、みんな早々と長寿殿《シャプテン・ラカン》に集まった。これはダライ・ラマ七世の長寿のために建てられた仏殿である。かつて火を供えた場所に、その後多くのビャクダンが生えて、枝葉が鬱蒼と茂り、花も咲いていた。観光客が参観する時、普通ここが最初の観光ポイントになる。

シャプテン・ラカンの門前に立っているのは、ギャヤ・リンポチェ、セルドク・リンポチェ、それに労働改造農場から釈放されたばかりのチェシュ・リンポチェ、ゲギャ・リンポチェ、ヤンジャ・リンポチェ達だった。もちろん、県の幹部も大勢いて、一緒にダライ・ラマ代表団の到着を待っていた。

リンポチェたちはみな紺色と灰色の中山服を着ていた。数人の仏殿管理人だけがこの日の香灯師を務めるために袈裟を着ていた。それどころか、私たち若いリンポチェは髪を伸ばしていて、見た目には労働者かトラクターを運転する農民のようだった。日差しは温かく心地よかった。私は心の中で考えていた。二十年前インドへの亡命を迫られた後、ダライ・ラマは「社会主義教育」や文化大革命など毎回の政治運動の中で、「チベット族人民の頭上に乗った搾取階級の『親玉』、祖国に背いた『分離主義者』の総頭目」と常に批判されてきた。しか

1979年の末にダライ・ラマ代表団が初めてクンブム寺に来た時。リンポチェの集合写真。前列左から、セルドク、チェシュ、ギャヤ、ゲギャ、後列左からヤンジャ、タシ、クンガ、私

しこの日、私たちはついにカタを捧げ持ってダライ・ラマの代表団を迎えることができる！　とはいえ、このカタは新品ではなく、私たちが護法神殿の中から探し出してきた物だった。この当時カタは売っていなかったのだ。

「こんなに大勢来てる！」セルドク・リンポチェの声で私の想念は中断した。

この時、みんなも前後左右を見回していた。風を通さぬ垣根はない。ダライ・ラマの代表団が来るという情報は、とっくに広がっていたらしい。人々が続々と四方八方から集まってきていた。もちろん、いつもの数人の鎮政府の警官もやってきた。サングラスをかけ、麦わら帽子をかぶって変装してはいたが、ルシャル鎮は小さな町で、しょっちゅう顔を合わせて互いによく知っているから、変装なんて何の役にも立たない。

土ぼこりを舞い上げて、七、八台の北京ジープが警笛を鳴らしながら寺に入って来て停まった。同行の幹部と警官、記者を除いて、代表団一行は五人だった。団長のジュチェン・トゥプテン・ナムギャルは、共産党県委員会書記の朱志明につきそわれて、最初に私たちに紹介さ

れた。彼はゆったりとしたチベット服を着て、穏やかに話す上品な人だった。続いてダライ・ラマの三兄で団員のロサン・サムテン。彼は上半身にチベット服を着て、下半身には派手なチェックのパンタロンを履いて、ひげと長髪という当時最新流行のスタイルだった。そしてタクラ・プンツォク・タシもいた。彼はダライ・ラマの義兄だ。他の二人もチベット服を着て、カメラとノートを持っていた。ギャヤ・リンポチェがパンチェン大師の教師だと知っていたからか、ギャヤ・リンポチェが他の人より高齢だったからか、団長のジュチェン・トゥプテン・ナムギャルはギャヤ・リンポチェにカタを献呈した。続いて、私や他のリンポチェにもカタを献呈した。

長寿殿《シャプテン・ラカン》に入って、彼らはバター灯明をともし、誦経した。私たちも誦経したかったが、まだ不安でみんな声を出さずにとなえた。一人ギャヤ・リンポチェだけが彼らと一緒に声を出した。小金瓦殿つまりネーチュン・ツェンカンに入ると、彼らはまた護法神に酒と茶を供え、ダライ・ラマとパンチェン大師の長寿を祈願し、仏法が長くとどまることと亡命チベット人たちの一日も早い故郷への帰還を祈願した。彼らの行動は私たちとっては非常に珍しく、驚かされた。そして、そっと頭を下げた。

その後さらに、大経堂《ツォクチェン・ドゥカン》、護法神殿《ゴンカン》、仏殿《ジョカン》、大金瓦殿《セルドン・チェンモ》、九間殿《ジャムヤン・クンスィ》などを参観した。それらの殿堂に入るたびに彼らは頂礼をし、灯明をともし、誦経した。あっという間にお昼になって、彼らは共産党と政府の指導者に付き添われて、アジャ邸で食事をとった。昼食は「お上」の要求に従って準備された地元料理だった。県からはコックとゲストハウスのウェーターが派遣されて来ていた。料理は羊肉の塩茹、冷麺、リャンフェン〔緑豆でんぷんを煮て固めたところ天状の食品〕などが出た。〔湟中県出身の〕ロサン・サムテンは「あー、また故郷の料理が食べられる」と何度も言った。

朱志明書記が食事の席で言った。「現在、故郷は大きく変化し、人民の生活水準も高まりました。あなた方もたびたび帰省してください。共産党中央は、愛国に早い遅いは問わず、行き来は制限しないと言っています。だからあなた方も今回の帰省の機会にこちらの宗教の自由の状況をよく見てください。一九五八年と文化大革命のことは、みんな林彪と四人組がやったことです。それはもう終わったことです」

話している途中で一人の代表が突然聞いた。「ここにいるリンポチェはなぜ袈裟を着ていないんですか？」私たちは事前に会話の際の口裏合わせの準備を十分にしていた。だが、それを聞かれるとは思っていなかったので、みんなどう答えていいのか分からなかった。書記も私たちに聞いた。「そうだ、あんたがたはなぜ袈裟を着ないんだ？」

私たちが互いの顔を見合って、しどろもどろになっていた時、省統一戦線部の幹部が私たちに助け舟を出した。「彼らが袈裟を着るかどうかは彼らの自由です。多分彼らは袈裟が好きじゃないんでしょう」

食事の最中、私たちは無数の目が私たちを背後から見つめているように感じた。代表たちも、それ以上私たちを困らせず、県の総人口やチベット人の人口、他の民族の人口や比率などを聞いただけだった。それから一九五八年の「宗教改革」運動とその後の「社会主義教育」運動、「四清」運動、文化大革命、「階級浄化」、その後の政策などについても話がおよんだ。彼らは来る前に調べて来たようで、こちらの状況についてよく知っていた。彼らはリンポチェたちにはほとんど聞かず、同行の幹部たちに質問した。彼らも私たちの苦しい立場を知っているようだった。

昼食を食べた後、みんな少し疲れた。特に同行の幹部たちはいつもは昼寝する時間のようで、食事前のようにぴったりとついては来なくなった。代表たちが屋上に登ってクンブム寺の全景写真を撮りたいと言ったので、私が彼らを案内して行った。彼らは私にチベット語で説明するよう求めた。写真を撮り終わってから団長が感嘆して言った。「君はラサ方言がうまいね！」

「子供のころパンチェン大師についてタシルンポ寺に行きました」私は答えた。

代表たちはそれから、寺の歴史の紹介を求め、過去の状況についても聞いた。また、クンブム寺がいつ開放されたのかも聞いた。私が開放されてまだ十日もたっていないとありのままに答えると、彼らは非常に驚いていた。

「戻ってきた方がいいだろうか、それとも戻らない方がいいかな？」ジュチェン・トゥプテン・ナムギャル団長が私に聞いた。

「もちろんチベット人は早くダライ・ラマにお会いしたいと思っていますが、いま戻るのはまだ早すぎると思います」私は答えた。

彼らは、意味を察して何度もうなずいた。帰る前に、代表団は幹部たちと記念写真を撮り、また私たちリンポチェとも一緒に写真を撮りたいと要求した。

出発時刻になって、私たちは彼らに付き添って車を停めてある長寿殿《シャプテン・ラカン》に向かった。この時、私の邸宅からシャプテン・ラカンまでの長い道の両側は人でいっぱいになっていた。中には手を合わせる人もいた。

「彼らの中にチベット人はいますか?」団長が聞いた。

「いますが、ごく僅かです」私は答えた。

「ダライ仏様によろしく!」一人のムスリムが地元方言の漢語で大声で叫んだ。

■■「地下化身」

ダライ・ラマの代表団が来た年、クンブム寺の参拝客は非常に多かった。その原因は、一つは、開放されたばかりだから、もう一つは、各地の寺の多くが壊されたからである。文化大革命が終わったとき青海省の六百数十の寺院の内、残っていたのは十数ヵ寺に過ぎず、しかも激しく傷んでいた。

お経は私たちチベット高原のチベット人とモンゴル人にとって生まれてから死ぬまで共にある。しかし、共産党が来て社会主義になってから、政治運動が次々に押し寄せ、亡くなった人の葬式を行う人がいなくなった。なぜなら、葬式をしたら「封建迷信」だと言って吊し上げられるからだ。この年クンブム寺が開放されると、それまでに亡くなった親族の霊魂の済度や、病気の人の平安を求めて、大勢の人がクンブム寺に集まった。

同時に、信徒たちは続々と「お上」に手紙を出して、自分の住む土地の寺を修復して開放するよう陳情した。幹部たちにとってそれは初めての経験だったが、将来政策がどう変わるか分からないので、同意も否定もできなかった。こうして幹部の間に「三無」現象——関わる勇気が無い、関わる能力が無い、関わら無い——が出現した。

ある地方では、杓子定規にずっと「お上」の許可を待ったが、何の音沙汰もなかった。またある地方では待ちきれずに、勝手に修復した。合作社[231]に入らされた時とは正反対に、信徒たちは自発的に寄付をし、いくつもの小さな寺がたちまち再建された。

その後、「お上」は一部の寺院を指定して開放したが、当局の許可なく自発的に開放した寺はもっと多かった。そして、いわゆる合法寺院と非合法寺院という二つの状況が生まれた。

私は当時青海省仏教協会の本部付き副会長だったので、しばしば地方に実情視察に行った。「お上」は政府が許可した寺つまり合法寺院の視察だけを許可し、政府の許可を得ていない「勝手に開放した」寺の視察は許可しなかった。しかし、往々にして非合法寺院の方がきちんと管理されていたし、僧侶の修養にしても中の施設にしても、きちんとしていた。そして視察対象ではないので、拘束されず自由で、合法寺院より良かった。私たちもよく間違えた。何回か、寺でお茶を飲みながら聞き取りをしていると、県の幹部が駆け込んで来て言った。

「これは勝手に開放した寺だ、勘違いだ、早く出ろ」

他の宗教にも同じ問題があった。それから七、八年たって宗教管理の規則や条例が出され、寺を再建してはならないと明確に定められた。また、寺の主管官庁もたびたび変わった。たとえば、クンブム寺だと、最初は観光地とされ、観光局が管理した。その後今度は文化財とされ、文化局が管理した。最後に開放された寺院となってからは、宗教局が管理した。クンブム寺の利益を奪い合って、これらの官庁はしばしば衝突した。

寺院の開放に伴い、化身問題も発生した。各寺院が亡くなったリンポチェの化身を探すことを続々と要求した。当初政府は厳しく禁じ、通達で活仏の化身は封建制度の産物であるから許可しないと明確に規定した。しかし、信徒たちはあきらめず、命の危険を冒して徒歩でインドに行き、ダライ・ラマや他の高僧にリンポチェの化身の認定を求め、認定されるとひそかに法座継承の儀式を行った。これは非合法なので、「地下化身」と呼ばれた。

大、小リンポチェの化身探し、発見、認定を通じて、信徒たちとダライ・ラマは再びつながりができ、ダラムサラに行く人が多くなった。だんだんと宗教当局は本来自分たちが握っているはずの権力が、知らず知らずのうちに「ダライ集団」に移っているのに気づいた。そしてこれ以上「地下化身」を放置しておくと、ますます多くの化身が「ダライ集団」に認定され、その後は間違いなく政府と対立する側に立つだろう。そうなれば、宗教管理当局の権力も有名無実化するだろうと考えた。そこで、一九八〇年代末に、中国当局は「化身ラマ制度」を承認し、「これは共産党の宗教政策の一層の具体化である」と宣伝して回った。実際には、彼らは必要と認める場合にだけ化身を認めるといった多くの制限を課した。それに比率と人数の制限もつけた。大きな寺だと、以前は数十人のリンポチェがいたが、十数人に制限された。十数人いた所は、五、六人に制限された。小さな寺では、寺主の化身だけが認められた。ここ数年は、政策がまた変わって、化身の制限はさらに強化されたそうだ。

当時、宗教当局は「活仏証」を発行した。その後、一九八七年ごろに再び寺で政治運動を実施し、僧侶は必ず「愛国遵法」でなければならず、ダライ・ラマの写真を祀ってはならず、国外と接触してはならないとし、宣誓文に署名して手形を押すことを強制した。だが、それでも人々ははるばるインドまで行って、ダライ・ラマに自分が化身リンポチェであることの認定を求めた。チベット人地区ではこの化身はダライ・ラマが認定したのだと言えば、信徒は信頼して崇敬した。反対に、もし共産党が認定したのであれば、ピカピカの「活仏証」があったとしても、本物の化身とは認められなかった。

私は入党しなかった

彼が部屋に入って来たとき、私は昼食を食べ終わったところだった。それは午後二時ごろだった。彼はとても自然に、靴を脱いでオンドルに上がって座卓の脇にあぐらをかいて坐った。また、帽子を取って、振り返って私の布団がきちんと折りたたまれているのを見て、帽子を布団の上に置いた。

彼は青海省公安庁の何という警官で、私たちは何庁長と呼んでいた。しかし、彼が本当に庁長なのかどうか、私たちは知らなかった。彼は回族で、以前から顔見知りだった。以前、彼は私の邸宅に来て、私が反革命組織に参加しているかどうか調査したが、それはたぶん「お上」に与えられた任務だったのだろう。

「おい、ちょっと君のツァンパを食わしてくれよ」彼が言った。

私は彼にツァンパとバター、それにミルクティーを差し出した。彼は慣れた手つきでツァンパをこねて食べた。

また何かあったんだ。そうでなければ彼は来ない。私は心の中でそうつぶやいて、彼が話し出すのを待った。しかし彼はすぐには本題に入らず、情勢の素晴らしさを語ったり、共産党の政策の回復についてどう思うか聞いたりした。しばらくそんな話をしてから、やっと話し始めた。「今日来たのは、重要なことを君と相談するためだ」

「何事ですか？」私は聞いた。

「まず最初にこの話の内容は絶対に秘密にすると誓ってくれ」そう言って彼は私を見た。

「口外しません」私は言った。

「『お上』は君が信頼できるし、学もあるから、君を入党させたいと思っている。入党すれば、君の待遇もよくなって、地位も上がる。おそらくおれも君にめったに会えなくなるだろう。だが、入党前に組織に自分が犯した過ちも含めて一切合財を打ち明けなければならない。話したことは秘密にしておく」

私は心臓がぎゅっと締め付けられた。私が過ちを犯したからではなく、奇妙なことだが、彼が私に向かってもし入党したら後戻りできないと忠告したように感じたのだ。しかも、私のような僧侶が入党するなんて荒唐無稽じゃないだろうか？　もちろん、私も最近一部の宗教家が共産党員になっているのを知っていたし、その中には僧侶もいた。

私がいつまでも返事をしないので、彼はまた言った。「急ぐことはない。今日返事をしてもいいし、日を改めてでもいい。何日かしたらまた返事を聞きに来る。もしその前に考えが固まったら、おれに電話してくれ」そう言うと、彼は黒い書類かばんを開けて、紙を一枚切り取って、上着のポケットから万年筆を取り出し、紙に電話番号を書いて私に渡した。「もし同意したら、西寧賓館で大宴会をしてやるぞ」

「私は受け入れない」私は内心で自分に言った。だが、私も政治運動をたくさん経験したので、慎重に対応しなければならないことは知っている。だから、「もうちょっと考えさせてください」と言った。

「もちろん、もちろん」彼はうなづいて、「よく考えてくれ」と言った。

私たちは一時間ぐらい話をしていた。それから、彼は振り返って布団の上の帽子を取って、それを被ってからひとこと付け加えた。「絶対誰にもおれが言ったことを話すなよ！」

彼が私の家の庭から出るのを見届けてから、私は屋上に登って彼が本当に立ち去ったのかを確認した。彼は確かに歩いて立ち去っていた。そのあと、私はギャヤ・リンポチェの所に飛んで行った。

「何庁長が来ました。私のところに」私はギャヤ・リンポチェに言った。

「何の用事だった？」ギャヤ・リンポチェはすぐに警戒して茶碗を置いた。

「私に入党を勧めました」

「なに？　入党？　なんて答えたんだ？」彼は目をしばたたかせて私を見つめた。

「何も言いませんでした」

「じゃあ、入党はどうする？」ギャヤ・リンポチェが眉間にしわを寄せて聞いた。

「入りません！」

「じゃあ何ですぐ答えなかったんだ？」ギャヤ・リンポチェが聞いた。

「もうちょっと考えると彼に言いました」

「しっかり考えを決めなさい。これは大変なことだぞ！」ギャヤ・リンポチェの声が大きくなった。

「私は絶対入党しません。分かってます」私は答えた。

「これからそういうことがあったら、きっぱり答えなさい。もう子供じゃないんだから」ギャヤ・リンポチェはまた茶碗を手に取って一口飲んだ。「覚えておきなさい。三宝を敬い、慈悲を実践し、因果を信じるんだ」

数日後、何庁長が本当にまた来た。彼は私がずっと返事をしなかったから、予想がついたのだろう。

「決めたか？」彼は今度は単刀直入に聞いた。

「私には入党の資格はないと思います」私はきっぱりと答えた。

「おお、君はまだ思想を解放していないんだな。だが、思想を解放してから申請しても遅くないさ」何庁長は笑い顔で言った。

彼は友好的に帰って行った。当時彼は四十歳ぐらいだっただろう。温和で物腰が柔らかく、印象の良い人だった。彼がもし警察幹部でなければ、私たちはいい友達になっていたかもしれない。今でも私はそう思う。

■■張学義の清浄の水

彼の本当の名は張学義だが、私たちは彼を張マンバと呼んでいた。チベット語でマンバとは医者という意味だ。

一九六五年のある日、私はタシルンポ寺から帰ってきたばかりで、セルドク・リンポチェと一緒にギャヤ・リンポチェの所に行った。部屋に入ると、幹部風の中年の漢人が、向かいのオンドルの上の長箪笥に座って、オンドルの上であぐらをかいているギャヤ・リンポチェと話をしていた。二人とも笑顔で、特にこの漢人は目を糸のように細めていた。彼の鼻は他の人より少し大きく、広くて平らなひたいは光って、健康であか抜けていた。彼は四つポケットの付いた中山服を着ていた。これは当時の標準的な幹部の服装だった。

私とセルドク・リンポチェはかしこまって両手をズボンの線の上に揃えて、不動で立っていた。タシルンポ寺で受けた「教育」の陰影がまだ私たちを覆っていて、幹部風の人を見ると緊張し、背筋が寒くなった。「なんて運が悪いんだ。こんな日に来ちゃうなんて……」。今日ギャヤ・リンポチェに会いに来たことを悔やんで、私は心の中でつぶやいた。

「怖がることはない。こちらは張マンバこと張学義さん、わしの旧友だ」ギャヤ・リンポチェは笑いながら私たちを見て、それから張マンバ、張学義さんを見た。

私とセルドク・リンポチェも笑ったが、黙ったまま動かなかった。張マンバは私たちの警戒心を悟ったらしく、立ち上がった。「では、リンポチェさんたちゆっくり話してください。私は帰ります」と言って帰って行った。

「彼とは彼のお父さんの時からの知り合いだ。彼のお父さんは有名な獣医で、共産党が来る前からクンブム寺と各邸宅の馬の治療をしてくれていたんだ。彼のお父さんは息子には獣医を学ばせなかったがね」張マンバの話をするときのギャヤ・リンポチェの声には温かみがあった。

「それで人の病気を治すマンバになったの？」セルドク・リンポチェが聞いた。

「そうじゃ、五〇年代に張マンバが若いころ、友達を守るために監獄に入った。監獄で張マンバはよく病人の治療をした。監獄でニンマ派[232]の高僧と知り合って、チベット語を学び、そして大円満《ゾクチェン》[233]を学んだ」

「彼はよく来るの？」私はギャヤ・リンポチェを見た。

「いま、彼はゲルク派の伝承を学んでいて、三日にあげずここにきて、わしの治療をしてくれている。わしは彼に『菩提道次第大論』を教えている」ギャヤ・リンポチェが説明した。

私たちの疑念はやっと晴れた。私は感嘆して言った。

「漢人の中にも、彼みたいに敬虔に仏教を学ぶ人がいるなんて、これまで聞いたことないや！」

「普通の人はお経を唱えるだけだ。こんなに詳しく仏教理論を学ぶ人はほんとに少ない」ギャヤ・リンポチェも感慨深げに言った。

それから、私は張マンバとだんだん親しくなった。ある時、彼が私を家に招いて、奥さんと、玉麒、玉麟という二人の息子、そして慈愛に満ちたお母さんを紹介してくれた。その時の食事の後で、彼は私に絵を頼んだ。私は筆を執って「月を望む虎」を描いた。月は真ん丸で、濃い藍色の天空に浮かび、澄みきった光を発している。そして虎は、絶壁に立って、振り返ってはっとこの名月を見ている。

「素晴らしい境地だ！」張マンバは合掌して、しきりにほめた。「落款《らっかん》してください！」

「なくていいんじゃないですか？」

「なきゃだめです。何十年か後には、この絵はすごいことになっているから」彼は貴重な芸術品を見るように満足そうに手をもんだので、私は署名した。

「今日は、リンポチェに見せたい秘密が一つあります」張マンバは意味ありげに笑った。

「どんな秘密ですか？」

張マンバは黙って寝室に入った。「リンポチェ自分で見てください。秘密はこの部屋にあります」

私はベッドや箪笥など室内を細かく見まわしたが、何も異常はなかった。そこで、張マンバがベッドの前に行き、ベッドのヘッドボードを少し動かすと、ベッドの後ろに小さな扉が現れて、自動的に開いた。彼が先頭に立って、私がその後に続いて、腰を曲げてその中に入った。

私はそこでシャカムニ、パドマサンバヴァ、ツォンカパ大師、ゲルツァプジェ、ケードゥプジェを見た！　張マンバが個人で仏堂を持っているとは思いもしなかった！　彼がすぐにご飯を一膳持って来て供えたので、私は誦経し、聖水を撒き、開眼した。

その後、張マンバは私に漢方の鍼灸を教えてくれ、私は彼にチベット語の文法を教えた。こうして、私たちはますます胸襟を開いた。

しばらくして、「一打三反」運動[234]が始まった。ギャヤ・リンポチェの世話係をしていた次兄のタンパが、ある時張マンバを訪ねた。門まで行くと、警官が中庭をうろついていたので、立ち止まって観察した。その警官たちは家宅捜索に来ていたのだった。張マンバは手錠を掛けられて中庭に立っていた。タンパ兄さんは素早く逃げ帰って、私とセルドク・リンポチェの部屋まで一気に駆けて来た。そして私にこの不幸な事件を伝えると、今度は自分の家に駆け戻って、仏像や経典を全て隠した。

張マンバの入獄後、私はしばしば彼の家族を訪ねた。息子は二人ともしっかりしていて、学校の成績も良く、家の手伝いもよくやっていた。一家は張マンバのことを話すときは、こらえきれずに涙をぬぐった。特に張マンバの母親は、息子のことが心配で病の床に臥せってしまった。彼女の話では、村に行ってチベット人の女性が身に着ける首飾りを買おうという張マンバの思いつきが家宅捜索のきっかけだった。当時、銀細工師は銀器の加工も公然とは行えず、「地下工場」で行っていた。運の悪い張マンバは首飾りを買って、村から出たところでパトロールしていた民兵につかまってしまった。「この銀器はどこで手に入れた？」彼らは手掛かりを伝って「地下工場」を摘発しようとした。張マンバは正義感が強いので、たとえ殺されても友達を売らなかった。そこで、彼は「投機的取引分子」のレッテルを張られた。張マンバは「悔い改めない前科者」として一時は死刑になりそうだったが、結局懲役十年を科された。

私はまた、夫人に張マンバの獄中での様子を聞いた。しかし、彼女も詳しいことは知らず、張マンバが獄中から送ってきた二通の手紙を見せてくれた。その文面は愛情がこもっていて、少しも獄中にある自分の運命を恨まず、家族に対する思いやりがあふれていた。その手紙は西寧の南灘監獄から送られてきていたので、私はその住所をたよりに張マンバを訪ねてみることにした。

私はまず西寧でチェシュ・リンポチェの獄友のラディンを訪ねた。彼も政治犯で、当時すでに「更生後就業」していた。「更生後就業」というのは、「大躍進」のころにはじまった収容犯に対する政策で、収容犯を強制労働させて、態度の良い囚人を、農場やその付近で労働させることを言う。法律上は刑期が満了して「更生」しているのだが、当時の強制労働制度では引き続き農場で一定期間労働させ、それを「更生後就業」と呼んだ。

ラディンの指示に従って、私はタバコを一カートン買った。それから彼は私を西寧の南灘監獄に連れて行った。ラディンはここの人々をよく知していた。彼が門番の警官に挨拶すると、私たちはすんなりと通れた。監獄の塀と歩哨所に立っている番兵はまるで塑像のように少しも動かなかった。私たちはそれぞれ自分の自転車を押しながら歩哨所を一つまた一つと過ぎていったが、それはまるで指導者が視察しているみたいだった。最後の関門で、ラディンが持って来たタバコを愛想よく看守に渡すと、私たちは監獄の面会室に入れた。すぐに張マンバが出て来た。私たちが話している間、ラディンは看守とおしゃべりをして看守の注意をそらしてくれた。

張マンバはだいぶ老け込んでいた。かつての笑顔は影も形もなかったし、髪の毛もだいぶ白くなっていた。私は彼の家族の状況を告げ、彼に代わって彼の家族のお世話をすると告げた。彼は涙を浮かべて感謝し、もし自由になったら必ず仏恩に報いると言った。

その後、張夫人も子供を連れて何回か監獄に面会に行ったと聞いた。

何年もたったある日、私のお付きが活仏に面会に来た一家が門の外で待っていると伝えに来た。私はお付きに彼らに部屋に入ってもらうよう言った。入って来たのはなんと張マンバの一家だった。以前と異なり、彼は長いひげを伸ばしていた。私を一目見ると、パタンとひざまずいて私を拝んだ。温和で実直な張夫人と二人のだいぶ大きくなった息子も続いてひざまずいて拝んだ。

張マンバは中に清水の入った骨董の西洋珈琲壺を手に取って、すすり泣きながら言った。「うちにはこの骨董の器ぐらいしかまともなものはありません。私たち漢人に『井戸に落ちた人に石を投げるは小人、雪中に炭を送るは真君子』ということわざがあります。私の危難の時にあなたが雪中に炭を送ってくれた大恩には報いようもないので、この清らかな水であなたに対する敬虔の念を表します」

第十章　クンブム寺の修復その他

■■北京で中華全国青年連合会に参加

長年中断していた中華全国青年連合会が再び召集された。私は全国青年連合会の委員に任命されて、北京のこの会議に参加することになった。一九七九年のことである。

だいぶ前に私は、飛行機を体験するために友人たちと休暇を利用して飛行機で西寧から蘭州に飛び、すぐに硬座の列車で引き返したことがあった。しかし、それが露見して根拠のない疑いを掛けられ、何日も批判された。その上、私とセルドク・リンポチェは、仕事が終わってから自転車で西寧に行って、映画を見たり銭湯に入ったことまで罪に問われた。だが、この時はもう生産隊長の許可を得なくても遠くの北京まで出かけられるようになったので、私の足取りも自然に軽くなった。

西寧駅で、私たち青海省の代表団メンバー七人が集合した。団長はチベット族のルギャ・ツェリンで、当時は共産主義青年団青海省委員会の書記だった。「青年団」なのに、彼の年齢は六十近かった。団員の方宝林は、漢族の上海生まれの大学卒業生で、地質関係の仕事で青海省に配属されてきていた。馬有良またの名をアブドッラーは、サラール族[235]の医者だった。余談になるが、サラール族と回族はどちらもイスラム教を信仰しているから私の頭の中では同じだった。田成才またの名をタルギェは、トゥー族で、互助トゥー族自治県の代用教員だった。また余談になるが、トゥー族はモンゴル族の一支族で、私たちは互いの言葉がほとんど通じた。それにユグル族[236]もモンゴルの一支族で、私たちは彼らを黄モンゴルと呼んでいる。田成才はよくトゥー語で私に声をかけた。「やあ、君は黒モンゴルか、おれは白モンゴル[237]だ」。黒はモンゴル語では純粋という意味がある。私たちはよく黒湯と言うが、それは白湯《さゆ》の意味だ。また、オロチョン族、[238]ダウール族[239]もモンゴル族の支族だ。同じ道理で、メンパ族、[240]ロッパ族[241]などはチベット族の支族だ。だが、共産党の中国になってからモンゴル族、チベット族のような大きな民族は意図的に小さな違いで分割されてしまった。

代表団の中で、私はキジェと一緒にいる時間が一番長かった。彼はチベット族で、ゴロクから来た牧畜民の代表だ。背が高く、鼻が高く、大きな黒い目が光って、長い髪は波打って、ハンサムな若者だった。彼も私とは言葉の壁がないので私と一緒にいるのを喜んだ。北京では私たちは一緒の部屋に割り当てられた。それは彼が他の人と言葉が通じないので、私に彼の世話をさせるためだった。

「おい、キジェ、銭湯に行こうか」彼のチュバが北京の蒸し暑い天気の中で臭い出すたびに私は言った。

「わかった」キジェは口先では快く応じるのだが、体はいっこうに動かない。

キジェは私がリンポチェだということは知らず、普通の友達だと思っていた。当時はみなよく知らない人には自分の身分を明かさなかった。全ての人を警戒するというのも文化大革命で私たちが身につけた技能だ。それに、この会議の時も私は僧服を着ていなかった。

ある時、西苑飯店で昼食を食べていると、きちんと折り目の付いたウールのズボンをはいたラブラン寺の住持のジャムヤン・シェーパ・リンポチェが、私たちの方にやってきた。彼の髪もまるでパーマをかけたようにウエーブがかかっていた。彼は中肉中背で、眼鏡をかけて、上品な物腰で、年齢不相応に老成していた。チベット人地区、とりわけドメーの一帯では、歴代のジャムヤン・シェーパ・リンポチェは有名だ。今のジャムヤン・シェーパ・リンポチェは二、三歳の時、青海省のカンツァからラブラン寺に迎えられた。その後、文化大革命中、彼は「階級の敵」とされ、「五七幹部学校」に改造のために送られた。彼と一緒に強制労働に従事したのは、千戸長、[242]百戸長、[243]資本家たちで、その中で彼が一番若かった。しかもリンポチェだったので、身の回りのことが自分でできなかった。聞くところによると一人の運転手が彼に同情して、よく彼に食べ物を与え、細かく気づかってくれたそうだ。彼もよくその運転手の家に行っていて、その後運転手の娘と結婚した。「名誉回復」

甘粛省のラブラン寺のジャムヤン・シェーパ・リンポチェと1979年、上海で

後、彼は政治協商会議の委員に選ばれて本部づめになった。他の高齢の政治協商会議の委員に比べると、彼はわずか二十数歳で非常に若かった。それで、ジャムヤン・シェーパ・リンポチェはよく自嘲して言っていた。「私は少年から一足飛びに老年になってしまって、青年というのがどんな気持ちなのか全然分からないよ」

　以前、ラブラン寺で浄士戒[244]を受戒したときに私は彼に面会している。彼は華麗な法座の上に座り、私たちにミルクティーとジョマ・デェーを勧めてくれた。今回、甘粛代表団のリストに彼の名前を見つけて、彼の部屋を訪問し、互いの額を突き合わせてカタ[245]を贈り、お茶を飲みながら昔話をした。

　この時、彼が私たちのテーブルにやって来たので、私は立ち上がろうとした。しかし、ジャムヤン・シェーパ・リンポチェは手を伸ばして私を押しとどめ、私の隣に座った。

「デモ！」ジャムヤン・シェーパ・リンポチェは私の隣に座っていたキジェに笑顔であいさつした。デモとはチベット語で「こんにちは〔アムド方言。元気の意〕」という意味だ。

「デモ」キジェも笑顔で返した。

「彼はラブラン寺のジャムヤン・シェーパ・リンポチェだよ」ついでに私は彼をキジェに紹介した。

　キジェの笑顔は一瞬で固まって、顔を真っ赤にして何も言わなくなった。食べるときは、手を使ったかと思うと箸を使い、そのうち手が止まって、じっとジャムヤン・シェーパ・リンポチェを見つめていた。

　私にはキジェの興奮が理解できる。チベット人地区では高僧と同じテーブルで食事をするどころか、遠くから眺めたり、頭をなでてもらったりするだけでとてつもない祝福だ。ジャムヤン・シェーパ・リンポチェが飲み残したスープ碗をテーブルに戻すと、キジェはすくっと立ち上がって、両手でその碗を捧げ持って、残ったスープを全て手のひらに注ぎ、一滴も残らず飲み干した。そして手のひらについた汁を自分の髪に塗った。

同席の委員たちは、みな食べるのをやめて、口をポカンと開けてキジェとジャムヤン・シェーパ・リンポチェを見た。主菜が来る前にジャムヤン・シェーパ・リンポチェはきまり悪そうに席を離れた。

「君が加持を祈願したのはわかるけど、僕たち三人以外の同じテーブルの漢人たちは僕たちの習慣を知らないんだ。あんな風にしたらリンポチェも気まずいよ」部屋に戻ってから、私はキジェを叱った。

「どっちにしてもおれはジャムヤン・シェーパ・リンポチェの加持を手に入れたんだ」そう言ってキジェは「へへへ」と笑った。

大会では、華国鋒と鄧小平が演説をした。華国鋒は山西なまりが強かった。彼が壇上で話しているその下でだれかが低い声で彼の口まねをし、時々笑い声が起こった。しかし鄧小平の演説の時は雰囲気が一変して、水を打ったように静まり返った。彼は演説をしていない時も、いかにも元老らしく議長席にななめに座り、タバコを次から次に吸っていた。

その後、私はひんぱんに北京の会議に行くようになり、食事の時によく胡啓立、王兆国、胡錦濤などの指導者に会った。それから、漫才師の馬季、侯宝林、歌手の関牧村などの芸能人も会議の余興で演技をした。当時、「視野を広げる」ために、全国青年連合会はよく視察旅行をさせた。私が初めて参加した全国青年連合会の会議が終わってから、私たちは大連に連れて行かれた。大連は当時開放したばかりで、何も見るものがなかったからか、私たちは防空壕を視察した。確かにそれは非常に大きな建造物だった。ある委員は冗談で当時誰もが暗記していた毛主席語録の一節をつぶやいた。「防空壕を深く掘り、食糧をたくさん備蓄し、覇権をとなえない！」。

別の時には、私たちは船に乗って上海に行った。泊まったのは南京路のホテルだった。視察団の担当者は映画『南京路のすばらしき第八中隊』[246]はここで撮影したんだと何度も言っていた。

そのホテルの部屋はとても暑くて、ずっと扇風機を回していた。私とジャムヤン・シェーパ・リンポチェが同室に割り当てられた。私が目を覚ました時、ジャムヤン・シェーパ・リンポチェが私が脱ぎっぱなしにした靴下をきれいに洗ってくれていたのを覚えている。

■■趙樸初さんと知り合う

中国仏教協会もよく北京で会議を開いた。まさにその会議で私は趙樸初さんと知り合った。

一九五〇年代、ダライ・ラマとパンチェン大師が北京に来たときすでに、趙樸初さんは仏教管理事務に従事していた。私は以前から彼の名を聞いていた。彼が若いころシェラプ・ギャツォ大師と一緒に写っている写真も見たことがあった。その日、私はすぐに彼だと分かった。私たちが会議参加登録をしたホテルで、趙樸初さんはロビーで数人の中国仏教の高僧とあいさつをしていた。彼の髪の毛はほとんど真っ白で、わずかにグレーが混じっていた。背は高くなく、灰色のラシャのオーバーを着て、杖をついていて、五〇年代の若いころの写真と比べるとおっとりした印象だった。

「樸さん、こちらは青海省の代表で、クンブム寺の寺主のアジャ活仏です」

「ああ、あなたがツォンカパ大師のお父さんの化身ですか！」趙樸初さんはそう言うと、杖を腕に掛けて合掌した。

私も合掌して、彼のチベット文化への理解に感服した。

「いいニュースがあります。今回の会議にはツォンカパ大師の『菩提道次第大論《チャンチュプ・ラムリム・チェンモ》』の漢訳者の法尊法師[247]も来ておられます！」

趙樸初さんが話し終わるとすぐに、誦経の声が響いてきて、我は家に帰ったような感じになった。後で知ったのだが、この誦経の声は隣の銭湯から聞こえて来ていたのだった。当時、私たちが泊まるホテルはお湯が出なくて、朝晩の入浴は隣の銭湯を使っていた。多分風呂に浸かって気持ちよくなったのだろう。僧侶たちは『般若心経』を唱えはじめた。銭湯の中では立ちのぼる湯気が誦経の声に連れて旋回し、非常にいい雰囲気だった。

不幸なことに、法尊法師は高齢なうえに、興奮しすぎて、泊まっていたホテルで入寂してしまわれた。もちろん彼が興奮したのは、共産党の宗教政策に変化があったからだ。

仏教の会議の席でも共産党を讃える発言が混じるのは避けられない。そういう時は、目を閉じて休む人もいる。趙樸初が発言する時になると、みんな居住まいを正して、注意深く聞いていた。彼が河南省の大相国寺に政策を実行しなければならないと語った時は、非常に興奮して、声も大きくなった。なぜなら大相国寺は国有企業に占用されていて、僧侶たちは省政府の門前でデモや、座り込み、ハンストをしたが、国有企業側に返還を拒まれた。このことが中国仏教協会にも報告され、趙樸初さんがパンチェン大師に話して、二人で河南省に行き、河南省政府、宗教局、統一戦線部などの関係機関と交渉し、やっと解決を見た。

趙樸初さんは会議の席でとても元気だった。耳は遠くなって補聴器をつけていたが、発言は力強く、少しも年寄りっぽいひ弱さがなかった。「河南は単なる一例に過ぎない。こういう問題は至る所にあるのだから、もっと重視しなければならない！」と彼が言った後は、参加者の拍手が鳴りやまなかった。みんな口々に「仏教界にはこういう人が必要だ」とか「こういう人がいてこそ、仏教界は希望が持てる！」と言っていた。しかし、次の日、指導者たちの演説がブリーフィングの形で私たちに伝えられたとき、趙樸初さんの発言は、多分彼自身も自分の発言とは分からないほど骨抜きにされていた。

当時、仏教協会はまだましな方で、政治協商会議はもっとひどかった。会議に参加した代表が大会で発言するときは、事前に申請しなければならない。ある時、私は活仏の化身なかなか認められないという問題について発言を求めた。青海省統一戦線部の一人の幹部が私の脇にやってきて「発言したいんですか？」と聞いた。

「そうです」私は答えた。

「じゃあ、あなたの発言原稿を見せてください」彼は手を伸ばした。私も準備してあった原稿を渡した。「じゃあ、戻って見てみますが、一体何を言いたいんですか」

私は非常に不可解だった。内心「おまえはいったいどんな資格があって私の発言原稿を審査するんだ？」と思った。戻ってきた原稿を見て、私は我慢できずに聞いた。「この中のどこに私の発言があるんですか？　私にあなたの発言を読ませるつもりですか？」

「これは『お上』の決まりです」彼は傲慢に両手を広げて言った。「不満でも従わなければならないですよ、アジャ主席」

「発言しません」私は言った。その原稿をその場で破ってしまいたかった。

「どうしました？　自分で申請したんでしょ？　何で発言しないんですか？」彼は意味ありげに反問してきた。

時がたつにつれて、私もそういうことに慣れてしまった。私が青海省仏教協会主席になってからの多くの発言は彼らが事前に書いて印刷したものだった。私が亡命する直前の運動総括大会でのクンブム寺の住持としての態度表明の原稿も、湟中県宗教局の李局長が書いたもので、私はただ読み上げただけだった。

しかし、まれに特別な時には、本心を話すこともできた。ある日の午後、みんな議論に疲れてだれも発言しなくなった時、私と一緒に参加していた仏教協会幹部の楊慶喜が言った。「どうやら、みなさん疲れたようなので、この機会に少し話します。みなさん情勢の素晴らしさ、政策の実行、宗教の開放を語りますが、口先だけではなく行動が必要です。でなければわが党の信望を高めることはできません。一九五八年以降、私はずっと青海省で仕事をしてきて、よく分かっています。少数民族地区に加えた危害は、仏像、仏殿の破壊にとどまらず、少数民族の心も傷つけました。例えば、青海省の貴南県に過馬営という所がありますが、『反乱鎮圧』当時、過馬営の解放軍と幹部は、集会のために住民を大きな家畜囲いに集めました。全員中に入って集会をやっている最中に、軍隊で包囲しました。それに気づいた人々は逃げようとしましたが、出入口は外から塞がれて出られないようにしてあった。その時、解放軍が中に向けて手榴弾を投げ込み、中の人を殺し始めた。中にいたある女性は『私は潔白だ！』と叫び、またある男性は『おれは党支部書記だ！』と叫びましたが、それに対する答えは銃弾の雨あられでした。二百人以上の村人が殺され、一つの村が丸ごと消えてしまいました。その後で、だれかが中隊長に『この死体をどう処分しますか？』と聞きました。中隊長は『こんな反乱分子は畑に埋めて肥料にするか犬の餌にしろ！』と言いました。それは冬で、地面は凍って掘れなかったから、適当に土をかぶせただけでした。次の年に耕したら、腸や、腹や、腕や、太腿がみんな出てきました。そこでスコップでこの死体を埋め戻しました。これに似たようなことが、青海省の非常に多くの場所で発生しました。他のチベット人地区でも多分たくさん発生したでしょう。全く悲惨だった。だから、政策を実行すると言うだけじゃあだめで、実際の賠償、実際の行動がなければこの傷は癒やせないんです」

みんな楊慶喜の話にあっけにとられ、居眠りをしていた人も目を見開いた。

「おまえの仕事は何だ？」記録係が責めるような口調で楊慶喜に聞いた。

「青海省で働いている、出身は東北で、大学を卒業して青海に配属された」

「おまえは共産党員か？」記録係がまた聞いた。

「当たり前だ！」楊慶喜もかっとなって言った。

趙樸初さんとの付き合いで一番印象に残っているのは、ある時彼の家でのことだった。その時、私はすでにクンブム寺の住持になっていて、クンブム寺の修復資金が必要になって、仕方なく「陳情回り」をしていた。つまり水利部、建設部、国家計画委員会、交通部、文化部、教育部、財政部などの役所を回って陳情するのだ。私が水利部回りをしたときは、当時の牛部長は「中央のカネはリンゴのようなもので、早い者勝ちだ」と話していた。

陳情回りの時、最初に私の頭に浮かんだのは趙樸初さんだった。もちろん中国仏教協会はおカネを出す団体ではないが、趙樸初さんの言葉には重みがあった。そこで、私は仏教協会に表に立ってもらうために、趙さんの秘書に予約を入れて、彼の家を訪ねた。

趙樸初さんの家は六部口近くの四合院で、彼は母屋に住み、南の棟が書斎と客間だった。私たちは彼の書斎で待った。部屋の家具調度はとても簡素で、質素な籐椅子が数脚置いてあるだけだった。中には壊れている籐椅子もあった。他の部長の家のような豪華な家具、ブランド物の装飾品はなかった。彼の机の上には何冊も本が積まれていた。机の上の毛筆と硯は、いつでも彼を待っているようだった。

会議の時も、彼は部屋に筆と墨を事前に準備していて、揮毫を求める人が列をつくった。彼は私にも何回も揮毫してくれたし、クンブム寺のためにも揮毫してくれた。彼の秘書は彼の書体を学んでいて、秘書が書く字は彼とそっくりだった。私たちは時々彼の秘書に冗談を言った。「君が書いてくれればいいよ!」。「だめです、だめです。趙先生に書いてもらわなきゃ」秘書は謙遜して笑いながら言った。趙樸初さんは字を書くときは体が全くふるえなかった。杖も必要なかった。彼が揮毫する様子を眺めるのはとても心地よいものだった。

待っていると、彼の秘書が私たちにお茶を入れてくれた。茶器は古くて、簡素だった。ちょうどその時、杖をつく音がした。「趙先生が来ました」秘書が言い終わらないうちに趙樸初さんが現れた。外にラシャのオーバーを羽織って、中に中国式の立て襟の上着を着ていた。私たちを見ると、とても自然に杖を腕にかけて合掌した。私も急いで合掌し、カタを取り出した。私たちが他の部長に会いに行くときは冬虫夏草などの地方の名産を手土産に持って行くのだが、私の心の中で趙樸初さんは清廉な人だから、彼にはそういう物は持っていかず、長寿仏〔阿弥陀如来〕のタンカだけを持って行った。

趙樸初さんは本棚の近くの椅子に座った。どうやらそれが彼専用の椅子らしく、前に彼の湯飲みが置いてあって、秘書がすぐにお茶を注いだ。趙樸初さんは私たちにお茶を勧めると、よどみなく仏教の歴史について話し始め、それから仏教が各地で直面する問題について話した。彼はまたおだやかに言った。「もちろん党の政策は実行に移されつつありますが、それらの問題はまだ解決途上です」。そのあと彼は私たちに来意を聞いた。

私たちは、事前に丸暗記しておいたクンブム寺修復のための資金が必要な理由を話し、資料を渡した。

「クンブム寺はゲルク派の根っこ、ツォンカパ大師の誕生の地なのですから、真っ先に修復しなければなりませんね」

趙樸初さんはクンブム寺の修復を大いに支持してくれた。力のこもった彼の言葉を聞いて、私は大相国寺について彼が話したときのことを思い出した。趙樸初さんの家から出て、私たちは次にガプー・ガワン・ジクメにも会いに行った。私に同行した民族事務委員会主任のソナム・ツェリンは彼に対してより大きな期待をかけていた

中国仏教協会の趙樸初会長と、1995年北京で

が、ガプーは小心翼々として言を左右にし、結局助けてくれるとは言わなかった。

その後、私が北京の会議に行った時、趙樸初さんはわざわざ使いの人をよこして経過を説明してくれた。「関係する役所すべてに説明し、同時に中国仏教協会へのお布施の中から十万元をクンブム寺に送った。金額は少ないが、しずくも集まれば海となると言うではないか」という伝言だった。

趙樸初さんへの感謝を伝えるために、私は彼に会いに行った。彼も茶禅センターの設立構想を私に話した。そして、彼が自分で設計した図面を見せてくれた。仏教の伝統の中の茶文化を展示し、同時に茶の賞味、研究や座禅を行うこともできて、各種の仏教関係の会議なども開催することもできるホテルだった。その目的は、茶文化で仏教の各宗派をつなげることだ。私はもちろん支持した。その後、趙樸初さんの求めに応じて、少なからぬチベット仏教寺院と民間の茶碗、バター茶筒、茶壺などを収集して、彼の所に送った。

菩提塔を修復する

ツォンカパ大師誕生の時に、切ったへその緒は血が垂れた場所に埋められた。数年後そこからビャクダンが芽を出し、泉が湧いた。

大師は七歳の年に出家し、十六歳の時に造詣《ぞうけい》を深めるために徒歩でウー・ツァン〔中央チベット〕に行った。その後、大師の母親は切に子を思って人に息子宛の手紙を託した。その中に、ビャクダンのことなど、家の中で起こったこと全てが書かれていた。そして、自分は年を取ったからアムドの故郷に一度戻って来てほしいという意味を込めて一本の白髪を同封した。

手紙はアムドのカマロク地方に住む商人に託された。彼はツォンカパ大師の施主で、かつて大師は彼についてウー・ツァンに歩いて行ったのだった。余談だが、その商人の住むカマロクは、今では漢名の甘溝郷に改名された。言い伝えによると、かつてソンツェン・ガンポ王の軍隊がそこに駐留していて、誰かが「いつ引き返すんだ」と聞いたら、「王の命令を待って引き返す」と答えたそうだ。カマロクとはチベット語で命令を待つという意味だ〔つまり王の命令がなければ撤退しないという意味で、当時のチベット軍の勇敢さを伝えている〕。

ツォンカパ大師は母親の手紙を読んで、涙をこぼした。しかし、彼は顕教と密教の教えを学んでいる最中で、中断することができなかった。そこで返事の手紙に、彼が誕生した場所にビャクダンを中心にして仏殿を建立すれば、そこで仏法が栄え、衆生を益するだろうと書いた。そして大師は自画像のタンカを作り、その商人に母親に渡すよう頼んだ。当時、ツォンカパ大師はすでに有名になっていた。この商人は大師の施主で、大師が今後さらに有名になることが分かっていたので、このタンカは自分の手元に残して、偽物を作って大師の母親に渡した。だが、母親がタンカを開くと、なんと絵の中の像が「お母さん」と叫んだそうだ。

母親の敬虔な心が思いがけなくも偽物にまで霊性を与えたらしい。そのタンカは今でもクンブム寺に保管され、本物のタンカは今でもその商人の菩提寺である民和県甘溝郷の甘溝寺、つまりカマロク寺にあるという話しだ。

大師の母親は、大師の願いに従って、部族の善男善女

1980年代クンブム寺開放後に行われた法会

に頼んで喜捨を集め、チベット暦第六ラプチュン己未《つちのとひつじ》年（一二七九年）、例のビャクダンの木を囲んで聚蓮宝塔を建てた。人々は塔の中に入って泉の水を飲んだり、頂礼をしたり、加持祈願することができた。その後、この塔は銀塔に建てなおされ、菩提塔と名づけられ、あわせて三重屋根で入母屋造りの大金瓦殿《セルドン・チェンモ》を建立し、菩提塔を保護した。建てなおした後も、信徒たちは塔の中に入って祈ることができた。そして伝説によると、例のビャクダンの木の葉一枚一枚に小さな仏像やチベット文字が現れていた。実際、ビャクダンの葉を見つめていると、そのような図案に似た形が見えてくる。だが、チベット暦第十三ラプチュン丙寅《ひのえとら》年（一八〇六年）に、第二十六代住持のセルドク・ガワン・テンペー・ギェルツェンがある日護法神の諭旨を受け取った。それは、「おまえが四人の僧を率いてすぐに菩提塔を掃除し、その後は塔を閉鎖せよ。そうしなければ末法時代になって、この塔にとって有害無益である」という内容だった。そこで、セルドク・ガワン・テンペー・ギェルツェンは四人の僧を率いてまじないをして心を清め、宝塔の中を掃除してから塔の中に通じる道を塞いだ。

1980年代クンブム寺の法会でのチャムの演技

文化大革命の災禍でも幸いこの塔は残ったが、長年修復の手が入らなかった。またクンブム寺の周りの植生は「大躍進」の時にすっかり衰退してしまった。そのため雨が降ると、以前ならば流れ去ったはずの水が、溜まって殿堂の下に浸みこみ、基礎を変形させてしまった。そして、クンブム寺の他の古い建物と同様に、菩提塔にも亀裂が走った。ほぞ継ぎ〔梁と柱を接合する突起と穴〕も緩んだり、はずれたりしていた。僧侶たちの寺巡りや大金瓦殿での千灯供養の際にはいつも誰かがため息まじりに言っていた。「ああ、私たちのセルドン・チェンモがこんなになってしまって、いったいいつ修復するんだろう?」

一九八六年、ついにクンブム寺は菩提塔の大規模な補強と修復を決定し、私がそれを担当することになった。これは得難い善縁だ。私はすぐに様々な職人を募集した。銀細工師だけでも十数人が集まり、彼らの親方も来た。実は、私とクンブム寺の近傍の銀細工師たちとの連絡は途絶えていなかったのだ。まだ文化大革命のさなかに、大経堂の香灯師のツェリン・アクはよくこっそりと灯明をともしていた。そしてときどき私に、あの灯明皿は古くなったから修理しなければならない、この灯明皿は腐食してもう使えない、などと言いに来た。私はそれに「わかった、じゃあ職人に伝えるよ」と答えた。

いつも暗くなってから銀細工師を連れて抜き足忍び足で大経堂の後門に行った。門の掛け金を三回叩いただけでは門は開かず、また三回叩くとすぐに開いた。それが私たちの暗号だった。ツェリン・アクはだいぶ前から待っていた。私たちが入ると彼はすぐに門を出て外から錠を閉め、脇門から中に入った。それから銀細工師は修理を始めた。傷みの激しい灯明皿は、寸法を測って帰って作り直した。数日後に銀細工師の家族が知らせに来る。「あなたの『服』が修理できました！」

「ありがとう、ありがとう！」私は合掌して礼を言って、麻袋を持って銀細工師の家に行き、新しく作った灯明皿を包み、暗くなってからクンブム寺に担いで帰った。

だが、金細工と宝石の象嵌《ぞうがん》の技術はクンブム寺の僧侶だけが持っていた。寺の秘伝の技術なので、その技術を学ぶ僧は護法神の前で誓いを立ててから学んだ。

菩提塔修復のうわさは、広告よりも早く広がった。クンブム寺の数百人の僧侶が自分の親戚や信徒たちに言い触らし、一人から十人に、十人から百人に広まり、周りの信徒たちが様々な布施を持ってやってきた。ある人は民国時代の袁世凱や蔣介石の銀貨を、ある人はもっと昔の五十両、二十五両、五両などいろいろな重さの元宝銀を持って来た。これらの財宝はいったいどうやって文化大革命の略奪を逃れたのだろう？　これは本当に奇跡だ！　またある人は亡くなった母親や妻の形見のミルクフックを持って来た。それは、もともとは牧畜地帯の女性が搾乳用のミルク桶を掛けたり、搾乳時に桶を固定するために用いたフックだが、現在では腰につける装飾品に変化していた。チベット語では「ショスン」といい、全長は二五センチぐらいでサンゴやトルコ石などの宝石を象嵌してある。またある人は金銀の頭飾りや首飾りを寄進した。その当時は、布施をして善縁を結び、徳を積もうとする人々の長い行列が毎日できた。

私の邸宅に事務室を設け、一部屋を臨時倉庫にし、金庫も備え付けた。みんなからの推薦で帳簿をきちんとつけられる人を選んで、帳簿の管理をしてもらった。施工の日には私たちは護法神の前に灯明をともして発願《ほつがん》した。菩提塔の修復がうまくいきますように、信徒の善財が全て菩提塔に使われますように、私たちのセルドン・チェンモの護持に使われて仏法が盛んになりますように

1980年、チェシュ・リンポチェ、劉隆、パンチェン・ラマの父上と私、青海省循化県の大師の故郷の牧畜地帯で

と願った。

この時、私の邸宅の裏庭、文化大革命の間は飼養院だったところを宝塔修復用の仕事場にした。私は他にも大工、鉄鍛冶、銅鍛冶を雇った。古い菩提塔に張った銀箔は、二、三百年の風雪で摩耗して薄くなり、また一部は腐食していて、張り替えなければならなかった。亀裂が広がらないように内側は銅のたがを巻いて補強し、一番外側は銀箔を貼りなおした。

「これで百年後も問題ない！」毎日多くの僧侶が見に来て、そう言って感嘆した。

一年以上の時間をかけて、私たちは菩提塔全体を原形を完全に保ったままで中から外まで修復した。

カーラチャクラ立体マンダラを作る

たそがれの薄明かりのためだろうか、ギャヤ・リンポチェの眼鏡の奥の両目がとても暖かく見えた。彼は眼鏡ケースを開けて、私が良く知っている薄灰色の眼鏡ふきをとりだし、眼鏡をはずして、ハーと息を吹きかけてレ

ンズを拭き終わると、また眼鏡をかけた。「わしは若いころから一つの念願があった。文化大革命中にも願い続けた。それはカーラチャクラ立体マンダラを作ることだ」

「つまり、いまは条件が整ったということですか？」

私は眼鏡ふきを受け取って、それを折りたたみ、眼鏡ケースに戻した。

「そうだ、最近集まった布施をそのために使おうと思っている。それに、クンブム寺の方でも、この話をチェシュ・リンポチェ（当時彼はクンブム寺民主管理委員会主任兼住持だった）にしたら喜んでくれた。その上、かつてのチュプサン邸が空き地になっていてみっともないから、あそこに作ればいいと提案してくれた」ギャヤ・リンポチェは私を見てそう言った。

「つまり、私の邸宅の前のあの菜園の場所ですか？」

私は聞いた。

「そこだよ。文化大革命のときはあそこでダイコンやハクサイ、ジャガイモを作ったね」ギャヤ・リンポチェはそう言うと、まるで菜園が窓の外にあるように窓の外を見た。

「もともとは大きな邸宅だったのが、ムスリム反乱の[249]時に焼かれたらしいですね」私は言った。

「作ることに決めた」ギャヤ・リンポチェは私の方に振りかえって言った。「おまえに任せるよ。おまえはセルドン・チェンモの修復でがんばって功徳を積んだからね」

「セルドン・チェンモはもともとあったものですが、これから作ろうとするカーラチャクラ・マンダラはあなたの心の中にしかありませんよ！」私は心配になってギャヤ・リンポチェを見た。

「心配ない。わしも手伝うから」ギャヤ・リンポチェはそう言って深呼吸した。

普段、ギャヤ・リンポチェはとても質素だった。眼鏡ふきでさえ交換しないのに、今回はカーラチャクラ立体マンダラを作るために自分に集まった全ての布施を差し出すと言う。それにはいったいどんな功徳があるのだろう？

かつて、仏祖シャカムニは霊鷲山《りょうじゅせん》[250]の山上で『般若心経』の教えを説くと同時に、カーラチャクラ本尊に化身して南インドのアマラヴァティで『カーラチャクラ』の教えを説いた。『般若心経』は抽象的に、一切の事物は因縁によって生じ、すべてに法則があるから、執着を離れ、足るを知らなければならないと説く。一方、『カーラチャクラ』は具象的に、地・水・火・風の四大要素によって、衆生と衆生の住む世界が誕生し、毎年毎年、毎日毎日それが循環することで、四大要素のバランスが保たれていると説く。『カーラチャクラ』を修行すると、衆生の貪欲と恨みを減らし、内的な平和を生むことができ、また宇宙の四大要素のバランスを取り、それを穏やかにし、外的な平和をもたらすことができる。

しかし、カーラチャクラの修行は容易なことではない。もし立体模型があれば、僧侶が修行する時の観想を手助けすることができる。便利な道具なのだ。また在家信者は立体模型を拝むことで善良な心が起こる。だからギャヤ・リンポチェは立体のカーラチャクラ・マンダラを作ることにこだわるのだ。

ギャヤ・リンポチェはパンチェン大師九世について カーラチャクラを学び、パンチェン大師十世にカーラチャクラの潅頂を教えた。彼の一生はすべてカーラチャクラの研究であり、カーラチャクラとは特別な因縁がある。

しかし、カーラチャクラ立体模型作りは本当に難しかった。この時、私たちが職人にどんなに説明しても理解されなかった。なぜなら多くの職人にとっては初めての仕事だし、私たちの頭の中の図面も彼らには見えないからだ。そこで私が麦わらを持ってきて、ギャヤ・リンポチェがそれで簡単な模型を作ってやっと職人たちに理解してもらうことができた。だが、マンダラの細部を作る段になって、また困った。こう説明してもああ説明してもだめなので、ギャヤ・リンポチェは厚紙で大楽輪殿を作って見せた。職人たちも腕は確かなので、模型を手に取ってためつすがめつして放さない。「お坊さん、あんた何でもできるんだね。大したもんだ！　座って念仏を唱えることしかできないかと思ってましたよ！」

私たちはカーラチャクラ・マンダラだけではなく、マンダラを納める殿堂も作らなければならない。殿堂が大きすぎたら費用がかさみ、殿堂が小さすぎたらマンダラが入らない。私たちが作るマンダラは、直径二六メートルだ。世界にこれよりも大きなカーラチャクラ・マンダラがあるとはいまだに聞いたことがない。

マンダラは宇宙を表している。四層は四つの方向、四大要素を表す。中には七百二十五体の仏像があり、平和と吉祥、つまり調和と平衡を表す。どうやって一番適切な構造で、殿堂とマンダラを合理的かつ美しい一体のものとして作るかを、私は日夜考え続けた。もちろん、ギャヤ・リンポチェは大事な時に私に手ほどきしてくれた。私たちは一ヵ月ぐらいの長い時間をかけてやっと枠組みを決定した。

私たちが着工したとき、ギャヤ・リンポチェの計算に基づいて線引きして掘った場所が、偶然にも元のチュプサン邸の経堂の基礎だった。「すぐに百年前の基礎を掘り当てるなんて、これはめでたい偶然だよ」ギャヤ・リンポチェは感慨を込めて言った。

カーラチャクラ・マンダラが完成したら、ギャヤ・リンポチェはチベット、モンゴル、漢、英の四種類の文字で説明文をつけることにしていた。四種類とも作ってみたが、英語だけは正確に表現できているか不安だった。ある日、偶然アメリカ人が訪ねてきた。その人はチベット語の分かる修行者で、訳文を見て笑った。「だめですよ。チベット語の深い意味が伝わらない」。そこで、彼が書きなおし、その後石に刻んだ。ギャヤ・リンポチェは言った。「本当に運がいい、護法神が彼を遣わしてくれたんだ」

合計一年余りの時間をかけて、カーラチャクラ立体マンダラが完成した。政治情勢が急変するのが心配で、「世の中が静かなうちにやり遂げよう！」と、最初から最後まで私は自分をせきたてた。

竣工時に大きな祝典は行わなかったが、その日はとても縁起が良かった。チェシュ・リンポチェがお祝いにダラムサラから彼のもとに届いたばかりのタンカを贈ってくれた。それはダライ・ラマ尊者が加持したカーラチャクラ・タンカだった。ギャヤ・リンポチェは私を見て言った。「おまえは私の願いをかなえてくれたよ」。しかし、当時私は、大きな仕事を成し遂げた喜びは少しもなく、重い荷を下ろしてただただほっとしていた。

パンチェン大師に随行してブッダの故郷に巡礼する

あれは一九八六年十一月だった。私は全国人民代表大

1980年代クンブム寺で、左から私、ギャヤ・リンポチェ、中央民族事務委員会の劉隆、兄のタンパ・ギャツォ

会民族委員会から、パンチェン大師に随行してネパールでの世界仏教徒会議第十五回大会に参加するようにという通知を受け取った。私はすぐに特別快速五十六号に乗って北京に行った。この時、私にとって出国はすでに珍しいことではなかった。すでに中華全国青年連合会や中国仏教協会の代表団の一員として、日本、韓国、香港などを訪問したことがあった。しかし、列車の中で私は眠れなかった。私はベッドから降りて、通路際の椅子に座り、窓外の飛び過ぎてゆく漆黒の大地や、名前も知らない小さな駅の一瞬で過ぎてゆく暗い灯火を見ながら、ネパールに思いを巡らしていた。汽車に乗る前に、私を見送りに来た省民族委員会の幹部は、ネパールは貧しい内陸の小国だから、向こうに着いたら衛生に注意するようにと私に念を押した。だが、チベット人やモンゴル人にとっては、そこは仏祖シャカムニの生誕の地である。信徒たちは高いヒマラヤ山脈の山越えも恐れず、あらゆる手を尽くし、ありとあらゆる苦労をしてカトマンズやルンビニ〔シャカムニ生誕の地〕に巡礼に行く。私にとって、導師であるパンチェン大師とギャヤ・リンポチェと共にそこに行く機会を得られるなんて、こんなに素晴ら

しいことはない。

北京が見えてきた。空はどんよりと曇り、灯火は薄暗く、まるで灰青色の霧に覆われたようにかすんで、遠くは見えなかった。汽車を降りると、冷気が服を吹き抜け、私の胸の周りを渦巻いたので、私は思わず身震いして、他の乗客の後について出口に向かった。

「リンポチェ」誰かがそっと私を呼んだ。「荷物はこれで全部ですか?」

それはパンチェン大師が派遣してくれた運転手だった。大師が私を呼ぶときはいつも、汽車を降りるとすぐにこの運転手が待っていた。回を重ねるうちに、名前は知らないが、すっかり顔なじみになった。

車は真っ直ぐ東総布胡同五十七号に向かった。今では私はこの建物を熟知している。運転手がクラクションを一回鳴らすと、門が開き、門衛の解放軍兵士も私を知っていて、私に向かってうなずいて笑う。それで登録手続きも免除された。

私はすぐ二階に上がった。二階には多くの客室があり、左手の最初の部屋が私の定宿だ。私は荷物を降ろし、顔を洗って歯を磨いた。それから暗緑色のチュバに着替え、事前に準備してあったカタを一本取りだした。ちょうど元食事担当官のマチェンモが上がって来て「準備できましたか?」と聞いた。

「はい」と私は答えて、「いま大師にお会いできますか?」と聞いた。

「大丈夫です」マチェンモはそう言って先に立って引率した。私は階下の大師の執務室に行った。以前と同様、私は大師に三回頂礼をした。

「いいよ、いいよ。頂礼なんて」大師は事務机の前に座って、黒枠の老眼鏡をかけて書類を決裁していた。卓上の銀の香炉からは良い香りのビャクシン香の煙が立ち上っていた。どうやら大師は長い時間仕事をしていたらしい。「どうだい? クンブム寺の方は寒くなっただろう? お坊さんたちはみんな元気かい?」

私は簡単にクンブム寺の状況を説明した。大師は満足げにうなづいて言った。「ネパールに行くんで、ギャヤ・リンポチェは準備に忙しくしているよ。これまでと違って今回は仏教行事が多いからね。ギャヤ・リンポチェの準備の様子を見てきなさい」

一階の大広間にはすでにたくさんの荷物が置いてあっ

1980年、甘粛省のラブラン寺のグンタン・リンポチェと共に、青海省循化県の大師の故郷の牧畜地帯で

た。仏像、『大蔵経』、お守り紐、カタ、それにたくさんの小さなお土産品。ギャヤ・リンポチェはソファーに座り、両手で杖をにぎって、数人の職員にあれこれ指示していた。私はケルサンがいるのに気づいた。彼はパンチェン大師の親戚で、故郷のウェンドから出て来て、大師のガードマン兼カメラマンをしていた。それに、ドルジェ・ダンドゥル、彼もパンチェン大師の昔からの部下で、財務を管理していた。一九六二年に私がラサに行った時、シュクリン・ドルジェ・ポタンで彼に会っている。彼は当時とてもハンサムで、真っ黒な濃い髪をしていた。今は禿げ上がった上に残った髪もすっかりごま塩になっていた。しかし、今でも非常に精悍で、山ほどの『大蔵経』を一気に運んでいた。他にもチビのトンドゥプやペンパたち、大師のお付きのタシルンポ寺の僧侶もいた。

劉隆が入ってきた。彼は回族で、国家民族事務委員会の副司長をしている。五〇年代初め、北京でダライ・ラマを接待したことがある。だから、ダライ・ラマの話になるたびに彼は感情が高ぶって涙を流した。彼も私たちに同行してネパールに行く。私たちに挨拶をしてから、彼はパンチェン大師の執務室に行った。その後の食事の時に彼は私たちに言った。「『お上』の人の話だと、今回の世界大会でダライ・ラマに会えるかもしれませんよ」

「ほんとですか？」みんな食事の手を停めて、異口同音に言った。

「ダライ・ラマの代理人が来るらしい。もしかしたら、ご本人も来られるかもしれない！　二人の大師がもし会えたら、仏教だけでなく、チベット問題の解決にとっても決定的な意義があります」劉隆は言った。

「お二人はもう何十年も会っていない。お二人が最後に会ったのは五〇年代だよ」ギャヤ・リンポチェはそう言ってため息をついた。

「アジャ・ツァン〔ツァンは家の意〕」パンチェン大師が一体のシャカムニ仏像と一着の錦織りの上着を持って来て、「これは私がラサから持って来たものだ。この服を導師様に差し上げてくれ」。

私が立ち上がって受け取るとき、大師はもう一度念を押した。「これは私からイシン・ノルブへの贈り物だ」

大師はいつもダライ・ラマをイシン・ノルブと呼んでいる。それは如意宝珠《にょいほうじゅ》[251]という意味である。そして、ダライ・ラマは大師をクンスィ・リンポチェと呼んでいる。それは一切智仏〔全てを知っている仏〕という意味である。

「本当にギャワ・リンポチェ〔ダライ・ラマ〕にお会いできればいいな」ギャヤ・リンポチェが言った。

「あなたは……無理だと思いますか?」ドルジェ・ダンドゥルが聞いた。

「きっとお会いできますよ」劉隆が答えた。

翌々日、劉隆がまた来た。座るとすぐに、しきりにため息をつきながら言った。「今回は、ダライ・ラマにお会いできそうもない。ダライ・ラマどころか、ダライ・ラマの代理も参加できそうもない」

「なぜです?」私は劉隆を見つめて聞いた。

「中国政府が抗議して、ネパールに圧力をかけたんだ。どうやら左派勢力が強くなっているらしい。私の浅見では、これは絶好の機会だった。ダライ・ラマは亡命されて三十年近くになる。この間、パンチェン大師もさんざん苦労された。お二人の大師は、きっとたくさん話し合いたいことがあるはずだ。それは将来の政策の緩和にとって得難い機会のはずだ。いったい『お上』は何を考えているんだろう」劉隆はそう言って、困惑して両手を広げた。

二人とも黙ってしまった。これをきっかけに私は彼を立派な人だと思うようになった。国家幹部でありながら、こんなふうに道理をわきまえた言葉を口に出すのは難しいことだ。

私たち一行は、パンチェン大師に率いられて、専用機でネパールに向かった。同行者は他にも趙樸初会長、グンタン・リンポチェ[252]、季羨林教授など二、三十人いた。

趙樸初会長だけでなく、私は季羨林老教授にも敬服した。彼はサンスクリット語を理解し、古代インドの大詩人ダンディン[253]の代表作『詩の鏡《カービヤーダルシャ》』を漢訳した。子供のころ、私たちがチベット語を学ぶときは必ず『詩の鏡』を暗誦しなければならなかった。サキャ派時代〔十三世紀中頃から十四世紀中頃〕から『詩の鏡』はチベットの学僧たちの必読書になった。それは非常に美しい詩文だ。季羨林は仏教のこともよく知っていて尊重していた。しかし、彼は仏教信者ではないという話だった。彼は本当に信者ではないのか、それとも何か信者と言えない事情があるのだろうかと、私はよく考えた。

　離陸後しばらくして、一つの都市が見えてきた。スチュワーデスがすぐに最前列のパンチェン大師の所に行って説明し始めた。「委員長、これは四川盆地で、今ちょうど成都の上を飛んでいて……」

「わかった、わかった、チベットに入ったら声をかけてくれ」そう言って大師は彼女の話をさえぎった。

「委員長、昌都《チャンドゥー》に着きました」スチュワーデスがまだ言い終わらないうちにパンチェン大師は立ち上がって、振り向いて私たちチベットから来た人々に言った。「漢語ではチャンドゥーというが、ここは本当はチャムドだ、分かるか？　ここはチャムドだ！」

　飛行機の設定高度は同じなのかもしれないが、高原では、そして特にラサに近くなると、非常に低く飛んでいるように感じた。ポタラ宮殿がはっきりと見えた。赤壁、白壁、それに燦然と輝く黄金色の屋根。私たちはみんな立ち上がった。

「タシルンポ寺は見えますか？」一人のタシルンポ寺の僧侶が聞いた。

「まもなく見えてきます」スチュワーデスが答えた。

　十分もしないうちに、私たちは本当にタシルンポ寺を見た。その光り輝く建築群の中で、最も人目を引くのは高い白い展仏壁〔高さ三二メートルのタンカを掛ける壁〕、それと背後のネースル山だ。この日はとりわけ立体的に見えた。タシルンポ寺は、こんなにもはっきりと緑ターラー山の懐に抱かれているんだ！

「チョモランマが見えました！」スチュワーデスが言った。

　私たちは右側の窓から外を見た。

「左側、左側に見えるよ！」パンチェン大師はそう言いながら、左の窓際に行った。そうだ、チョモランマはごく普通の山に見えた。普通過ぎて私たちが飛行機の中から見た他の雪山と同じだった。もしあえて探さなければ、私は多分これが世界で一番高い山だなんて思いもしなかっただろう。もちろん、実際は他の峰とは違っていて、一本の長いゆっくり移動する白雲が峰の左側にかかっていて、まるで白いカタが私たちの導師に向かってたなびいているようだった。

続いて、まるで無人の世界に入って迷ったかのように、重畳たる山林が現れた。突然、飛行機は高度を下げ始めた。しかしすぐには着陸せず、何回か旋回を繰り返してからやっと小さな盆地に着陸した。そこがネパールの首都カトマンズの空港だった。

数時間前、北京にいたときはまだ冬で、緑の葉一枚さえなかった。しかしここは、空気にも花の香りが満ちていた。

パンチェン大師が飛行機を降りた。彼の黄色い緞子《どんす》のチュバが日の光を浴びて眩かった。一陣の打ち寄せる波のようなあいさつに、私たちの視線は吸い寄せられた。だいぶ前から空港で待っていたチベット人たちが、次から次へと大師にカタを捧げ、焼香し始めたのだ。大師も手を高々と挙げた。しかし警棒を持ったネパールの警官隊が彼らをさえぎっていたので、彼らは私たちに近寄ることができなかった。

ネパール側の出迎えの役人は、生花で編んだ花輪を私たち一人一人の首にかけて、合掌して言った。「ナマステ！」

「委員長、早く行きましょう、向こうで私たちを待っています！」だれかが漢語で催促した。大師は歩きながらまた同胞たちに向けて高く手を挙げた。

「委員長、早く」また催促された。

私たち一行はまず空港の貴賓室に通された。貴賓室とはいっても、普通の客間と同じで、六、七人しか入れない。だが、壁の絵や仏像、木彫はとても魅力的だった。そして見た所どれも古そうだった。

ネパールの外交官と近衛兵が私たちを迎えた。すぐに私たちは貴賓室を離れ、数台のイギリス式ジープに分乗した。パンチェン大師が乗ったのは王室が派遣した高級車だった。カトマンズの街路は非常に古くて狭く、私が子供のころ行ったラサに似ていた。マリーゴールド、ストック、キクなどの花が満開だった。そして緑の芝生や生け垣などが私の目に映った。

趙樸初さんを団長とする仏教代表団はホテルに泊まった。パンチェン大師に率いられた劉隆を含む私たち十数人は、ネパールのビレンドラ国王の清涼宮、つまりビレンドラ国王の夏宮に泊まった。

国王の夏宮ではあるが、バスルームは非常に古かった。蛇口は一九二〇年代初期のもので、開いてもすぐには水は出てこない。少し待ってやっと出てきた。閉めてもしばらく水は流れ続けた。部屋の中を歩き回ると、床板が大きな音を立てた。ドアも閉まらず、かんぬきは留め金に入らず、力を入れて押してやっと閉まった。だが、天井が高いので、外が暑くても部屋の中は涼しかった。

一番おいしかったのは、王家で私たちに出してくれた食事だった。朝食は卵とベーコン、ロールパン。それから、おかゆはどんな米で作ったのか、色は真っ黒だが、すごくおいしかった。もう二十年も前のことだが、今でも時々あのおかゆ思い出す。もちろん、ツァンパ、バター茶、干し肉などチベットの料理もあった。昼食と夕食は典型的な西洋料理だった。牛ステーキ、羊ステーキ、チキン、サラダ。それに名前を知らない緑色や黄色の各種のスープ。ときどきチャパティやサラダ（マンゴーやバナナを混ぜたヨーグルト）などのインド料理も出た。

四、五日そこに泊まった。仏教聖地や博物館を見学に行くときは、いつも門前で待っているチベット人に会った。彼らはパンチェン大師に揮毫を頼み、大師に頂礼をした。その後、もともと大師が行くはずだった多くの訪問計画が取り消しになった。中国大使館の説明は、「ここは危険すぎるから、大師は出歩かない方がいい」という理由だった。

私たち随員は自由に外出できた。ある日、パンチェン大師がロサンという人を探してくるように大使館に要求した。彼はラブラン地方の人で、一九五九年にチベットを離れて、ネパールに定住していた。八〇年代の「チベット人里帰り歓迎」の時に、彼はパンチェン大師を訪ねてきたことがある。中国大使館は仕方なくロサンを探してきた。「ロサンにあちこち案内してもらいなさい」大師は私たちにできるだけ外出するよう勧めた。

私はロサンと一緒に何度も外出した。カトマンズの市場にも行った。人がすごく多かったが、見た目はみんなチベット人のようだった。そこで、同行の一人はチベット語で話しかけてみた。

「彼らは分からないよ」私が言った。

「きっとわかるよ。ほら、姿かたちはおれたちと同じだよ!」彼らはチベット語で道路掃除をしていた女性に声をかけた。結果は、彼女は私たちがお金をくれるものだと思って、まとわりついて離れなくなった。

ロサンは笑って言った。「ほんとにチベット人じゃないよ、ネパール人だよ」

ネパールの市場で、私たちは小さな土産物をたくさん買った。小さな仏像、小さな仏龕、そしていろいろな銅器。私たちは見てきたことをパンチェン大師に報告した。大師は細かく聞いてから言った。「もっと歩き回って、ここの状況をよく調べなさい」

ある日、パンチェン大師は外で大勢のチベット人が彼に会おうと集まっていることを知った。しかし中国側の役人はパンチェン大師に「ここは非常に混乱しているから、会わない方がいい。それにネパールの警察と言葉も通じない」と言った。

「ネパールの警察はすごく気が小さいから、いい服を着て命令口調で話せば問題ない」ロサンが小声で私たちに言った。

「門に行って何人ぐらいいるか見てきなさい」大師が私たち随員に命じた。

私たちが門を出てみると、大勢の人が集まってにぎやかだった。

「パンチェン・リンポチェはいつまでご滞在ですか?」

「いつお会いできますか? いつ説法されるんですか?」

私たちは全てをパンチェン大師に告げた。彼は「彼らが入ってこれれば、彼らのために誦経するんだが」とおっしゃった。

「大師、いい考えがあります。明日はネパール仏教会館に行きますよね? 贈り物の『大蔵経』を先に車で運びましょう。車が出る前に、アジャ会長に門が開いたらすぐに入るようにと、集まっている人たちにこっそり伝えてもらったらどうでしょう」劉隆が言った。

劉隆の提案に従い、門が開いたら、集まっていたチベット人をいっせいに中に入れた。信じられないことにあんなに大勢いた人々が全員中に入ることができた。彼らはパンチェン大師に説法と加持をしてくれるよう頼み、大師に会えなければ死んでも外に出ないと言った。この時、中国側の職員たちもメンツを守るために、パンチェン大師をチベット人に接触させないという計画を放棄せざるを得なかった。こうして、パンチェン大師は首尾よくチベット人の説法してほしいという願いに応えることができた。

パンチェン大師が外出を禁じられた後はギャヤ・リンポチェが大師の代理として多くの場所に行った。例えば山の上のスワヤンブナートは、千年以上の歴史のある仏教とヒンズー教の聖地で、多くの仏像、仏塔がある。そして市街地にあるボダナートの大仏塔は、六世紀に創建されたと伝えられ、塔の中にはシャカムニの弟子のマハーカーシャパの遺骨が納められている。

仏塔の周りには一本の道がめぐっていて、商店が林立していた。チベット人も大勢ここで商売をしていた。ほとんどの商品は仏教関係の物で、ラサのパルコルを思い起させる。ヒマラヤ区域の風俗、文化はよく似ている。この場所はチベット語ではチャルン・カショルと呼ばれている。それは皇帝がうっかり承諾したという意味である。むかしむかし、ニワトリを売って暮らす老婆がいた。彼女は罰当りなことをし過ぎたと思って、皇帝に仏塔を一つ建立したいと願い出た。皇帝は彼女に、どれぐらいの広さの土地が要るのかと聞いた。彼女は、「一張りの皮ぐらいでいいんです」と答えた。皇帝は、わずかな土地だと考えて、「よろしい、おまえに一張りの皮の大きさの土地をやろう」と言った。すると、この老婆は象の皮を一枚手に入れて、端から切っていって長い紐にした。それで土地を囲んで、塔を建てはじめた。「おい、おまえはなんでこんな広い土地を取るんだ！」と人に言われると、「あたしゃ皇帝の許可をもらってるんだよ！」と答えたという話だ。

ネパールには有名な仏塔が三基ある。チャルン・カショルの他の二つは、スワヤンブナート（チベット語ではパクパ・シンクン）とナモブッダ（チベット語ではタ

1986年パンチェン・ラマがネパールのブッダ生誕の地ルンビニを訪問した時、仏母麻耶夫人の彫像から甘露が流れ出た

モリュージン」だ。前の二つには行ったことがあるが、ブッダが前世で我が身を虎の餌に投げ出したところといわれるタモリュージンには、残念ながらまだ一度もお参りに行く機会がない。

中国はダライ・ラマ尊者の代理を仏教徒会議第十五回大会に出席させないよう圧力をかけたが、インド側はダライ・ラマの代理に出席させるよう主張した。そこで、ネパールは双方を怒らせない方法を思いついた。それは、尊者の代理の参加を認めるが、インドのパスポートで入国させるというものだった。

ダライ・ラマの代理のアラク・ジクメがやってきて、パンチェン大師に会いたいと言った。長々と交渉して、やっとパンチェン大師とダライ・ラマの代理が中国大使館で会うことに決まった。

中国大使館に行く道中、遠くから、大使館の門の前の小さな店が目に入った。「あれはインドの特務機関だ」車の中の中国の職員が漏らした。あるいは彼は私たちに対する警告のつもりで言ったのかもしれない。私たちはみんなこの小さな店を見た。それはほとんど飲み物しか売っていない非常に小さな店で、私たちは誰もそこには近づかなかった。

中国大使館は実に中国っぽかった。大使は痩せた役人で、名前は覚えていないが、他の人と違ってすこし横柄だった。他の人はパンチェン大師に会うと立ち上がって一、二歩前に進み出るが、彼は坐ったままで腰も浮かさなかった。

事前に準備された小さな客間で、パンチェン大師は来客を待った。アラク・ジクメは到着すると、まず大師に頂礼をして、カタを献上し、その後ダライ・ラマ尊者からパンチェン大師への贈り物を渡した。それは、数珠、経典、仏像、それにインドの絹織物だった。そして私たちにも一人に一本のペンを贈り物にくれた。最後に、アラク・ジクメは尊者自筆のパンチェン大師への手紙を両手で渡し、パンチェン大師も例の錦織りの上着とシャカムニ仏像、その他の贈り物を渡した。贈り物の交換はチベットの伝統儀礼だ。

「もともと私はイシン・ノルブにお会いできると思っていたのですが、因縁が足りなかったようです」パンチェン大師が嘆いた。

しかし、それ以上の対話はなく、儀礼的な挨拶だけだった。アラク・ジクメは黄河の南のレプコン[254]の人で、私とは同じドメーの同郷だが、私たちは言葉を交わさなかった。なぜなら私たちは対外ルールを厳守しなければならないからだ。それに大使館の職員が私たちの傍らをひんぱんに行き来していた。

ルンビニに行った時、私たちが乗ったのは十二人乗りの小型ヘリコプターだった。パンチェン大師、ギャヤ・リンポチェ、中国大使などが乗り、私の席もあった。

ヘリコプターの小窓から外を見たら、落っこちそうで怖かった。時には傾いてほとんど真下を向いた。地上の物すべてがはっきり見えた。稲束を積んだ牛車が、カタツムリのように這っているのが見えた。農民が大きなかごを頭の上に載せて畑の中を歩いているのも見えた。

突然芝生が現れた。芝生には白い円が描かれ中にHの字が書かれていた。ヘリコプターが着陸を始めると、周りの樹木が風に吹かれて傾いた。ヘリコプターの騒音は甚だ大きく、鼓膜が破れそうだった。ルンビニはインド平原に立地し、亜熱帯気候で、緑があふれていた。

ルンビニ視察の時も、四、五十人のチベット人が集まって、カタを両手で捧げ持ち、パンチェン大師に挨拶をしていた。パンチェン大師も手を挙げて、喜んで彼らに声をかけていた。

しかしルンビニでは指定の場所以外私たちは参観できなかった。私たちは真っ直ぐブッダが誕生したという菩提樹の下に連れて行かれた。そこには小さな祠《ほこら》があり、祠の中の赤い石のレリーフに母親の麻耶夫人の右のわき腹からブッダが誕生したときの情景が描かれている。普段は巡礼者を近づけないのだが、パンチェン大師が来られたので特別に開けて見せたということだった。その日は非常に暑く、パンチェン大師が中に入ってお参りしていて、額が麻耶夫人の右ひじに触れたら、額に清水が流れた。

「甘露だ！　甘露だ！」ギャヤ・リンポチェは興奮してみんなに言った。「早く写真を撮りなさい」。私はカメラを取り出して、この貴重な瞬間を撮った。

それから近くのシャカムニが生誕後に現れた池に参拝した。『ブッダ本生物語《ジャータカ》』[255]によると、ブッダは誕生後七歩歩いて、その踏みあとからは蓮の花が咲いた。その後、四方を見渡して「天上天下唯我独尊」と言った。すると地面からは池の水が湧き、空から天女が飛んできて水瓶の水でブッダを沐浴させ、天界では音楽を奏で、妙なる花を撒いた。

その池の傍らで、パンチェン大師は前触れもなくその水を飲んだ。

「大師、この水は汚れているから、気をつけてください」そうみんなが言った。

「かまわない。この水には加持力があるんだ！」大師は言った。

カトマンズに戻って、私たちは世界仏教徒会議第十五回大会に参加した。開幕式は選手団入場にちょっと似て、非常に盛大だった。各国の代表たちがネパールのコンパニオンの先導で次々に入場した。会場のレイアウトは非常に仏教的で、インドやミャンマーにもこういう習慣がある。各代表団の前には仏龕が置いてあった。会議の席でネパール国王がスピーチし、パンチェン大師も招きに応じてスピーチをした。

ネパールのビレンドラ国王はまたパンチェン大師を王宮に招き、パンチェン大師に加持誦経を依頼した。彼らはヒンズー教を信仰しているが、仏教も尊重している。

パンチェン大師は後で私たちに王宮の中にはあちこちに仏像があったと話していた。

ネパール訪問が終わってから、パンチェン大師はオーストラリアにも招かれて訪問した。オーストラリア訪問の時に、パンチェン大師はダライ・ラマと電話で話をしたらしい。しかし、ネパール訪問の際には、そういうチャンスはなかった。

■■パンチェン大師に随行して南米に行く

一九八八年、南米の数か国から招かれて、私はパンチェン大師に随行して旅行した。派遣前に「お上」はこう言っていた。「これらの国と我が国には共通点がある。例えばブラジルと中国はどちらも大国だし、ボリビアはチベットと同じく高原だし、ウルグアイは内モンゴルと同じく牧畜地域だ。だから相互交流ができるんだ」

仏教行事はないので、今回の訪問団のメンバーは、その多くが人民代表大会と外交部の幹部たちだった。合計二十数人で、チベット人はプンツォク・ワンギャル[256]（私たちはみんな彼をプンワン・ラと呼んでいた）、ドルジェ・ダンドゥル、ケルサン、それにもう一人名前を忘れてしまった自治区の役人がいた。しかし、大多数は漢人だった。中央統一戦線部副秘書長の李佐民、彼は流ちょうなチベット語を話すだけでなく、英語にも精通しており、今回はパンチェン大師の政治秘書を担当していた。黄君、彼は外交部北米太平洋司の職員で、訪問団の外交面での重要文書の管理を一手に担当していた。王厚徳は副団長で、典型的な左派の共産党員だった。それから公安部の職員一人は、大師の護衛を担当していたが、外交官の名義で同行した。また、人民代表大会儀典司の司長、この人も名前を忘れてしまった。彼が王厚徳の代わりに私たちを監視していたことは覚えている。それから人民代表大会の張建基、この人は旅行の間中、出発する時になって部屋に忘れ物を取りに帰っていた。他の人の話では、実際は戻って他の人が置いてきたチップを集めて、自分の懐に入れているのだということだった。この訪問団には自然にいくつかのグループができた。数人の役人は、いわば団の枢軸で、会談の際には必ず主な席に座った。他の人はみな使い走りだった。使い走りの間にも等級があった。もちろんこういう雰囲気はこの訪問団だけでなく、まるで風のようにつかまえ所はないが、中国の隅々に吹いている。

出発前に、東総布胡同五十七号で、パンチェン大師は私とケルサン、ドルジェ・ダンドゥルを呼び集めて、言い含めた。「今回の南米旅行は、期間が長いから、彼らの前で問題を起こさないようにしてくれ。アジャ・ツァン、君が私の宗教秘書をしてくれ。道中亡命チベット人に会った時のために、土産物やお守り紐、マニ丸薬を多めに準備しておいてくれ」。大師はまた、言った。「今回、パスポートは自分で携行するが、誰も問題を起こしてはいかん。『お上』はおまえたちをすごく警戒している。第一に国に背いて『亡命』することを恐れ、第二に道に迷って『失踪』することを恐れ、第三に忘れ物をすることを恐れている」

「それはつまり大師がいつも言っているように、おれたちを二等国民扱いして差別してるってことだろう」パンチェン大師の執務室を出ると、ケルサンが口を開いた。

「だから、大師は特に言い含められたんだ」私は言った。

その後、団内の他の人たちは、中央で実権のある人はみんな先進国に行くが、実権のない人はみんな第三世界に行く、と話し合っていた。しかし、乗り継ぎのためにニューヨークに三日間滞在すると聞かされた。これは一種の慰安だ。乗り継ぎの機会に観光するのが当時すでに不文律になっていた。

出発前に、訪問団の全員が人民大会堂のパンチェン大師の執務室に集まって会議を開いた。内容は今回の日程と注意事項の通告だった。意外だったのは、当初のニューヨークでの乗り継ぎの計画が取り消されていたことだ。ニューヨークは強盗や銃撃が頻繁に発生して治安が非常に悪いからという理由で、代わりにカナダのバンクーバーに乗り継ぎで滞在することになった。実は、私はニューヨークに行きたいと思っていた。もしかしたらダライ・ラマの訪問計画とぶつかったのか、それとも私たちが大勢のチベット人と会うのを避けるためにそんな口実を設けたのではないかと私は想像した。

在バンクーバー中国総領事館は、慣例で私たちを食事に招き、山の上の人類学博物館に案内してくれた。そこにはたくさんのトーテムポールあって、建物の内外に彩色されたものや原色のもの、新しいものや古いものが展示されていた。

西洋現代社会が土着民族の手工芸品をこんなに重視しているとは思いもかけなかった。こういう木彫はチベットにもたくさんある。例えばチベットの各種の仮面の中には、非常に繊細で含意の深いものもある。しかし、以前の「四旧打破」の時に、多くが焼かれてしまった。そして、太鼓やシンバルやラッパといった古い宗教楽器も「大躍進」の時代に田植え踊りの伴奏用にされ、その後は製鉄用に没収され焼かれて屑鉄や屑銅になってしまった。

「人類学は、チベット語では何というんだ?」ドルジェ・ダンドゥルの声で私の想念は中断した。

そうだ、人類学という言葉はどう訳せばいいんだろう? 私も思った。

「人類学は外国の大学で教えている学科だ」プンワン・ラが私とドルジェ・ダンドゥルの対話を聞いて、寄ってきた。「中国にもこの学問はあるが、彼らの研究内容と外国のそれは視点が違う」

「急げよ、厚徳同志がおまえたちを心配していたぞ」儀典司の司長が振り返って私たちに向かって叫んだ。彼の言う厚徳同志とは、副団長の王厚徳のことだ。車の乗り降りのたびに彼は私たちチベット人が置き去りにされて「失踪」したり、何か物を失くさないかと心配して私たちの名前を確認した。「チベット族はついてきてるか?」「忘れ物はないか?」それが彼の口癖だった。

私たちがバンクーバーで泊まったホテルはとても静かで、廊下でも物音が聞こえなかった。各部屋の引き出しの中には、聖書が置いてあった。

ある日、私たち随員がパンチェン大師の部屋に集まっていたとき、大師は自信を持って私たちに言った。「知ってるかい? ここは香港人経営のホテルだ。香港人がカナダで商売ができるのなら、我々だってできるはずだ。我々のカンチェン公司も将来は多国籍企業に発展させて、建設準備中のソンツェン・ホテルだって、国外にこんなふうな支店を出したらいいね」パンチェン大師はそう言うと、引き出しから聖書を取り出し、私たちの目の前に置いた。「そして、引き出しにはチベット語の『金剛経[257]』を入れておこう」

「持って行かれちゃいますよ」誰かが言った。

「持って行ったっていいさ。その人が必要としているということだ。もっと印刷すればいいんだよ」大師はそう言って笑った。

メキシコでは、私たちは飛行機を降りてすぐにヒルトンホテルに向かった。一階のロビーは非常に広くて、百人以上の人でにぎわっていた。私たちはチェックインしてから、パンチェン大師の部屋に行った。彼の部屋はすごく広いプレジデンシャル・スイートだった。私たち随員は自分たちの荷物をみんなそこに置いた。私のトランクの中は金剛鈴、金剛杵〔密教の法具〕、宝瓶《ほうびょう》、ガウ[258]〔お守り入れ〕、護法神の塑像など全て仏教用品で、とても重かった。

在メキシコの沈大使も丁寧にホテルまでついてきて、私たちにヒルトンの食事は非常に高い上にあまりおいしくないので、中国大使館で食べたらいいと勧めてくれた。ヒルトンホテルから大使館までは少し離れていて、メキシコシティーの交通渋滞はひどいので、彼は私たちに早めに出発するように言った。それは私たちも理解できた。なぜなら、飛行機を降りてホテルに来るまでに、メキシコシティーの大通りを灰色の排気ガスを吐いて走る黄色い旧型自動車が、蟻のように長い列を作っているのを見て来たからだ。交通渋滞は日常のことに違いない。だが、メキシコの田舎は非常に静かであちこちに花が咲いていて美しかった。私たちが北京を出発したのは冬だったので、花の香りはとりわけ心地よかった。パンチェン大師も感激して「この国の田舎は素晴らしい！」と言った。もちろんそれは後の話だ。続けて、大使は私たちとメキシコの国会議員との面会の手筈を説明し、最後に、夜にも招待宴会があるから、大師に早く休むように勧めて帰って行った。

大使がドアから出るとすぐに、副団長の王厚徳が外交部アメリカ大洋州司の黄君を連れて入ってきた。黄君は暗い顔をしてるから、何か大師に報告しなければいけない急用があるのだろう。

私たち大師の随員はこの時全員立ち上がった。「行かなくていい、まだ話がある」大師は私たちを引きとめた。黄君も仕方なく私たちのいる前で話し始めた。「今日はとんだ厄日です！」

「これはもしかしたら事前に仕組まれていたのかもしれない」王厚徳が言った。

「何事だ？」パンチェン大師が聞いた。

「書類かばんが盗まれました」王厚徳が黄君の代わりに言った。

「どうやって盗まれたんだね？　君はいつも自分はひんぱんに国外出張していて、エクアドルの総領事も務めたことがあると言ってね……」パンチェン大師は黄君の顔を見て言った。

黄君はうつむいて「エレベーターに乗るとき、後ろで私を見つめている人がいました。部屋に入って、かばんを置いてトイレに入った、そのわずかの間にかばんを盗まれました」

「つまり、かばんを盗んだ人は君の部屋に入ったわけだ！」パンチェン大師が言った。

「行程はきついし、黄君も疲れていたんです。彼の記憶によればそういうことです」王厚徳が言った。

「ああ、わが団はまだ活動を開始する前から物を失くしてしまった。他に盗まれた物はないのか？」

「その書類かばんだけです」王厚徳がまた黄君の先を越して言った。

「書類かばんの中には何が入っていたんだ？」パンチェン大師が聞いた。

黄君はそう聞かれてやっと多くの機密文書の名前を言った。それに百通余りのプライベートな手紙も入っていたと言った。当時、大使館職員は節約のために、よく出張者に手紙を託した。手紙の他にも、現金も二、三千ドル入っていたと王は付け加えた。

「これは深刻な外交事故だ。日程計画も機密文書も紛失した。もし本当に君の言った通り、誰かが狙って盗んだのなら、この団の全ての行程が人に知られたということだ。一体どうする？」パンチェン大師は一息置いて続けた。「黄君、これはまるで私たちが出発前に見たビデオの再演じゃないか！」

そうだ。毎回出国前に外交部は私たちに説明会を開いてビデオを見せる。ある時、講師は面白いことを言った。いわく、ある外国訪問団は中国を出発する時、一人も欠けずに集団で出かけた。しかし、外国に着いたら、団長を除いて全員いなくなった。団長は、自分ひとり残ってしまっては帰ってから説明がつかないと、自分も帰らないことにした。講師はもう一つ別のエピソードも話した。それは、中国の訪問団が別の国に交渉に行って、終わった時に書類かばんを椅子の上に忘れた。相手側はすぐにそれを開けて全ての資料をコピーし、その後で中国側に取りに来るよう電話してきた。そして「私たちは開けてないですよ。チェックしてください！」と言ったそうだ。

王厚徳と黄が出て行ってから、パンチェン大師は私たち三人に言った。「スリル満点の話だが、私たちに聞かせるための作り話だと思う」

「彼はきっと書類かばんをロビーに忘れたんだ。さっきチェックインの時、黄がその書類かばんをソファーの上に置いていたのを見ました」ドルジェ・ダンドゥルが言った。

「さいわい君たち三人は無事だった。彼らが一番心配していたのは君たちだ」パンチェン大師はそう言ってため息をついた。

その晩、黄君はもっと暗い顔をして、食事ものどを通らない様子で、数口食べただけだった。それ以降、あの儀典司の司長もなぜか私たちチベット人をあまり厳しく監視しなくなった。

メキシコでの最終日、黄君の顔はやはり暗く、食事の量も少なかった。パンチェン大師は同情して、彼を部屋に呼んで言った。「黄君、事故というのは誰にでもあることだ。これだけ日にちがたっても何も起きていないということは、スパイに盗まれたんじゃないということだ。泥棒に布施をしたと考えて、あまり悩まない方がいい。帰ったら私も君のために『お上』に口添えしておくよ」

黄君はたちまち笑顔になって言った。「ありがとうございます、ありがとうございます」

それ以降、団内の漢人幹部たちは私たちチベット人に丁寧に接するようになった。

メキシコの一人の議員が私たちをマヤ文明遺跡と博物館に案内してくれた。博物館には多くの塑像が展示されていた。そのメキシコ議員は突然私の腕をつかんで、私を一体の古インディアン人の塑像の前に引っ張って行って、スペイン語で身振り手振りを交えて人を集めて話し始めた。「彼は、あなたの顔は塑像にそっくりだと言っています！」通訳が言った。

「実際、私たちチベット人、それにモンゴル人はインディアンに良く似ている」パンチェン大師がプンワン・ラに言った。

マヤ文明遺跡の中の旧跡を見ながら、またパンチェン大師が言った。「これは研究の価値がある。チベット仏教の塔に良く似ている。私たちの仏塔は四層で、四聖諦《ししょうたい》[259]を象徴しているが、ここの塔も四層で、しかも上の階段も仏塔の建築構造とよく似ているね」

メキシコ駐在の沈大使と親しくなってから、パンチェン大師は彼に聞いた。「あなた方外国駐在の大使の給料はすごく高いんでしょうね？」

大使も率直で、しきりに首を横に振って言った。「何が高いもんですか。三〇〇ドルにもなりません。人民元に換算して三千元は国内では高給かもしれませんが、外国じゃはした金ですよ。私はれっきとした中国大使ですが、給料はベトナム大使館の一般職員と同程度です」

「このところよく眠れているかい？」大師が私たちに聞いた。

「いつもよく眠れません」私が答えた。

「時差だよ、時差」大師は言った。

「時差って何ですか？」私は聞いた。

「つまり東半球と西半球をスイカのように半分に切って、さらに均等に二十四個に切り分けると、二十四時間を表す二十四本の経線になるんだ。経線を数えればここと私たちの故郷が何時間違うかわかる。ここにいても生活リズムはまだ向こうの時間なんだ」

本当に時差だった。来て一週間ぐらいいたったら不眠は治ってしまった。

ブラジリアはブラジルの新しい首都だ。道路は広く、建物はみな現代的なデザインだった。例えば、議会ビルの屋上には二つお椀のようなオブジェが、一つは口を上に向けて、もう一つは伏せて置いてある。それは立法と法執行を象徴しているということだった。[260]議会は下院と上院に分かれ、絨毯の色も一方は藍色、もう一方は緑色に色分けされ、権力の分立と平衡を示している。

この時、人民代表大会から派遣された団員はみな驚いて「うちはいつになったらこうなるんだろう！」と感嘆していた。

またブラジリアの政府の門前で、デモをしているグループを見た。団員の誰かがたずねた。「彼らはなぜデモをしてるんですか？　私たちが来たからですか？」

「いいえ、いいえ、いつものことです」彼らが答えた。

「政府はデモを許すんですか？」他の団員が聞いた。

「もちろんです。それは彼らの権利ですよ」彼らが答えた。

　ブラジル議会はまた、私たちと華僑の交流会を開いてくれた。華僑の中にはチベットの現状を全く知らない人もいて、「ダライ・ラマはどうされていますか？」「いまでもポタラ宮殿に住んでいますか？」と聞いてきた。

　私たちは逃げるしかなかった。出国前に統一戦線部は私たちに海外では口裏を合わせるよう指示し、私たちに共産党の民族政策と宗教政策を学習させた。特に私たちチベット人に対しては、敏感な話題には同行する職員と通訳が対応するから、自分で答えないようにと繰り返し言い含めた。

　別の機会に、私が全国青年連合会の代表団に参加してイスラエルを訪問したとき、エルサレムの市長が私に聞いた。「最近我々はエルサレムをイスラエルの首都と決定しました。アメリカはこの決定を認めただけでなく、大使館をテルアビブからこちらに移しました。あなた方中国の青年はこの問題をどう考えていますか？」。私はあわてて言った。「この美しい都市の人々はまるで美しい天気のようで、私を温かい気持ちにしてくれます」。通訳官はそれを受けて市長に長々と説明したが、何を言ったのかはわからなかった。結局、私たちの会見は円満に終了した。

　しかし、ピーターという名の華僑は、チベット仏教について強い興味を持っているようで、私にクンブム寺とツォンカパ大師の歴史についていろいろ聞いてきた。それだけでなく、彼はアティシャ[261]とドムトゥンパ[262]が開いたカダム派[263]のことも知っていた。私は大いに驚いて、彼と話し合った。彼は私がクンブム寺から来て、しかもツォンカパ大師の父の化身であることを知った時、とても喜んで私に名刺をくれた。そして、連絡を取り続けましょうと何度も言った。私はもちろんうれしかった。しかし、その後の私の人生の一番肝心な時に、彼が決定的な役割を果たしてくれるとは思いもかけなかった。

　首都ブラジリアとは違って、リオデジャネイロは大都市で、高層ビルが林立し、車と人であふれていた。アメリカに行ったことのある人の話では、この街はニューヨークに良く似ているということだった。私たちはリオデジャネイロ州の州都にも行った。それはまた別の都市だった。州知事はパンチェン大師と会って非常に喜んで、私たちを自宅でのディナーに招いてくれた。それは非常に大きな家で、客室の暖炉は人の背丈ぐらいの高さがあり、火がパチパチと燃えていた。私たち団員二十数人以外に、ブラジル側の人も大勢来ていて、併せて六、七十人はいた。ディナーは庭で行われた。いろいろな木の香り、草の香りが漂い、噴水があって、時々水の流れる音が聞こえてきた。団員たちは州知事の家に興味を持って、質問した。「この家はとても大きいですが、いくらぐらいしますか?」。州知事は「これは歴代州知事の公舎ですから、私は値段は知りません。知事でなくなったら、出て行かなければなりません」

州知事はパンチェン大師と意気投合し、ディナーのあとに彼の車をリオデジャネイロ滞在中私たちに使わせてくれることになった。私たちはみんな州知事の車はすごい高級車だと思ったが、現れたのはなんと大型バスだった。だが設備は非常に良くて、中に休憩室や会議室があった。運転手は首都から来た人で、あまり道を知らなかった。彼は私たちの目的地に近い道を地図上で見つけて、走って行った。しかし、トンネルに入ったところで警官に止められ、バスは走行禁止だと言われた。運転手は警官に、乗客は中国から来たハイクラスの代表団で、州知事の友人だと話して、通してくれるよう頼んだ。

だが警官は同意しなかった。結局警官は、トンネルを出るのを誘導すると言った。こうして私たちのバスはバックし、その間、渋滞で停車していた両側の車の人々はみんな私たちを見つめていた。この出来事は私にとって非常に印象深かった。ブラジルでは法律が至上なのだ。

彼らはパンチェン大師がスピーチする記者会見も設定してくれて、大勢の記者が取材に集まった。一人の記者がパンチェン大師に経歴を聞いた。大師は、「以前私は『レッテル』を貼られ監獄に入れられていましたが、まだ『名誉回復』される前に人民代表大会常務委員会主任になりました」と答えた。この話は新聞で報道され、それを読んだ人は奇異に感じたということだった。

以前からブラジルではいろいろな宝石を産出し、品質もいいと聞いていた。その頃、タシルンポ寺でちょうどタシ・ナムギャル・ラカンの再建中で、中の塔に宝石を嵌め込む必要があったので、私とドルジェ・ダンドゥルは宝石をたくさん買った。プンワン・ラもそれを見て興味を示した。私は以前からプンワン・ラを知っていた。彼は穏やかで謙虚なので私は親しみを感じていた。彼とパンチェン大師との関係も良かった。彼が言った。「リンポチェ、一緒に階下の商店で宝石のことを聞いてみよう。私はサンゴを買いたいんだ」

「あなた方はどこからいらっしゃったんですか？」宝石商が聞いた。

「チベット」私が言った。

「ああ、チベット、チベット！」彼は何度も繰り返し、私とプンワン・ラのチュバを上から下までまじまじと見て言った。「知ってる、知ってる」

プンワン・ラは私を見て笑った。

ボリビアとチベットは確かに似ていた。海抜四千メートル前後で、首都ラパスの空港に降りると、顔がこわばって空気が足りない感じがした。

泊まったホテルから下を見ると、露店でいっぱいで、その間を色鮮やかな服を着たインディアンがうごめいていた。パンチェン大師は窓際まで行き、目を見開いた。「見てみろ、彼ら誰かに似てないか？」

私たちも窓際に行った。「チベット人みたいだ！」

「いや、ダーツァイダム[264]あたりのモンゴル人に似てるよ！」パンチェン大師が訂正した。

そうだ。みんな背が低く、顔は赤く、団子鼻だ。色とりどりの毛布で子供を背負い、丸いフェルト帽をかぶっていて、本当に大柴旦あたりのモンゴル人にそっくりだ！

その後、ボリビアの遺跡に行った時、大師は独り言でつぶやいていた。「これは本当に不思議だ。彼らの家はチベットの家と同じだ。色まで同じだなんて、本当に不思議だ」

「彼らの村にまだいってないでしょう。頂礼まであなた方チベット人と同じですよ！」通訳が言った。

チチカカ湖のほとりで、私はボリビア人の手織物を見たが、チベットのプル〔ヤク毛の毛織物〕とそっくりだった。男の腰帯も浅褐色と濃褐色の交ぜ織りで、色の組み合わせまで同じだった。

彼らが市場で生活用品と食べ物を売るときは現金を使わずに、物々交換だった。もちろん大声で値段交渉をする。

チチカカ湖はアンデス山脈を背にし、湖の中央がペルーとボリビアの国境になっている。湖面は海のように果てしなく、私は山に囲まれた果ての見えない故郷の青海湖《ココノール》が、天気の変化に従い、湖水の色も変化するのを思い出した。しかし、ココノールの天気は変わりやすく、盛夏でも雪が降るかもしれず、晴れていても雹《ひょう》が降るかもしれない。そしてチチカカ湖には確かにココノールと違う点があった。ボリビアは内陸国家だが、ここには海軍があった。説明では、三千人の海軍艦艇部隊があるだけでなく、五百人の海軍陸戦隊もあり、その上「海軍記念日」まであるということだった。

ウルグアイは牧畜の発達した国だ。一人の牧場主が私たちを自宅に招いてくれた。

遠くから、果てしない草原が見え、そよ風が吹いてきて、草原に牛や羊の群れが現れた。しかしヤクはいない。これらすべてが私たちが訪問する牧場主の所有だった。遠くには、小さな湖があり、湖畔を囲んで高木が生えていたが、それもすべてこの牧場主の所有だった。実は、私の故郷も五〇年代まではそうだった。今は違って、故郷の草地は「草地囲い」つまり鉄条網で一戸分ごとに細分され、騎馬で通り抜けることはできなくなった。つまり、私の故郷ではもう大草原は見られなくなってしまったのだ。

牧場主の家はとても大きく、家産も多く、牧羊犬もいて、自家用小型飛行機も持っていた。しかし、それらすべてを近傍で募集したわずか数人の従業員だけで管理していた。

パンチェン大師は牧場主に、どれぐらいの牛と羊を飼っているのかと聞いた。牧場主の説明を聞いた後、私たちの方に向き直って説明した。そして感嘆して言った。「こんなに多くの牛と羊をわずか数人で管理するなんて！　チベットの牧畜もこういう風に発展しなくちゃ！」

牧場主はまた私たちに彼の家族を紹介してくれた。三

1987年パンチェン・ラマに随行して南米訪問した時にイグアスの滝での記念撮影。左はお付きのドルジェ・ダンドゥル

人の息子がいるが、みな大学を卒業しＩＴの仕事をしているということだった。

私たちはヘリコプターに乗って、世界で一番幅の広いイグアスの滝も見学した。無数の大小の滝が壮大に連なっていて、まるで大海が一気に深淵に落ちて行くようだった。観光客はたくさんいたが、観光ポイントも多く、様々な場所、様々な方向、様々な高さから、風景を楽しむことができた。しかし私が一番印象深かったのはパラナ川とイグアス川の合流地点、つまりパラグアイ、ブラジル、アルゼンチンの三か国の国境だった。合流地点で二つの河川が「丁」の字の形に合流する景色には、一種の平和な美しさがあった。

第十一章　政治と秘密

■北京チベット語系高級仏学院

ある日、私はパンチェン大師から東総布胡同五十七号の彼の執務室に呼ばれた。「高級仏学院を作るから、第一期の学生になってくれ。必ず参加してくれよ。リンポチェが学生になるには勇気がいるから、君に範を示してほしいんだ」

「ラッソ、ラッソ（「いいですね」の意）」私は承諾した。パンチェン大師は学校を開設する目的を話さなかったが、私には分かっていた。一九五〇年以降、立て続けの政治運動の中で多くの徳望の高いリンポチェが逮捕され、獄中で相次いで入寂した。そして若い世代のリンポチェたちは、ほとんどが貧農下層中農の「教育」を受けただけで、正規の仏教教育は受けていない。チベット域内のチベット仏教がほとんど後継者を失ってしまったことを、パンチェン大師はとても憂慮していた。

学校の開校は普通は秋だ。それまでの間、シャゾン寺の再建工事の仕事が私に回ってきた。シャゾン寺といえば人々はシャワリゾンを思い出す。そこはドメーの有名な四大景勝地の一つで、他の三ヵ所はダッカルテルゾン、アチュン・ナムゾン、プラヤンゾンである。ゾンは、チベット語で風景を意味する。各景勝地にはそれぞれ寺が一つずつあり、その寺は風景が良いだけでなく多くの伝説を残している。例えば、廃仏王ランダルマ[265]を暗殺したラルン・ペルキ・ドルジェは、その後アチュン・ナムゾン近くの山の洞窟で修行している。また、三人のウー・ツァンから来た学僧もここで修行している。歴史上、後期弘法《ぐほう》期のチベット仏教はここから始まった。

シャワリゾンはダライ・ラマの故郷タクツェル村の近くの山間僻地にあり、その意味は鹿の故郷だ。山々が重なり、渓流がサラサラと流れている。カルマパ四世ロルペー・ドルジェはかつてここに立ち寄った。わずか三歳

1987年北京西黄寺高級仏学院の学生の時、パンチェン・ラマ、ギャヤ・リンポチェたちと白塔の前で

の時にツォンカパ大師は父に連れられてここに来て受戒した。剃髪した場所から馥郁《ふくいく》たるビャクシンが芽を出し、ここを通る人は誰もが思わず立ち止まって合掌して信仰心を吐露し、また、この清浄な空気をひとしきり楽しんだ。それからだいぶたってダライ・ラマ十四世がここで生まれた。その前に、尊者の長兄がクンブム寺のタクツェル・リンポチェに認定されており、彼はシャワリゾンのシャゾン寺を自分の家廟とみなしていた。文化大革命の時代、そのビャクシンは伐採され、寺はすべて取り壊されて更地にされた。いま、この寺の再建計画が持ち上がり、基礎工事もしたが、落成まではまだまだかかる。

　シャゾン寺から私に相談があった。私はもちろん手助けしたかったが、宗教部門の資金が少ないことを知っていたので、香港・マカオ・台湾の仏教徒からの資金援助が不可欠だと話した。準備作業の中で、私は一枚の白黒写真を見つけた。それはダライ・ラマの姉が昔この寺の楼閣に立って遠くを眺めている情景だった。かつてのシャゾン寺は、荘厳かつ優美で、元の姿に再建するのは一度では難しかった。そこで私は工期分けを提案した。

　この時、クンブム寺から電話が来て、北京から私に非常に重要な手紙が届いたから、すぐに戻って来るようにと告げられた。私はやむなくあたふたと帰った。それでも、その後のシャゾン寺再建の時には私も協力し、少しは功徳を積むことができた。

　クンブム寺に戻って初めて、手紙は北京チベット語系高級仏学院の入学許可通知だと知った。セルドク・リンポチェも受け取っていた。

「君たち二人が北京に勉強に行くことは、クンブム寺にとって願ってもないことだ。後継者がいなくなってし

1987年北京高級仏学院で

まったんだから！」当時クンブム寺の住持をしていたチェシュ・リンポチェはこの件を非常に重視して、付き添いとして副僧官のタムチョを同行させた。また、ツォンカパ大師と彼の二人の弟子、ゲルツァプジェとケードゥプジェの師弟三尊の全著作合計三十九巻を北京高級仏学院開学のお祝いとして黄色の錦に包んで私たちに持たせた。

　私たちは一九八七年八月二十八日午後に出発するつもりだった。しかし、その日の朝、前の晩に大金瓦殿《セルドン・チェンモ》に供えてあった五枚の金の灯明皿が盗まれたことが分かった！　私はそれが心配で気が重かった。クンブム寺との別れの日にこんなことがあるとは思いもしなかった。

　クンブム寺を出発するとき、気候はすでに寒くなっていた。しかし、北京に着くと蒸し暑くて、次から次へ服を脱いだ。だが、黄寺に近づいて、遠くから瑠璃《るり》壁や松の木に覆われた紅壁、それに走り回るリスを見て、たちまちさわやかな気持ちになった。天王殿を通り抜けると、チベット式の仏塔が見えて、ますます呼吸が楽になった。ここはもともと寺だったが、今では学校の雰囲気がある。職員はみなチベット伝統のチュバを着て、に

1987年北京西黄寺の白塔前で　セルドク・リンポチェ、タルシュル・リンポチェ、ギャヤ・リンポチェ、クロ・リンポチェと私5人ともモンゴル族

こにこと私たちを迎えてくれた。来賓には来賓用の受付があり、学生には学生用の受付があった。

一人の職員が私たちを案内して、大殿を通り過ぎ、仏塔を回って、一棟の四合院に連れて行った。私たちの宿舎は一番奥の部屋で、二人一部屋だった。絨毯が敷かれ、ベッドの横には机、扇風機、魔法瓶が置いてあった。私たちは教務係で教科書を受け取るときに、はじめて第一期の学生は二クラス合計四十数名であることを知った。チベット仏教の高位の継承者が大勢参加していた。

授業のときは宗派に関わらずみんな一緒に座った。カリキュラムは寺院と一般の大学の両方の特徴を兼ね備え、五明学科も、チベット仏教各宗派の道次第（ラムリム）〔修行の階梯〕も、チベット仏教史、仏教哲学、天文暦法、チベット語文法、書道もあったし、選択科目で漢語と英語もあった。パンチェン大師はチベットから多くの著名な高僧を教師に招いた。シャルドン・リンポチェ、トゥンカル・ロサン・ティンレー教授、シャンザ・カブサン・ギェルツェン教授、トル・ツェナム教授など、仏教の五明学科の大学者や専門家が集まって、私たち寺にこもっていたリンポチェの視野を広げてくれた。

教育方法も、伝統と現代の二つの特徴を兼備していた。例えば、『菩提道次第大論』を学ぶときは、チベットの口授教育の伝統を継承して、導師は法座に座って講義をし、学生たちは床《ゆか》にあぐらをかいて坐った。歴史や文法などその他の学科を学ぶときは、椅子に座って普通の学校と同じように学んだ。

最初の講義は大師自ら行い、『菩提道次第大論』の中の帰依敬頌を教えた。私たちの英語の先生は、ある時期アチョー・リンポチェ（アムドの信者は普通アムチョク・リンポチェと呼んでいる）だった。昔、彼はダライ・ラマ尊者についてインドに行き、長年住んでいた。彼が里帰り訪問をした機会に、パンチェン大師が招聘したのだ。英語のほかにも、アチョー・リンポチェは『三帰依』と『入菩薩行論』も教えてくれた。

　パンチェン大師はその後さらに体育の授業も必要だと言いだした。それで本当に体育の授業も開設された。しかし、一般の体育の授業とは異なり、私たちの体育の授業は頂礼《ちょうらい》と叩頭《こうとう》の試合や、塔めぐり競争だった。北京チベット語系高級仏学院は、チベット仏教文化と現代文化とを結び付ける一つの試みだったといえる。

伍精華の手中のオリジナルビデオテープ

一九八七年の晩秋のある日。私が東総布胡同五十七号のパンチェン大師の事務所に入った時、彼はちょうど長距離電話を受けていた。回線が良くないので彼は大きな声で話していた。「なに？」「デプン寺の僧侶がまた捕まった？」「何人だ？」彼の声はますます大きくなった。

　当時、チベットでは僧侶や在家信者のデモが頻繁に起こっていたし、警察による逮捕も頻繁だった。だがこの時はいつもと違って、「お上」がパンチェン大師をラサに派遣するという情報が広がった。そして私も、学院からパンチェン大師に同行するようにという通知を受け取った。

　出発前に、統一戦線部で派遣団の説明会が開かれた。説明会に参加した百人ほどの人々は高僧グループ、幹部グループ、警察グループの三つのグループから成っていた。派遣団はパンチェン大師が団長で、北京西郊軍用飛行場に集合して、専用機でラサに向かった。

　中央の指導者たちは皆、北京の西山に別荘を持っている。パンチェン大師も持っていた。西山は空港から近いので、私と数人のリンポチェはパンチェン大師と一緒に北京高級仏学院から彼の別荘に向かった。警戒が非常に厳重で、門を入ったところで歩哨の兵士がナンバープレートをチェックし、それが済んでから遮断棒が上げられた。秋たけなわで、茂ったカエデの葉が真っ赤に色づき、サラサラと水音が聞こえた。いくつもの別荘が山を背にして建っていて、環境はとてもよかった。車内の人が前方の別荘を指差して小声で言った。「あれは李鵬の別荘、こっちは田紀雲の別荘……」

私たちは裏口から大師の別荘に入った。客間の正面の旧式のソファー一式は気品のある銀灰色のソファーカバーで包まれ、ヘリンボーン張りのオーク材の床板の上にチベット式の絨毯が敷かれていた。家は非常に広く、主人の執務室、秘書の執務室、それに警備員の部屋もあった。寝室も二十室以上あった。私は狭い寝室に泊まった。次の日の早朝、コックが作ってくれた朝食は卵焼き、粥、ザーサイとマントウ、そしてもちろんツァンパとバター茶もあった。私は後者を選んだ。

西郊飛行場に着いたとき、他の人はほとんどすでに到着していた。私たちは車でタラップの下まで行き、すぐに飛行機に乗り込んだ。

私と大師は何度も一緒に旅行しているが、彼は飛行機の中でいつもよく談笑した。特にネパールに行ったときは、たびたび立ち上がって私たちにチベットの名山や名刹を見るよう注意を促した。しかしこの日、大師は黙って窓の外を見つめていた。私は彼の後ろの席に座っていたので、彼のじっと動かない大きな背中がはっきり見えた。

飛行機は幾重にも重なった黒雲、見渡す限り真っ白な群山を通り抜けて、チベット上空に入った。一本の川の流れがきらめき、西に沈む太陽はバラ色に輝いていた。私は思わず深呼吸した。以前、飛行機の上で一人のパイロットが地図を手に、地上と連絡が途絶えたときには、川の流れから方向を知るのだと私に説明してくれたことがあった。だから、私はヤルツァンポ河を見てほっとしたのだ。この時、川の左岸に見えた円形の塀は世界の縁を象徴する鉄囲山《てっちせん》だ。中心に盛り上がっているウツェ大殿は須弥山《しゅみせん》だ。[266] それに麦粒のように小さくて、はっきり見えないが、四大洲と八小洲がある。これはサムイェ寺[267]だ。私は目を閉じてこの寺の壁画を思い浮かべることができる。それはチベットで最初に仏法僧三宝がもたらされた寺で、ここからチベット高原に六千座以上の寺が広がっていったのだ！ しかし今、このサムイェ寺以外に残っている古寺がいくつあるだろう?

　飛行機は降下を続け、着陸した。コンカン空港に着いたとき、多くのミニバスと数台のオフロード車が並んで待っていた。自治区の幹部たちがカタを手にタラップを上って機内に入ってきた。パンチェン大師はカタを受け取ると、彼らの報告を聞いた。職員が私たち一人一人に名前と番号を書いたカードを配り、飛行機を降りるとすぐに自分の乗る車を見つけることができた。

　私とグンタン・リンポチェ、ジャムヤン・シェーパ・リンポチェ、ナクツァン・リンポチェ[268]は同じミニバスに乗った。パンチェン大師や王芳公安部長は一人一人オフロード車に乗った。空港からラサまでの道には完全武装の解放軍兵士が並んでいたが、この八年後にパンチェン・ラマ十世の化身を当局が欽定した時と比べれば、まだそれほど緊張した雰囲気ではなかった。

　私たちのミニバスは直接パンチェン大師の行宮——シュクリン・ドルジェ・ポタンに向かった。ついてきたのは四、五十人で、全員がシュクリン・ドルジェ・ポタンに泊まった。統一戦線部の大部分の幹部は自治区が迎えて連れて行き、王芳公安部長他の公安部の幹部は軍区が迎えて連れて行った。

　私はシュクリン・ドルジェ・ポタンの本殿、つまり「パンチェン棟」の左側にある旧式の建物に泊まった。むかしタシルンポ寺に学びに行くためにラサを通った時、私はセルドク・リンポチェと一緒にギャヤ・リンポチェに伴われてここに泊まったのだった。あれからいつの間にか二十年以上が過ぎた。しかしこの日私には懐旧の念は湧かず、まるで何かに心を塞がれているように息が詰まった。

　次の日、朝食を食べ終わるとすぐに、会議を始めると知らされた。会議での自治区の指導者の報告は、いつもと同じようにまずチベット情勢の素晴らしさから始まった。いかに農業がうまくいっているか、いかに工業がうまくいっているか、成長率が何パーセントに達し、共産党の宗教改革政策がいかに支持されていて、広範な信者大衆がいかに共産党に感謝しているかを、並べ立てた。最後に、ごく少数の悪人が国外の「分離主義分子」の誘いに乗って、共産党政府を打倒し、人肉を食らう農奴制を復活させることを妄想している。もちろん、少なからぬ真相を知らない大衆も騙されて政府に向けてデモをしだが、共産党の正しい指導の下、自治区政府は一貫して自制し、再三説得を繰り返した。しかし、彼らは説得を聞かず、ますます激しく暴れて、許し難い状況になったので、中国人民解放軍と武装警察兵士が、人民の財産と生命の安全を守り、祖国の辺境の安寧を守るため、ごく少数の悪人に対して断固たる措置を実行し、現在情勢はすでに落ち着いている。しかし、まだこれから大規模な思想工作を、とりわけ寺院と僧侶に対して行わなければならない。中央工作組の到着は我々にとって最大の励ましである、などと話した。

パンチェン大師の顔はどんどん引きつっていった。みんな沈黙したまま会議は終わった。

その晩、パンチェン大師から突然全員に集まってビデオを見るようにという知らせが来た。私がシュクリン・ドルジェ・ポタン本殿のパンチェン棟二階の居間に行ったとき、パンチェン大師は白地に藍色の絵の入った湯飲みを持ってソファーの真ん中に座っていた。この部屋は大きくて、前には長いソファーが一列並び、後ろには何列か椅子が並んでいた。私は二列目に空き席を見つけて座った。まもなく部屋中人でいっぱいになった。

「自治区の指導者はみんな来たか？」パンチェン大師は振り返ってみんなの方を見た。みんなは互いに顔を見合わせて、誰も答えなかった。なぜなら、自治区の指導者は誰も来ていなかったからだ。また少し待つとさらに人が増えた。

「よし、これ以上待たずにビデオを始めよう」大師が言った。

ビデオの初めの十数分は、頻繁に場面が切り替わって、見ても何が何だかわからなかった。ポタラ宮殿が映ったと思ったら、次はトゥルナン寺（ジョカン）、次は寺の周りを歩く信徒、次は自治区政府の門、次は鉄門のうしろで動き回る警官。やっと五、六十人の袈裟を着た僧と尼僧がスローガンを叫び、こぶしを振り上げ、ポタラ宮殿の方向から歩いてくる場面になった。しかし、デプン寺から来たのかセラ寺から来たのかわからない。彼らは散らばって歩いているのではなく、集まって、密集して、互いにかばい合うようにして歩いていた。歩くスピードも速く、とても緊張している様子だ。自治区政府の門まで来て、入ろうとしてもみ合いになり、門の周りに人だかりができた。誰かが何かを説明しているようだ。それからこのデモ隊は、自治区政府からトゥルナン寺の方向に向かって行き、道中大勢の大人や子供が隊列の後に合流し、スローガンを叫んでいる。見た所、みんなとても「反動的」に写っていた。

このデモ隊がトゥルナン寺の塀の左の角に来たところで突然ビデオは終わった。

約一時間ビデオを放映していたが、みんなとても眠くなって、眠ってしまった人もいた。眠らなかった人も、目を開けているのに必死だった。

「終わりか？　これで終わりなのか？　これがビデオ記録の全部か？」パンチェン大師は、がばっと立ち上がって、大きく目を見開いてビデオを放映した人を問い詰めた。

集まっていた人はみんな驚いて目が覚め、息を詰めて見つめた。パンチェン大師は暗褐色のチュバの袖をまくり上げながら、大股でビデオを放映した若者の前に行き、両手を伸ばして彼の襟首をつかみ上げた。パンチェン大師のがっしりとした体格と若者の小柄な体格が強烈なコントラストを成していた。部屋中の空気が凍りついた。全員がじっとパンチェン大師を見つめた。みんな若者が殴られるのではないかと思ったが、パンチェン大師は若者を椅子の所まで押していって手を放した。

「李佐民、おまえは眠りに来たのか？」パンチェン大師は中央統一戦線部の副秘書長であり、昔からの通訳であり友人でもある李佐民を厳しく問い詰めた。「他に来ていないのは誰だ？」

「グンタン・リンポチェは疲れて気分が悪いということで、来てません」職員の一人が答えた。

「だめだ、一人も欠けてはならん。みんな車に乗れ、すぐ出発だ」パンチェン大師はそう言うと、居間を出た。みんなもそれに続いて車に乗りシュクリン・ドルジェ・ポタンを出発した。

漆黒の闇の中で、車列はごうごうと驚天動地の音を立てた。まぶしいヘッドライトの光が伍精華の住宅の門を照らした。門は鉄柵で出来ていた。誰かが門を叩いて叫んだ。「伍書記！　伍書記！」。時刻は夜中の一時ごろだった。伍精華がガウンを羽織って出てきた。「こんなに大勢で、一体何が起こったんだ？　ああ、大師、あなたもおいででしたか、何か急用でも？」

「もし自治区の指導者が私を信用しないなら、私はすぐにラサから出て行ってもいいんだ！」伍精華が話し終わる前にパンチェン大師は怒りを爆発させた。

伍精華は手を大師の背中に回して言った。「大師どうぞお入りください、どうぞ、どうぞ……」

パンチェン大師だけでなく彼のお付き二、三人も一緒に伍精華の家に入り、階段を上って部屋に入った。そして、伍精華の部屋の明かりがついた。開いたドアの中から、大声で話す声、電話で話す声が聞こえてきた。

私たちは門の外に立って、時々互いに顔を見合わせたが、闇夜に部屋から洩れる電灯の明かりだけでは、人の表情はよく見えない。多分十数分たったころ、一台のオフロード車がギーという音を立てて止まり、車の中から伍精華の秘書が出てきた。彼は革ジャンパーを着て、締めていないベルトが両側に垂れ下がったままだった。彼は何も言わずに、大急ぎで家に駆けこんだ。数分後、パンチェン大師は一つのビデオテープを手に持って出て来て、車に乗り込んだ。

「これが伍書記の秘書が自分の引き出しに隠していたオリジナルテープだ」。みんなは議論しながら、またパンチェン棟の二階の居間に引き返した。今度はグンタン・リンポチェも呼ばれて出て来た。誰ももう居眠りをしなかった。最初は少し早送りで上映し、デモの場面になってから普通の速度に戻した。みんな注意深く見た。時々誰かがこの場面はさっきはなかった、あの場面もさっきはなかったと言った。デモの隊列がトゥルナン寺の左の塀の角に来たとき、場面が屋根に切り替わった。屋根の上には数人の警官が、銃を構えて緊張してデモ隊を見下ろしていた。

「くそっ！　やって来たぞ、撃て！　撃て！」警官の一人が叫んだ。

続いて、くぐもった銃声が聞こえた。パンチェン大師は立ち上がって、電気をつけて、ビデオを止めるよう命じた。「みんな見ただろう？　警察が先に発砲していたな？　よし、ご苦労さん、みんな休んでくれ」。彼はまた、映写していた若者がビデオテープを取り出すのを見て、手を伸ばして言った。「私にくれ」。ビデオテープを受け取ると、チュバの懐に押し込んだ。

その後の会議でパンチェン大師が総括発言をするときは必ずこう言っていた。「人民の子弟の兵士は人民に奉仕するものだが、人民に発砲した。これは政府が犯した誤りだ！　我々が大衆を説得し、教育しようとするなら、まず我々自身の誤りを認めなければ、大衆の説得はできない」

まもなく、私たち「高僧団」と統一戦線部の「幹部団」で六、七組の工作組を組んで、ラサ市のデプン寺、セラ寺、ガンデン寺などの寺院で手分けして短期学習班を開いた。もちろん、公安部の人々の行動は私には分からない。

私とナクツァン・リンポチェはガンデン寺に行った。私たちの仕事はいくつかのステップに分かれていた。第一歩は、僧侶と信者の意見を聞くこと、第二歩は、民族宗教政策を宣伝すること、第三歩は、思想を統一することで、それは全て「お上」が決めたことだった。

ガンデン寺はゲルク派の創始者ツォンカパ大師が十五世紀初めに創建した寺で、ゲルク派の祖寺である。チベット仏教、とりわけゲルク派の中で極めて特殊な地位を占めている。そしてガンデン寺のガンデン・ティパ（座主）は数代にわたってチベットの摂政王を務めたこともある。ガンデン寺の僧侶は三千三百人という言い習わしがあるが、実際の人数はこれよりはるかに多かった。残念なことに私はその輝きを自分の目で見たことがない。歴史上前例のない文化大革命の最中に、この叢林大寺院は壊滅的な破壊をこうむり、巨大な廃墟になってしまった。

聞くところによると、紅衛兵の造反派が鍬《くわ》とスコップを使って、ツォンカパ大師の法体を納めた金塔を破壊した時、ツォンカパ大師の白髪が地面に届くほど長く伸び、両手を「法輪」の形に組み、爪が肩にまで伸びているの見ただけで肝をつぶし、ガンデン寺のポミ・リンポチェを呼んで、彼に法体を担ぎ出して焼かせたそうだ。当時、誰も彼を見張っていなかったが、臆病なポミ・リンポチェはツォンカパ大師の法体をガンデン寺の東側の斜面に運び、大師の紫檀の香木法座で火を起こし、大師の法体を灰にしてしまった。

ポミ・リンポチェは今日のニンティ地区ザユル県の生まれで、ゲシェ・ラランパの学位を取得しており、本来は徳望の高い人だ。しかし、彼にとっては選択の余地のない二つの出来事で、彼の名誉は泥にまみれてしまった。一つは文革の時にツォンカパ大師の法体を焼いたこと、もう一つは一九九五年に当局がパンチェン・ラマ十世の化身を欽定するために行ったまやかしの「金瓶掣《きんぺいせい》籤《せん》」で、命令に従って心ならずも籤《くじ》を引いたことである。

私は一九八五年になって初めてガンデン寺に参拝した。当時すでに修復が始まっていたが、まだ目に入るのは破壊の跡ばかりだった。今回は二度目のガンデン寺訪問だった。すでに経堂が一、二棟建っていたが、以前の壮麗さと広大さは永遠に失われてしまった。新しい建物は、一面の廃墟の中でとても軽々しい印象だった。

この時、ガンデン寺に住む僧侶はわずか数百人だった。私たちが意見を聞いたとき、若い僧侶たちは勇気をもって真実を話した。彼らは歴史的にガンデン寺がどれほど重要か、文化大革命の時にどのように破壊されたか、今「お上」が再びどのように寺の人数、仏教行事を制限しているかを、特に僧侶は本来尊敬を受けるはずなのに、現在は何かにつけて差別されるということをいくつもの実例を挙げて語った。彼らはまた民主、自由、人権などという幹部が最も忌み嫌う言葉も使った。若い僧侶とは正反対に、寺民主管理委員会主任、つまり政府が指定した僧侶の中の責任者は、しどろもどろに謝ってばかりだった。私たちはガンデン寺にほぼ一週間通い、各組の報告をパンチェン大師に報告するために、毎晩ラサのシュクリン・ドルジェ・ポタンに戻った。ある晩、ほとんどの組長がデモに参加した人数、回数、そして今後は参加しないという僧侶の念書を詳細に報告し、同時に僧侶が寺に入ることの困難、宗教生活の保障の欠如、寺院修復資金の欠如などの問題を報告した。だが、パンチェン大師の向かいに座っていた国務院宗教局第二司司長の趙さんの報告は、決まり文句の役人言葉を並べるだけで具体的な数字は何もなかった。大師は耳を傾けていたが、だんだんと眉毛が眉間に寄り、表情が暗くなって、ついに怒り出した。「趙さん、明日の報告ではもっと具体的に実情を報告してくれ。君の報告を聞いていると、情勢は素晴らしく、問題なんて少しもなくて、ここに集まって会議をする意味がないようだ」

趙司長は何度も謝って言った。「委員長、私は仕事が少しおおざっぱすぎたようです。次は真剣に調査し、実情を踏まえて……」

「分かった！　分かった！　誤りを認めるのは良い同志だ。私は思ったことをすぐ口にする人間で、済んだことは気にしない」パンチェン大師も趙司長を慰めた。
二、三日後の晩、また同じような報告会が開かれた。パンチェン大師は趙司長を自分の真向かいに座らせ、最初に彼に報告させた。この時の趙司長の報告は前回と全く違って、根拠を示して説明し、住民の気持ちも把握していた。しかし、報告の途中で突然口が止まって、ノートを見たり大師の顔を見たりを数回繰り返した。私は、誰かが大師の悪口を言ったのを報告するかどうか迷っているのかと思った。しかし違った。趙さんの顔から血の気が引き、よだれを流し始めた。「医者を呼べ、早く医者を呼べ！」パンチェン大師が真っ先に異常に気付いた。
外の間に待機していた二、三人の医療スタッフがすぐに入って来た。この時、趙司長のズボンはもう濡れていた。医療スタッフの救急作業の動作は不慣れな様子だった。後で、彼らは北京から来たのではなく、ラサの人民病院から派遣された看護スタッフだと知った。

二日後、私たちは趙司長の告別式に参加した。漢人には死化粧の習慣がある。そのため趙さんの死に顔は亡くなる前より端正だった。彼の家族も北京から駆け付けて参加した。ある人が言った。「趙さんはいい人だった、職務を利用して全国各地を旅行したが、チベットにだけは来たことがなかった。今回は、間もなく定年退職だからとチベットに行きたいと希望を出した。もちろん組織は便宜を図って彼をチベットに派遣して、共産党の任務を遂行させると共に高原の景色を楽しませようとしたんだ」。だが、高齢で体力が弱っていたので、高原の気候に適応できず、永遠にチベット高原に留まることになった。私は彼のために目を閉じて祈禱し、静かに済度の経文をとなえた。

その間、「お上」は私たちにチベット自治区武装警察本部を訪問させ、武装警察部隊の整然とした武装演習や、防毒マスクと防毒服を着用した軍人が「敵を制圧する」捕獲模範演技を見学させた。一番注目を集めたのは、北京の王芳部長が連れてきた特殊部隊の気功武術の実演で、指でレンガを貫いたり、一撃で十数個のレンガを割ったり、片手で鍋の水をつかんだりして、解放軍と武装警察部隊の難攻不落の戦闘力を見せつけた。身に寸鉄も帯びていないチベットの僧侶が彼らにかなうわけがない。

おおむね十日後、私たちは最後に大型総括会議を開き、北京から来た人が全員参加したほかにも、自治区の指導者と三大寺院の一部の僧侶が出席した。パンチェン大師はいくつかの特別な贈り物を持って来ていた。その中には明朝皇帝がツォンカパ大師に贈った金の縁取りの帽子や北京の民族宮図書館で探しだした金泥で書かれたガンデン寺の『大蔵経』百巻あまりがあった。パンチェン大師は復権後、文化大革命の前と期間中に没収され散逸したチベットの各種経典、仏像、仏塔などを探し回っていた。もともとラモチェ寺に安置されていたシャカムニ仏像のジョウォ・ミキュー・ドルジェ（ブッダ八歳等身像）は、文革中に腰のところで真っ二つに切られ、上半身は北京に流れて来ていたのを、後にパンチェン大師が懸命の努力で探し出して送り返した。今回、パンチェン大師は北京で探し出した貴重品を前のテーブルに並べ、開会の時の初対面の贈り物として三大寺に返還した。

伍精華が会議を主宰した。慣例に従い、指導者たちが発言した後に僧侶の態度表明となった。そして、幹部たちは僧侶に事前に根回しをしているので、態度表明をすればすべて円満に終了して、私たちは凱旋帰京できるはずだった。この時はすべて揃っていて、あとは僧侶の発言を待つだけだった。しかし突然、デプン寺の僧侶が立ち上がって、激しい口調で詰問し始めた。「おまえたち解放軍と漢人幹部たちは、一九五一年のチベット進駐の時、杖一本とずた袋だけを担いで来たじゃないか？　だがおまえたちが今定年退職して内地に帰るとき、みんな何台ものトラックに荷物を積んで帰って行く。それはみんなチベットの財産だろう？　おまえたちは私たちに何をくれた？　民主改革や文化大革命でどれだけの人間を撃ち殺した、どれだけの寺を打ち壊したんだ？」

彼の話が終わる前に、伍精華は秘書にひそひそと何か耳打ちし、その秘書は会場係に何かひそひそと耳打ちし、その会場係は発言中の僧侶の前に行って彼の発言をやめさせ、同時にポケットに手を突っ込んだ数人の私服警官が歩み寄った。会場が水を打ったように静まり返り、僧侶たちは皆うつむいた。

伍精華は烈火のごとく怒って立ち上がった。「おまえたちはチベットを独立させたいんだろう？　だったら、これは何だ？」彼はパンチェン大師がテーブルの上に並べた帽子を指差して言った。「これが動かぬ証拠だ。明朝の時にチベットはもう中国だったんだ。こういう証拠があるのにおまえたちはずうずうしくも分離主義者の代弁をする。我々は中国共産党の英明なる指導の下で、チベットを解放し、封建農奴制度を撤廃したんだ。おまえたちはそれを望まないのか？」

伍精華が三十分も居丈高に叱責を続けたあと、パンチェン大師が困り果てた様子で言った。「私はもともと大きな問題を小さく、小さな問題を消して、早く終わらせることを願っていたが、どうやらそれほど簡単ではないらしい」

そのため、工作組は滞在をさらに数日延ばして、大勢の僧侶や信徒に対して大々的に説得を行った。やり直しの総括大会には前回発言した僧侶の姿はなかった。一方、三大寺の寺民主管理委員会の主任たちは、そろって共産党の恩情と社会主義の偉大さを讃えた。そろって今後デモ行進は行わないと保証した。最後に、自治区の指導者たちの長い演説で締めくくられた。中央は慰撫《いぶ》政策の具体化として、三大寺に三、四十万元を支給した。そして今回の運動の総括は、「分離主義者との闘争は長期的であり、大衆は騙されていたのであり、警察が発砲したのも誤りだった」とされた。

パンチェン大師の秘めた思い

実際にはラサだけでなく、チベットの他の地区でも頻繁に似たような抗議デモが発生していた。この状況下で、パンチェン大師は問題をきっぱりと解決する方法を思いついた。

「チベット仏教委員会を設立しようと思っている。どんな名前にするかはまだ決めていないが、内容についてはいろいろ考えた」事務机を隔てて、パンチェン大師は書棚の前の背もたれの高い椅子に座って、私たちの反応を待っていた。

私は大師の向かいに座っていた。私と一緒にドルジェ・ダンドゥル、チビのトンドゥプ、劉隆、張建基もいた。

「大師、計画はいいんですが、資金はどうしますか？」劉隆が聞いた。

「先に私が貸してもいい」大師が言った。「我々のカンチェン公司が、この委員会に奉仕するんだ。カンチェンは、チベット語では荘厳な雪国という意味だ。本部を北京に置いて、大きな省とチベットの各地区に支社を置き、多国籍企業を目指す。それから、北京に大型ホテルも作りたい。名前ももう考えてある。ソンツェン・ホテルだ」

「いい名前ですね」張建基が言った。「私は書くことができますから、資料の整理を手伝います。できる限りのことをします」

「ソンツェン・ホテルは、十三階建てにして、デラックスルーム、スタンダードルーム、それに一般牧畜民ルーム、シングルルーム、ファミリールームも作りたい。部屋にはチベットの敷物、モンゴルの毛氈《もうせん》を敷く。どんな履物で踏んでも問題ないからね。各部屋に外国のホテルに聖書を置いてあるように、仏教経典を一冊づつ置くんだ」

私は大師のひとかたならぬホテル造りの熱意を理解した。その頃、北京に来るチベット人、モンゴル人の多くがホテルから宿泊を拒否されていた。一般のホテルは彼らの服が汚いとか、くさい、あるいは靴を脱がずにベッドに入るからと、泊めるのを嫌がった。しかし、直接そう言って拒否するのをはばかって、満室だと言って断るのだった。こうした差別待遇への不満の声がパンチェン大師に寄せられていた。

「君たちが準備委員会を作ってくれ。私はもう一人雍和宮の老僧にも声をかけた。彼は以前宗教局に寺院の不動産を登記したことがあるから、事情を良く知っている。彼の指導でパクモドゥ派政権時代、[269]つまり彼らにとっての明朝以降、北京にいったいどれだけのチベット仏教寺院がつくられたのかを調べてくれ」

パンチェン大師のこの計画は私を興奮させた。ただ劉隆は張建基が足手まといになると心配していた。彼はこっそり私に言った。「活仏、張建基が南米でやったことを覚えてますか？　彼は人が部屋に置いたチップを自分の懐に入れていたんです。日本では書店で本を万引きして捕まったのに、彼は無料だと思ったと言い訳したんですよ。何が無料なもんですか。エロ雑誌ですよ。そんな人間を委員会のメンバーにするなんて、ああ」

「大師も仕方ないんだ。『お上』が張建基を大師の部下として配属した以上、彼を使うしかない」私はそう言って劉隆を慰めた。

　その雍和宮の老僧は確かに非常によく事情に通じていた。調査中、彼は私たちにいろいろ説明してくれた。この西黄寺は歴代パンチェン大師の寺院でパンチェン大師に属してたが、今は北京チベット語系高級仏学院になっている。東黄寺は、モンゴルの最高活仏ジェプツンダンパ[270]の寺院だ。それに中黄寺は歴代ダライ・ラマの寺院だったが、とっくに跡かたもなく消えてしまった。チャンキャ国師[271]の邸宅だけはまだ輪郭を残しているが、中は東風テレビの工場になっている。また、セルティ・リンポチェと歴代の八大ホトクト[272]は昔はみな北京に邸宅があった。私の前世のアジャ・ホトクトの邸宅は雍和宮の中にあった。しかし、だいぶ前に他の用途に転用されてしまった。

　約二週間の現地調査のあと、私たちは結果を集計した。歴史的に北京には三十八のチベット仏教寺院が存在し、二十世紀初めには二十四が残っていたが、文革後には雍和宮と白塔寺のわずか二つしか残っていなかった。

　現在、北京チベット語系高級仏学院ができて人材を育成中なので、カンチェン公司やソンツェン・ホテルの資金源の問題が解決すれば、このチベット仏教委員会も設立できる。あとは、私の考えでは、パンチェン大師が中央に申請して全てのチベット仏教寺院をこの委員会に帰属させ、パンチェン大師がチベットの宗教問題を自ら指導、処理することだ。そうすれば、チベットの僧侶たちが抗議している問題も容易に解決できるだろう。しかし、中国政府は本当にパンチェン大師がこの委員会を設立することを許すだろうか？　彼らはこれを彼らが批判するダライ・ラマの「形を変えた独立」と同じだと見なすのではないだろうか？

タシ・ナムギャル・ラカンの落成式

　私たちリンポチェは、北京チベット語系高級仏学院で学生として学んだ一年間、非常に忙しかった。なぜなら、文化大革命などいろいろな政治運動で数十年間中断していた仏教の教育をいっぺんに行い、すべて私たちに教え込んだのだから。

しかし、一九八八年の夏に私たちは無事に学業を修了した。卒業式も非常に盛大で、中央から多くの幹部が招かれ、趙樸初さんも来てくれた。パンチェン大師は自ら私たちに卒業証書を授与し、カタを掛けてくれた。私たちは大師の手から卒業証書を受け取ると、みなうやうやしく大師と額を突き合わせる挨拶をした。この二重の加持で私たちはみな満面の笑顔になった。同時に、ハルパ・ジャンボ・リンポチェ、[273]ミニャク・チューキ・ギェルツェン、[274]それに私の三人が優秀学生として表彰された。

「まだ、まだ、式はまだ終わりじゃないよ」パンチェン大師も笑顔が絶えない。「もう一ついいニュースがある。この三名の優秀な学生がチベット語研究室の研究員に招聘《しょうへい》された！」

みんな合掌して私たち三人を祝福した。

その後、高僧たちが自分の寺に帰るために北京を発つとき、私はまたパンチェン大師の執務室に呼ばれた。

「仏学院は一回で終わりではなく、これからも続けなければならない。だから、君に残ってもらいたいと思うがどうかね？」

私はクンブム寺に帰るのを待ち焦がれていたので、とっさにパンチェン大師にひれ伏した。

「分かった、分かった。君の気持ちは分かった」大師は笑った。「そうだ、クンブム寺の切り盛りもとても重要だ。だが、私がチベット仏教委員会を正式に発足させるときは、君にも働いてもらわなくちゃならないから、そのときは断らないでくれよ！」

こうして、私とセルドク・リンポチェは北京を発った。西寧についてから、私は袈裟に着替えた。タシルンポ寺で俗服に強制的に着替えさせられてから、このとき再び袈裟に戻った。この二十数年の次から次へと政治運動の吹き荒れた歳月、私たち若い世代は規則や戒律を守ることができなかった。二年前、私はギャヤ・リンポチェにお伺いを立てた。彼は「『宗教改革』運動と文化大革命の最中は政府が僧侶に還俗を迫った。おまえたちは還俗しなかっただけでも貴重だ。この時代には、信心が修行の大本だ。おまえが五十歳ぐらいになったら恩師が自然に現れるだろう。その時は、比丘戒を受け、一切の政務から退き、修行に専念しなさい」と言った。

チェシュ・リンポチェに率いられた五、六百人の僧衆が私たちを盛大な儀式で迎えた。長喇叭とチャルメラが一斉に鳴り、のぼり旗が空にひるがえり、薫香が先導役の僧侶の手からゆらゆらと立ちのぼり、荘厳な華蓋がそのすぐ後に続いた。多くの年配の僧侶は感激して涙を流していた。私は一九五七年にラブラン寺で浄土戒を受けてクンブム寺に帰った時の様子を思い出した。

今再び、ギャヤ・リンポチェと一緒になった。彼は「おまえは北京仏学院で多くの仏法を学んだが、それは基礎に過ぎない。学ぶことを止めてはいかん。ちょうど時間があるから、『地と道の解説《サラム・ナムシャー》』[275]を手始めに教えよう」

私にとって願ってもない申し出だった。それから毎日ギャヤ・リンポチェに教えてもらった。ギャヤ・リンポチェの僧坊は二階建てで、私に教える部屋は二階東側の部屋だった。両側に窓があり、北側の窓からは湟中県城の全景が見わたせ、南側の窓からはクンブム寺の全景が見わたせた。ギャヤ・リンポチェはいつも西側の壁際でオンドルの上にあぐらをかき、前に文机《ふみづくえ》を置いて、いつもその上に経典が整然と置いてあった。

私は部屋に入るとまず頂礼をし、それから床板に座った。

「立って、立って、オンドルに、私の向かいに座りなさい」彼はいつもそう言った。私たちは長年の師弟関係で、しかも彼は私のおじだが、私の彼に対する敬意は岩のように堅固だった。

「経典は置いて、先にお茶を飲もう」ギャヤ・リンポチェは続けて言った。彼のお付きのタシが沸いたやかんを持ってきて、先にギャヤ・リンポチェにたっぷりお茶を注いだ後、私の茶碗にもたっぷり注いでくれた。

「今度のタシ・ナムギャル〔タシルンポ寺にある歴代パンチェン・ラマの遺骨を納めた仏殿〕の落成式におまえのお母さんも連れて行きなさい。それも功徳だ。一生後悔しないよ」ある日、講義の後、ギャヤ・リンポチェが言った。当時、タシ・ナムギャル落成式にみんなが行きたがっていた。

当時、母さんの耳はすっかり聞こえなくなっていた。それにはある原因があった。最初母は背中が痛いと言ったので、私たちは昔ながらのやり方で、あっちを押したり、こっちを揉んだりして見たが、全然よくならなかった。

「何で病院に連れて行かないんだ?」ギャヤ・リンポチェは私をとがめた。私も病院を思いつかなかったわけではない。その年、ノリ兄さんが肝エキノコックス症を発症したので、私は頻繁に病院に行って、予約をしたり、並んだり、診察に同行して散々難儀をした。結局彼は肝臓を切除しなければならなかった。それ以降、病院を思い出すだけで嫌な気分になった。それに、私たちモンゴル人とチベット人はもともと西洋医療に興味がない。しかし結局私は母を病院に連れて行った。検査すると脊椎カリエスだった。母は当時七十過ぎで、手術は無理だった。医者は、最良の方法はペニシリンの注射だが、副作用で聴力が落ちることがあると言った。だが、私に他の選択肢があるわけでもないから、仕方なく同意した。

それが母が聴力を失った原因だ。しかも脊椎カリエスも良くならず、その後母は寝たきりになってしまった。母は歩いて病院に行ったのに、出てくるときは担架に乗せられて私の邸宅に運ばれたのだった。私は母の世話をしてもらうために兄嫁も呼びよせた。その後、私たちはギャヤ・リンポチェの旧友のトゥー族、つまり白モンゴル人の祁先生を呼んで母を治療してもらった。チベット医のドルジェ・ギェルツェンも治療法を考えだした。母の足をミョウバンで洗い、丸い棒を足の下に置いて、足で踏んで前後に回させたのだ。

思いもかけなかったことに、二週間後には母の足の麻痺がとれて、ゆっくりと助け起こすことができるようになった。一、二ヵ月後には杖をついて歩けるようになった。その後すっかり良くなり、杖を使わなくても歩けるようになった。

しかし、母の耳は完全に聴力を失っていた。私たちの言うことを彼女は全く聞こえない。その後、私たちは手話を編み出し、それを彼女は一日で理解した。ある時、客人まで「君のお母さんは耳が聞こえないんじゃなくて、聞こえないふりをしてるんだろ？　私たちの話を分かってるよ」と言った。

私が身振り手振りで、タシルンポ寺に連れて行くと母に説明したが、彼女はどうしても理解できなかった。私がタシルンポ寺の写真を彼女に見せて初めて理解して、毎日ニコニコと出発までの日数を指折り数えていた。

なぜみんながタシ・ナムギャルの落成式に行きたがるのだろうか？　タシ・ナムギャルは、パンチェン・ラマ五世から九世までの残存する遺骨を安置した殿堂だ。なぜ「残存」なのか？　それは文化大革命中に、工作組と紅衛兵がタシルンポ寺を襲撃したときに、全ての仏殿、経典、仏像、壁画、タンカが破壊されたからだ。もちろん黄金の瓦に赤い壁の、歴代パンチェン・ラマの法体を納めた殿堂もこの災厄を免れず、法体は塔から投げ出され、塔は破壊された。当時、寺院民主管理委員会のプブ主任がパンチェン・ラマ九世の塔を開けたとき、法体の手に金時計がついているのを見て、混乱に乗じて着服した。その後密告されて吊し上げられた。

それはみんな文化大革命が終わって、私の友人のトンドゥプ・ペルデンがクンブム寺に戻って来てから話してくれたことだ。私がタシルンポ寺を離れてからも、彼はずっと工作組の食事作りをしていた。ある日、彼は寺の中のある壁の角で赤い陶器の甕を見つけた。好奇心から彼は蓋を開けてみた。すると中にはなんと白髪の乾燥した僧侶の遺体が入っていて、中からは清らかな香りが立ちのぼった。彼はその時たとえようもないほどさわやかな気持ちになった。彼は急いでこの赤い甕を工作組の所に担いで行って、幹部の中ではまだ分別のある黒鼻の徐にこっそり話した。黒鼻の徐は「お上」から「今日から、寺の中の文物宝石などは残存破片であっても破壊してはならない」という通知が来たばかりだと告げた。その後、遺体がパンチェン・ラマ五世チューキ・ギェルツェンの法体であることが確認された。

そこで、パンチェン大師十世は災厄の後に残存した五世から九世までのパンチェン・ラマの遺骨を集めて、特別に作られた五個の金庫に入れ、それを半円形に並べ、鍵は彼自身が持つようにした。もし再び政治運動が起きても、これだけ頑丈な金庫なら壊せないだろう。

タシ・ナムギャルの落成式は一九八九年一月二十二日に決まった。パンチェン大師はそのために接待委員会を組織し、チベット中の寺院の高僧を招待した。私の招待状はクンブム寺に届いた。それはとても凝った赤い招待状で、仏塔の図案に、チベット語、モンゴル語、漢語の三種類の金文字で招待状と書かれ、周囲は吉祥文様《ペルベウ》で縁取られていた。

私の母も招待された。出発の前に彼女は嬉しそうに何着もウージ[276]を試着していた。これも私たちモンゴル人とチベット人の習慣で、ダライ・ラマとパンチェン大師にお参りするときは、一番上等の服を着るのだ。

私たちはオフロード車に乗って出発した。道は長く、何日もかかってもまだラサにも着かなかった。毎日午後になると一日中車に乗っていて疲れた母は不機嫌になった。「あっちこっち曲がって、道を間違ったんじゃないの?」

「母さん、安心して。もうすぐラサに着くよ」誰かが言った。

だが、母には全く聞こえない。彼女は続けて言った。「タンパを連れてくればよかったのに、タンパなら道を知ってる。ウェンマがいたら、あの子だって道を知ってたのに……」

「あなたのスリグ・アカは道を知らないんですか?」誰かが母に冗談を言った。スリグ・アカは実家での私の呼び名だ。母はうんともすんとも言わなかった。誰かが、母は話をそらして、外の景色を見させることがあると言った。「ほらモウコガゼルだ、見たかい?」

母は一度もラサに行ったことがなかった。私たちがついにポタラ宮殿のふもとに立った時、母は見上げて言った。「これは新築なの?」

「ちがう、もともとのだよ。もとはこれよりもっと良かったんだ。今は殻が残っているだけだよ」私が説明した。

母はうなづいた。しかし、少しするとまた他の人に言った。「見てごらん、新築だよ!」

私たちがシガツェに着いたとき、すでに通りという通りは人と車でいっぱいだった。いろいろな車が道にあふれて、シガツェの街はパンクしそうだった。

タシルンポ寺には私の少年時代の朗々たる誦経の声が残り、私の涙と恐怖も残っている。なにはともあれ、私の夢の中でタシルンポ寺は鮮明だった。ケンポ・ダワ・ラの小さな経堂でさえ私の記憶は鮮明だった。しかし、今回戻って来たらそれとは分からなかった。昔の建物はみんな壊されていた。私が住んでいた場所も見つけられなかった。その中で目立っていたのはパンチェン大師が再建したタシ・ナムギャルだった。四方に光を放つ黄金の瓦、真新しいえんじ色のタマリクスの扶壁は過去のどの建物よりも輝いていた。これがタシルンポ寺の新しい象徴であり、パンチェン大師のチベット仏教に対する信念なのだ。

「なんでこんなに遅くなったんだ? 法体お迎え式も

塔の落成供火も終わってしまったぞ！」私たちを見るなり、ギャヤ・リンポチェは恨み言を言い始めた。

「私たちは招待状の時間に合わせて来たんです」私はあわてて答えた。

「荘厳な法会の多くが招待状には書かれていないんだよ。おまえの母さんは大丈夫か？」ギャヤ・リンポチェの一番の心配はやはり自分の姉だ。

「母は疲れて、ホテルで休んでます。道中ずっと私たちが道を間違えたと言っていました」私が言った。

「早く来たかったんだよ」ギャヤ・リンポチェが笑った。

「いつパンチェン大師に拝謁できますか？」私は聞いた。

「彼は忙しいから、ホテルで私の電話を待ちなさい」ギャヤ・リンポチェが答えた。

私たちが部屋を出ると、ギャヤ・リンポチェのお付きの小タシが言った。「おじさんはあなた方はまだ着かないのかと、私に何度も聞きましたよ。ここ数日何件も交通事故が起きていて、思いもかけないような事故も起きています。チェシュ・リンポチェとあなたのお兄さんのチボさんの車も横転しました」

「知ってます。ラサで聞いて、見舞いに行きました」

「どんな具合ですか？」小タシが聞いた。

「チェシュ・リンポチェは問題ないけど、チボ兄さんは入院してました。ただ傷は重くなかったです」私は説明した。

夜、デチェン・ポタンから電話が来て、私たちに急いで大師に拝謁するよう知らせてきた。私はすぐにカタとメンデー・テントゥ[277]、供物を取り出した。

「おまえたち何してるの？　どこに行くんだい？」母が聞いた。

「母さん、僕たちと一緒に行こう」手振りを混ぜて私は言った。

デチェン・ポタンに着いた。門衛は私たちの車のナンバーを見ると、すぐに通した。子供のころからよく知っている庭木や花壇を通り過ぎる時、それらは月光を浴びて一面の銀世界で、すべてがまるで昨日のことのように感じた。

「パンチェン・ボグド[278]にお参りするの？」突然母がそう言って私の袖を引っ張った。

私たちは笑ってうなづいた。

「サェンバェノー《こんにちは》」[279]パンチェン大師は誦経の時のように唇をラッパ状に突き出して、私の母に向かって高くて大きい声であいさつした。

母は急いでぬかづき、私たちもぬかづいた。

「疲れませんでしたか？」大師は母の肩をたたいた。

母は合掌して、目からは涙が湧きだした。

「よかった、よかった、無事について」大師は言った。

大師はとても忙しそうだった。部屋の中は普段通り整理されていたが、机の上は広げられた書類でいっぱいで、片手にはペンを握ったままだった。

「明日はまたたくさん重要な活動があるから、君たちはギャヤ・リンポチェの姉上をちゃんと世話しなさい。体は適応したかね？」そう言って、大師はまた母の頬と額の髪の毛をなでた。

「タンラ峠を越える時、私たちは気分が悪くなったけど、おばあさんだけは大丈夫でした」誰かが説明した。

「君たちはおばあさんより軟弱だ！」パンチェン大師は笑った。

一九八九年一月二十二日、落成式は予定通り行われた。タシ・ナムギャルの前のドチェタン[280]の真ん中に台が組まれ、そこに大きなツォク[281]などの供物が並べられていた。仏教のめでたい雰囲気がみんなに伝染していた。

幹部たちもやってきた。私は台の上の席に案内された。真ん中はパンチェン大師の法座だった。この時私は、これが大師の生前最後の民衆向けの講話になるとは私は思いもしなかった！　彼は共産党に対する感謝の言葉も語ったが、チベットの「平和解放」以後、中国政府によるチベット文化の破壊は、共産党が宣伝する文化の保護よりもはるかに大きかったことを率直に語った。パンチェン大師は次のように語った。

「（前略）私たちチベット自治区と全チベット人地区が直面する現実は何でしょう？　一つ目の現実は、解放から今日まで発展があったか？　どの程度発展したのか、です。答えは、発展したし、発展の程度も大きかった。それは事実です。しかし、私たちが払った代償と成果を比べると、私は代償の方が成果より大きかったと思います。ですから、今後私たちは同じ間違いを繰り返すことができません。再び『左』の間違いを繰り返してはならないし、同様に『右』の間違いも犯してはなりません。

しかし、チベット自治区とその他のチベット人地区にとって、『左』の誤りの危険の方が『右』の誤りの危険より大きいのです（後略）

「（前略）私たちは口をそろえて人民に奉仕すると言ってきました。それではチベット人民はどう思っているのか？　ひとつ例を上げましょう。仏教はチベット人民にとって至高もので、命よりも尊いのです。私たちがそれを全部壊して、どうしてチベット人民を喜ばせることができるでしょう？　それをどうしてチベット人民への奉仕だと言えるでしょう？　一部の同志は理論上のものをチベットの土地に押し付け、無理やりに自分の物差しでチベットを判断していますが、それでは通用しません（後略）

「（前略）今回式典に参加した少数民族代表の大多数はチベット人地区各地から来たチベット人です。だから、チベット人民がどう考えているのか、多分知っているでしょう。一部の漢族の同志は、チベット人民がどう考えているのか見に行くべきです。チベットの特徴は一体何なのか？　『標高が高く、息切れする』だけですか？　それはチベットの主な特徴ではありません。チベットの主な特徴は、チベット人民の思想、彼らの意識形態、彼らの考え方です。ですから彼らに合った『対象（対応する政策）』が必要なのです。だから、宗教、民族、統一戦線、農牧畜民の一連の問題解決のために本当に政策を実行しなければならない（後略）」[282]

その後、パンチェン大師はデチェン・ポタンで高僧との座談会を行い、彼のチベット仏教の化身ラマ認定についての考えを明確に述べた。

タシ・ナムギャルの落成式は円満に終わった。そして私も次の日にタシルンポ寺を離れた。

ラサを通った時、もう一度チボ兄さんを見舞った。そこでタシ・ナムギャル落成式の期間中に交通事故が多数発生したことを知った。チェシュ・リンポチェの車が追突されて横転し、兄のチボが入院した以外にも、タシルンポ寺の住持のナムギャル・ツェワン・リンポチェはチェシュ・リンポチェを見舞いに行く途中で、トラックと正面衝突し、同乗の三人全員が亡くなっていた。当時チベット自治区交通庁長をしていたレーチョクの車も追突されて横転し、レーチョク本人も負傷して私の兄と同じ病院に入院していた。レーチョク夫人は私に治癒祈願の誦経を小声で頼んできて言った。「あなたは外地から来たリンポチェだから誦経をお願いするんです。自治区のリンポチェだったら、誦経したことが漏れ伝わると大変なのでお願いできません」。私は彼らの願いをかなえてあげた。そしてこんな高級幹部でも自分が災難に遭ったときは仏の加護を求めるのかと感慨を覚えた。その後自治区政府主席になったレーチョクがこのことを覚えているかどうか、私は知らない。

パンチェン大師の突然の入寂

クンブム寺への帰り道、わたしはずっとパンチェン大師の講話について考えていた。十年近くの監獄生活でも彼は屈服しなかったし、その後の高い地位と報酬でも彼は買収されなかった。大師の民族の心は、彼に期待していた中央の人々を失望させたのではないだろうか？

一匹のキツネが車の前を左から右に横切った。私たちモンゴル人とチベット人は、キツネが右から左に横切るのは吉兆であると信じていて、猟師なら「今日は運がいいぞ」と言って、そのキツネを見逃してやる。反対に横切れば凶兆だ。

「不吉だよ。運転には気をつけて」母はそう言うと、金剛亥母《ドルジェ・パクモ》の呪文を唱え始めた。

私は首を横に振って、別のことを考えようと窓の外を見た。時は冬、雪に覆われた山々がはるか遠くで空とつながり、数頭のモウコノウマが雪原をじゃれるように走り回っていた。前方の果てしなく続く黒いアスファルト道路には、対向車線を五、六十台の軍用車両が行き違った以外、ほとんど人の気配はなく、北チベットの草原はいっそう広く感じられた。

二日後、私たちがゴビの新しい町ゴルムドに到着すると、驚いたことに街中のスピーカーからはっきりと葬送曲が聞こえてきた。

「現代の傑出した宗教指導者、偉大な愛国主義者、著名な国務活動家パンチェン・エルデニ・チューキ・ギェルツェン氏が、昨日彼の行宮デチェン・ポタンで入寂されました。享年五十四歳……」

これはまさに青天の霹靂《へきれき》だった！　私たちは信じられない思いで互いに顔を見合わせた。聞き間違えでないことを確認して、すぐに車を一軒の旅館の前に停めてロビーに駆けこんだ。ちょうど旅館の人々もこのテレビニュースを見ていた。

私はずっとそれが本当だとは信じられなかった。いま思い返しても、疑わしいと感じる。私はすぐに真相を知るためにギャヤ・リンポチェに電話した。これはいったいどうしたことだ？　いったい何が起こったんだ？　数日前の夜、パンチェン大師が唇をラッパのように尖らせて、誦経のように、私の母に「サエンバエノー《こんにちは》」とあいさつしたとき、彼はあんなにも健康で、ユーモラスで、活気に満ちていたのに、なぜ突然入寂したんだ？　だが、電話の向こうはずっと話し中で、どうしてもつながらなかった。

この時、チェシュ・リンポチェの車も追いついた。会うと、みんな互いに抱き合って大泣きした。

「タシルンポ寺に戻ろうと思います」私はチェシュ・リンポチェに言った。

「いま行っても邪魔になるだけだ。我々も車の中で話し合ったが、まずクンブム寺に帰って、導師の入寂祈願法会の準備をした後で、タシルンポ寺に人を派遣しよう」チェシュ・リンポチェの考えの方が周到だった。

その後のゴルムドからクンブム寺までの八〇〇キロ余りの帰り道、多くの老若男女が香炉に点灯し、煙が霧のように天地を覆って、私たちの車にも絡みついた。時には泣き声もかすかに聞こえてきた。

クンブム寺はさらに静まり返っていて、僧侶たちは暗い表情で、会っても何を話していいか分からず、涙ぐんで互いを見つめた。私たちは荘厳な導師入寂祈願法会を行い、寺中の僧侶とリンポチェが三宝の加持を祈願し、パンチェン大師の思いが早く成就することを祈請し、導師の化身が現れることを祈求した。

私は青海省当局が主催するパンチェン大師入寂紀念会にも参加するよう通知を受け取った。そこでも喧々囂々の議論で、チベット族幹部も漢族幹部も私にこっそり聞いてきた。「落成式に参加したんだから、一体何が起こったのか知ってるんでしょう？」。しかし、実際私は何も知らなかった。

十日ぐらい後に、私はまたタシルンポ寺に戻り、特殊な客という身分でパンチェン大師の寝室に行き、大師の法体を拝んだ。この時の大師は、頭に五仏宝冠をかぶり、顔には赤い錦が掛けられ、手には金剛鈴を持ち、法座に端坐していた……これは夢のように全く現実感が無かった。

チェシュ・リンポチェとセルドク・リンポチェも涙を流した。大師の突然の別離に私たちは全く納得できなかった！　私は大師の両親を慰めようと思っていたが、彼らは病の床に臥せて、ヘリコプターでラサに運ばれていた。

ギャヤ・リンポチェも病に倒れ、高熱を出した。私が彼の部屋に入った時、彼の額《ひたい》には濡れタオルが置かれ、ぶつぶつと何かをつぶやいていた。パンチェン大師の以前の従者のトゥプテン・ラがギャヤ・リンポチェの枕もとで、それを聞き取って筆記していた。傍に寄ってみてやっと、ギャヤ・リンポチェがパンチェン大師の転生者のための祈願文を口述していることがわかった。

部屋に人がいなくなったのを見計らって、私はギャヤ・リンポチェの枕もとに行き、身をかがめて小声で聞いた。「おじさん、少しは具合良くなりましたか？」

「いつも……朦朧としてるよ……」ギャヤ・リンポチェはとぎれとぎれに言った。

「一体何が起こったんですか？　私たちが帰るときは大師はあんなに元気だったのに！」私は焦って言った。

「そうなんです。思いもよらないことでした」ギャヤ・リンポチェのお付きの小タシが私の脇に来て言った。「あの朝、六時ごろでしたか、おじさんがまだ起きないうちに、パンチェン大師のお付きが駆け込んできて、急用でギャヤ・リンポチェに会いたいと言いました。私は、ギャヤ・リンポチェは寝ていると言ったんですが、彼は構わず寝室に入りました。

『ヨンジン・リンポチェ、急いで、クンドゥン〔ここではパンチェン・ラマの敬称〕が入寂されました。』と彼は言いました。

『なんだって？』私もおじさんも驚いて呆然となりました。

『すでに入寂されました。』彼はそう繰り返しました。

「私とおじさんはすぐに服を着て、あわてて二階のクンドゥンの寝室に駆けて行きました。クンドゥンはベッドに横になって、安らかな表情でした。たとえようもなく安らかでした。

「普段、クンドゥンは五時ごろ起床します。物音が聞

1992年の両会の時、胡錦濤主席と

こえるとお付きはすぐに部屋に入ります。しかし、その日の朝は、六時ごろになってもだれも物音を聞きませんでした。仕方なく部屋に入ると、その光景が目に入って、すぐに階下の私たちの部屋に駆けて来たんです。

「私たちはすぐに北京からついてきた人と自治区に知らせました。一時間ほどで、みんな集まりました。彼らは導師のお顔が明るいのを見て、救命処置をするといいました。おじさんは『入寂してしまわれたのに、なぜ救命処置なんかするんだ』と止めました。しかし、彼らはそれを聞かず、大師の布団をめくり、寝間着のボタンをはずし、最初は軽く胸を押していたのですが、どんどん強く速く押しました。それで、大師の顔色はだんだん変わっていきました。最初は青くなり、それからどんどん黒く変わりました――たしか午後四時ごろまで、温家宝たちが来るまで、大師の李潔夫人も同じ飛行機でしたが――彼ら来てやっと救命処置を止めました。この時、おじさんも倒れて、今度はおじさんの救命処置が始まりました。父上と母上はもちろんこの突然の打撃に耐えられず、ヘリコプターでお二人ともラサに運ばれました。しかし、おじさんはここに留まると言い張ったんです。

「私たちが大師に五仏宝冠をかぶせる時、お顔が黒紫になっていたので、赤い布を掛けたんです……」小タシは涙を流しながら話した。

「夜は元気だったのに、朝には入寂されるなんて……いや……救命処置はやめて、大師の法体に触ってはだめです……医者たちは私が止めるのを聞かなかった……彼らは聞かずに、ずっと救命処置を続けた……」ギャヤ・リンポチェは弱弱しく喘ぎながら、とぎれとぎれに私に話した。「五十年も一緒だったのに、なぜ今別れなければならないんだ？　わしらを残して先に行くなんて……」

私はタオルを手に取って汗と涙でぬれたギャヤ・リンポチェの顔を拭いた。

数日後、ギャヤ・リンポチェはチベット軍区総病院に入院した。セルドク・リンポチェと私はギャヤ・リンポチェの所に残った。チベット自治区統一戦線部と関係機関の指導者が頻繁に見舞いに来た。

ある晩、一台の黄色の日産オフロード車が来て、藍色のダウンジャケットを着た一人の幹部が降りてきた。彼は当時のチベット自治区共産党委員会書記の胡錦濤だった。その時、医者がギャヤ・リンポチェに点滴の処置をしていて、近くに寄ることができなかったので、私たち親戚の所に来た。彼は、私が全国仏教協会副会長、全国青年連合会副主席などの役職についていることを知ると、すぐに言った。「私も全国青年連合会で働いたことがあるよ！」。それ以降、私が会議のために北京に行くと、彼は私を見るたびに私に挨拶するようになった。その日帰る前に、彼はギャヤ・リンポチェの枕もとに行って、ギャヤ・リンポチェの手を握って、お見舞いの言葉を言っていた。

まもなく、ギャヤ・リンポチェと私は北京のパンチェン大師追悼会に出席するようにという通知を受け取った。ギャヤ・リンポチェはまだ退院できないし、もちろん遠出もできないので、私一人で出かけた。

一九九〇年二月五日、私は雨の中を人民大会堂に行き、パンチェン大師の追悼会に出席した。多くの中央指導者が参加していた。私はこれが政治的な儀式だということは知っていたが、それでも多くの人がカタを手に持ち、大師の遺影の前でお辞儀をしたり合掌したりして、彼ら個人の大師に対する尊敬と思慕の念を表した。追悼会の後、私はホテルで大勢の知り合いに会った。一部の人はこっそり私に聞いた。「パンチェン大師の入寂の状況はいったいどんなだったんですか?」

しかし私にはそれに答える言葉がなかった。

■■「六四」民主化運動を目撃

一九八九年の春、ギャヤ・リンポチェは北京協和病院に転院した。私とセルドク・リンポチェもそれについて北京に行き、引き続きギャヤ・リンポチェのお世話をすると同時に、仏学院でシャルドン・リンポチェの『修菩提心要』の講義を聴講した。私たちは西黄寺の仏学院内に宿泊することもできたが、週一回の講義を聞くだけなので、友人の紹介で雍和宮の中のゲストハウスに泊まった。部屋は簡素だが、交通は便利で、バスで病院にギャヤ・リンポチェを見舞いに行くのにも便利だった。また、雍和宮はチベット仏教寺院なので、泊まっていても親しみを感じた。しかし、パンチェン大師は入寂したし、ギャヤ・リンポチェは重病だったから、今回の北京滞在は私たちにとって気が塞いだ。

四月のある日、私たちが天安門広場を通った時、何組もの学生グループが人民英雄記念碑に花輪を献花し、一幅の肖像画を人民英雄記念碑の高い台の上に置いているのを見た。私とセルドク・リンポチェは物珍しくて、天安門のバス停で下車して、近くまで歩いて行った。近寄って初めてその絵が胡耀邦先生の遺影だということが分かった。

私は何回か胡耀邦先生にお目にかかったことがある。一回は、彼がクンブム寺に視察に来たときで、雨の日だったが、彼はズボンのすそをたくし上げて近くにいた一般の人の傍らに行き、彼らと話しをしていた。しかし、まもなく彼の護衛が彼の両脇を抱えて連れ去った。その他の何回かは、北京での青年連合会の会議だった。彼の演説は単刀直入で、情実に左右されない。彼はまた、人と人の間では名前で呼び合うべきで役職名で呼ぶ必要はないと提案した。私の印象では彼は、開放的で平等に人と接する人だった。

協和病院に着いてから、私とセルドク・リンポチェは天安門で見たことをギャヤ・リンポチェに話した。

「これはこの前のムスリムのデモと同じだろうか？」ギャヤ・リンポチェは思いめぐらした。

「違うと思います。ムスリムのデモはイスラム教を冒涜する本が出たからです」セルドク・リンポチェが言った。

「同じ面もあります。どちらも共産党に対して不満で、どちらも積もり積もった怒りです。文化大革命のとき、『お上』はムスリムに養豚を強制しました。その上、アホンの韓生貴は付和雷同して『おお、あの子ブタは本当に可愛いよ』と言いました」私は話しを継いで言った。

ギャヤ・リンポチェはうなづいた。「どうやら、学生たちとムスリムのデモには同じ面と違う面があるようだ。二人とも正しい」

私はギャヤ・リンポチェの言葉に同意する。ムスリムの西寧でのデモの時、私はちょうど青海省仏教協会に滞在していて、群衆の騒ぎ声を聞いて、外に出て立って見ていた。デモの人の数は非常に多く、みな一般民衆で、西門口から大十字（西寧のメインストリート）まで、次々に通り過ぎるデモの梯団は男性組と女性組に分かれ、女性たちはみなスカーフをかぶり、男性たちはみな白い帽子をかぶっていて、互いに腕を組んで、一致団結していた。路上で見物していた私たちチベット人は言った。「ほら、彼らは苦楽を共にしている！」。漢人の民衆は言った。「これはきっと政策が実行されていないからだ」。だが、幹部たちは言った。「こいつらやり過ぎだ。一体何がしたいんだ。独立でもしたいのか？」

デモは五、六日間続いたが、その時すぐには弾圧されなかった。西北など他の地方の回族も応援に来たらしい。西寧の警察は総出で規制し、何台ものトラックで西寧の小峡口を封鎖し、ムスリムを北京に直訴に行かせないようにした。何人かのムスリムの代表者は封鎖を迂回するために湟水川に飛び込み、溺死者も出たという話だった。この騒動は長い間続き、ムスリムを侮辱する本を回収することになって、やっと納まった。

「学生たちは、何を言ってるんだ？」ギャヤ・リンポチェの声が私の想念を中断した。

「腐敗反対と民主化要求です」私は答えた。

「社会主義は要らない、だ！」セルドク・リンポチェが冗談を言った。

「そりゃ悪くない」そう言ってギャヤ・リンポチェが

笑った。

私たちは毎日協和病院にギャヤ・リンポチェを見舞った。毎日天安門広場を通るとき、日に日に人が増えていくのが分かった。その後、白鉢巻を巻いて自転車に乗った人たちも大勢現れた。また、横断幕を掲げて、「腐敗反対」「真実を語れ」「民主化要求」を叫んでいる人たちもいた。各大学の学生たちが団結したという話も聞いた。

私とセルドク・リンポチェはますますひんぱんに天安門のバス停で降りるようになった。私たちは天安門広場を歩き回り、横断幕を読んだ。時には、学生たちに交じってしばらく座り込んだ。通り過ぎる人ごとに誰もが人差し指と中指を伸ばしてVの字を作り、勝利は自分たちの側にあると表現した。

大学の教授たちも頭に支援の鉢巻を巻いて出てきた。学生たちは教授たちを守るかのように手をつないで彼らを囲んだ。中には白髪で、いかにも学者らしい雰囲気の人もいたが、彼らもスローガンを叫んでいた。その後、幼稚園児のような小さな子供たちまで先生に連れられて現れた。

私もセルドク・リンポチェも感激した。ギャヤ・リンポチェはもっと感激したようだった。「やあ、今日はどうだった?」私たちを見ると真っ先にそう聞いた。

私とセルドク・リンポチェは天安門広場の状況を細大漏らさず彼に伝えた。この頃、チベット自治区統一戦線部の鄭英部長と許副部長がギャヤ・リンポチェを見舞いに来た。鄭英部長は名前は漢人のようだが、実はチベット人で、人民解放軍十八軍についてチベットに進駐したバタンのチベット人だった。互いにあいさつをしてから、パンチェン大師の追悼会の準備の話になった。ギャヤ・リンポチェは彼らの見舞いにもちろん礼を言った。続けて、リンポチェは彼らに聞いた。「天安門の学生たちはどんな様子ですか?」

「いやあ、まったく。若い連中のことは気にしないでください。私たちもよくわかりません」笑いながらそう言って部長と副部長は話しをそらした。

「民主化を要求しているそうだが、彼らに与えたらいいじゃないですか!」ギャヤ・リンポチェはさらに言った。

「これは学生運動ですから、中央が適切に解決するでしょう。あなたは養生に専念してください。パンチェン大師の追悼会にはあなたも必要です！　そうだ、自治区の胡錦濤書記もあなたによろしくとおっしゃっていました！」鄭英部長が言った。

北京高級仏学院のリンポチェの多くは中央民族学院のチベット人学生を知っている。彼らは自転車に乗って、頭に鉢巻を巻いて、仏学院のリンポチェを訪ねてきた。また、天安門広場の最新情報ももたらした。仏学院にはテレビ室があって、昼休み時にはみんなでニュースを見ながら天安門広場の情勢について議論していた。当時、学生たちの請願デモも始まってから二ヵ月が経とうとしていたが、当局は積極的に対応しないばかりか、押さえつけたので、学生たちはハンストを始めた。

「なんで当局者は出て来て学生と会わないんだ？」

「学生たちの要求は正当だ！」

「私たちも学生を支援すべきだ！」

北京仏学院のリンポチェたちもデモに出ようとした。しかし、学校側は宗教局と統一戦線部に報告し、「お上」はすぐに多数の人を派遣して私たちがデモに参加しないように説得を始めた。そして厳しく言った。「パンチェン大師がこの仏学院を作ったのは、社会主義に適応する愛国主義的な宗教家を養成するためだったんだぞ」「パンチェン大師は生前祖国を熱愛していたんだ。おまえたちは大師の思いに背いてはならん！」。それ以降、北京高級仏学院は厳しく監視され、だれも自由に校内に立ち入ることができなくなり、講義も停止された。

デモの人数はますます膨れ上がった。ある日、私とセルドク・リンポチェが仏学院を出発したとき、何気なく隣の工場を見ると、大勢の労働者が横断幕や旗を作り、銅鑼も用意していた。彼らの話では非常に大きなデモがあるということだった。私たちが通りすがりに目にした他の工場や事業所も、みな学生支援の準備をしていた。

まもなく、ゴルバチョフが来るという話を聞いた。歓迎式は当初天安門を予定していたが、学生が占拠していたので空港に変更するという。そこで学生たちは空港に行った。結局、テレビで見たら、門を閉ざした人民大会堂の中で、小さな歓迎式をやったらしい。

仏学院の講義がなくなった後も毎日、私とセルドク・リンポチェはバスを一、二回乗り換えて天安門広場に通った。大規模デモの当日は渋滞がひどくて、私たちは仕方なくだいぶ手前でバスを降りて天安門広場まで歩いた。広場は人でごった返し、荷台に人を乗せて横断幕を掲げ、銅鑼を打ち鳴らしながらトラックが次々と入ってきた。一つの横断幕が強く印象に残っている。「主人が来たぞ、下僕はどこだ？」その意味は「人民と公僕」の対話要求だ。もう一つの印象的な横断幕は鄧小平の故郷の四川省の人々が掲げていた。「鄧小平さん家に戻ってください！」。これは鄧小平に引退を要求したものだ。

　私は日本に行ったことがある。大阪に着いてすぐに、これこそ本当の太平の世の中だと感じた。施設は先進的で、人々も礼儀正しかった。私たち訪問団の中の一人がカメラを失くし、みんな戻らないのではないかと慌てた。しかし、夕食の時に日本人ガイドに電話があって、レストランにカメラの落し物があったので、取りに来てくれという。団長の劉再復[283]はみんなにこんな冗談を言った。「一晩のうちに、資本主義は腐敗しているという説が私の頭の中で完全に崩れ去ったよ」。今回の学生運動は、私たちに日本のような世界をもたらすだろうか？

　私とセルドク・リンポチェは、今回の運動で中国が民主国家になること、学生の希望が実現することをひそかに祈願した。

　この頃、デモ隊の中に解放軍兵士や、募金を募る人や、食事や水の差し入れをする人、毛布の差し入れをする人が現れた。

　もう一つ興味深かったのは、本来天安門は警官が立《りつ》哨《しょう》しているのだが、学生が集会を始めてから警察は撤収してしまい、学生自身が秩序を維持していたことだった。

　ギャヤ・リンポチェは少し健康を回復したようだった。それは五月の末日で、私とセルドク・リンポチェが彼の病室に行ったとき、彼はゆっくりと歩いていた。

「おまえたち、明日中に必ず北京を離れなさい」私たちを見るなり、彼は言った。

「なぜです？」私もセルドク・リンポチェもあっけにとられた。

「私の病気は良くなった。それに、学校が休校になっておまえたちがここにいてもやることがない。クンブム寺には、おまえたちがやらなきゃならんことがたくさんある」

　私もセルドク・リンポチェもどう返事をしていいか分

からず黙ってしまった。

「今朝占いをしてみたんだ。占いの結果も早く帰った方がいいと出た。なんなら、もう一度占ってみようか？」ギャヤ・リンポチェはそう言って私たちを見た。

以前、ギャヤ・リンポチェは私に数珠を使う「モ」という占いを教えてくれたことがあった。気を散らさず、呪文を唱えながら一つのことに集中すれば、とてもよく当たる占いだ。私も占ってみた。結果はギャヤ・リンポチェが言ったのと同じだった。

「もしかしたらクンブム寺か故郷で何か大変なことが起きたのかな？」セルドク・リンポチェはその意味を考えた。

そこで次の日、つまり六月一日、私とセルドク・リンポチェは、統一戦線部がギャヤ・リンポチェに提供してくれた北京ジープを運転して、帰途に就いた。

この時、北京の交通渋滞は深刻だった。さんざん回り道をして私たちはやっと豊台に着いた。そこでは人々はタンクローリーを道の真ん中に引っ張り出して、バリケードを作っていた。解放軍の北京入城を阻止するためということで、一般車両は通してくれた。私たちの車は、タンクローリーの脇を走り抜けた。

市外の道路脇には、幌を掛けた軍用車両が長い列をなして停まっていた。どうやらいつでも市内に入る準備ができているようだった。荷台は厳密に隠されていて、私たちには運転席の軍人しか見えなかった。

道中、私たちが通った鄭州、西安、蘭州、西寧など全ての大都市で、大勢の人が参加する長い隊列のデモが行われていた。私たちは、そのスローガンを読んだ。「腐敗の弔い！」「民主！　自由！　法制！」などなど。

そして六月四日、私たちがクンブム寺に着いてすぐに天安門広場の銃声が伝わってきた。

第十二章　前世の因縁

■■クンブム寺の住持になる

以前高級仏学院を卒業したとき、パンチェン大師は私がひたすらクンブム寺に帰りたがっているのを知って、私を無理には北京に引き留めなかった。それどころか、「そうだ、クンブム寺の切り盛りもとても重要だ」とおっしゃった。

しかし、クンブム寺の切り盛りは決して容易なことではない。私の前世がクンブム寺を切り盛りしていた間は、戦乱など多くの原因が重なって、聞思修《もんししゅ》が停滞したので、彼は非常に焦ったということだ。クンブム寺にはジェツンとゴマンという二つのジンタで十三段階の五明の修習が行われていたが、その当時は質が軽んぜられ、段階を飛ばす飛び級さえも行われていた。私の前世は寺の規則を改正し、全ての僧侶に試験を受けなおさせることを決めた。その結果、高い段階の僧侶の中には低い段階に降ろされる者も出た。それと同時に、彼はラブラン寺、チャキュン寺などの寺と交流し、他の寺の善知識をクンブム寺に招いて講義してもらった。

ある日、私の前世は護法神殿にあったダライ・ラマ三世から頂いたと伝わる貴重なタンカ一幅が、ネーチュン護法神の神おろしの家に移されているのを発見した。歴代のネーチュン護法神の神おろしは一つの家族から出ていたので、いつのまにか自分の家も護法神殿のように思い込んでいた。私の前世は怒って「護法神のタンカがなくて、どうして聞思修《もんししゅ》に専心できるんだ?」と言って、神おろしの家の者を呼んで、そのタンカを移したいきさつを問いただした。そのうちに彼は激高して、その人を殴ってしまった。その後、私の前世の腕は腫れ上がり、わずか三十八歳の働き盛りで入寂してしまった。それは一九四八年のことだった。しかし、ギャヤ・リンポチェは、あれは損失とは限らないとよく言っていた。私の前世とセルドク・リンポチェの前世が若年で入寂したのは、一九五八年の「宗教改革」の災厄を逃れる因縁の采配だったのかもしれない。

どの代のアジャ・リンポチェもクンブム寺に貢献しただけでなく、民衆からも広く尊敬された。当時の清朝皇帝もそれに注目し、アジャ・リンポチェ五世、六世、七世を北京に招いて長期間滞在させ、邸宅を下賜し、「賢能述道禅師」の扁額を贈った。その前の三世も乾隆皇帝に招かれて北京に住んだ。もちろん、それは私の前世だけでなく、他のホトクトも同じ礼遇を受けた。しかも、アジャ・リンポチェ六世は日本に行って、天皇にも拝謁した。彼の当時の日本訪問は大きな反響を呼び、今でも日本で重要な活動に参加した記事や、旅行記録が保存されている。

私が北京高級仏学院を卒業してクンブム寺に戻った時は、チェシュ・リンポチェが住持（当局側の名称は寺民主管理委員会主任）をしていた。チェシュ・リンポチェ、フルネームでチェシュ・ロサン・パルデン・ルンリク・ギャツォは、一九五七年にダライ・ラマのチベット自治区内における最後のゲシェ試験に合格し、ゲシェ・ラランパの学位を授与されたあとラサからクンブム寺に戻った。彼がクンブム寺に戻り、講義・弁論・著作の三賢事を大いに興し、戒学・定学・慧学[284]を整えようと意気込んでいたとき、烈風豪雨のような「宗教改革」が始まり、無罪放免になるまで彼は二十二年間にもわたって監獄に入れられた。その後、当局からクンブム寺の民主管理委員会主任に任命された。

一九九〇年、チェシュ・リンポチェが北京チベット語系高級仏学院の副院長に昇進したので、パンチェン大師の遺嘱に従って、ギャヤ・リンポチェの推薦もあって私がクンブム寺の住持になった。

この頃、突然の市場開放で管理が混乱し、寺の中に小商いが蔓延し、文化財の窃盗事件が頻繁に発生していた。また、「宗教改革」以降、政府は誦経と仏を拝むことを禁止し、仏教に反対するよう人々を煽《あお》り、僧侶の修行を妨げた。それに加えて、クンブム寺の歴史的建物群は長年修復されずに、年々脆《もろ》くなり、緊急に修復が必要になっていた。まさに難問が山積していた。

その頃、ギャヤ・リンポチェの病状は少し良くなって北京から西寧の病院に転院したが、西寧で療養している

1990年代クンブム寺と成田山新勝寺は友好関係を結び、仏教の共同研究プロジェクトを開始した。これは新勝寺の前貫主と大正大学の学者たちとの集合写真

ときに、不衛生な食べ物を食べて激痛に襲われ、病院内の緊急治療室に運ばれた。そしてそれ以降、快方に向かうことはなかった。私は寺の日常業務を処理するだけでなく、ひんぱんに病院に行ってギャヤ・リンポチェの世話をしなければならなかった。セルドク・リンポチェ、ロサン・トンユーおじさん、タンパ兄さん、それに小タシとソンツェンの二人のお付きも世話をしていたが、私は自分で病院に行ってみないと心が落ち着かなかった。彼の顔を拭いたり、お茶を入れたりして、孝行を尽くすことが、私にとって慰めとなった。

　ギャヤ・リンポチェは私のクンブム寺に対する焦りに気づいて忠告した。「牧畜民に『馬の子は速く走らなければならない、人の子はゆっくり歩かなければならない』ということわざがある。その意味は、若者は落ち着かなければいけないということだ。おまえは成果を焦っているように見えるが、ゆっくりやれ！　ゆっくり、ゆっくり！」

　ギャヤ・リンポチェの話と仏教の五種精進[285]に啓発されて、私は縁起を担いで五つの事務室を作った。それが教務事務室、治安事務室、財務事務室、仏教研習事務室、歴史的建物修復事務室である。

教務事務室の任務は寺の伝統的な教育を改善し、僧侶試験や奨励制度などの規則や戒律を制定し、清浄な修行者が安心して修行できるように生活支援を行うことである。前世の因縁かもしれないが、私は寺の聞思修は仏法が永く世に行われるための基礎だと考えている。

治安事務室は主に文化財の登録を担当し、併せて貴重な供物と仏具の保護方法を定める。また建物を登記し、不動産登記証明書を発行し、この寺の原形を保つために寺の建物を世俗の人に売ることを禁じた。私は文化大革命の災厄を生き延びた遺産はなおのこと大切にしなければならないと考えた。

財務事務室は主に仏法に言う「八正道《はっしょうどう》」286の中の正業《しょうごう》、正命《しょうみょう》の要求に従い、財物を管理する。私は修行に優れた出家者一名を財務総監に任命した。また、会計、出納、保管の各財務部門をそれぞれ少なくとも三人で管理するよう定めた。帳簿を明確にし、毎年の予算決算は詳細な報告を行わせた。同時に、クンブム寺独自の老齢年金基金、老人ホームを作り、老僧の医療費を全額寺院負担とした。老僧の誕生日には法会を行って祝福した。

仏教研習事務室は日本など仏教国の僧団と『大蔵経』の共同研究を行い、国際的な仏教セミナーや展覧会などに参加する。

歴史的建物修復事務室はクンブム寺の歴史的建物の修復隊を管理する。文革が終わってから修復が行われたとはいえ、この時すでに大規模な修復が焦眉の課題になっていた。

肉を食べなくなった

文革期間中のある年の収穫時期のある日、私が裸麦を刈り終わって家に戻ると、ギャヤ・リンポチェ、セルドク・リンポチェ、ノリ兄さんとタンパ兄さんをジャマガがこっそり食事に招待した。彼はテーブル一杯の料理を準備し、真ん中には羊肉も一皿並べてあった。当時はなかなか肉など食べられなかった。その肉を見て、ギャヤ・リンポチェは一つの物語を話した。

「以前、ある大師が托鉢に出かけて、あるお屋敷の門前で長い時間立っていたが、誰も出てこなかった。大師はその理由が知りたくなって、神通力で透視して中を見た。すると中では羊肉を食べている最中だった。屋敷の主人は懐の子供に食べさせながら、待てずに骨をかじりだした犬を怒鳴りつけていた。しかしその犬は、実はその主人の父親の生まれ変わりで、彼が殺した羊は彼の母親の生まれ変わりで、彼の懐の中の子供は、なんと彼の仇《かたき》の生まれ変わりだった。つまり、彼は自分の母親を食べ、父親をののしり、仇を養っていたわけだ」

この物語は、まるで種のように私の心の中にまかれて、時間の経過とともに、ゆっくりと芽を出して、成長し成熟していった。私は常々、世界は非常に大きく見えるが、実際には針の先よりも小さいと感じている。私は肉を食べるたびに、これは誰の肉なのだろう？　と思ってしまう。

私の中庭でつながった邸宅の中に一棟、ガシマという名の空き仏殿があった。ガシマとは四梁八柱の経堂のことである。子供のころ私は兄たちによくそこに連れて行ってもらって、かくれんぼをして遊んだ。文革期間、ガシマは生産隊の倉庫に転用された。必ず上納しなければならない供出用穀物以外の小麦、裸麦、燕麦、豌豆などがここに貯蔵されていた。その後、八〇年代の中頃にはガシマは倉庫として使われなくなった。

ある年、私の故郷の人々が私に冬の間に食べるための肉を送ってくれた。当時、私には冷蔵庫がなく、ガシマの二本の柱の間に縄を張って肉を吊るしておいた。ちょうど参拝に来た信徒たちがガシマの前を通って大いに失望していた。彼らいわく、「この経堂には仏像ではなく、血のしたたる牛肉や羊肉が吊るしてあるんだ！」

私はちょうどその時屋根の上にいて、その声を聴いた。寒冷な高山地帯のチベット仏教の僧侶には肉食が認められているが、この言葉を聞いて私の心に霧がかかった。それに加えて牧畜地帯に行って、牧畜民たちが私に牛や羊の肉を提供してくれるたびに、私は自分でこれらの生き物を殺したわけではないが、どうしても「この動物たちも私のために死んだんだ！」と思ってしまう。そして子供のころ寺から家に里帰りするたびに両親が私のために牛や羊を屠《ほふ》ったときの情景が、その後頻繁に脳裏に浮かぶようになった。

この時、クンブム寺には五、六百人の僧侶がいた。羊だけを例に、一人が一年に一匹食べると仮定すると、五百人の僧侶が一年に五百匹の羊を食べ、十年では五千匹になる！　しかし、クンブム寺は五百人だけではなく、食べるのも毎年一匹だけではないから、実際に食べられる羊はもっと多い。では、チベット人地区全体でどれだけの寺院があり、どれだけの僧侶がいるだろう？　そして、どれだけの羊を殺し、どれだけの殺生《せっしょう》を犯していることだろう？

それに思い至って、私は肉を断つことを決意し、またガシマが再び説法の場になるよう祈願した。

アムドでのチベット暦大晦日の習俗は、今では漢人地区の大晦日とほとんど同じだ。通常、寺院はトルギャの法会、つまり邪鬼を除いて新年《ロサル》を迎える祈願法会を行った後、教師と弟子が一緒に集まってにぎやかに新年を祝う。この年、私の世話係のタシもいつもと同じように、多くの料理と大皿に盛った牛肉や羊肉を用意してみんなをもてなした。しかし私は、食事の前に「今日から私は肉を食べないことにした」と宣言した。

「ほんとですか？」みんなは私が冗談を言っていると思った。

「私はもう発願《ほつがん》したんだ」私は言った。

それはみんなにとって興ざめの大晦日になってしまった。だが、それ以降私は一度も肉を食べていない。もちろん、子供のころから牛や羊の肉を食べなれた牧畜民の子供にとって、突然の肉断ちはなかなか大変だった。肉を見て食べたくなった時、私はそれを私の母の肉だと観想した。もちろんそれは効果てきめんだった。

その後、私はガシマをすっかり新しく修復して、吉日を選んで私の邸宅の中の他の五、六十棟の建物と一緒に寺に寄贈し、私が設立した入門僧侶の学校の校舎にした。

「宗教改革」以降、僧侶は急速に減少した。八〇年代末になってから各学堂《タツァン》が個別に修行僧を募集し始めた。応募してきたのはみな十八歳以上の若者だったが、彼らは全く仏教の基礎知識がなかった。なぜなら政府が十八歳未満は出家してはならないと定めていたからだ。以前なら僧侶になるには六、七歳で出家して経典を学び始めた。時には四、五歳やもっと小さいうちに寺に送られることもあった。だから十八歳になるころには仏法の常識をほぼ身に着けていた。今では、十八歳で出家して一から仏法を学び始めるが、基礎ができていないので、各タツァンの授業についていけないことが多かった。そこで、私は入門者向けに初級僧侶学校を開設し、祈禱文、数学、チベット語文法などの仏教の基礎知識を教え、そこを卒業してから各タツァンに進学して引き続き学習させるようにした。

募集を始めると、二百人以上が応募してきた。その多くがアムド地方からで、内モンゴルからも数人のモンゴル人、他にも浙江、福建からの漢人の学生もいた。その後さらにモンゴル国からも十数名の学生が来た。

私はまたジャムヤン・シェーパ・リンポチェに相談して、ラブラン寺の大善知識《ゲシェ》ゲンドゥン・ギャツォと数人のゲシェ・ラマを招聘《しょうへい》し、学僧たちのために五明を伝授してもらった。その後、授業の中に多くの生活実用知識の科目を加え、教授法も柔軟にして、西側のテレビ番組の早押しクイズの方法も取り入れた。素材に応じて教え方を工夫し、非常に良い効果を上げた。各タツァンも喜んでこの学校の卒業生を受け入れ、今日でもこの学校は続いている。

私の世話係兼秘書のタシ・ギェルツェン（1980年代、アジャ邸で）

ギャヤ・リンポチェも母も逝ってしまった

私は今でもゲゲン・ツルティム・ラクサムが私に教えてくれた『大蔵経』の中の猫と鼠の物語を覚えている。「猫が鼠に言った。『おれは今度居士《こじ》〔在家信者〕になったから、もう鼠は食べない』『おれたちどうしよう?』鼠たちはかしこまって拝《おが》んだり、讃えたりして、そのうち思い切って目を閉じて時計回りに猫の周りを回り始めた。すると、一回りするたびに鼠が一匹ずつ少なくなっていった。それはなぜかね?」

「猫居士に食べられた!」私はいつものように歯切れ

よく答えた。

「そうだ、わしらの心の中の三毒がつまり猫で、善事が鼠のようなものだ。いつでも三毒に飲み込まれる危険があるんだよ」ゲゲン・ラクサムはいつも順序立てて善導してくれた。

　ゲゲン・ラクサムが仏法を分かりやすく私に教えてくれたとすると、ギャヤ・リンポチェは仏法を体系的に私に教えてくれた。

「僧侶が仏法を知らないということは医者《マンバ》が薬草を知らないのと同じだ」ギャヤ・リンポチェはよくそう言っていた。文化大革命中にも彼はひそかに私に『菩提《チャンチュ》道次第集義《プ・ラムリム・ドゥトゥン》』[287]を口伝《くでん》してくれた。

　チベット仏教では直接の導師が修行の基礎なので、導師を非常に重視する。私にしっかりとした基礎を持たせるために、ギャヤ・リンポチェはいくつかの経典を口伝してくれた。伝統では、弟子はまず仏法僧の三宝に帰依し、菩提心を起こし、その後に導師が弟子に灌頂して密教聖典を口授し、弟子はこもって修行する。しかし、紅衛兵と積極分子が経堂に出没し、警察と幹部がいつでも押し入ってくる時代に、伝統に従うことは不可能だった。

それでも、ギャヤ・リンポチェは私に『師事法五十頌《グルパンチャーシカー》』と[288]『グル格言』を伝授してくれた。後者はツォンカパ大師とその後代の高僧の必修経典である。その後さらに『菩提道次第集義』『帰依疏』『仏教度量衡学』『塔檀度量衡』などを伝授してくれた。後ろの二つの著作は、チベット仏教における寺院、塔檀、仏像作りの比率に関する規定で、代々伝えられてきた経典である。このほかにも、ギャヤ・リンポチェは私に仏教芸術とサンスクリット文字書写法を教えてくれた。さらに私の著作を監督指導し、彼みずから添削してくれ、手に手を取って導いてくれた。私が仏学院を卒業して帰った後も、彼は自ら進んで『サラム・ナムシャー』を教えてくれた。

　しかし、一九九〇年の夏の晩夏、私はもうギャヤ・リンポチェの講義を聞くことができなくなった。医者が危篤を知らせた。毎日点滴は続けていたが、それでも彼は眠り続けた。たまに目を覚ますと、周りを見回して私たちに微笑みかけた。ある日、ギャヤ・リンポチェは非常に意識が鮮明になって、回診に来た院長と主治医に向かって合掌して言った。「感謝します。面倒をおかけします」。そして、世話係のタンパ、セルドク・リンポチェと私を傍らに呼んで、死後の手配を頼み、長年彼に仕えたお付きのソンツェンと小タシに言った。「おまえたち二人は本当によく仕えてくれた！」

「この老人の生命力は本当に強い！」横にいた医者がそう言って感嘆した。

それから、ギャヤ・リンポチェは眠りから目覚める回数がだんだん少なくなっていった。私たちはできるだけ彼にマニ丸薬を溶いた水を飲ませ、導師が一日も早く一切の功徳を成就し、衆生を済度するために一日も早く願いに乗って再び生まれてくることを祈願した。同時に私たちは、彼の法衣と仏具を準備した。

徐々に、彼の呼気が多くなり、吸気が少なくなっていき、最後に長い長い息を吐いて、呼吸が止まった。全ての離別の痛みと涙が、この時はただ私が口の中で唱え続ける『上師供養』となった。

病院の霊柩車がギャヤ・リンポチェの法体をクンブム寺に送ってきたとき、全寺の僧侶が手にカタと香を持ち、黙々と身をかがめて立っていた。そう、みんな深く身をかがめていた。チャルメラの悲しげな音が、クンブム寺の屋根を越えて、重く垂れこめた雲の下、雪国の広大な山河に漂った。多くの人が涙を流した。私も悲しみをこらえきれず、喉が詰まったように嗚咽し、涙がとめどもなく流れた。

翌年の春、私はまた北京での会議参加通知を受け取った。しかも、全国政治協商会議の委員に任命された。その開幕式の日、クンブム寺から電話が来て、私の母が危篤だと知らされた。この頃、母はずっと私の邸宅で、私と一緒に暮らしていた。私が北京に来る前から母の健康状態はあまりよくなかったが、いつも病気がちで、よくなったり悪くなったりを繰り返していたので、私は出て来たのだった。北京に着いたばかりで、こんな電話を受けるとは思いもよらなかった。

ちょうどジャムヤン・シェーパ・リンポチェが近くにいて、私に何事かと聞いてきた。私は彼に気がかりなことを伝えた。

「すぐ帰りなさい。着いたばかりで欠席願なんてちょっと変に思われるかもしれないが、これは予測できないことなんだから。私が代わりに欠席願を出しておくから、君は帰りなさい」ジャムヤン・シェーパ・リンポチェがそう言ってくれた。

出発しようとしたときまた電話が来て、母が亡くなったと言われた。私が家に駆け戻った時には、僧侶たちが誦経していた。母の祭壇にはたくさんのバター灯明がともされていた。兄嫁たちと姉たちは私を見るなり泣き出した。

「誰でも亡くなる。私たちに今できることはお経をあげて母さんを済度することだよ」私は彼女たちに短い慰めの言葉をかけて、母の祭壇の前に行き、母が生前肌身離さず持っていた数珠を手に取り、こらえきれずにそっと言った。「母さん、なんで僕が戻る前に逝っちゃったんですか？」

そう言い終わったら、涙があふれて出た。子供のころ、父と母がクンブム寺に私を訪ねて来るたびに、私は別れが怖くて、母が帰らないことだけを願っていた。文化大革命の年、私が家に帰った時、母が戦々恐々として大字報を貼りなおしていた情景も、そして次の日の早朝、腰の曲がった体で遠く離れるまで私を見送ってくれた情景も、どれも私は忘れていない。今日、母は私のもとを去ってしまった。来世はいったいどこで再会できるんだろう？

そこまで思ったら、私はこらえきれずに大声で泣き始めた。

僧侶たちは依然として誦経していた。私も母のために済度祈願経文を唱えた。母は火葬だった。初七日から四十九日まで、私たちは母のために誦経し続け、千個のバター灯明を供える千灯供養も行い、千本のチベット香と千個のキンコウボクの花、千個の花瓶、千碗の浄水を捧げ……同時に、クンブム寺の全ての僧侶のために供養した。

しかし、その後もまるで惰性のように、毎回外出して帰ってくると私はまず母の部屋を覗きに行った。母が座っていた敷物は以前と全く同じ位置に敷いてあった。母が使っていたムクロジの数珠もやはり仏龕の前に置いてあり、その中で目を引くサンゴにはあたかもまだ母の指紋と体温が残っているようだった。

逆縁が順縁に

その日、私は西寧の勝利公園二階の会議室で会議に参加していた。すると、突然部屋が揺れ始めて、「ゴー」という振動音も聞こえてきた。とっさに指導者の演説も止まった。

「地震だ！　地震だ！」誰かが叫んだ。

すばやく走って外に出る人、周りをきょろきょろ見回す人、演台の上の指導者の様子をうかがう人、そして落ち着いて座ったまま、どうってことないという顔をしている人。秘書たち、警備員たちは演台の下に駆け寄って共産党書記や省長の文書を片付けた。

「止まった。大丈夫だ」職員の一人が言った。

確かに、まだ吊り下げ照明は揺れていたが、建物の揺れは止まった。

「地震予報なんか聞かなかったぞ」誰かが恨みがましく言った。

四、五分後に、部屋はまた揺れ始めた。秘書たちは書記と省長の書類かばんを持って、すぐに出口に走った。書記と省長は先に部屋を出ていたが、戻って来て「避難しろ！　避難しろ！」と言った。

残っていた人々が一気に出口に殺到したが、何人かはまだ落ち着いていて、慌てず騒がず、みんなが出てから立ち上がった。

全員が一階の中庭に集まった時には、地震は完全に止まっていた。

「トンドゥプジャ書記、海南から電話が来て、急いで戻ってほしいということです」。海南チベット族自治州共産党書記のトンドゥプジャは、秘書の言葉を聞くと、急いでラシャのオーバーを着て車に向かって歩いて行った。

「海南はひどく揺れたそうで……」彼の秘書が前を歩く彼に向かって言った。

私も心配になって急いでクンブム寺に電話をかけた。

一三七九年にツォンカパ大師の誕生地に蓮聚宝塔が建立されて以降の四、五百年間に、歴代高僧の献身的努力によってクンブム寺はゲルク派六大叢林寺院の一つになり、何代にもわたってゲシェとラプジャムパ[289]を養成してきた。しかし、一九五八年以後の度重なる政治運動で大きく破壊された。主な建物群は幸いにも残ったが、長年修理していなかったので風前のともしびである。地震どころかハリケーン一つにも耐えられない。この雪国の精華は今日の地震で無くなってしまったのだろうか？

受話器の向こう側で、クンブム寺の被害は大きかったと言っていたので、私は急いでクンブム寺に帰った。

私が一番心配していたのは小金瓦殿だった。これは護法神殿の一つで、正門の他に二つの脇門があり、チベット暦第十二ラプチュンの壬申年《みずのえさる》（一六九二年）に創建された非常に美しい建物だ。梁と柱の接続部には精緻なレリーフが施されている。これは「シュリン・シュトゥン」と呼ばれるチベットの建築装飾で、今日ではほとんど残っていない。この神殿は一八二二年と一八六六年に修復され、一九三一年にも簡単な修理が施された。しかし、共産党に「解放」されてからはほとんど放置されていた。今回の地震の影響で、二つの脇門の上の亀裂が広がり、精緻な壁の装飾、煉瓦のレリーフも壊れ、壁の内部のほぞ継ぎまでずれてむき出しになっていた。また、クンブム寺の菩提塔は四基が台座から倒れ、ダライ・ラマとパンチェン大師がかつて逗留した吉祥行宮の外壁も崩れた。それに僧坊も数棟倒壊した。後で知ったことだが、この地震はマグニチュード五・五で、震源は海南州、クンブム寺からわずか一五〇キロメートルの地点だった。

私はすぐに緊急会議を招集し、今回の地震によるクンブム寺の建物被害について詳細に調査するよう指示した。それから手分けして、巻き尺を伸ばして実地に測量し記録したり、写真を撮って現場の一次資料を収集したりした。一週間ほどかけて、私たちは地震被害報告書を作り上げた。

私は中央から地震状況の調査に人が来たと聞いて、直接中央視察団に手渡したいと思ってその夜すぐにこの報告書を西寧賓館に持って行ったが、一歩遅かった。到着したときには震災状況報告会は終わったばかりだった。省長の金基鵬が近寄ってきた。ランクを飛び越えて文書を提出した場合の悪影響を考えて、私は報告書を金省長に渡して、代わりに渡してくれるよう特に強調した。カーボン紙で複写したふぞろいな報告書をパラパラと見て、金省長は不機嫌にならないどころか、感嘆した。

「クンブム寺はよく頑張りましたね。みんな手書きじゃないですか！」

彼は私にすぐに報告書を省政府秘書長に渡すよう言った。時間はすでに夜十時を過ぎていた。私が省政府ビルに駆けつけたとき、宿直職員は「この時間になってどうやって探すんだ。とっくに退勤したぞ！」と言った。私がなんとか省政府秘書長の電話番号を探し出して電話をかけたら、出た人は間違い電話だと言って、別の番号を教えてくれた。こうして紆余曲折を経て私はやっと震災担当の李慶副秘書長に会うことができた。私の説明を聞き終わってから彼が言った。「もしあなたがあと半日早く来ていたら、クンブム寺の災害状況も青海省災害情報報告書の中に盛り込まれたでしょう。残念ですが、最後の部分がもう印刷にかかっています」

私はその言葉を聞いて、がっくりして言葉も出なかった。

「でも、気を落とさないでください。省長が言ったからには私たちも重視します」李慶副秘書長は私の落ち込みようを見たからか、そう言って私を慰めた。

クンブム寺に戻ったとき、ヘッドライトが照らす場所以外、あれほど大きな建物群が見渡す限り真っ暗だった。私の邸宅も真っ暗だった。だが、それでも私は習慣的に護法神殿に向かって合掌し、運転手もその前で徐行した。私は心の中でつぶやいた。「願わくは、逆縁が順縁に変わりますように」

家に着いたとき、私は疲れ切って、お茶をする気にもなれなかった。

「お茶を入れますか?」世話係のタシが入って来て言った。

「半日走り回ったのが無駄だった」私は独り言を言った。

「護法神は三つの目をお持ちですよ、リンポチェ!」タシが私を慰めた。

二、三日後になって、李慶副秘書長から電話が来た。「もしもし、活仏、あなたの間に合わなかった報告書の件ですが、文教担当の私としてもクンブム寺が盛り込まれないのはまずいと思います。今度、省政府で調査チームを作ってクンブム寺に被災状況の調査に伺います」

まもなく、本当に省政府にクンブム寺の被災状況調査チームが発足し、私の名前もその中に入った。今回は正式な書式に沿った報告書を作り、中央に提出した。消息通が、もし北京でロビー活動をしなければ、どんなに報告書が良く書けていても梨のつぶてになるだろうと注意してくれた。そこで私は北京通いを始めて、毎月一回は北京に行った。国務院弁公庁、財政部、国家計画委員会、文化部文化財課、建設部、建設設計院などなど中央

1996年クンブム寺修理工事の竣工式でのあいさつ

の関係機関はすべて回った。もちろん中央統一戦線部と国務院宗教局にも行った。国務院の文化担当の徐志堅副秘書長など、その中の一部の官吏はのちに私の友人になった。さらにその後、私の役職の昇進に伴って、参加する会議が増え、これらの役所に行く回数も増えた。

クンブム寺の修復に関しては、何回も「会議での検討」「専門家の審査」「関係部局との交渉」を経て、さらに国務院副秘書長の徐志堅が中央の関係する部と委員会をまとめてワーキンググループを作り、何度もクンブム寺を視察した後に、やっと修復費用の支出が決定した。

しかし、そのころ中国の南方で水害が発生したために当初の予算が削られた。しかもこの予算はクンブム寺に直接支払われるのではなく、中央から省へ、役所から役所へ支給されるのだった。例えば、ある予算は省の財政庁に支給され、ある予算は省の文化庁に支給されるので、手続は非常に煩雑だった。しかし、護法神のご加護で、幸いにも中抜きされることはなかった。

施工の品質を保ちつつ経費を節約するために、私はクンブム寺歴史的建物修復隊を結成し、クンブム寺の修復工事に当たらせた。一部の特に専門的な工事、例えば水道・電気以外は、ほぼすべての修復作業をクンブム寺の僧侶が行った。僧侶たち自身で基本計画、工事設計、原材料調達と輸送を分担し、多くの僧侶が修復工事と彩画装飾作業に従事した。ヤンジャ・リンポチェ、テンペー・ネドゥプ、ガジャン師匠、史棟梁も参加した。それに陳永華さんは文革中に工作組の会計を担当していたが、誠実な人で、いつも手を尽くして寺院の一木一草まで守ろうとしてくれたので、彼にも参加してもらった。そして、私が以前学んだ『仏教度量衡学』も、今回の大規模修復で役に立った。

五年間、いや足かけ六年をかけて全ての修復工事が完了した。その間、私が日夜心配していたのはやはり政治運動だった。万一政治運動が発生したら、資金は凍結されてしまうだろう。そうなったら、修復のためにバラバラに分解された殿堂は、永遠にバラバラのままで打ち捨てられてしまう。もしそうなったら、私は三宝や護法神になんて説明したらいいんだ！

幸いにも、その間は情勢の大きな変化はなく、小金瓦殿、大金瓦殿、大経堂、弥勒仏殿、吉祥行宮など八つの主な殿堂を徹底的に修復する時間が持てた。さらに、周囲の仏塔とその他の小さな仏殿を修復し、寺の排水路を浚渫《しゅんせつ》し、道路を新設・修理することもできた。そしてそれらは全て付随工事として行うことができた。

竣工式を挙行するとき、私たちは念入りに吉日を選び、多くの客人を招いた。もちろん中央と省の官吏も招いた。他の盛大な法会と同じように、うわさを聞きつけて十万人もの人が集まった。しかし、始まる前に雨が突然降り始めた。私は、これこそ甘露ではないかと思った。そして、法会が始まるときには、日差しが分厚い雲の隙間から差し込んで来た。特に仏像の開帳の時には、雨は完全に止んだ。日差しが燦燦《さんさん》と美しい仏像を照らし、光が四方八方に反射した。「仏の光があまねく照らした！」人々はそう感嘆した。私も心中で逆縁が順縁に変わったことを護法神に感謝した。

解決できない事件

そのときは、ギャヤ・リンポチェはまだ入寂していなかった。ある日、私は病院に行く途中、なぜか突然心がかき乱されてジープの手すりをにぎりながら、胸を上下左右にさすった。運転手も私の焦燥に気づいて慰めた。

「心配しないで、ギャヤ・リンポチェはそんなに早くは逝きませんよ」

病院に着いて病室に入るなり、ソンツェンが言った。

「たった今寺から電話があって、すぐに戻って来てほしいということでした。何かあったそうです」

私が現場に駆けつけると、宿直のギャツォもいた。

「どうした?」私はギャツォに聞いた。

「象牙球など八件の文化財が盗まれました」ギャツォがうなだれて答えた。

「君は現場にいなかったのか?」私は咎めるように聞いた。

「いました。それどころか観光客もいました」ギャツォが恐る恐る答えた。

「いつ盗まれたんだ?」私はまた苛立って聞いた。

「三時ごろです。もう通報しました。派出所からも人が来ました」ギャツォが説明した。

私はとても落胆した。この象牙球は仏龕の中に供えられていた精巧で美しい供物で、少なく見積もっても百年、二百年の歴史があり、彫刻も非常に精緻で、合計九層になっていて、各層をみな回すことができ、層ごとに図案も異なっていた。それが戻ってくる可能性はどれほどだろう?　私は全く楽観できなかった。

私が住持に就任する前から似たような盗難事件は多数発生していた。一九八七年に私とセルドク・リンポチェが北京高級仏学院に入学するために出発する前日の夜、大金瓦殿の五個の金の灯明皿が盗まれ、当時、チベット地区中が大騒ぎになった。こうした窃盗行為は「お上」と関係があると言う人もいたし、今回金の灯明皿が盗まれたのだから、次はもっと大きな盗難事件が起こるかもしれないと言う人もいた。またある人は、自ら手がかりを提供し、その晩一台の車がエンジンをかけたまま西側に停まっていたと証言した。人々がこの事件に注目したのは、この金の灯明皿が黄金自体の価値だけでなく、宗教的・歴史的な価値を持っているからだった。盗まれた灯明皿の一つは、パンチェン・ラマ六世に贈られたもので、上の部分にパンチェン・パルデン・イェシェの名が刻印され、底の部分には祈禱文が刻印されていたのだ。

さらに重要なのは、何代ものダライ・ラマとパンチェン・ラマが、手ずからこれら金の灯明皿に火をともし、捧げ持って敬虔に祈禱してきたことだ。チベットの僧俗民衆にとって、これらの金の灯明皿は特別な加持力を持つ物だから、それで灯明を供える人がとても多く、何週間も前に予約することが必要だった。

当時、警察も非常に重視したようで、捜査チームが結成され、多くの手掛かりを発見し、盗難の詳細な状況も広く漏れ伝わった。しかし、しばらく捜査が続いた後、突然「お上」から指示があって捜査が打ち切られ、そのまま迷宮入りになってしまった。

「なんで迷宮入りにするんですか?」私の前任者は何度か警察に問いただしたが、明確な返答はなかった。私は捜査を続けていたら解決したと思う。そして捜査を続けるべきだったのだ。そうしなければ、世間に寺の物は盗っても捕まらないと印象付け、泥棒はますます増えるだろう。

クンブム寺の印経院にあった八尊の菩薩銅像のうち六尊が盗まれたのは、私が住持に就任する数日前だった。私は湟中県ルシャル鎮の派出所にすぐに捜査するよう督促したが、いつまでも進展がなかった。そこである僧侶がうまい手を考え出した。彼は残りの菩薩像を持って、仏像を買うようなふりをしてルシャル鎮の宗教用品を売っている店に聞いて回った。「あの、これと同じ仏像はありますか?」

一人の回族の店主がその仏像を手に取って見ながら言った。「おお、これなら二、三日後に来てみろよ」

それらの仏像にはモンゴル芸術の特徴があって、台は丸く、台の上の菩薩は立っていた。クンブム寺中を探してもそういう様式の仏像は他にないだろう。私たちが資料を調べると、それらは十八世紀につくられた一級文化財だった。

この盗難事件で、私は文革後期にルシャル鎮派出所で所長をやっていた李吉発を思い出した。しかし、彼はとっくに転勤になっていて、どこに行ったかはわからなかった。今回も私たちはこの手がかりを派出所に話した。「どこの店だ?」彼らは聞いた。私たちはその店の場所を告げた。

「案内が必要ですか?」私は聞いた。

「いや、いや、話してくれただけでいい」派出所の警官は言った。

しかしそれ以後、何の音沙汰もなかった。その後、私たちがその店に聞くと、店主は言うことを変えて、そんな仏像は見たことがないと言い張った。

それからは、私は友人たちや僧侶みんなに、盗まれた文化財に関する手掛かりに注意してくれるよう頼んだ。私自身も、それらの雑貨店に注意するようにした。数年後、偶然の機会に友人の張学義、つまりあの張マンバが、盗まれた六尊の仏像の内の二尊を外地で見つけて高額で買い取った。しかし、その店主も手掛かりや品物の入手先を話すのを拒んだ。

防犯を強化する以外に、何か別の方法があるだろうか？　クンブム寺の住持として、私はもちろん警察に早く金の灯明皿の盗難事件と他の文化財盗難事件を解決するよう督促する責任はあるが、警察は捜査の掛け声だけは大きくて、いつも結果が伴わなかった。その後、派出所に新任の所長が来た。漢語名を包偉禎というチベット人で、幼名をツェリンと言った。彼は李吉発所長の後任の中で、クンブム寺の盗難事件に興味を示した唯一の人だった。彼はよく私と以前の迷宮入りした事件について話し合い、手掛かりを探す努力をしてくれた。

この頃、私の友人で僧侶のトンドゥプ・ペルデンがタシルンポ寺からクンブム寺に戻って来た。私は彼に大金瓦殿の香灯師になってくれるよう頼んだ。ある日の夜中の一時ごろ、彼が夜の鐘を突き終わって、三階から二階に降りて来るとタバコの臭いがした。彼はすぐに出入りできるただ一つの窓に鍵をかけ、戸にかんぬきを掛け、棍棒を手にあちこちを探し回った。しかし、くまなく探しても賊は発見できなかった。

彼はすぐに宿直室に行って派出所に通報した。包所長が駆け付けたときはまだ空は白んでいなかった。包所長は大金瓦殿の中に確かに人がいないことを確認し、足跡を調べ、外からも観察し、盗犯は外に逃げていないと考えた。しかし、どこに隠れたのか？　この時、包所長は近くの宿屋の明かりがついているのを発見し、行って宿直員に誰か入ってこなかったかと聞いた。宿直員は何人かはいってきたと言った。そして、その特徴を語った。さっきの足跡調べに基づいて犯人の体格と年齢を推定し、包所長はその中の一人が疑わしいと判断した。そして宿直員の案内で部屋を捜索した。その疑わしい人物の部屋の順番になった時、中に人の気配はするのにドアは開かなかった。宿直員が予備の鍵でドアを開けると、宿泊客はドアのうしろに隠れていて、包所長と格闘になった。

宿直員は女性にもかかわらず、包所長が宿泊客を捕まえるのに加勢した。捕まえてみるとやはり泥棒だった。その後、省公安庁からの人も加わって行われた取り調べの中で、泥棒は自供した。彼はその日、千灯供養の台の下に隠れていた。その台は高く、下に横棒が渡してある。彼はその横棒の上に足を乗せて、ほとんど宙吊り状態になっていたので、発見できなかったのだった。その泥棒は他の省から来た漢人だった。

その頃、私はまた一通の手紙を受け取った。秘書の話では手紙の主は金の灯明皿事件の手掛かりを提供したいと思っているということだった。その手紙は監獄から出されたもので、罪を犯したクンブム寺の僧侶が書いたものだった。それに私は興味を引かれた。しかし、秘書が言い終わる前に、来訪者に応対してほしいということで私は呼び出された。二、三日後、私がその手紙を探すと、どうしても見つからなかった。当時、私の手紙は全て事務室の秘書が処理していた。

数年後、私は一本の電話を受けた。先方は自分がクンブム寺の僧侶で、以前監獄から私に手紙を書いて、金の灯明皿事件について手掛かりを提供したいと伝えたと言った。彼はまた、自分はいま五台山に投宿しているが、面目なくてクンブム寺には戻れないと言った。電話は確かに五台山からかけて来ていた。そこで私が包所長と相談すると、彼も大いに関心を示した。そして、相手を驚かせて捜査の妨げになるとまずいから、とりあえず「お上」には報告しない方がいい、内密に自分たちだけで五台山に行った方がいいと言った。

そこで、私と包所長は私服に着替えて、ガユェンの運転で車で出かけた。目的地に着くと、私たちは一軒の宿屋に投宿し、その僧侶が教えてくれた番号に電話して、彼を呼び出して私と同じ部屋に泊まらせることにした。

彼はかつてはチャムの踊り担当の僧侶だった。クンブム寺には彼のような僧侶が二、三十人いる。チャムを踊るのは九間殿《ジャムヤン・クンスイ》の中庭と決まっていて、右側の殿堂はタムチェ・ケンパといい、ダライ・ラマ三世ソナム・ギャツォの霊塔がある。清代のムスリム反乱の時に焼かれたが、その後再建され、大小多くの仏像が並べられている。チャム踊り担当の僧侶は、タムチェ・ケンパで衣装替えをする。この僧侶は衣装替えの時を利用して、仏像を一尊盗んだ。その理由は、この僧侶の一人の友人が、クンブム寺の古い仏像を家宝にしたいと彼に頼み込んだからだった。実はその友人はもっぱら文化財窃盗を仕事にしている泥棒だった。しかしこの僧侶はそれを知らなかった。その後、盗まれた仏像がラサで発見された。私とチェシュ・リンポチェはその時ちょうどラサにいて、公安局に呼び出されてその仏像がクンブム寺のものかどうか確認させられた。

いま、その僧侶が私の向かいに座っている。監獄生活が彼の性格を変えたのか、少し精神が不安定なようで、同じことを繰り返したり、言いよどんだりした。しかし、以前だまされたこと、つまりそそのかされて犯罪を行ってしまったことを非常に悔いていた。そしてそれ以上に自身の前途を心配していた。彼は自分がこれからどこに行ったらいいのか、どうやって生活していいのか分からずに悩んでいた。

彼は五個の金の灯明皿が盗まれた夜のことを回想しはじめた。彼は二時ごろ、外でビデオを見終わって帰って来てた。寺の規則に違反したので、びくびくしていた。だから、寺に入ってからは人に見つからないように細心の注意を払った。この時、彼はふいに誰かが大金瓦殿の東側をうろついているのを目にし、八個塔の陰に隠れて観察した。それから橋を渡るまでその人の後をつけた。その人が東の方向に歩き去るのを見届けてから、彼は戻った。

この状況説明は私が聞いていた状況と合致していた。警官と警察犬が来たとき、警察犬は臭いを追ってその橋を渡ったということだった。

この僧侶は続けた。彼が監獄に入ってから、一人の囚人が彼にたずねた。「若いの、おまえの寺の金の灯明皿事件はまだ解決していないのか？」

「何で解決していないって分かるんだ？」僧侶が聞き返した。

「わかりきってるじゃないか。その泥棒が外で気ままにやってるからさ！」その囚人が言った。

「誰が盗んだか知ってるのか？」僧侶がまた聞いた。

「もちろん。夜中の一時、二時ごろ盗まれたんだろ？」そしてその囚人が続けて、犯人がどのように東に逃げたかという細部のことまで僧侶がその夜に見たとおりに話

北京の八大処霊光寺の仏歯塔前で　1980年代内モンゴルのウラン・リンポチェ、チェシュ・リンポチェ、ギャヤ・リン ポチェと私

したので、私に手紙で知らせて来たのだった。

「じゃあ、その人はまだ監獄にいるんですか?」私が聞いた。

「釈放されました。湟中あたりにいます」彼が言った。

「彼を見たら、今でもわかりますか?」私が聞いた。

「わかることは分かりますが、今は戻れません」僧侶がうつむいた。

この僧侶と別れるとき、私は彼に少しお金を渡した。帰り道、包所長が言った。「人間、監獄の中にいるときと外での気持ちは違うから、我々が釈放された犯人を捜し出したとしても、自供するかどうかは別問題だ。だけれど、何と言ってもこれは手掛かりだ。チャンスを待とう」

残念なことに、その後の私の亡命は包所長を苦しい立場に立たせ、クンブム寺の文化財窃盗事件も、象牙球事件を含めてすべて迷宮入りのままになってしまった。

二〇一一年二月のある日、私はインターネット上で、かつて金の灯明皿を盗んだ人が自首したことを知った。自首した原因は、金の灯明皿を盗んでから、悪運が続いたからだという。しかし、納得できないのは警察が窃盗犯の責任を追及しなかったことだ。その理由は、この事件は時効が成立しているということだった。

ブッダの歯の仏教国訪問

仏祖の涅槃後、インドのアショカ王は、この無上の福《ふく》田《でん》が永く現世に利益をもたらすことを願って、八万四千基の仏塔を作って、中に仏舎利を納めた。歴史の転変と衆生の業と縁のため、多くの舎利が世の中から失われ、今日では仏の本当の舎利はほとんど残っていない。多くの地方で仏の舎利があると言われているが、実際には真偽の判断はつけがたい。しかし、北京の八大処霊光寺に祭られている仏歯舎利は、世界に認められた二個の本物の仏歯舎利のうちの一つである（他の一つはスリランカにある）。

この仏歯舎利も今日霊光寺に落ち着くまでに各地を転々とした。最初にウディヤーナ国（現在のパキスタン）から于闐《うてん》（今日の新疆ウイグル自治区ホタン）に伝わったのは千六百年前のことだ。五世紀の中ごろ、斉の高僧法献《ほうけん》がこの仏歯舎利を首都建康（現在の南京）に迎え、定林寺に祭った。その後、中原の戦乱により仏歯舎利は遼の都南京（現在の北京）に移った。咸雍七年、一〇七一年、遼国の高官の耶律仁先の母燕国太夫人が仏歯舎利を今日の北京八大処公園内にある霊光寺の招仙塔に安置した。しかし、一九〇〇年に侵攻した八国連合軍が招仙塔を破壊した。一九五〇年代末に、中国仏教協会の提案で中国政府が出資して元の位置に仏歯舎利塔を再建することになった。塔は一九六四年に完成し、仏歯舎利もその中に移された。

一九九四年、ミャンマー政府がその仏歯舎利のミャンマー巡回を招請した。国務院宗教局は、中国仏教協会が表に立って使節団を派遣して護送することを決定した。当時中国仏教協会副会長だった私はすぐに北京に来るよう通知された。ミャンマー軍事政権が仏歯舎利の本国巡回を利用して信徒を慰撫《いぶ》し、人民との間の対立緩和をはかり、併せて巨額の布施を集めようとしていることは明らかだった。実際、一九五五年に当時中国仏教協会会長だったシェラブ・ギャツォ大師が護送して、初めてミャンマーをこの仏歯舎利が巡回したときは、百万人以上が参拝に来たという話だ。一九六四年、仏歯舎利が二度目にミャンマーとスリランカを四十五日間巡回したときは、市民が道の両側にひれ伏して拝み、参拝する信徒は毎日十万人に達したそうだ。

今回は北京で中国とミャンマーの代表が合意書に署名した。私たち使節団のメンバーもこの濃厚な政治的・商業的雰囲気の漂う署名式に参加し、さらに人民大会堂で開かれた宴会にも参加した。この護送使節団は中国仏教協会副会長の上海の明暘法師が団長で、国務院宗教局副局長のロサン・ティンレーが顧問、仏教協会副会長の刀述仁と私が副団長だった。団のメンバーに指名された人はたちまち仏歯舎利の護送の準備で忙しくなった。まず、仏歯舎利を北京八大処霊光寺の舎利塔から出すために、有機ガラスの仏龕を作った。次に、仏歯舎利を出して、中国仏教協会のある広済寺に安置した。そして広済寺の大雄宝殿で浄讃法会を挙行することになった。

法会に参加したいという電話が広済寺に殺到した。「お上」は警戒して、「定員に達した」と理由をつけて信者の願いを抑えようとした。最終的に参加者を二百名の在家信者に限定し、中庭に立たせて大雄宝殿に向かって誦経させた。

殿内の三世仏《さんぜぶつ》像の前に置かれた仏歯舎利を置いた供物台は非常に高かった。私たち僧侶は大雄宝殿の中、仏歯舎利の両側に立つことを許され、各宗派の伝統に従って誦経した。参加した僧侶は中国仏教が百人余り、チベット仏教が数十人（主に黄寺から）、および上座部仏教が十数人だった。

中国仏教の僧侶が誦経する時間が最も長かった。中間ぐらいまで進んだとき、外にいた在家信者が一斉にひざまずいたのが見えた。法会の後に彼らに聞いた。「何で一斉にひざまずいたんですか？」

「仏歯が光ったんです！」みんなそう言った。

「光った？」私たちは聞いた。

「そうだ、建物の中が真っ赤になったよ！」一人が答えた。

「突然仏歯が光って、仏像が現れて……」別の人が言った。

そんなふうに在家信者たちはいろいろなことを言っていたが、私たちには福運がなくて、近くにいながら何も見えなかった。しかし、仏教協会の鍵の管理人は仏教を信じていない共産党員だが、彼女も仏歯が光るのを何度も見たと言った。

次の日の明け方、私たちは出発前に再び大雄宝殿の前で簡単な法会を挙行した。その後、仏歯舎利は武装警察部隊に護送されて空港に向かった。時間の節約のために、私たちは中国仏教の僧侶四、五十人だけを呼んで経を上げた。仏歯は大雄宝殿に置いたままで動かしていなかった。この時、私は外に立って、仏歯舎利に向かって合掌した。北京チベット語系仏学院副院長のナクツァン、チベット自治区仏教協会副会長のドゥプカン、そしてクンブム寺の秘書のサンギェが私と一緒に立っていた。周りには他にも護送使節団の他のメンバーや新聞記者、職員たちがいた。

誦経が始まってから五、六分たった頃、仏歯舎利を入れた搭状の瓶の中央の仏龕が突然赤色に変わり、その後仏歯舎利の表面から幾筋かゆらゆらと非常に弱い光芒が発せられた。それはまるで蒸気のようにだんだん濃くなり、五色の光の筋も混じった。私たち数人のチベット仏教の僧侶は誦経を止めて、目を見張って見つめた。ちょうどその時、誰かが前を横切って私たちの視線をさえぎった。その一瞬で、現れたばかりの光芒は跡形もなく消えていた。

私たちは専用機に乗ってミャンマーの首都ヤンゴンに直行した。

飛行機が着陸すると、タラップの下にすぐに赤絨毯が敷かれた。私たちが飛行機を降りるとすぐに、人々が私たちに向かって合掌し、私たち団員全員にかぐわしい花輪を掛けてくれた。私たちは三列に並んで前に進み、その後ろに仏歯舎利が続いた。非常に多くの出迎えの人々が両側に並んで、三宝を讃えるミャンマーの仏教歌を歌いながら、しきりにぬかづいていた。一〇〇メートルぐらい歩いたところで、仏歯舎利引渡しの儀式が始まった。仏歯舎利を一台の象が引く車に移し入れた。そこには事前に生花で囲まれた、小さな廟のような尖塔型の仏龕が置かれ、その四周は四本の飾り柱と精緻なレリーフを施した軒で、中には数段の金色の壇になっていた。仏歯舎利は一番高い壇上に祭られ、像が引いてゆっくりと進んだ。この時、仏教音楽が一斉に奏でられ、数千人の人々が一斉に誦経しながら、ゆっくりと空港を出た。私たちの長い車列もその後に続いた。

ヤンゴンは風穏やかで日差しは温かく、祭日の盛装をした人々が各自の僧団に引率されて、道の両側で待っていた。長い道路の所々に仏龕が設けられ、人々が花や果

1993年江沢民主席がクンブム寺を訪問

物を供えていた。ヤンゴンはこの日特別に休日になったということで、人々は仏歯舎利の仏教国到着をこぞって喜び祝っていた。

　車列が平和塔《カバーエー・パゴダ》の聖洞窟に到着するのを待って、歓迎式典がさらに盛大に行われた。仏歯が大殿中央の仏龕の中に安置された後、まずミャンマーの高僧団が礼拝し、その後私たち護送使節団が礼拝し、各自席に着いた。双方が仏歯舎利の両側の席に着き終わった時、ミャンマー軍政府最高首脳の一人のキン・ニュン将軍が前に進み出て最敬礼で舎利を礼拝した。そして同じように私たち護送使節団とミャンマー高僧団に敬礼した。

　私は数十年前にタシルンポ寺で汲み取り作業を強要された場面をふと思い出した。今では、ミャンマー軍事政権の親玉も私たちに礼拝するようになるとは、まったく諸行無常である。私は後で知ったのだが、表面的に仏教を崇拝しているミャンマー軍事政権は実は、ミャンマー人民の民主主義と自由のために闘ってノーベル賞を受賞したアウン・サン・スー・チー女史を二十年もの長きにわたって軟禁していたのだった。

　仏歯舎利はミャンマーに四十数日間滞在し、ミャンマーの他の大都市も巡回した。どこに行っても黒山の人だかりで、各界の老若男女が参拝に訪れ、加持を受けたということだった。しかし、私は自分の目ではその情景を見ていない。なぜなら、その時ミャンマー国防部の手配で非常に旧式の小型飛行機に乗ってマンダレー、パガンなどを視察していたからだ。飛行機の中で、私は窓外のミャンマーの山なみを見たかったが、窓は長年雨風にさらされてすでに透明でなくなっており、外の景色はもうろうとしていた。

■■江沢民の題字

ある日、中央警護局の人が、共産党省委員会弁公庁の幹部に伴われてやってきた。私は見学だと思って、クンブム寺の歴史を紹介したが、彼はそれにはまったく興味がないようだった。ひたすら詳細にルートをチェックし、この門はどう入るのか、あの道はどこに向かうのかと質問した。そしてときどき「一号」はどこそこに座ってもらうと言っていた。そして、帰り際に私に言った。「中央指導者がクンブム寺を視察したいというので、我々はルートを下見に来たんです。これは秘密にしておいてください」

彼らはその中央指導者の名前は言わなかったが、誰が「一号」かを言い当てるのは難しくはない。では、私たちはこの「一号」にどんな記念品を用意すればいいだろうか？　当時、クンブム寺の参観に来る官吏には、全員に記念品を贈呈することになっていた。いろいろ考えて、大金瓦殿の木彫りの工芸品を思いついた。

まもなく、ラジオで本当に江沢民が青海省に来たというニュースが流れた。空港から勝利賓館に着いたということだった。以前そこは馬歩芳の私邸で、麒麟《きりん》公園と呼ばれていた。この邸宅は敷地面積は小さいが、設計は非常に精巧だった。一九六〇年代、しきりに毛沢東が西寧に来るといううわさが流れ、このホテルの本館に豪華なプールまでつくられたが、結局毛は来なかった。今回そのプールを江沢民が楽しむことができる。しかし、ソ連が突然解体したので、中国は神経を張りつめ、江沢民は会議が終わると大急ぎで北京に取って返した。もちろんクンブム寺には来なかった。

一九九三年の夏に、中央警護局の同じ幹部がまたやって来た。そしてまたルートを下見して、また「一号」と言った。

その後、共産党青海省委員会は江沢民の青海視察のルートを決定するために西寧で何回も会議を開いた。クンブム寺、海南、ゴルムドなどに行くことになり、私も会議に参加した。また、江沢民が視察する先の地方の指導者を集めて、詳細な指示を出した。第一、カネをねだってはならない。総書記の今回の訪問は正式な視察ではない。ついでに人民の生活状態を視察するかもしれないが、目的は名所旧跡の参観である。第二、説明は簡単にすること。そうして一人一人の説明の時間が詳細に決められた。例えば私に与えられた時間は十分間だった。

江沢民のクンブム寺到着は非常に盛大だった。警護局の職員が早々と来て、ひっきりなしにトランシーバーで連絡を取り合った。「湟中県に入った！」「ダムに着いた！」「湟中県城に入った！」彼らは連絡を取り合うと、私にも伝えた。なぜなら、私はカタを持ってずっと門の外で待っていたからだ。

やっと寺に着いた。一番前は警護車両、そのすぐ後ろに数台のミニバスが続いた。先頭のミニバスから江沢民が降りてきた。すぐに私がカタを差し出すと、彼は恭しい身振りで受け取って自分の首にかけた（カタは自分の手で自分の首にかけるものではないのでこの動作は奇妙に映る）。「ターシーデーレー！」彼は大げさなぎこちない口調でチベット語をまねた。それから周りに直立不動で立っていた僧侶たちとリンポチェたちに向かって合掌のあいさつをした。彼の顔は日光や風にさらされたことがないかのように非常に白かった。

私は彼のお供をして歩いた。彼は左右を見ながら、腕を前に組んで、驚くほどゆっくりと歩いた。

「クンブム寺にはお坊さんは何人いるのかねー？」彼は江蘇省北部なまりの標準語で、しかも語尾を伸ばして聞いた。

「五百人ぐらいです」「以前は三千六百人いたそうです」私は答えた。

「みんな漢語を話せるのかねー？」彼が聞いた。

「話せる人は多いです」私が答えた。

「だれかが漢語を教えているのかねー？」彼がまた聞いた。

「私たちの五明仏学院では伝統文化と現代文化のどちらも教えています」私が答えた。

私は彼を小公館に招き入れた。それは民国時代に建てられたクンブム寺の応接棟で、蔣介石や国民党の他の要人、例えば宋子文や白崇禧なども来たことのある建物だ。江沢民は坐ってから、両腕を再び胸の前で組み、天井板を見た。「ここはすごく立派だな！」

私は説明した。「クンブム寺はゲルク派の創始者ツォンカパ大師の誕生地に一五六〇年に創建され……」

「だから私は最初にここに来たんだよ」江沢民は「ここに」を特に強調して言った。

「クンブム寺が文化大革命期間中に破壊されなかったのは、周恩来総理が保護を命じた結果です。今度はあなたが修復の資金を提供してくれたので、僧侶たちはみな感激して……」

「活仏、君の標準語は私より標準じゃないか」。江沢民は私の言葉をさえぎった。「国から君たちにいくら出ている？」

「本来二千六百万元のはずだったのですが、南方で水害が発生したので二千万元しか……」

「それで修復費用は足りるのか？」彼が聞いた。

「もちろん足りません。しかもこの一、二年資材価格が暴騰して、管理費も……」

彼は笑い出して、両手で顔をなでて言った。「私は本来観光に来たんだが、青海に来たとたんにここで最初の現場会議を開くことになるとは思ってもいなかったよー」

みんなそれにつられて一斉に笑った。

江沢民は彼の右に座っていた国家計画委員会主任の甘子玉を見て言った。「活仏が言ったこと、君のところでどう解決するんだー？」

甘子玉部長は椅子から腰を浮かせて、言った。「分かりました、分かりました、それは私たちの方で考慮します」

また笑い声が起こった。

江沢民が立ち上がった時に、クンブム寺から記念品を贈りたいと私は急いで言った。すぐに例の大金瓦殿の木彫りのレリーフが運び込まれ、私が箱を開けると、木の香りが部屋中に広がった。

「おお、精緻だ、精緻だ」。彼は喜んで褒めた。

私たちが建物から出ると、中庭には制服や私服の警官が大勢いた。湟中県公安局の李局長が応接室のすぐそばに、白手袋をつけてうやうやしくかしこまって立っているのが私の目に入った。

「江総書記、車に乗りませんか？」共産党省委員会書記の尹克昇《いんこくしょう》[291]が言った。

「活仏、さあ、一緒に乗ろう」江沢民は私にそう言って、省委員会書記にうなずいた。彼が先に乗って、その後、私も彼についてそのバスに乗った。最前列には護衛が乗っていた。大経堂に着くと全員車から降りて、大経堂の中庭を抜けて大金瓦殿の門前に出た。江沢民は歩みを止めて、眼鏡を直し、背広の一つ目のボタンを留めて言った。「これがあの有名な大金瓦殿だねー？」

私はうなずいてそうですと言った。どうやら、彼は自分の参観ルートを良く知っているらしい。

「英語では何と訳すんだ？」彼はさらに聞いた。

「ゴールデン・テンプルです」と私はとっさに答えたが、当時私は大金瓦殿を英語で何というか知らなかった。

「それじゃあ金殿じゃないか？」彼が言った。

大金瓦殿を出て、私たちはジャムヤン・クンスィつまり九間殿に行った。前面の台の上に、つまり一九五八年の「宗教改革」の時に杜華安部長が演説をした場所には前もって折りたたみ椅子が並べてあった。江沢民は真ん中に座って、私は彼の左側に座り、両側には共産党省委員会書記と省長がお供で座った。

僧侶たちが仮面舞踊《チャム》を踊り始めると、江沢民はじっと見つめていた。

「これはどんな意味があるんだ？」彼が聞いた。

「これはドクロ踊りで、人の生の無常を表しています」私は簡単に説明した。

「これはどんな意味があるんだ？」彼はまた聞いた。

「これは鹿牛踊りで、出離《しゅつり》の心を表し、修行者が俗世間を離れ、鹿や牛のように山の中で静かに修行するよう求めています」私はまた簡単に説明した。

そのあと、今度は「バター細工展覧館」に行った。その時期のバター細工は作ってから六、七ヵ月たっていて、作ったばかりの正月のように新鮮で美しくはなかった。毎年正月の時期には、チベットの全ての寺でブッダを記念する法会が行われる。ラサでは、新年祈願大法会はツォンカパ大師の時代に始まった。法会期間中は三宝に大量の「ツォク」を供える、つまり施餓鬼会である。ツォクは先がとがって、底が大きくなった形の供物で、ツァンパ、バター、砂糖、チーズなどの材料で作られ、表面には色付けしたバターを塗って飾られる。しかし、クンブム寺では、バターの装飾品、つまりバター細工だけを作り、ツァンパで作った供物を供えることはしない。あるいは大昔はこちらでもラサと同じように施食していたが、時代と共に変化したのかもしれない。バター細工の材料と技術は特殊で、主に冬のヤクのバターを使う。それは純白でいろいろな顔料を混ぜやすい。寒い冬に僧侶の中の工芸職人たちが凍るように冷たい水に手を浸したり、ストーブで手を温めたりしながら、少しずつ、一つまみずつ練り上げて作る。バター細工のテーマは豊富で、ブッダの本生譚《ほんじょうたん》（ブッダの前世の物語）、高僧の伝奇、亭台楼閣、鳥獣、草花など様々で、毎年一回、毎回二、三十人の職人僧侶が二、三ヵ月をかけて作り上げる。これを江沢民は「エクセレント、エクセレント、イギリスの蝋人形館の芸術品より精緻だ！」と絶賛した。

彼は本当にバター細工に興味があるようで、展示品の間をを行ったり来たりして見て回った。見終わって出て来たとき、彼は筆を取って「仏教聖地」と揮毫《きごう》した。

門前で集合写真を撮るとき、江沢民はバター細工展覧館の扁額が空なのを見て、甲高い声でなぜなのかと聞いた。

「あなたのために準備しておいたのです。揮毫をお願いします」田成平省長がすぐに答えた。

この時、以前ルートを見に来た警護局の人が私を見て、私も彼を見ているのに気付くと「ごますりもそこまでやるか？」と言いたげにあざけりの笑いを浮かべた。

本当は、この空の扁額はこの記念館が落成してからチェシュ・リンポチェたちがずっとここに置いてあったものだった。

江沢民はその時は何の反応も示さなかったが、まもなく「お上」から江沢民の「バター細工館」という揮毫が届けられた。

この字を見て私は、起こってしまったことは悔やんでもしょうがない、これもまた因縁だろうと思った。

その日の午後四時過ぎ、江沢民一行は楽しそうにクンブム寺を後にした。湟中県公安局の李局長は円満に任務を達成したという満足げな表情で、寺の応接室に入って来て、ドカンと江沢民が座った位置に座って言った。

「今日はうれしかったよ。総書記を接待するチャンスが持てるなんて、まったくこの上もない幸せだ」

「冗談を言ってるんですか？」

「本当だ。おれはそう思う。彼は今の世の中の皇帝様だぞ！」李局長は真剣にみんなを見つめてそう言った。

その後、省で会議が開かれたとき、文教担当のペマ副省長が休憩時間に私に冗談を言った。「今回の江沢民総書記の視察にあたっては、省の会議で金銭要求をしてはいけないと決めたが、アジャ活仏は一千万元も手に入れた。これは要求じゃなくて托鉢だ」

私はそれを聞いて笑った。

江沢民がクンブム寺に来る前後、私は実は他にも何人も北京の要人を接待していた。その中に喬石[292]もいた。彼を小金瓦殿に案内したとき、私は事前に懐中電灯を用意していて、両側の脇門の上の方の亀裂を照らして彼に見せた。

「こんなに傷みがひどいのか！」喬石は驚いて言った。「これは重要な歴史的建造物だ。ちゃんと修復しなきゃいかんよ」

「ですが予算がありません」私は言った。

「手紙を書いて、人民代表大会民族委員会を通じて『お上』に届けなさい」彼が言った。

私はギャヤ・リンポチェに手紙を書いてもらい、喬石を通じて人民代表大会に提出した。資金提供の際、「お上」はこの手紙について喬石が確認したとも触れていた。

鄧樸方[293]も来たことがある。省政府で民政担当の喇副省長と弁公庁の数人の幹部のお供でクンブム寺を参観した。帰りがけに、彼は突然私を見て合掌した。「活仏、どうか私の頭をなでて加持してください」。弁公庁の幹部たちはみなびっくりして、目を丸くして私と鄧樸方を交互に見た。私はもちろん鄧樸方の求めに応じた。頭をなでただけでなく、お経も少し唱えた。

その後、喇副省長は、「ああ、あの人は仏教徒だったのか。中央指導者の中に仏を信じている人は大勢いると聞いたことがある」と言っていた。

ヨンジン・リンポチェの授戒

ギャヤ・リンポチェが入寂する前に、私は比丘戒を授けてくれるよう頼んだが、彼はいつも「急ぐな、急ぐな」と言っていた。しかし私はずっと気にかかっていた。そして、私がクンブム寺の住持になってからはヨンジン・リンポチェ〔ギャヤ・リンポチェとは別人〕を私に勧める人も出てきた。

ヨンジン・リンポチェと言えば、私たちアムド地方でもまれな偉大な成就者〔密教的な実践によって本尊の境地に達した者〕だ。この人はシャブドゥン・カルポの教師を務めたので、ヨンジン・リンポチェと呼ばれるようになった。ヨンジンとはチベット語で教師に対する尊称で、彼の本名、つまり法名はロサン・ケードゥプ・ギャツォだ。

私は前からヨンジン・リンポチェの事跡を聞いていた。一九五八年の「宗教改革」の時、彼も監獄に収容され、ツェテン・ケンポと同じ牢獄に入れられた。ツェテン・ケンポという人は、有名なツェテン・シャブドゥンと同じアムド地方のデンティク寺のリンポチェだ。ツェテン・ケンポの学問水準はツェテン・シャブドゥンほど高くはなかったが、彼は修行の上で人々から称賛されていた。ツェテン・ケンポには木を植える趣味があって、自分の家の中庭に三本のビャクダンの木を植えた。「宗教改革」の時、ツェテン・ケンポを吊し上げる方法は彼の中庭で、彼の両腕を縛って高くて太いビャクダンの木に吊るし、それを引っ張り上げたり降ろしたりして、「おまえは木を植えるのが好きなんだろ？　だったら、この木の味を味わってみろ！」と責めるのだった。

ツェテン・ケンポはそれで両腕を脱臼し、激痛に苦しみ、そして完全に知覚を失った。監獄に収容されてから、彼は麻痺《まひ》状態になって、大小便も自分で処理できなくなった。ヨンジン・リンポチェは両手で彼の糞尿の処理をした。

ある人がヨンジン・リンポチェに聞いた。「気持ち悪くないのか？」

「これだって腹に入った五穀だよ、なぜ気持ち悪いんだね？」ヨンジン・リンポチェは淡々と言った。

こうして、ヨンジン・リンポチェはツェテン・ケンポが亡くなるまで何年も彼の下の世話をした。

しかし、ヨンジン・リンポチェを師と仰ぐことは生易しいことではない。私はそれを体験で知っている。当時、私は仏教協会の本部付き副会長をしていて、青海省に仏学院を創設したので、彼に教師になるよう依頼したが、彼は非常に謙遜して断った。「私は一介の僧侶で、学問などありません。人に教える？　そんな恥ずかしいことはできません。自分の名前さえまともに書けないんですから」

だがその後、彼は大仏寺の修復のことで私を訪ねてきた。大仏寺というのは古い寺で、西寧にまだ人家が少なかった頃からこの寺はあった。数十年前に前半分を「パンチェン弁事処」にした。その後、後ろ半分の大仏寺はだんだんとさびれてしまった。ヨンジン・リンポチェは以前から大仏寺を修復したいと願っていた。私はもちろん彼の求めに応じた。

ヨンジン・リンポチェに私の授戒師になってもらうことは私の願いだった。「だが彼が同意するかな?」私が仲介を頼んだ人はためらった。その時私は自分で頼みに行ったら彼は同意すると感じた。しかしそれは瞬間のひらめきに過ぎない。もし彼が同意しなかったらどうしよう? 「そうなったら彼にひれ伏そう」と私は思った。

ヨンジン・リンポチェはタルシュ寺に住んでいた。それはクンブム寺から遠く離れた谷にあり、緑の山に囲まれ、静かで荘厳だが、そこに行く道は悪路で、私は一日かかってやっとタルシュ寺に着いた。ヨンジン・リンポチェは長屋風建物の端の簡素な部屋に住んでいた。私が来たと聞いて、迎えに出てくれた。私が口を開く前に、彼は私が何を言いたいか分かっていた。私が話し終わるのを待って、彼はすぐに言った。「私が何で君の授戒師ができるんだ。君は大リンポチェだよ」

わたしはあきらめずに頼んだ。長々と説得して、彼はやっと応じてくれた。そして以前仏学院での講義を断ったことについて説明した。「以前君が仏教協会にいたとき、君に講義を頼まれたが、あれは公的機関の仕事だから私は断った。そんな大きな責任は負えないよ」

私はすごく嬉しくて、すぐに受戒の日取りを提案した。彼も暦を見ながら指折り数えて計算して承諾してくれた。

授戒の日、彼は北京ジープに乗ってクンブム寺に来た。私は彼に私の前世の居間で休んでもらった。階段を上がるとき、彼の従者と私は手を伸ばして彼を支えようとしたが、彼は断った。彼は一人で嬉しそうに、足早に階段を登った。その時、彼は八十を過ぎていた。

私は大金瓦殿の二階で、ツォンカパ大師の塑像に対面して比丘戒を受けた。ヨンジン・リンポチェは私に『導師相応法』を講じてくれた。その年は一九九五年、私は四十五歳だった。私の教師ツルティム・ラクサムの高弟のロサン・ギャツォも参加した。私は満ち足りた気持ち

信徒はクンブム寺に参拝したついでに寺の周りの市場で交易をしている（1920年代）

に浸った。

それに続く数日間、私はヨンジン・リンポチェに頼んで『ポワ法』を講じてくれるよう頼んだ。それは人が死亡する時に、意識が天門から出て行くのをコントロールし、善趣《ぜんしゅ》[294]に至る方法である。しかし、ヨンジン・リンポチェは「ポワ法は最初からは教えないとされている。君は大リンポチェなのだから、見・行・修の決まりに従って順に学んでいくべきだよ」と言った。

そして、ヨンジン・リンポチェは私に見の部分、つまり理論として『縁起讃』[295]を講じてくれた。その次に、行の部分として『菩提道次第集義』を講じ、最後に修の部分として『文殊善縁伝』を講じてくれた。この三つの法を私たちは普段から読み、学んでいるが、このような実際的で詳細な講義を私は初めて聞くことができた。その他にも、ヨンジン・リンポチェは『律蔵』の中の多くの律の知識を講じてくれた。もちろん、最後の日には私の求めをかなえて『ポワ法』を伝授してくれた。

ヨンジン・リンポチェが帰ってから、私はクンブム寺の印経院に行った。文化大革命にも残った印経院に私は特別な感情がある。所蔵されていた貴重な版木は当時紅衛兵に持ち出され、まさに火をつけようとしていたその時に突然大風が吹いて、紅衛兵たちは焼くのをやめた。文化大革命が終わる直前に、私は印経院でネドゥプと一緒に『大蔵経』、つまり『カンギュル』と『テンギュル』を刷り、さらにクンブム寺蔵書目録を彫った。この時、私は以前自分が作った目録を細かく見たが『文殊善縁伝』は見つからなかった。私はすぐに自分が施主として資金を出して『文殊善縁伝』を彫ってもらった。これもまたヨンジン・リンポチェが私に贈ってくれたプレゼントである。

雪中ジェクンドの被災者支援に行く

一般的に、チベット高原の牧畜地帯の冬は寒くて長いが、人々は楽しく過ごす。秋に肥えた牛や羊も苦もなく冬を越す。しかし、雪害が発生して、飼葉《かいば》が切れると、事情は全く違ってくる。一九九四年にジェクンド一帯でまれにみる大雪害が発生した。

省政府が災害救助会議を開いて、省政治協商会議にも副主席と主席の出席を要請してきた。指導者たちが演説しただけでなく、参加者も発言した。政治協商会議の韓生貴アホンが言った。「ジェクンドからの情報では、普段草原で見かけるのは赤い服を着た人ばかりだが、雪害になってからは緑色の服を着た人ばかりになったということだ」。言うまでもなく、赤い服とは僧侶を、緑の服とは解放軍を指している。

またある幹部は言った。「これはチベット族の信仰問題だ。ある地区では政府が救済金を支給したらすぐに寺の修理のために寺に寄付してしまったそうだ。この問題を解決するには、根っこを掘り返さなければならない。まず彼らの信仰を変え、思想を改良しなければならない」

こうしたチベット人地区の実情に対する曲解は、実はどの会議にもあった。各種の災害のたびに、信徒たちは自然と寺に頼る。例えばクンブム寺には、ムスリム反乱の時も、中国の国共内戦の時も、ムスリムや漢人も含めて大勢の民衆が避難してきた。文化大革命が終わってからは、壊された寺を修復したいと、民衆は再び寺を助け、資金や労働力を提供し始めた。彼らにとって、精神的にも生活の上でも、寺は避難所なのだ。

しかし、どんなに言葉で説明しても、政府の人間は別の解釈をするから、反論しても仕方がない。

仏教で六度というのは六種類の善行の方法、つまり布施、持戒、忍辱《にんにく》、精進、禅定、智慧のことだ。その第一度が布施であり、これはチベット仏教の伝統でもある。実を言えば、この会議の前に、私はみんなから募金を集めて被災地に寄付したが、僧侶たちはみな積極的で、募金のために長い列を作った。会計係は私にクンブム寺では寄付金の目標を達成したと言った。その後、私は香港カリタスセンターのケイティー女史からの寄付金三十万元と楊釗さん（彼は以前私の弟子だった）の旭日集団からの寄付金約十万元も受け取った。

同時に、私はクンブム寺の施工隊と隣村の信徒たちに頼んで、餛鍋《フングオ》[296]や麺丁《ミエンディン》[297]炒めを作ってもらい、またツァンパなどの食物を用意した。そして商店で衣服、まくら、布団、簡易テントなどの生活用品を買いそろえた。また、クンブム寺のチベット医院に各種チベット医薬をそろえてもらい、すべて揃ってから、私自身がチベット軍区に出向いて十四台の大型トラックを借りてきて、僧侶災害救援団が出発した。

香港カリタスセンターの求めに応じて、私たちは彼らのために大きなカリタスセンターの会のマークを作り、救援車両の前に取り付けた。私たちが送った写真を見て、彼らは非常に満足して言った。「チベット仏教寺院の中で、私たちの寄付金を受け取っただけでなく私たちの会のマークを掲げてくれたのはあなたの所が初めてです。他のお寺は会のマークを掲げることは困ると言われて……」。キリスト教の組織である香港カリタスセンターが言いたいことは私には分かった。私の意見では、全ての宗教は善行の上ではみな同じであり、彼らの願いに応えることも私にとって歓迎すべき修行である。

出発前に、運転手のガユェンは新しいタイヤを四個用意した。私も特別に非常に厚いヤク毛の袈裟を用意した。クンブム寺から南に行くと海抜はどんどん高くなる。普段ならそのあたりの景色は非常に美しい。高山、河川、草花、ヤク、羊……。しかしこの時は、草は一面に枯れ果てて、寒風が背後から吹き続け、ほこりを巻き上げていた。だんだんと風の中に雪が混じりだし、非常に寒かった。それでも峠を越えるたびに私たちは車を降りて、ビャクシン香をたいて護法神を祭り、経文を印刷したルンタを撒いて加護を祈った。そして誦経しながら、藍色の煙が凍てつく天と地の間を漂うのを見つめた。

　バヤンカラ山脈を過ぎて、車が坂を下ってみると、いつもの美しい景色は跡形もなかった。もともとそこには小川が流れ、水が経典の版木のような石板の上を流れるのがはっきり見えていた。言い伝えによると、かつて一人のテルトン[298]がここを通ったとき、ヤクに積んでいた経典が川に落ちてしまったのでこのような形になったのだということだ。近年、いろいろもっともらしい物語を語る観光ガイドたちは、ヤクを白龍馬と言い換え、テルトンを三蔵法師と言い換えて、さらに三蔵法師が経典をもらって帰るときに、経典を川に落としてしまい、川の中から拾って山の斜面で干したので、ここを「唐僧経干し台」と言うようになった、などと言っている。三蔵法師が通った道は実はこの道ではないのに、根も葉もない国粋主義的な観光ポイントになってしまった。だが今回は、その小川が影も形のなく、凍った地面が一面の雪に覆われていた。私たちの車列はいろいろなトラブルに遭遇した。ある時は、タイヤが雪の穴にはまって、押しても引いても動かなくなった。ある時は、突然エンストした。そして同行の人々も、高山病にかかって頭痛や吐き気に襲われた。なんとか丸二日かかって、やっとジェクンド自治州の州都がかすかに見えてきた。

　路傍に一団また一団のワカ、つまり人の群れが、茶を沸かすたき火を囲んで暖を取っているのが見えてきた。見たところ、彼らにはテントもないらしい。

　私たちはまず災害救援本部に行った。応対したのはチベット人だった。彼によれば二つの選択肢があった。一つは救援物資を本部に預けること、もう一つは直接被災者に届けることである。私たちはもちろん直接被災者に届けたいと言った。すると彼は私たちが被災地に行く案内に別のチベット人を一人同行させてくれた。

　そこはジェクンド州都から非常に遠い所で、風雪はまだ続いていた。もう一か月近く大雪が降り続いているということだった。真っ白な雪原が果てしなく続き、あちこちに凍死した牛や羊が横たわり、牧畜民はわずかな家畜もテントも雪に埋もれて失い、食物の蓄えも尽きようとしていた。年取って体力の衰えた牧畜民はインフルエンザを患い、多くの人が野宿していた。

救援物資を受け取る人々であっという間に長蛇の列ができた。彼らは自分の分を受け取るとみなそれを頭上に持ち上げて感謝の意を示した。私たちが救援物資を配布し終わると、彼らは私たちリンポチェに誦経して頭をなでて加持してくれと頼んできた。私たちはもちろん同意した。すると老人の中には嬉しさのあまり泣き出す人もいた。クンブム寺赤十字会の僧侶医師はその脇で診察してチベット医薬を配布した。

　災害救援任務を実施する組織以外にも、台湾の慈済基金会やチベット人地区の多くの寺院が自発的に救援に来ていた。趙樸初会長も代表を派遣していた。私は救援現場で彼らが救援物資を配布しながら写真を撮り続けているのを見た。多分災害救助を行ったことを記録するためなのだろう。

　だが、近年は政府の規制で救援物資を直接被災者の手に届けるのが難しくなっているそうだ。

　なぜ香港カリタスセンターや旭日集団は、寄付金をクンブム寺に送ったのかと疑問を抱く人もいるだろう。それはなぜかというと、クンブム寺には寺の赤十字があるからだ。これについては青海省衛生庁の干庁長に感謝しなければならない。彼女は医者の出身で、人の命を救うことに熱心だった。彼女は以前クンブム寺に来て、私に先頭に立ってチベット人地区の寺院に赤十字を設立するよう勧めてくれた。彼女は言った。「あなた方は被災地支援をたくさんやって、県の道路や橋の整備のためにも中央に陳情してくれている。もし赤十字を設立すれば、他の慈善団体から直接寄付金を受け取ることができますよ。それにお坊さんに献血してもらうこともできて、あなた方の慈善事業の拡大のためにも役立ちます」

「私も賛成です」私は言った。クンブム寺ではすぐに赤十字を設立し、多くの慈善団体と連絡をつけて、ジェクォ[299]やギャヤタン[300]、倒淌河[301]や多隆郷の辺鄙な村々に資金援助してチベット語で教える学校を作った。

第十三章　「偽《にせ》のパンチェン」

■■李鉄映の「加持」

ある日、共産党省委員会弁公室の曹穂義秘書長から電話が来た。「ある首長があなたに会いたいということなんで、すぐに西寧に来てもらえますか?」

「分かりました」私はそう言った後で、いったいどの「首長」だろうと思案した。

「お土産は、他の首長と同じにしてください」そう言って曹秘書長は付け加えた。「もしかしたら首長は書画のたぐいが好きかもしれません。彼は文化人だから」

「やはり勝利賓館ですか?」私は聞いた。

「そうです。八号棟です」そう言って相手は受話器を置いた。

私が勝利賓館に着くと、曹秘書長はすでに下で待っていた。「活仏、早く、首長がお待ちです」

「どちらの首長ですか?」私はそこでようやく聞いた。

「李鉄映国務委員です」彼が言った。

李鉄映は李維漢の息子で、李維漢の妻は鄧小平の前妻だから、李鉄映の身分は非常に特殊だという話を人から聞いたことがある。中央指導者はふつう身分を明かさない。曹秘書長も電話では彼の名を言わなかったし、私も電話で聞いてはいけないことは重々承知していた。

私を見ると、李鉄映はすぐに立ち上がって、満面の笑みを浮かべた。あるいは、それは彼の顔のつくりが私に与えた錯覚だったのかもしれない。彼はメガネをかけて、いかにも文人気取りの感じだった。私はカタを献上し、黄財神〔毘沙門天〕を描いたタンカを取り出した。李鉄映はタンカに向かってうなずきながら手を伸ばした。「活仏にお会いできてうれしいです、どうぞお座りください」

握手が終わって、私は向かい側の一人掛けソファーに座った。すると、職員と護衛は部屋を出てゆき、曹秘書長を含めて三、四人が部屋に残った。

　時候の挨拶をしてから、李鉄映は本題を切り出した。

「近いうちに私はチベット自治区の視察に行くんです。今回青海に来たのは主に高原の低酸素に慣れるためです。みんな私にゆっくり動けと言うんですよ」

「そうです。ゆっくり動いてください」

「それと、チベット族の風俗習慣を知りたい。あなたはパンチェン大師の教師のギャヤ活仏の甥御さんだそうですね。パンチェン大師もギャヤ活仏も愛国主義の模範だったから、しっかり彼らに学んでください」李鉄映は思わせぶりに言った。

「お二人とも入寂されて一年以上になります」私はため息をついた。

「クンブム寺はチベット族地区の六大寺院の一つだそうですね?」李鉄映は話題をそらした。

「ゲルク派の六大寺院の一つです。ゲルク派の創始者であるツォンカパ大師の誕生地だから……」

「クンブム寺の『芸術三絶』[302]はすごく有名だね!」李鉄映は私の説明をさえぎった。

「首長は少数民族の文化芸術を良く知っておられて、書道もお好きです」曹秘書長が話しを継いだ。

　それで気づいたが、大きな机の上に筆と墨が準備してあった。

「チベットの習俗は青海と同じですかね?」李鉄映がまた聞いた。

「同じです。例えば挨拶は……」

「知ってるよ、タシデレ!」李鉄映はまた私の言葉をさえぎって、机の方を見た。「書道は、チベット族はどんな字を喜ぶかね?」

「私たちには毛筆の習慣はありません。もし書くのなら、仏菩薩の真言でしょうか?」私はあれこれ考えてから答えた。

「何か簡単なのはないです?」李鉄映は私を見て言った。

「『オン・アー・フム』はどうですか。『身語意』の意味です」私は答えた。

「それはいい、それはいい。どう書くんです?」彼はそう言って、さっと立ち上がった。どうやらゆっくり動けという忠告を忘れたようだ。「じゃあ、机の方に行こう。活仏書いてみてください」

私は歩いて行って、事前に準備されていた毛筆を取ってチベット語で「オン・アー・フム」を書いた。李鉄映も別の筆を取って、私が書いた紙を脇に置いて、それをまねてチベット文字を書いた。彼は確かに聡明で、書いた字はよく似ていた。

「まさに奇才ですね。初めてでチベット文字をこんなにうまく書けるなんて」。周りの人が感嘆の声を上げた。

李鉄映は得意げな表情になって、墨に筆をひたした。

「首長、中国語も添えた方がいいですよ！」曹秘書長が言った。

そこで、李鉄映は一気呵成に何枚も書き上げたが、書いたのはどれも漢語の「身語意」で、一部にチベット語を添え書きしただけだった。

「活仏に何か字を書いてあげよう」李鉄映はいかにも気前よさそうな様子で、また筆をとった。なぜかそのとき私は思った。「もしも彼が『意』と書いたら、それはパンチェン大師の化身ラマが現れたことを意味する」

思いがけないことに、彼は最初にチベット文字の「オン」を書き、続けて筆を揮って、非常に大きな漢字の「身」を書いた。最後の一筆の「ひだりはらい」は奇妙に旋回して「身」の字にまとわりついていた。

「達筆ですね！」みんな讃嘆した。

しかし私はなぜか不快な感じがしただけだった。

李鉄映は落ち着いて黙っていた。そして最後に落款を書いた。「敬書阿嘉《アジャ》活仏　甲未年」

一九九一年、チベット自治区で「チベット平和解放四十周年」記念活動が行われた。青海省からも代表団が派遣され、私はその副団長になった。私たちは西寧から出発し、車でラサに向かった。いつもなら青海チベット道路で一番多く見かけるのは軍用車両で、往来のたびに長蛇の列を見かけたものだ。しかし、今回は軍用車両だけでなく、道路脇に歩哨に立つ武装警察部隊も目にした。ヤンパチェン鎮〔ラサの西北九〇キロメートルにある町〕を過ぎると歩哨はどんどん多くなり、ラサに着くころにはほとんどすべての分岐点に歩哨が立っていた。

正式な祝賀大会はラサの群衆芸術館で開かれた。舞台の下も上も満座の参加者だった。私は舞台下の三列目のすこし左寄りに座った。この時、私は一列目にパンチェン大師「化身ラマ探訪小組」副組長のチャデル・リンポ
303
チェの後ろ姿を見つけた。

パンチェン大師が入寂するとすぐに、「お上」は「化身ラマ探訪小組」を編成した。それは二種類の人々から成っていた。一種類はチベット人地区の各大寺院の高僧、もう一種類はチベット自治区、青海省、四川省、甘粛省、雲南省、内モンゴル自治区で宗教担当の共産党書記や統一戦線部の部長といった政界の人物だった。「化身ラマ探訪小組」は国務院弁公庁に直属した。ギャヤ・リンポチェが組長で、タシルンポ寺の住持のチャデル・リンポチェが副組長、そして私もメンバーに入っていた。その後、六四天安門事件が起きて、共産党中央政治局常務委員会のメンバーに変更があり、またギャヤ・リンポチェが入寂したことなどが原因で、化身ラマ探訪は延び延びになっていた。この時のチャデル・リンポチェの席順を見ると、「お上」は化身ラマ探しをこれ以上先延ばししないようだ。李鉄映が私にチベット語を書きたいと言っていたのは、多分このことと関係があるのだと不意に私は悟った。

議長席には、中央代表団団長として李鉄映が座っていた。始まるとすぐに全員起立して国歌を歌うよう要求された。続いて、男女二人のチベット服を着た子供が李鉄映に花束を贈った。テーブル越しに李鉄映は花束を受け取り、二人の子供の顔をなでて、中央首長の気さくさを顕示してから席に着いた。だが李鉄映はすぐにまた立ち上がった。会場の視線が彼に集中した。すると彼は両手で花束を持ち、急に体をひねって花束を舞台の下のチャデル・リンポチェの懐に向かって投げた。一瞬、会場が静まり返った。議長席の指導者たちが先に反応し、激しく拍手を始め、それに続いて舞台下からも拍手が起こった。

午後は「チベット解放四十周年写真展」の参観が手配されていた。私たちが展示ホールに入った時、すでに中央代表団はラディ[304]たちの案内で中を見て回っていた。誰かが近づいてきて李鉄映に紹介し始めた。「こちらは青海省代表団の団長のペマ副省長、こちらは副団長のアジャ活仏……」

「知ってるよ、知ってるよ」そう言って李鉄映は私に手を伸ばしてきた。彼は私の手を握ったまま軽く引っ張ったので、私はそれにつられて彼の傍らに寄った。

「今回のチベット解放四十周年の活動の手配は非常に素晴らしいね！」彼が言った。

「はい、非常に盛大ですね」私が答えた。

「盛大なだけじゃなくて、非常に吉祥だ。見ただろう、今朝の会場を。私は無意識だったんだ。もしかしたら神託かもしれない。それともパンチェン大師の霊の加持かもしれない。私は無意識に花束をチャデル活仏の懐に投げたんだ」そう言うと、李鉄映はまたその手で私の手を握って引っ張った。それで私たちは身体を少し横に向けて、人込みを避けて屏風《びょうぶ》のうしろに立った。「これはパンチェン大師の化身ラマが中央の配慮とチャデル活仏の主宰の下で、青海・甘粛〔アムドを指す〕でも四川のカム地方でもなくてチベット自治区に転生することを示してるんだよ。君もしっかり協力してくれたまえ」

　私はやっと気づいた。李鉄映のあの花束投げの創作劇にはそういう意味付けがあったのだ。

■■ダライ・ラマの発表後

　私はダライ・ラマがパンチェン大師十世の転生者を発表したことに驚きはしなかった。私が驚いたのは「お上」の態度だ。実際、パンチェン大師の突然の離別について、人々は様々な疑いを持っていた。もしもダライ・ラマが認定したパンチェン・ラマ十一世を受け入れれば、チベット人と中国政府との間の対立はある程度緩和しただろう。中国政府にとって、願ってもない機会だったはずなのだ。
　しかし、一九九五年五月十四日にダライ・ラマが公表してから、中国の官製メディアは強烈な反応を示した。「ダライ・ラマは歴史上定まった規則を顧みず、宗教儀典を破り、正常な探訪プロセスを乱し、中央政府がパンチェン化身問題に関して有する最高権威を否定し、公然と国外で勝手に『パンチェン化身ラマ』を公表した。このような行為は全く違法かつ無効である。彼のこの行為は、再び自らを中央政府と対抗する立場に置いただけでなく、必ずや広範なチベット仏教界の人士と信者大衆の断固たる反対に遭遇するであろう」[305]
　チベット文化について少しでも理解のある人ならだれでも知っていることだが、ダライ・ラマもパンチェン大師もツォンカパ大師の弟子で、十五世紀から互いを師弟とする関係が始まった。パンチェン大師の本山タシルンポ寺は、ダライ・ラマ一世ゲンドゥン・トゥプパが創建した寺だ。ダライ・ラマ五世とパンチェン・ラマ四世のころから、彼らの関係はより密接になり、どちらかが入寂したら、もう一方がその化身ラマを探す責任を負うという伝統が形成された。政治環境がどのように変化しても、ダライ・ラマとパンチェン大師はチベット人とチベット仏教の信徒の心の中では、太陽と月のように互いに照らし合ってきた。一九五八年の「宗教改革」が始まってから、チベット仏教の化身ラマ制度は二十年以上にわたって中断させせられた。一九八〇年代末になってやっと一部が再開された。だからダライ・ラマがパンチェン大師の化身ラマを認定することは、チベット仏教の慣例に従っているだけでなく、チベット固有の伝統でもある。

また、パンチェン大師の入寂後、北京側は化身ラマ探訪小組会議を開き、中央統一戦線部の閻明復部長が会議の席で、チベットの広範な信徒の心情を理解し、適切な時期にダライ・ラマと協議すると発言している。当時、その会議には私だけでなく、ガプー・ガワン・ジクメも趙樸初も参加している。

その後、北京の牡丹江賓館での会議の際に、国務院秘書長の羅幹も、次のように語っている。「パンチェン大師の化身行事は三つの部分から成る。一つ目は霊塔の建造、これは中央から建造資金の支出を決定した。二つ目は化身ラマ探訪、これはすでにチャデル副組長たちが各寺院に行って布施、観湖〔聖なる湖に立ち昇る幻の観察。化身探しの方法の一つ〕などを行っている。三つ目は化身ラマの認定、中央はすでに十分な準備を行っており、最後は中央人民政府が決定するが、探訪過程ではダライ・ラマの意見を取り入れることもできる」この中であげられたチャデル副組長というのは後に逮捕されるチャデル・リンポチェのことだ。

会議の間に出された通達にも、「パンチェン大師化身ラマの最終認定は、ダライ・ラマ十四世の意見を聞く」と明確に書かれていた。統一戦線部と宗教局ははっきり覚えているだろう。カルマ・カギュ派の大宝法王カルマパ十六世の化身のカルマパ十七世のときは、ダライ・ラマが指示を与え、中国側とチベット側が緊密に協力したのだ。

他にも、一九八九年にダライ・ラマ尊者がノーベル平和賞を受賞したことも中国側にとって大きな教訓となったはずだ。当時の青海省統一戦線部長は中央の意向に従って、ダライ・ラマ批判大会を開いた。共産党青海省委員会統一戦線部の李副部長は、チベット人なのに、あえて次のように言った。「本来、今回の平和賞は南アフリカのマンデラ大統領に贈られるはずだったが、西側反中国勢力の圧力で、ノルウェーは仕方なくダライ・ラマに授与したのだ」

なぜダライ・ラマに祝電を送って対立を緩和し、厄介なチベット問題を解決しようとせず、反対に世界的に著名なノーベル平和賞受賞者を非難するのか？　私はそう思ったが、ずっと沈黙していた。会議のあと、統一戦線部部長の程歩雲が私の前に歩み寄ってきて、私の顎《あご》をつかんで言った。「若いの、なんで積極的に発言しないで、後ろに隠れていたんだ？」

何はともあれ、その時「お上」は大変な努力をしたが、結果はますます守勢となった。その教訓をくみ取る必要はないのだろうか？

だから、私は中国の官製メディアがダライ・ラマによるパンチェン大師化身ラマ認定を猛烈に攻撃しているのを見たとき、手の付けようがないと感じた。私は各ランクの統一戦線部と宗教局の多くの指導者と表面的には特に対立することもなく長年付き合ってきたが、宗教観に関しては互いに全く違うということが、今回はっきり分かった。

私たちチベット仏教信者にとって、化身は非常に厳粛なことなのだ。輪廻の苦しみから抜け出した菩薩が、美しい仏の世界を離れて、衆生をあまねく救うために無明の苦海に戻って来るのであり、化身探しにはいささかの選択の誤りもあってはならない。

私たちチベット仏教徒にとって、僧侶と在家信徒の敬虔な祈り、もろもろの奇蹟の出現、高僧の夢解釈や預言、聖なる湖に立ち昇る幻の観察、神託伺いや占い、そして化身ラマ選抜の試験、これらあらゆる化身ラマ探訪過程の決め事は、すべて非常に重要であり、いささかも虚偽があってはならない。

しかし、統一戦線部と宗教局の指導者たちは輪廻も転生も信じていない。彼らにとって、いわゆる「化身」は宗教ボスがでっち上げたことであり、時代遅れで、非科学的なものにすぎない。統一戦線の必要が無ければ、彼らの中の大部分の人はこの伝統を「尊重」しないだろう。なぜなら彼らは無神論者、唯物主義者であり、彼らは心底無神論は先進的で、高尚であり、有神論は時代遅れで、低劣だと信じているからだ。

要するに、統一戦線部と宗教局の指導者とチベット寺院との関係は、「不信心者」による「信者」の管理だ。リンポチェの化身ラマ探しの話に戻れば、私たちにとってこれは重大な使命であり、必ず本物の化身ラマを探し出さなければならない。だが、統一戦線部と宗教局の指導者にとっては、化身ラマは子供に過ぎず、どの子供でも同じなのだ。だからこそ李鉄映はあのような軽薄な花束投げの演技ができたのだ。

過去の経験によれば、官製メディアでダライ・ラマ批判の報道が出ることは、「お上」に動きがあることを意味する。そうなれば必ず末端では政治的な大波乱が起こる。そこで、私は身近な人たちと相談して、もし北京から会議の通知があったら、とりあえず参加して、チャンスを見て休暇を申請して普陀山[306]に参拝することにした。そして身近な人たち数人に先に南京で私を待っていてもらうことにした。

九・一一緊急会議

案の定、共産党省委員会弁公庁から電話が来て、国務院宗教局から私に北京で緊急会議に参加するよう通知があったと伝えられた。出発時間はすでに決められていた。では、開会時間と場所は？　先方は言わなかったし私も口先まで出かかったが聞かなかった。

「北京に着いたら、すべてわかります」先方はひとこと付け加えた。「お付きは一人だけですね？」

「はい」私は答えた。

「それから文教担当のサンギェギャ書記[307]も行きます。彼も秘書を一人連れて行きます。まず西寧に来て受付をしてください。今旅程を手配していますから」そう言い終わると、先方はすぐ電話を切った。

西寧に着いて、曹秘書長は私を見るなり言った。「今回は本来あなたとサンギェギャ書記が北京に行く予定だったが、中央から電話が入って、尹克昇書記も参加させなくてはだめだと言うんです。尹書記は出張中で戻れないと言っても中央は必ず彼に参加させろと言ってました。だから、あなた方は北京で彼と合流するでしょう」

飛行機を降りると、国務院宗教局のトップが迎えに出ていた。大勢の人が私より前に到着していて、空港ロビーに立ってにぎやかにしていた。京西賓館で受付ということだった。京西賓館は軍の高級ホテルで、中央軍事委員会が重要会議を開く場所だ。中共の以前の重要会議の多くはここで開かれた。毛沢東、林彪、劉少奇、鄧小平などがそこで重要演説をしている。どうやら今回の会議は普通の会議ではないようだ。

迎えの車で私たちが京西賓館の前に着くと、いつもなら門の片側に一人立っているだけの武装警察の歩哨が、この日は両側に立っていた。門の中に入ると、内側にも二人歩哨が立っていた。

私たちはロビーに入って、まず受付をした。振り返ると、シガツェから来たチョデン、ドルジェタク、パサン・ノルブたちがいた。またチベット自治区政治協商会議の人々も来ていた。彼らはみんな私を見ても無表情だったので、私も自分からは声をかけなかった。

そのとき、ジャムヤン・シェーパ・リンポチェのお付きが書類袋を持ってやってきて、私のお付きに声をかけた。「今回の会議はこれまでと違って、出入りには許可が必要だそうだ。来客も自分の部屋に連れて行ってはいけない。知ってるね？」彼は声を潜めて言った。「どの部屋にも特別な装置が設置してあるらしい、電話も……」

「何だって、盗聴器まで仕掛けてるのか？」私のお付きも声を潜めて聞き返した。

ジャムヤン・シェーパ・リンポチェのお付きはそうだと言って歩き去った。私は横で会議日程を見ていたが、彼らの会話は全部聞こえたので、背筋が寒くなった。一九八〇年代以降の「緩和」は消え失せて、まるで一気に一九五八年の秋に戻ったようだ。九間殿《ジャムヤン・クンスイ》の中庭に立って、あの情け容赦なく私たちに向けられた銃口を見ているような気がした。

夕食のとき、尹克昇書記が長旅に疲れた表情で駆けつけて、青海省からの人たちとあいさつしているのを私は目にした。またチベット自治区などの書記と統一戦線部長も来ていた。確かに、今回の会議は尋常ではなかった。

次の日、正式な開会式はなく、私たちは中型バスで中央統一戦線部に連れて行かれた。最初に大きな会議室で「説明会」が開かれ、今回の会議の内容が告げられた。「第一に、ダライ集団は国外でパンチェン十一世の名前を公表したが、これは違法であり、我々は絶対認めない。第二に、思想を統一し、『金瓶掣籤《きんぺいせいせん》』を擁護する。第三に、ダライ集団とひそかに結託していたチャデルたちを情け容赦なく批判する」

　この時、チャデル・リンポチェはすでに逮捕されていた。聞くところによると、統一戦線部の幹部たちはその前に事態が彼らの予想通りには進んでいないことに気づいて、チャデル・リンポチェたちを北京に呼びつけて、パンチェン大師の化身ラマ問題で、決して過ちは犯さず、共産党中央の指示に全面的に従うと確約させていた。しかし、チャデル・リンポチェがタシルンポ寺に戻る途中で、ダライ・ラマはパンチェン大師十世の転生者ラマを公表した。そのニュースを聞いて、中央統一戦線部の幹部たちは怒って「くそ、このチャデルというやつは何てことをしてくれるんだ、北京を出たとたんに約束を破るなんて！」と言ったそうだ。そして、すぐにダライ・ラマが公表した化身ラマを廃除するという声明を出した。もちろんこれは江沢民の意を受けたものだ。

「みなさん少し休んでください。このあと個別面談があります」説明会が終わってからそう言い渡された。続いて、職員が入って来てジャムヤン・シェーパ・リンポチェを呼んだ。「ジャムヤン副主任[308]、王兆国[309]部長がお呼びです」

「アジャ副主席[310]、あなたも来てください」職員が再び入って来て言った。

　私は彼について廊下に出た。廊下の両側は全て統一戦線部の小会議室だった。職員は私をその中の一室に通した。中には統一戦線部副部長の李徳珠がいた。彼は朝鮮族で、普段は穏やかで謙虚な人だった。いつもと同じように、彼は礼儀正しく立ち上がった。「どうぞお座りください。アジャ主席、どうぞ」。私は三人掛けのソファーに座り、李部長は応接テーブルを挟んで一人掛けのソファーに座った。職員がお茶を入れて部屋を出て行くと、彼は話し始めた。まず私にパンチェン大師十世の転生者ラマに関する状況を説明したが、その内容はさっきの説明会とほとんど同じだった。また今日の説明会の目的が思想統一であることを特に強調した。続いて私個人の意見を求めて、言いたいことは何でも遠慮なく言うようにと促した。それが面談の重点であることは明らかだ。

そこで私は言った。「パンチェン大師の化身探しは、とっくに終わっているべきです。つまり探訪小組のギャヤ活仏が健在だったときに終わっているべきでした。今日まで引き延ばして、副組長のチャデル活仏まで逮捕したことは、私たち宗教界にとって非常に悪い影響があります。私の意見はチャデル・リンポチェは逮捕すべきではなかったということです。宗教界の人はみな怯えるでしょう」

李徳珠部長は私の顔は見ずに、わずらわしそうに茶碗を押しやり、いやそうに聞いていた。私は話しつづけた。「ダライ・ラマが公表した化身ラマは、急いで廃除するべきではありません。それでは民心を得られません。シャカムニ像の前で掣籤《せいせん》をすれば真偽はおのずから明らかになります」

「アジャ主席、あなたは青海省にいてタシルンポ寺の一部の人間の行為を知らないから、そういう提案をすることは分かります。ですがあなたの提案はどれも受け入れることはできません。今後そういう話はしないでください。そうでないとあなたの身にも累がおよびますよ」

李部長は即座にきっぱりと答えた。

私が統一戦線部から京西賓館に戻ると、尹克昇書記の秘書が近づいて来て言った。「書記があなたを探しています。もう三回も部屋に行きましたよ」

尹書記は正直な人で、話しは単刀直入だ。私は彼をまともな人だと思っている。私が彼を探しに急いで部屋を出ると、すぐ彼に出くわした。「今夜君を探すのはこれで四回目だよ！」

私は尹書記について彼の部屋に行った。彼はすぐに本題に入って、李徳珠部長が彼に電話をよこしたことを告げた。「どうも、アジャ副主席はまだわだかまりがあるようです」。尹書記によるとこれは李部長が言った言葉そのままで、李部長は尹書記に私を説得するよう要求し、明日の正式な会議では私に党中央と違う意見を絶対に言わせてはならないと言ったそうだ。

「実際、宗教界の人たちは大きなわだかまりを持ってます。信徒たちだって強い不満を持っていますよ」私は言った。

尹書記は私の隣に座って、私の肩をたたいた。「君はわだかまりを捨てて、思想を統一し、党中央と一致させなきゃいかんよ。古いよしみじゃないか。俺の顔を立てて、青海省に恥をかかせないでくれよ。そうしないとみんながえらい面倒をしょい込むことになるんだ」。

私はしばらく黙っていた。「分かりました。あなたの指示に従うしかありません。しかしひとつお願いがあります。会議が終わってから、普陀山にお参りに行かせてください」。実際には、これは尹書記の顔を立てるためだけでなく、チャデル・リンポチェの今の境遇も私にとって大きな圧力だった。

「それは大丈夫だ。明日の会議で問題を起こしさえしなければ、何でも大丈夫だ」尹書記は言った。

正式な会議は京西賓館で開かれた。それは確か一九九五年九月十一日だった。普段この種の会議では議長席が前にあり参加者の椅子はそれに向かって並んでいるが、この時は中間を空けてあって、椅子は向かい合って並んでいた。一目で特別なレイアウトだと分かった。

案の定、大勢の官製メディアの記者が入って来て、中間のスペースにはテレビカメラが据え付けられ、正面には国務院秘書長兼中共中央政法委員会副書記の羅幹が座り、一方には国務院宗教局局長の葉小文、もう一方には共産党チベット自治区委員会副書記のラディが座った。左側にはジャムヤン・シェーパ・リンポチェ、ポミ・リンポチェと私が座り、私の左にはタシルンポ寺の寺民主管理委員会主任と他の二人のリンポチェがいた。私のうしろには、各省の統一戦線部の部長たち、私の向かい側には青海省の尹克昇書記を含む数人の共産党省委員会書記が座った。この席の配置は非常によく考えられていた。ほとんどすべての省・自治区の書記と統一戦線部の部長が自分の省・自治区の宗教人士の正面や真後ろに座っていた。その意味は、もし党の方針と違うことを言ったら彼ら指導者が服を引っ張ったり、目くばせしたりして速やかに制止することができる。つまりこれは無形の圧力であり、私たちに権力者に包囲され制御されていると感じさせることが目的なのだ。

会議は羅幹が主宰した。彼は次のようなことを言った。ダライ集団が西側反中国勢力の支援の下で、我々のパンチェン大師化身ラマ認定事業をかく乱しようとしたが、我々は断固として以下の通り反撃する。第一に、ダライが公表したいわゆるパンチェン十一世を廃除する。第二に、チャデルの全ての職務をはく奪し、処分する。

第三に、ラサのトゥルナン寺〔ジョカン〕で「金瓶掣籤」を行う。

その後、昨日の面談内容に従い、リンポチェたち一人一人に態度表明、つまり踏み絵を踏ませた。

会議の時間は決して長くなかった。当日の午後には中央電視台がこの会議について報道した。通常と異なるのは、画面だけで音声がなかったことだ。みんなの発言は全てアナウンサーの代読か字幕だった。つまり、私たちの声は消されていた。

夜、中央統一戦線部は会議参加者全員を宴会に招いた。指導者たちはみな晴れやかな笑顔で、私たち会議参加者をほめた上に一人ずつに紙袋をくれた。その中には一万元の報奨金が入っていた。宴会の途中、国務院宗教局の葉小文局長と統一戦線部第二局の朱小明局長が私に近づいて来て言った。「アジャ主席、ちょっとご一緒願えますか?」

私は彼らについて廊下に出た。

「私たちはすぐに『金瓶掣籤』を行いますから、旅行は絶対に控えてください。出かけるときは、必ず共産党青海省委員会か直接国務院宗教局に事前連絡してください」葉局長が言った。

「私のお付きが南京で私を待っています。前から普陀山に参拝することにしていたんです」私は言った。

「だめです、だめです。絶対だめです」朱局長が言った。

「彼らをずっと待たせておくのもまずいですよ」私は言った。

「それなら彼らだけで参拝すればいいでしょう。旅費は統一戦線部が負担します」葉局長が言った。

夜中の「金瓶掣籤《きんぺいせいせん》」

北京から西寧に着いたときはすっかり遅くなっていた。私はクンブム寺には戻らず、まっすぐ省政府の宿舎に行った。青海省政治協商会議の副主席になってから、私は宿舎ビルの最上階にメゾネット式の宿舎をあてがわれていた。このビルは五〇年代の建築で品質はとても良く〔五〇年代末に大躍進が始まるまで建物の品質は良かった〕、板張りの床で冬はとても暖かかった。しかし、私はふだんクンブム寺に住んでおり、西寧での会議が遅くなった時ぐらいしかこの宿舎を使っていなかった。

部屋に入ると、思いがけず留守番電話のメッセージランプが点灯していた。それはクンブム寺事務室主任のワンデンからの、葉小文局長が急用で私を探しているというメッセージで、彼の携帯電話番号も残してあった。次の日の早朝、私はワンデンに電話し、彼に葉小文には口実を設けたり知らないふりをして、私の宿舎の電話番号を伝えないように言い含めた。だが、十分後にはまたワンデンから電話があって、「リンポチェ！　葉小文からまた何度も電話があって『もしアジャ活仏がこれ以上電話に出なければ、遠慮しないぞ！』と言ってました」と言った。

この言葉を聞いて私は悪寒が走り、身の毛のよだつ感じがして、昔の出来事がたくさん眼前に浮かんだ。「もうちょっと何か言い訳を考えてくれ」私は言った。

「無理ですよリンポチェ、彼に電話してくださいよ。彼は本気ですよ……」そう言うワンデンの声はうわずっていた。

私が葉小文の携帯に電話をかけると、彼は丁寧な口調で言った。「アジャ主席、もしあなたに連絡が取れなかったら私は遠慮なく尹克昇書記に訴えるところでした」

しかし私には分かった。彼の言う「遠慮なく」というのはそういう意味ではない。漢語は実に表現が豊富だ、と私は思った。葉小文は続けて、この一両日中に青海に行ってある重要なことを私と相談するから、決して居場所を離れるなと言った。

次の日、曹秘書長が一台の携帯電話を持ってきて、「お上」との連絡用だと言って私に渡した。そして、葉局長が一両日中に来るので、彼のために勝利賓館にスーペリアルームを予約し、私の部屋も予約したと言った。

「宿舎と行ったり来たりするのは大変でしょうから……」彼は言った。

葉小文は予告通りにやってきた。曹秘書長は勝利賓館の特別食堂で歓迎宴を開いた。参加者は私と曹秘書長、葉小文と彼の随行秘書、それに共産党省委員会弁公庁の職員二人だけだった。

その晩、宴会が終わってから、葉小文は私に言った。

「今回、私が青海に来た目的はダライが公表して我々が廃除した「あれ」の代わりを選ぶために、甘粛・青海一帯でもう一人パンチェン大師の化身ラマ候補を急いで探し出すことです。チベット仏教の伝統に従ってパンチェン大師の『身語意』の生まれ変わりの三人の枠を埋めるのです。時間がないから、すぐに始めますが、まだ他に口外しないように」

どうやら、葉小文の計画はすでに動き出しているようだった。次の日、海南州統一戦線部の部長から電話が来て、同年同月同日生まれの数人の子供を化身ラマ候補にしたと告げられた。そこで私たちは海南に行くことにし、葉小文もすぐに北京に戻った。

曹秘書長と省統一戦線部、宗教管理部門の数人と一緒に私は出発した。まず海南州統一戦線部に行き、宗教担当の幹部と打ち合わせをした。そのあと現地に行って候補の子供たちを見た。帰り道、曹秘書長は何度も感嘆した。「ああ、どこそこの子供は何て賢いんだ。どこそこの子供は見た所普通の子だ……」化身探しは彼にとって非常に目新しいことだった。その後、私たちはその中の一人の子の名前を葉小文に送った。しかし「金瓶掣籤」の三人の候補の中に私たちが送った子供の名前が入っていたかどうかを私は聞いていない。あるいは彼らは他の所から必要な子供を探してきたのかもしれない。

数日後、私は再び北京での会議に参加するようにという通知を受け取った。「金瓶掣籤」の儀式がすぐに始まることは明らかだ。どうやったら避けることができるだろう？　私は非常に悩んだ。

私がクンブム寺の住持を務めた八年間は、毎日忙しく、いつも頸椎に違和感を感じていた。検査したらどうだろう？　ある人から、北京海軍病院の院長は整骨療法の専門家だという話を聞いていた。彼の話では、ある大会で江沢民は演説することになっていたが、その二日前にぎっくり腰になって立つこともできなくなった。そこでその海軍病院の院長を呼んだ。彼が「パン」と叩いたら、江沢民の腰は治ってしまったというのだった。

そこで、北京での会議が終わってすぐに海軍病院に行った。私は当時全国政治協商会議の委員だったので、彼らは非常に親切に応対し、高級幹部の療養用病室を手配してくれた。検査の結果は、私の頸椎と関節には確かに問題があるということだった。私は、タシルンポ寺とクンブム寺での労働改造が原因だと思った。病院からは治療が遅れると脊椎にも影響が出ると言われた。幸い私は江沢民を治療した海軍病院院長に会うことができた。彼は私に何回か整骨治療をしてくれたが、確かに非常に良い効果があった。

同じころ、クンブム寺の私の前任住持のチェシュ・リンポチェ――彼は当時北京高級仏学院で仕事をしていた――も清水潭病院に入院した。彼の膝は以前から問題があったが、この時に手術をした。私はまた他にも何人もの宗教人士がちょうどこの時期に入院したということを聞いた。

私は十数日間入院していた。葉小文はその間、宗教局の何人かの幹部と共に果物などの土産物を持って見舞いに来た。

「具合はいかがですか?」彼が聞いた。

「だいぶ良くなりましたが、まだ治療が必要です。すぐにはクンブム寺に戻れません」私は答えた。

「それは良かった。しかし『金瓶掣籤』の時期はもう中央が決定しましたから、私たちはすぐにチベットに行かなければなりませんよ」葉小文局長は厳《おごそ》かに言った。

「今回は私は行くのは無理なようで……」私は懇願口調で言いかけた。

私が言い終わる前に葉小文は笑い出した。冷笑だった。「チェシュ活仏も入院して手術も受けましたね。それでも問題ありません。皆さん心配いりませんよ。私たちは最良の医者をチベットに同行させます。断る理由に入院を使うという態度は問題ですよ。アジャ主席、今回は一人の例外も認めません。まず北京飯店に集合して、二三日中に出発します」

本当にみんな時間通り北京飯店に集まった。ラサに連れて行かれるために。それは一九九五年九月末の朝だった。チェシュ・リンポチェは杖をついて足を引きずりながらやってきた。また、グンタン・リンポチェ、ジャムヤン・シェーパ活仏、ウラン活仏[311]、ドゥロンチュアン活仏[312]たち青海、四川、甘粛、内モンゴルのチベット仏教の代表だけでなく、中国仏教と上座部仏教の代表も集まっていた。

出発前に、統一戦線部部長の王兆国が来て、先にグンタン・リンポチェに近づいて、あいさつして言った。

「あなたは今回は行かなくていいです」

「やはり行きましょう。私は大丈夫です」グンタン・

リンポチェが答えた。

「行かなくていい、行かなくていい。あなたは今回免除です」王兆国部長がさらに言った。

この時、大勢の人が二階のレストランで朝食を終えて下りてきた。中央統一戦線部と仏教協会の人たちが、ロビーでお祝いの言葉を言いながら見送っていた。グンタン・リンポチェも見送りの列に加わった。「私は免除されたよ、よかったよかった」彼は人に聞こえないよう体の向きを変えて、私にチベット語でそう言った。

私たちが乗った専用機は、北京の西郊飛行場から飛び立ち、午後にはラサのコンカン空港に着いた。飛行機の着陸前に、空港に何列もの完全武装の軍人が見えてきた。みんな鉄カブトをかぶり、腰には弾帯を巻き、両肩に膨らんだ袋を下げて、両手で銃をにぎっていた。私たちが車に乗り込んでコンカン空港を出発するときは、前後に護衛車両がついた。そして道路の両側には、五〇メートルから一〇〇メートルおきに歩哨が立ち、分かれ道では歩哨が増えて、一分隊ぐらいの人数で警備していた。ラサに近づくにつれ歩哨は増えた。車がチベット賓館に入ると、玄関と中庭は武装した軍人でいっぱいだった。神聖な都ラサは完全に軍隊に占領されていた。

もしも「金瓶掣籤」が素晴らしい儀式であるなら、なぜこのような敵意に満ちた雰囲気になるのだろう？　彼らが「活仏」とか「高僧」と呼ぶ私たちにいったい何が待っているのだろう？

私たちの部屋は事前に割り振ってあって、ロビーに入ったら全員すぐに部屋の鍵を受け取った。

夕食を食べてから、階下で会議を開くという知らせが来た。中央統一戦線部と国務院宗教局だけでなく、自治区の主な指導者たちもみな来ていた。議長は単刀直入に次のようなことを言った。「今回諸君がチベットに来た使命は光栄にも、新中国〔中華人民共和国のこと〕成立後最初に行われる『金瓶掣籤』に参加することである。我々は念入りに準備したから、もし儀式の最中に事故が起こっても心配する必要はない。我々は十分な準備をしてある。もし『ダライ分裂集団』が破壊活動を行ったら、我々は徹底的に叩き潰す！　諸君安心したまえ。我々は絶対に諸君の安全を保証する。だが、諸君の中の誰かがそうした破壊活動を支持したり参加したりすれば、我々は情け容赦はしない。諸君が目を光らせて、立場を明確にすることを希望する。だが、いつ『金瓶掣籤』を挙行するかは、まだ決まっていない。諸君はたとえ夜中でも参加できるよう準備しておくように。その時になったら通知する」。

この時の雰囲気はすぐにでも戦争を始めるかのようだった。そして戦場に送られる私たちは、決して信頼されてはおらず、後ろから銃弾を込めた銃を突きつけられていた。

「もしかしたら今晩挙行されるかもしれない」チェシュ・リンポチェは私に言った。

案の定、夜中の二時ごろ、職員が各部屋のドアをノックして、私たちにロビーに集合するよう告げて回った。職員はそれから一人一人念入りに名前をチェックし、私たちに事前のグループ分けに従って中庭で車に乗るよう告げた。

外は真っ暗だったが、薄暗い街路灯の光に照らされて完全武装の軍人たちが私たちに背を向けて道路の両側に立ち並んでいるのが見えた。これは私たちに対する威嚇《いかく》なのか？　それとも敵が外から来るということを私たちに示唆しているのか？　完全武装の兵士がチベット賓館からトゥルナン寺までの長い道に隙間なく立っていた。そしてトゥルナン寺の前にはたくさんの軍用車両が停まっていた。

私たちは歩いて一人ずつ寺に入り、時計回りに半周してから合掌しながら寺の中心、神聖なシャカムニ仏像の前に行って簡単に礼拝した。前回ラサに来たときは多くの小仏殿に飾られていたダライ・ラマ尊者の写真がなくなっていることに私は気づいた。前回、ある仏殿にはアメリカのブッシュ・シニア大統領が一九九一年にダライ・ラマと会見したときの写真や英国のジョン・メージャー首相が一九九一年にダライ・ラマと会見したときの写真が飾られていたが、それもなくなっていた。私服を着た人物が角々に立ち、寺に入って来る人を警戒の目で見ていた。

私の顔見知りのトゥルナン寺の僧侶は一人もいなかった。その代わりに見知らぬ僧侶と百人以上の祭りの盛装をしたチベット人が大殿の前に座って、こっそりと来訪者をうかがっていた。何人かは静かに誦経していた。私は彼らがどこから、どうやって、いつ来たのか知るすべもなかった。しかし彼らが真夜中に盛装して集まっていることも、周囲に軍人と私服が集まっていることも、明らかに異常な状況だった。

　シャカムニ仏像の前には角テーブルが置かれ、その上にチベット式の織り方の繻子《しゅす》のテーブルクロスが掛けられ、テーブルクロスの上には金色の、年代物の瓶《かめ》の形の器が置かれていた。角テーブルの後ろには長いチベット式テーブルがあり、さらにその後ろには革張りのソファーが並んでいて、真ん中は中央の特使の国務院秘書長羅幹、両側には国務院宗教局局長の葉小文とチベット自治区政府主席のギェルツェン・ノルブの三人がシャカムニ仏像に向かって座っていた。彼らから少し離れて左側には官吏、右側には宗教界の代表が座っていた。第一列は、カルマパ十七世[313]、パクパラ・ゲレク・ナムギャル[314]、そしてセンチェン・ロサン・ギェルツェン活仏[315]だった。センチェン活仏といえば、パンチェン大師は生前彼をあまり評価していなかったが、「お上」は彼を非常に高く買っていた。第二列はジャムヤン・シェーパ・リンポチェたちで、私は第三列のトップだった。左右両側の人々は錦の敷物に座った。

　明け方の四時ごろになってやっと儀式が始まった。まず来賓紹介があり、その後タシルンポ寺のゴンカンワ僧院[316]から来たラマ・ツェリンと呼ばれる僧侶が、全チベットで最も神聖な仏祖像に向かって三回ぬかづいてから、恐る恐る両手でその金瓶を捧げ持って、自分で見てから人々に回して見せて、再びテーブルの上に置いた。この時、職員がチベット語と漢語で三人の化身ラマ候補の名前を書いた紙片と黄色い絹の袋と糊を盆の上にのせた。ラマ・ツェリンと数人の職員は三枚の紙片を三個の長い象牙の籤札《くじふだ》に貼り付け、羅幹、葉小文、ギェルツェン・ノルブの三人に検査のために見せた。最後に、葉小文と自治区の秘書長の一人が盆の中の黄色い絹の袋を手に取って、それに籤札を一つずつ入れた。その袋は小さすぎたようで葉小文が入れ終わるのにひとしきり時間がかかった。それをラマ・ツェリンが金瓶に入れた。

「金瓶掣籤」を行う人は、チベット自治区仏教協会会長のポミ・チャムパ・ロドゥ活仏だ。彼について私は前に紹介したことがある。七十過ぎの彼は前に歩み出て、まず仏祖像に三回ぬかずき、それから金瓶の前に行った。私は彼が籤札が飛び出すまで金瓶を振ると思っていたが、彼は三個の籤札をちょっとなでただけで、その中の一枚を取出して中央特使の羅幹に渡した。羅幹はチェックしたという意味なのだろう、少しうなづいた。するとポミ活仏はそれをギェルツェン・ノルブに渡した。ギェルツェン・ノルブは散々手こずった末、籤札を袋から取り出した。

「ラリ県のギェルツェン・ノルブ〔自治区政府主席と同名〕が当選しました！」ギェルツェン・ノルブ主席が大声で言った。この時、群衆の中から一人の男が大賞を射止めたかのように両手を握りしめて、興奮して飛び上がった。あとで彼がその子の父親だということを知った。

すぐにその子が抱いて連れてこられた。すでに黄色の僧衣に着替えていて、頭には僧帽をかぶっていた。ポミ活仏はその場でその子の髪の毛を剃り、パンチェン・エルデニ・チューキ・ギェルポという法名を与えた。全てが事前に早くから準備されていた。

この儀式が終わった時、外はまだ暗かった。だが、中央電視台がこのニュースを報じたときは、なんと「朝十時ごろトゥルナン寺で『金瓶掣籤』が行われた」と言っていた。この日は一九九五年十一月二十九日だったが、日付は違っていなかった。さらに興味深いのは、私がクンブム寺に戻ったあと、多くの人が私に聞いたことだ。「なぜ籤札の長さが違っていたんですか？ テレビ画面で見てもはっきり違っていましたよ！」。露天商のムスリムまでがそのことを盛んに議論していた。

それに笑い話も一つできた。「ギェルツェン・ノルブがギェルツェン・ノルブの当選を発表した！」。主席が自分で自分と同じ名前の子の当選を発表したのを笑ったのだが、それにはもう一段深い意味があった。

続いてその子の即位式だ。私たちはまた夜明け前に出発した。ラサからシガツェは新しくできた道路を行ったが、やはり多数の兵士が道路の両側に立っていた。季節は旧暦の十二月で、高原の風は身を刺すように冷たかった。私たちが乗ったのは中型バスだった。どういうわけか車のエアコンが壊れていて、私は寒くて心まで震えた。中国仏教協会の学誠法師は法衣の上に外套を着こんでいた。まもなくシガツェに着くころになってやっと空が明るくなって、前方の山に大勢の完全武装の兵士が立っているのが見えた。私たちを出迎えているのだということだった。シガツェに入るとき、私たちは先にパンチェン大師十世が生前住んだデチェン・ポタンに行っ

甘粛省仏教協会長のジャムヤン・シェーパ・リンポチェと1990年代香港で

た。大勢の人が道の両側に立っていた。兵士と民衆の他にもタシルンポ寺の僧侶もいた。彼らの顔には少しも笑顔がなく、むしろ非常に怒っているように見えた。

次の日、国務委員の李鉄映が認定されたばかりの「パンチェン十一世」にチベット語と漢語を刻んだ「金印」と宗教界の愛国主義について書かれた「金冊」（金表紙の冊子）を授与した。また江沢民がパンチェン大師十世のために書いた「護国利民」の扁額も贈られた。

この過程全体がまるで映画の中の古代の爵位授与式のようだった。聞くところによると、これは当代のパンチェンが中央政府に服属することを表すために、清朝皇帝のやり方を模倣したのだそうだ。しかし、孫文が清王朝を倒してすでに八十年もたつのに、なぜチベットでは中国共産党の地位を封建王朝にまで退化させなければならないのだろう？　一九五八年からいわゆる「封建主義の覆い」をあばくためということで、あれほど多くの高僧が逮捕され、監獄の中で発病したり、死んだりと惨烈を極めた。それなのに今では共産党はチベットで封建社会のやり方を非常に尊重している。こんな理不尽なことがあるだろうか？

李鉄映は「パンチェン十一世」の手を引いてやって来て、彼をパンチェン大師の法座に抱き上げた。この李鉄映が「パンチェン十一世」に付き添って僧侶たちが演じる金剛法舞《チャム》を見ることを含めて、次から次へと多くの行事が行われた。私たちは無言の脇役だった。ダライ・ラマが認定したパンチェン・ラマ十一世、法名ゲンドゥン・チューキ・ニマ[317]、チベット北部チャンタン草原生ま

1995年ラサのトゥルナン寺での「金瓶掣籤」の情景（アジャ・リンポチェ画）

れの六歳の男の子は、尊者が公表した三日後に中国政府に連れ去られ、誰も知らない場所に永久に監禁されることになった。

ラサに戻るときも私たちは例のエアコンの壊れた中型バスに乗った。誰かが暖房を入れてくれと言ったら、運転手は来る時と同じ返事をした。「エアコンが壊れていて、ラサに戻らないと直せません」

誰もが黙りこくって、寒さに身を縮めて、しょんぼりしていた。冷気が絶えず私の袈裟に流れ込んで、神経まで凍りつきそうだった。「これは『お上』がわざと我々に忍辱《にんにく》[318]の修練をさせているんだろうか？」と誰かが聞いた。私たちは誰もそれに答えられなかった。しかし、一つだけ確かなことは、私の忍辱修行はまだ不十分だということだ。私はラサに着くと、すぐに国務院宗教局の幹部をつかまえて大声で詰問した。「なんで私たちに暖房のない車を手配したんだ？　君たちの体が血と肉でできているように、私たちの体だって鋼鉄でできているわけじゃない！　それから、中国仏教協会の学誠法師も私もベジタリアンなのに、精進料理を全く出さなかったのはわざとなのかね？」

宗教局の後方支援担当の幹部と自治区の幹部は、さっそく私に謝罪した。次の日には精進料理が出ただけでなく、車も改善された。私の旧友のジャムヤン・シェーパ・リンポチェはそのことで私の部屋に来て、冗談半分、忠告半分で言った。「私にはリンポチェのような勇気はないけれど、おすそ分けだけはしっかりもらいました！でも君の貴重な勇気は大切に使った方がいいですよ！」

「金瓶掣籤」と即位式が円満に終わったことを祝って、「お上」はラサで宴会を開いた。私たちが早めに着いて、休憩室でおしゃべりをしていると、職員が李鉄映が引見すると言って私を呼んだ。だが、私がドアの外まで行くと、待っていろと言われた。四、五分後にジャムヤン・シェーパ・リンポチェが出て来て、私に声をかけた。私が部屋に入ったとき、李鉄映はソファーに座って頭を上に向けて酸素を吸い、薄目を開けていた。

「失敬、高山病で立ち上がれないんだ」。李鉄映は力なく言った。

「首長動かないでください」私は言った。

「どうぞ椅子に掛けて、アジャ主席」李鉄映が言った。

それで私は坐った。従業員がお茶を入れて出て行くと、李鉄映が口を開いた。「我々は歴史的な意義のあることをやり遂げたから、歴史に名を残すよ。私は高所には適応できないが、当然にも中央政府が私に与えたこの任務を引き受けた。君たちも中央に非常によく協力して、非常に円満にやり遂げてくれた。中央の主な指導者も関係機関の指導者もみんな喜んで、君たちに伝えてくれと言っていた」

私が部屋を出ると、外にはチェシュ活仏やウラン活仏たちが並んでいた。明らかに引見を待っていた。

葉小文が漏らした驚くべき秘密

北京に戻るのに私たちはやはり専用機に乗った。李鉄映は前部キャビンの座席に座って、酸素を吸い続けていた。まるで長距離を走り終わったばかりのように、非常に疲れた様子だった。

「これから首長がみなさんに重要なことを公表します」職員が言った。

「お身体は大丈夫ですか？」誰かが李鉄映に聞いた。

「大丈夫、大丈夫」李鉄映は酸素マスクを外して、両側を軽く支えられて、前部キャビンと後部キャビンの間に立って、みんなに向かって言った。「同志諸君、お疲れ様！　今回のチベット行きで、我々は党から与えられた光栄なる使命を達成した。みんなに二日間の休暇を上げよう」

「二日間の休暇？　いいね！」みんな拍手した。

しばらくして、職員が私の脇に来て言った。「活仏、首長があなたに会いたいそうです」

私が立ち上がったとき、ジャムヤン・シェーパ・リンポチェが歩いてくるのが見えた。私たちは一緒に前部キャビンに向かった。このとき、李鉄映は椅子にあおむけに寝て、鼻には酸素チューブが挿入されていて、葉小文が脇に付き添っていた。私たちを見ると、李鉄映は酸素チューブを抜いて、先ほど来の自分が史書に名を残すという幸福に興奮冷めやらぬ様子で、私たちに向かって文芸復興《ルネッサンス》時代の欧州について語った。そして当時修道士が修道女を強姦して、教会が指弾され、人々が宗教に対して認識を新たにした、などということを話した。

「首長は本当に歴史に精通しておられますね！」葉小文が感嘆しながら発言を記録した。

大体四、五十分も話しただろうか。李鉄映は眠くなってまたチューブを差し込んで、あおむけになって目を閉じた。

それから葉小文が私たちに話しかけてきて、私たちを雲をつかむような文芸復興時代から現実に引き戻した。彼は言った。「全てが丸く収まった。実をいえば、ダライがあの化身を公表してから、情勢は本当に緊迫した。我々はすぐに行動を起こし、政治局常務委員会から三機の飛行機を借りて、誰にも知られないように三人の化身を三ヵ所に隠した」

葉小文は滔々と話し始め、終わったばかりの「金瓶掣籤」のことに話が及んだ。「君たちが見たあの三枚の籤札に張られた名前を見ただろ？　あの三つの黄色い袋も見ただろ？　みんな清代の決まりに似せたんだ。ただ、その中の一つに、我々は念のため綿を少し入れた。一つの籤札が少し高かったのに気づいたかね？　我々はその袋に綿を入れて、その籤札が瓶の中で少し出っ張るようにして、確実に正しい化身の名前を引くことができるようにしたんだ」

これは全く青天の霹靂《へきれき》だ！　私は自分の耳が信じられなかった。私自身がこの驚天動地の秘密を洩らしたかのように、心臓がドックドックと激しく鼓動した。私が恐ろしくなって、李鉄映を一瞥すると、彼は相変わらず目を閉じて酸素を吸っていた。私はジャムヤン・シェーパ・リンポチェも見たかったが、私にはできなかった。だが、私たちの気持ちはほとんど違わなかったと思う。「宗教改革」以降、共産党は毎日のように「信教の自由」を叫んでいたが、信教は全く自由ではなくなった。それにしてもここまで酷《ひど》くなるとは私は思いもかけなかった。

私たち仏教徒にとって、化身ラマの認定は非常に神聖なことであり、絶対にごまかしは許されない。では、葉小文局長が私たちにこの秘密を洩らした動機は何なのだろう？　私は張りつめて考えをめぐらしたので、彼がそのあと何を言ったのか聞こえなかった。多分彼は大したことではないと思ったのだろう。偉大な目的を達成するためには、卑劣な手段を採るのは当然なのだろうか？あるいは、葉小文局長は単に自分が何でも知っていて、何にでも参加しているということをひけらかしたくて言ったのだろうか？　それとも、共産党のチベット仏教に対するある種の新政策を暗示したのだろうか？

この中共中央によって認定されたパンチェンは、チベット人からは「ギャ・パンチェン」と呼ばれた。「ギャ」とはチベット語で漢〔中国〕を指すが、漢語で偽物を意味する「仮《ジア》」との語呂合わせでもある。つまり、「ギャ・パンチェン」とは漢人が認定した偽《にせ》のパンチェンという意味である。一九九五年の「金瓶掣籤」以降、「ギャ・パンチェン」はチベット内外のチベット人に認められていない。全てのチベットの寺は「お上」が飾るよう強制したとき以外、彼の写真を飾っていない。

私は署名していない

中央が認定した「パンチェン十一世」は、チベット地区のチベット人に承認されなかっただけでなく、一部の漢人にも信用されなかった。「仏教に関することは仏教のルールを守るべきだ」。多くの人がそう言った。中央はその状況を知って、民衆の中にこの「パンチェン十一世」の威信を高めようとした。

一九九七年の夏、数人の客が北京からクンブム寺に来て、私に国務院事務管理局から来たと自己紹介した。

国務院所属機関の幹部なのに、なぜ省と県の指導者が同行しないのだろう？「省と県はあなた方が来ていることを知っていますか？」私は聞いた。

「知ってます」彼らは互いを見て、私あての私信を取り出した。それはパンチェン大師十世の生前の護衛の一人が書いたものだった。彼は石という姓で、パンチェン大師の入寂後に昇進して、この時は国務院事務管理局に勤めていた。彼は手紙の中で、私と知り合ったきっかけを書き、また彼らがクンブム寺で「パンチェン大師」十一世の即位一周年記念法会を行うので、よろしく頼むと書いていた。

この数人の北京からの客は法会の時期は来年六月で、その時には全ての高僧を招待すると告げた。彼らはまた私に高僧たちが「パンチェン十一世」を認めた署名帳のコピーを見せた。そこには私の署名もあった。それはタシルンポ寺の「即位」の日に書いたもので、全ての人が必ず署名させられた。

そのほかにも、彼らは契約書を一部持ってきていて、私に署名しろと言った。これは非常に奇妙だ。法会は商談とは違う。なぜ契約書に署名するのだろう？　私はこれまでに一度も法会のために契約書に署名するなどという奇妙な事態に遭遇したことはない！　それに私たちはふつう「即位」何周年という記念行事は行わない。大体、国務院からの派遣なのに、なぜ機関の紹介状ではなく私信を持ってくるんだろう？　そして省と県の指導者が同行していないのはなぜだ？

この件は非常に不明瞭なので、私は不安になった。明らかに「お上」が「パンチェン十一世」が民心を得るように思いついた術策だ。当局が表に立たずにチベットの高僧たちに彼を承認させれば、民間からの自発的支持と見せかけることができる。

「これは大事な話なので、国務院にそういう計画があるのであれば、『お上』が決めれば済むことで、私の署名は不要です」私は言った。

「活仏、誤解しないでください。すぐに署名しなくてもいいですから、とりあえず書類は置いて行きます」一行の中の責任者らしき人がそう言って、書類を私に渡した。

同年秋、私は北京の会議に呼ばれた。会議の前後、人々はみな「金瓶掣籤」のことを議論していた。ある日、会議の休憩時間に、中央統一戦線部の李国慶処長が私に近づいてきた。「残念ですね。パンチェン大師の教師のギャヤ・リンポチェのような高僧が大勢入寂してしまって」

私ははっきりした返事をしなかった。

「この間私たちはずっと将来パンチェン十一世の教師を誰にやってもらおうかと議論しているんです。みなさんあなたが最もふさわしいと言っています」

「とんでもない、私には無理ですよ。なんでそんなことを言うんですか？」私は心の中で嘆いた。

「ギャヤ・リンポチェはパンチェン大師十世の教師だったし、彼はあなたのおじさんです。そしてあなたは愛国的な大活仏ですから、いろいろ考えてあなたが一番ふさわしいと思いました」

その言葉を聞いて、私は心臓を刺されたように感じた。痛いのではなく、気分が悪くなって動揺した。私はギャヤ・リンポチェが言った言葉を思い出した。「おまえが五十歳ぐらいになったら恩師が自然に現れるだろう。その時は、比丘戒を受け、一切の政務から退き、修行に専念しなさい」

実はここしばらく、ギャヤ・リンポチェのこの予言がいつも心に引っかかっていた。それなら私の恩師はどこにいるのだろう？　私はどこに行って修行すべきなのか？　どうやったらこの陰険な政界と決別できるのだろう？

時間はゆっくりと流れ、秋がだんだんと去り、天からひらひらと雪が舞い落ちて、大地に薄く雪が積もった。冬がまた来た。雪と一緒に入ってきたのは、私のお付きの一人だった。彼は、国務院事務管理局の例の客がまた来たと告げた。

私はお付きに、こもって修行しているから会えないと言ってくれ、と言った。

しかしすぐにお付きは手に文書の束を持って戻ってきた。「彼らは、これは重要文書だから、署名してくれと言っていました」

私がそれをめくってみると、やはりクンブム寺で「パンチェン十一世」の即位記念法会をやることに関する契約書だった。私は言った。「この文書はとても重要だから、ここに置かずに持って帰ってもらいなさい。私の署名も必要ない。来年三月に人民代表大会と政治協商会議が開かれるとき、省の指導者も北京に行くから、その時みんな集まったところで署名しても遅くはない」

お付きはまたすぐに戻って来て言った。「彼らは『分かりました、じゃあ会議の時に署名してください』と言っていました」

彼らを追い払うことはできたが、厄介事はとめどない。この後に何が待っているかなど知るよしもなかった。

その頃またひとつ奇妙なことが起こった。私の直属上級官庁の一人の指導者が私に言った。「活仏、もし君が国家計画委員会と民生部に申請してくれたら、我々はカナダから大量の僧団あての小麦と大豆の援助を獲得できるんだ」

私は黙っていた。

「転売すれば、お互い儲かる。プレッシャーに感じることはない。センチェン活仏も以前申請したことがある。君たちのような愛国者が口を開くだけでいいんだ。クンブム寺の名義でも君個人の名義でも、どちらでもいい」彼はそう続けた。

私はそれでも黙っていた。

この指導者はまた言った。「君に一千万元のリベートをやろう、どうだ？」

一千万？　私は息をのんだ。それはクンブム寺修復費用の半分の金額だ！　これは重大な法律違反だし、完全な戒律破りだ。しかし、中国の政界は非常に複雑で、もしこの申し出を断ったら、あとで面倒なことになるのは確実だ。なぜなら、彼は私の上級機関の人間であり、いわば私の上司だから、クンブム寺に嫌がらせをするのは間違いない。どうしよう？

この上司がこの話を持ち掛けてきたあと、私が北京に行くたびに彼は私に会いに来た。親切に私を食事に誘ってくれたことも一度あったが、私はもちろん断れなかった。宴席で、彼の部下が私に書類を渡して、私にそれを持って主管官庁に申請に行くよう言った。

彼らが何度も催促するので、私は仕方なく主管官庁に申請に行った。いわば断ってもこの指導者に報復されない理由を作るためだった。主管官庁の責任者は非常に親切で、私に担当職員を一人つけてくれて、言った。「当部でお手伝いできることがあれば、しっかり活仏のお手伝いをします」

私が書類を担当職員に渡すと、彼は真剣に書類を見始めた。それから驚いて顔を上げた。「活仏、あなたは青海省の代理でこの食糧援助を申請してるんですね？　これは大量ですよ。たとえて言えば、この食糧を列車に積むとすると、貨車百五十台分になりますよ。活仏、あなたの苦しい立場は分かります。やはり彼らに自分で来てもらってください」

これは確かにいい言い訳になって、私はこの災難を免れた。だが、これから先も免れ続けられるだろうか？

また「運動」が始まった

化身ラマはチベット仏教の中で欠くことのできない要素である。一般には高僧が認定し、その後厳しい修習に入り、チベット仏教の中で聞思修《もんししゅ》と持護増〔教勢の維持拡大〕に重要な役割を発揮する。しかし、「宗教改革」以降、チベット仏教の化身ラマ制度は「封建迷信の産物」として一度は廃止されてしまった。一九八〇年代以降、幾多の曲折を経て、今日化身ラマ制度は一応認められたが、様々な制約を課されている。まず、一人のリンポチェに化身資格があるかどうかは、その前世と共産党の関係による。もし共産党に反対したことがあれば、もちろん化身する資格はない。たとえ共産党が化身を認めても、事前に厳格に共産党の通達に沿って、正式な許可証をもらう必要がある。そして、法座継承の儀式の時になって初めて高僧の化身認定プロセスへの参加が認められる。

このような過酷な政策でさえ、内モンゴル自治区では認められていない。だから、毎年全国政治協商会議が開かれるたびに内モンゴルの委員は議案を提出しているが、統一戦線部と国務院宗教局の回答はいつも同じだ。「内モンゴル人民はすでに政治的自覚を高めたので、化身ラマ制度は必要ない」。だがある時、内モンゴル赤峰市の数人の宗教部門の幹部がクンブム寺に私をたずねて来て、私に一人のリンポチェの化身ラマを認定してほしいと頼んできた。私は驚いて聞いた。「『お上』の政策で内モンゴルでは認められていないけれど、許可証はあるんですか？」

「もちろんあります」彼らは「お上」の許可証を取り出した。

　内モンゴルの政策が緩んだんだろうか、それともこのリンポチェには特別な背景があるんだろうか？　私には分からなかった。しかし、何はともあれいい兆候だろう。私は仏教の手続きに従ってこの転生ラマを認定し、同時に万一のために全ての書類をコピーしておいた。

　十数日後に、私が省都に会議に行ったとき、新任の統一戦線部長の宋秀岩に会った。「アジャ副主席、会議のあとで私の執務室に来てください」彼女は言った。

　彼女は新任だが、私は彼女のことを以前から少し知っていた。彼女は天津の人で、文革後期に共産党に入党し、西寧鉄道局を出発点にして、そこから昇進していった。私が彼女と知り合ったとき、彼女はすでに共産主義青年団青海省委員会で働いていた。その後、共産党海東地区委員会副書記に昇進した。その時、彼女はクンブム寺の一人の僧侶の病気治療の霊験があらたかであると聞いて、クンブム寺に私に会いに来た。彼女はいつも胃の具合が悪いので、その活仏の「霊験」を発揮してほしいと言った。私はもちろん同意した。

　その後、彼女は共産党省委員会常務委員兼統一戦線部長に昇進した。人づてに聞いた話では、それは彼女が以前西寧鉄道局から直接共青団省委員会書記に抜擢されたのと同じ方法で、どちらも彼女の女性としての特徴を利用したのだということだった。それが本当かどうか私には分からない。ただ、彼女の酒量は普通の男より多かった。それはある年に共産党省委員会が開いた党外人士〔党員ではない共産党の協力者。統一戦線の対象者を指す〕新年宴会の席でのことだった。彼女は尹克昇書記に頼まれて、主催者として五糧液[319]をたくさん飲んだ。そのうち尹克昇書記も心配し始めた。彼女は自信たっぷりに「大丈夫です、加減は分かってます」と言ったが、顔は紅潮して腫れていた。

「我々の第三梯団[320]の中で唯一の女性同志なんだから、飲み過ぎて酒仙にならないでくれよ！」尹克昇書記は笑いながら言った。

　私が宋秀岩の執務室に行くと、秘書が丁寧にお茶を出してくれて言った。「宋部長はまだ会議中です。しばらくお待ちください」

「アジャ副主席お待たせ！」まもなく、宋部長が現れて、事務机の後ろの椅子に座った。眼鏡を直しながら、厳めしい口調で言った。「アジャ副主席、あなたは最近内モンゴル自治区赤峰市のために活仏を一人認定したと聞きましたが、そういう事実はありますか？」

「あります。どうかしましたか？」

彼女は眉毛をつり上げて、冷たく私を睨《にら》みつけた。

「あなたは当然知っているでしょう。内モンゴルでは『化身ラマ』はやっていないんです。今後は首を突っ込まないでください」

私は笑った。「彼らが許可証を持って来たのに、断ることができますか？　宋部長は『首を突っ込む』とおっしゃいましたが、それはたいへんな濡れ衣です。以前、程部長も省民族委員会の李慶主任も会議の席ではっきりと、許可証があれば化身してもよいと言いました。これでは、誰の言うことを聞いていいか分かりません」

「どんな許可証ですか？」宋部長の声はさっきより冷たくなくなった。「持ってきましたか？」

「今日は持っていません」

「今度持ってきてください」

「もちろん」私は言った。「他に何かありますか？」

「ありません」彼女はぶっきらぼうに言った。

クンブム寺に戻ってから、私はすぐに例の書類のコピーを郵送した。その後、省都での会議で宋秀岩に会ったとき、彼女に受け取ったかと聞くと、彼女は受け取ったけれども書類には漏れがあった、内モンゴル自治区は今でも化身ラマは認めていないと言った。

「私は公文書に従って仕事をしたので、漏れがあったかどうかは私の責任ではありません」私は言った。

それ以降、宋秀岩は私に以前よりは丁寧に接するようになった。しかし、私が亡命したあとで人から聞いた話では、彼女は歯ぎしりをして言ったそうだ。「この活仏どもは決して油断できない。やつらは本質的に我々と敵対している。どんなに高い職務を与えてやっても役に立たない！」

その頃から宗教に対する締め付けがより巧妙になった。しばらくして省統一戦線部が通達を出し、中央の精神に従いチベット人地区全体で「隠れた社会主義教育運動」が推進され、クンブム寺ももちろん例外ではなかった。その実態はチベット仏教に対する抑圧強化だ。チベット自治区ではこの運動は文化大革命と同じくらいの緊張度ですでに二、三年続いているということだった。寺院の粛清が行われ、全ての僧侶がダライ・ラマの写真を祀らない、デモに参加しない、法律を守る、中国を熱愛するといった内容の念書を書かされている。

前車の轍を踏まないように、運動開始前に私はクンブム寺の各組長を集めて会議を開いた。当時クンブム寺には十数個の組があり、六、七百人の僧侶がいた。私は組長たちに、文化大革命の教訓を思い出して、祀ってあるダライ・ラマの写真を隠し、運動の期間中は「ビラ」などが出現して、面倒なことにならないよう注意するよう全ての僧侶に伝えさせた。

一九九七年の冬、青海省は複数の機関から四十数名の幹部を選抜してクンブム寺に進駐させ、社会主義教育動員大会を開いた。共産党湟中県委員会の呉傑雄書記が会議の席で演説した。「今日、クンブム寺で始めるこの運動は、運動と呼ばない運動だ」このように回りくどい言い方をするということは、当時人々の考え方が変化しており、「運動」という言葉に反感を持つようになっていたことを物語っている。幹部たちは政治宣伝用語もあまり使わなかった。その代り、機構改革、人員削減、給与遅配などの彼ら自身の不安をよく話していた。どうやら幹部たちの生活もあまり安定していないようだった。

だが、通達はやはり読まないわけにはいかず、決意は表明しないわけにはいかない。幹部たちは僧侶一人一人に「愛国念書」に署名することを強制した。念書の条項のいくつかはダライ・ラマに反対するという内容で、要するに僧侶たちに仏教の教義に背き、信仰する導師と決別することを迫るものだった。しかし、これらの条項に反すれば、軽くても批判と教育、重ければ罰金処分、さらに深刻なら刑事罰と寺からの追放が待っていた。これは本質的に文化大革命と何ら違わない。

「運動と呼ばない運動」は断続的に二ヵ月ぐらい続いた。最後は九間殿《ジャムヤン・クンスィ》の中庭で全僧侶を一堂に集めた総括大会が開かれた。一九五八年、まさにこの同じ場所で「封建主義の覆いをあばく」「宗教改革」の吊し上げ大会が開かれ、ギャヤ・リンポチェや私の教師、世話係を含む五百名以上の僧侶が逮捕されたのだった。四十年後のこの日、私は舞台上に座って、仏教理念に背き、本来私が毎日頂礼していた導師、出離の心を満載した白蓮〔ダライ・ラマを指す〕を批判しなければならないのだろうか？　私はそうすべきだろうか？　だが、それ以外にどんな道があるのだろう？　もうすぐ私にクンブム寺を代表する態度表明の順番が回ってくる。宗教局の李局長はすでに私の発言原稿を準備している。私がその原稿を読まないで済ませられるだろうか？

　原稿を読むとき、私はできるだけ激しい言葉やダライ・ラマに対する批判の言葉を避けた。しかし、この場をなんとか切り抜けても、次の踏み絵がまた待っている。近い将来、私が願うと願わざるとにかかわらず、私が認めたことのない「パンチェン十一世」の教師にされ、政治の道具になってしまうだろう。私に他の選択肢があるだろうか？

「五十歳ぐらいになったら、おまえは必ず修行の道を選択することになる」ギャヤ・リンポチェの言葉がまた耳元で聞こえた。だがその道はどこにあるのだろう？　この土地に残っている限り、一つの力に強制される。そしてこの力は千変万化《せんぺんばんか》で、ある時は銃で、ある時は飴や金銭で私たちに襲いかかる。だがいくら変化してもその本質は変わらない。それは彼らが永遠に宗教を敵視し続けるということだ。

　私の亡命は、熟れた果実が自然に落ちるのに似ていた。この数十年の経験の一つ一つが、不可欠の触媒、あるいは積み重なった「因」だった。父の獄中での真相不明の死、兄ウェンマの受けた非人間的な扱い、オーセルおじさんが労働改造農場に送られたこと、ギャヤ・リンポチェが「四類分子」のレッテルを張られたこと、パンチェン大師が突然入寂したこと、夜中の「金瓶掣籤」、そしてクンブム寺で「パンチェン十一世」の即位記念法会を行うよう私が強要されたことなどなど……私は恨み言を言っているのではない。私は導師たちから一貫して忍辱の心をもって人に親切に接することを教えられてきたし、恨みを抱いているわけではない。だが、これらの一つ一つの災難が、私にこの政権の本質を分からせてくれた。

　また、対応に困る上級機関の指導者たちの招宴やリベートは、実は人を内側から変えようとする別の形の脅しと攻撃だ。それは、私たちに、不正行為を行い利益をむさぼる、彼らのような腐敗官吏になることを強要する。

　私が本当に決断すべき時期が来た。

第十四章　秘密里に亡命

亡命前の計画

では誰を連れて行こう？

普段私の身の周りには七、八人の人がいるが、全員を連れて行くわけにはいかない。最初に私の頭に浮かんだのは、私の世話役兼秘書のタシだった。彼は互助トゥー族自治県生まれで、年は私と同じぐらい、彼の故郷の近くにはチベット北部で有名な四大古寺の一つ、漢語で佑寧寺と呼ばれているゴンルン・ゴンパがある。この古寺とそこの大修行者たちの影響なのか、ここの住民も敬虔な仏教徒で、温厚で実直だった。タシの両親は多分白モンゴルのはずだ。

文化大革命中のことだが、兄弟子のバディが私にタシを紹介してくれた。当時彼はまだ学生で、その後代用教員になり、結婚した。出身身分が悪かったので、彼も差別されていたため、私たちは話が通じた。当時、彼はよく私を訪ねてきて、私が病気になったときは私の代わりに農作業をやってくれた。生産隊の積極分子はそれが気に食わず、タシに問いただした。「おまえは何であいつの代わりに働くんだ？　今は旧社会じゃないんだぞ、分かってるのか！」。そうしてだんだんとタシは彼らに嫌われるようになった。その後、タシは三人の子持ちになり、家庭の負担も重くなったが、どんなに困難が大きかろうと、どんなに政治運動が厳しくなろうと、私に対する忠誠は変わらず、私のために彼は力を尽くしてくれた。文化大革命が終わってから、私は彼に頼んで私の世話係兼秘書になってもらった。彼と私は長年苦楽を共にしてきたので、本当に彼を連れて行きたかった！

だが、私は彼を連れて行けないばかりか、亡命計画を彼に話すことすらできなかった。なぜならタシは用心深い人で、もし彼に話したら私の無鉄砲な計画を必死に止めようとするに決まっているからだ。私は無情にも彼には隠しておくしかなかった。亡命を決めてからは、タシが私の近くにいると、何を食べていても味が分からなくなった。「もし彼に話したら、あとで彼がひどい目にあうんだから」私は毎回そう自分に言い聞かせた。

私が思いついた二人目は私のお付きのジクメ・チュンペルだった。彼は気立てが良く、仕事が綿密周到で、優秀な比丘だった。私は彼を連れて行きたかったが、いざというときに出国を阻まれたり、外国に行ってから生活の見込みが立たなかったら、彼の今後の修行に影響するのではないだろうか？

「リンポチェ、絶対行ってはダメですよ。危険すぎます！」チュンペルは私の計画を聞くと目を丸くした。

「行くことは決まっている。私が心配なのは、途中で発見されたり、向こうに行っても落ち着き先がなかったときの、おまえの修行のことだよ」

「本当に行かなければならないのなら、私の心配は無用です。あなたがどこに行こうと私はついていきます」チュンペルはきっぱりと言った。

私が思いついた三人目は、私の護衛兼運転手のロサン・ジュンネーだった。普段彼は「ガユェン」と呼ばれていたが、それは彼の幼名だ。彼はてきぱきと仕事をし、私に非常に忠実で、私の行動のほとんどすべてを知っていた。私が計画を彼に告げたとき、彼は止めるどころか喜んで私についていくと言った。ただし、新婚の妻のメドも連れて行きたいと言うので、私は同意した。

四人目は私の甥のティンレー・ラギャルだった。彼は私の弟の息子だ。そのいきさつは私が化身ラマと認定されたときから説き起こさなければならない。当時、私の両親は私の世話をさせるには年下の方が使いやすいということで、もう一人男の子が欲しいと思っていた。数年後本当に私の弟のジクメが生まれた。しかしそれからすぐ「宗教改革」が始まり、私の父とをはじめ数人の家族が逮捕された。当時は私も明日のことも分からない状態だった。それで、弟のジクメは長兄のウェンマの下で育てられた。彼ら二人は年が離れていたし、長兄には子供がいなかったので、実の父親のように育て上げて、結婚させた。

あれはたそがれ時だった。兄は年取った上に長年の迫害の結果、非常に謙虚になっていて、私に会っても帽子を取った。「スリグ・アカ、父さんが生きていた時に、

私の弟のジクメ、1990年代牧畜地帯で

ジクメが大きくなったらおまえのお付きとして、おまえの世話をさせるようにと言っていたんだ」

「いつの時代だと思ってるの。兄さんにも息子がいないんだから、一緒に住んで家を継がせればいいじゃないか」私が言った。

「おれもそう思ったが、おまえの許しがいる。もし父さんの言いつけを守らずに、ジクメを出家させずに所帯を持たせたら、おれの気持ちが落ち着かない」兄が悲しそうに言った。

私は彼の不安を打ち消し、まもなくジクメは結婚した。子供が二人生まれてから、ジクメの妻は三人目を妊娠した。しかし、産児制限で牧畜地域では二人目までしか子供が認められない。夫婦は堕胎しようかと相談し、その知らせが私の所にも届いた。

「なぜ降ろすんだい?」私は聞いた。

「三人目だからです」彼らは答えた。

しかし、何と言っても人の命だ。これも縁だと思って私はこの計画外の子供を養子にした。それがティンレーだ。奇妙なことに、小さいうちからティンレーは私の所に来るのが好きで、来ると私がどこに行くのにも必ずあとからついてきた。それで彼が四歳ぐらいの時に寺に引き取った。このとき彼はまだ満十三歳になったばかりだったから、連れて行かないわけにはいかない。だが、私はすぐには彼に話さなかった。私は子供の口から計画が漏れることを心配した。

こうして、私と一緒に亡命するのは、ジクメ・チュンペル、ロサン・ジュンネー、ジュンネーの妻のメド、そして私の甥っ子のティンレー・ラギェルの四人と決めた。

一九九七年の年末、いつもと同じように私はロサン・ジュンネーを連れて北京で年に一度中南海で開かれる「宗教界人士迎春茶話会」に参加した。全国政治協商会議主席の李瑞環が主宰し、中国の五大宗教――仏教、道教、プロテスタント、カトリック、イスラム教の主要人物が出席した。次の日、私はまた例年通り全国政治協商会議が挙行する春節交歓会に出席した。仏教協会の尤驤秘書長は私を見つけると、すぐに近寄って温かく声をかけて、ごく小さな声で私におめでとうと言った。

「何がおめでたいんですか?」私は聞いた。

「あなたが中国仏教協会の会長に内定したんですよ。政治協商会議でも常務委員に決まったそうです。アジャ会長、おめでとうございます! 今後ともよろしくお願いします」

「そりゃ大変だ、大事な情報を伝えてくれてありがとうございます!」私は儀礼的に感謝の言葉を言うと同時に、両の頬が麻痺し、硬直した。なぜなら、尤驤秘書長の情報は間違いないはずだからだ。

計画を早めなければならない。北京飯店に戻ってから、私はすぐにクリスティーンに電話した。彼女は私の弟子の一人で、インドネシア出身の敬虔な仏教徒で、イギリスのケンブリッジ大学を卒業していた。チャールズ皇太子と経済学を学んだ同窓生だった。つまり私が言いたいのは、彼女は英語がうまいということだ。

私たちは一階のにぎやかなレストランで会って、亡命の計画を彼女に話した。クリスティーンはしばらく沈黙した後に言った。「リンポチェ、私は良くないと思います。その計画は危険すぎますよ」

「止めないでくれ。もう決めたんだ」私は口ではそう言ったが、内心不安でたまらなかった。それでひとこと付け加えた。「上に行って相談しよう」

部屋に入るとすぐにクリスティーンが聞いた。「では、どこに行く予定ですか？　タシはどうするんですか？　それにチュンペル……いったいどうやって出国するつもり？　師匠、あなたは単純すぎますよ。外国でどうやって生活するんですか？」

　クリスティーンは思ったことをずばずば言う。私とロサン・ジュンネーに、言葉の壁や文化の違いなど、外国に行ってから突き当たるだろう多くの困難について語ってくれた。「先のことはともかく、どうやって出国するか、考えたんですか？」

　それについてはいろいろ考えた。当時私は全国仏教協会副会長、全国政治協商会議委員、全国青年連合会副主席、青海省仏教協会会長、青海省政治協商会議副主席、青海省仏学院院長などたくさんの役職についていた。肩書が多すぎて名刺に納まらなかった。いま、これらの役職は私の行動の足手まといになっている。例えば、インドに行くにはビザがとれないし、歩いてヒマラヤを越えるわけにもいかない。ラサにいくにも役職のせいで私が行くところ行くところ大勢のお供が付いて、逃げ出す機会がない。だが逆に北京での会議の機会を利用すれば、空港に行くのも怪しまれない。それに北京空港は巨大で、出入国の人数も多く、様々な身分の人々が出入りしている。

　要するに、亡命することは決まっている。少し前のクンブム寺の僧侶大会の席で、私はすでに「暇《いとま》乞い」を暗示し、これが私にとって最後の僧侶大会になるから、彼らに今後は自分の道を進むようにと話していた。それで、多くの僧侶が私が北京で任官するのではないかと噂していた。また私は、政治協商会議と統一戦線部にも南方でこもって修行するからと休暇願を出しておいた。

　私はクリスティーンに言った。「私は絶対に行かなければならないんだよ。これは私にとって最後の機会なんだ。今後官職で昇進したら、取り巻きも増えて、もっと不自由になる」

　それに、数日前ロサン・ジュンネーが拳銃を返却したとき、すでに彼らの注意を引いてしまったようだ。ジュンネーが私の護衛になるにはわけがあった。数年前、「お上」は正式な護衛を私に付けようとした。そういう護衛は、名目は護衛だが実際は監視係だということは私もよく知っていたので、私は「寺の中に俗人の護衛がいると非常に不都合なので、とりあえずロサン・ジュンネーに代わりにやらせてもらえませんか?」と言った。私が譲らなかったので、「お上」は仕方なく同意して、ジュンネーに一丁の拳銃を支給した。私たちが亡命の準備を始めたとき、その拳銃は封筒に入れて青海省公安庁護衛処に返却した。

私はパスポートをクリスティーンに見せて説明した。

「これは私の外交パスポートだ。私は副省長待遇なので、私のお付きのチュンペルと護衛兼運転手のロサン・ジュンネーもパスポートを発給されている。私たちはもう何度も一緒に外国訪問や会議参加で出国している。それから、ジュンネーの奥さんのメドとティンレーもパスポートを取った」

クリスティーンはそれでも心配そうな顔をしていた。

「もちろん、パスポートは必ず必要だけど、どこの大使館でビザを申請するんですか? 申請理由は? 外国に知り合いはいますか?」

「中米に一人いるよ。私がパンチェン大師のお供で出国したときに知り合った人だ。彼はとても親切で、毎年年越しのたびに年賀状を送ってくれる。彼はピーターという名で、メキシコとグアテマラで商売をしているらしい。彼なら助けてくれると思う」私は言った。

「まあ、師匠、何でそれを早く言わなかったんですか! それが活路になるかもしれません。うまい具合に中国とグアテマラは国交がありません。ピーターとはどうやって連絡を取るんですか?」クリスティーンは驚くと同時に喜んだ。

私はピーターの名刺を取り出してクリスティーンに渡した。実は、それ以前に私はピーターに南米に休暇旅行に行きたいという考えを伝え、彼は歓迎すると言っていた。確実を期して、私はクリスティーンにもう一度ピーターに電話してもらった。ピーターは即座に私たちの南米での休暇の手配をすると言ってくれた。

税関での取り越し苦労

ちょうど一九九八年の春節時期で、休暇願の理由を広州でのこもり修行にしてあったので、全ての年始茶話会が終わってから私とロサン・ジュンネーは北京から広州に飛んだ。計画ではジクメ・チュンペルがティンレー・

ラギェルとジュンネーの妻のメドを連れて広州で私たちと合流するはずだった。その時期、人々は年越しで忙しく、私たちの行方も注意を引かなかった。数日後、私とチュンペルは俗服に着替えて、みんな一緒に北京に戻り、空港付近の小さなホテルに泊まった。

　当時、クリスティーンの他には誰も私たちが北京に戻ったことを知らなかった。住所を手掛かりにクリスティーンは私たちを探し当てた。彼女が現れたとき、他の人はみな彼女が来た用件を知っていたが、ティンレーだけはまだ事情を知らないで、クリスティーンにまとわりついて、天真爛漫に大きく目を開いてあれこれ質問し始めた。チュンペル、ジュンネーとメドはすぐにティンレーを連れて部屋を出た。部屋の中はクリスティーンと私だけになった。

「師匠、あなたは本当に行かなければならないんですか？　この計画の成功率がすごく低いことを考えたことありますか？『占い』[モ321]は見ましたか？」クリスティーンは心配そうに聞いた。

　私は沈黙した。クリスティーンに聞かれた問題を、私も考えなかったわけではない。確かにこれは極めて危険な行動だ。私も確かに「モ」を見た。そして「モ」の結果は「順」だった。実のところそれだけが私の支えだった。

　クリスティーンは一通の手紙を取り出して言った。

「これは数日前に届いたピーターのインビテーションです。それから私が調べたら、北京からグアテマラの直行便があるのはオランダ航空だけだそうです」

「チケットは取れるかな？」私は切羽詰った口調で聞いた。

「もちろん取れます。ただ、事前予約です。あなた方が広州に行った後、急いで予約に行きましたが、来週月曜日の便はもういっぱいでした。ただ、飛行機は十一時半に出発するので、朝行って運を試しましょう。キャンセルが出るかもしれません。買えたらすぐに出発できます。そうでなければ二週間後です」

「わかった。じゃあ月曜の朝試してみよう」私は落ち着いた口調で言ったが、内心は尻に火がついたようだった。

　待っている二日間、私はほとんど眠れず、三宝と護法神に祈り続けた。チュンペル、ジュンネー、メドも心配そうにしていた。ただティンレーだけは、やはりご機嫌で、何にでも好奇心を示して、ひっきりなしにあれこれ聞いていた。

やっと月曜日になった。朝早く私が起きると、運悪く外は雪が舞っていた。私たちは出発の準備をした。私はみんなに三宝の加護と護法神の助けを敬虔に祈らせた。その後で、クリスティーンとジュンネーは市内にチケットを買いに行った。私は他の人を連れてタクシーで空港に行った。

雪が絶え間なく降り、道路に厚く積もった。車は走ったり止まったり、散々難儀をしてやっと空港にたどり着いた。雪が降っているからか、空港内は普段より人が多く、空港ロビーは人でいっぱいだった。不意に、私は国務院宗教局の王哲一を見つけた。彼はチベット人だが、漢名を名乗っている。彼は宗教局第二処のヒラの幹部で、通訳をすることもある。幸い私は僧服を着ておらず、またサングラスと野球帽をかぶっていた。それにここ数日私はひげを蓄えていた。彼は私に気づかず無表情のままだったが、私の心臓は早鐘を打った。

「これが悪い兆しではありませんように」私は独り言を言った。そして急いで携帯電話でジュンネーに連絡した。彼らはやっと着いたばかりで、チケット売り場は人でいっぱいだと話した。

私の心は千々に乱れた。きょろきょろとあたりを見回しているチュンペルとメドも同じ気持ちだということが見て分かった。ただ、ティンレーだけは興味津々に私に聞いた。「僕たちどこ行くの?」

突然、ビデオカメラを持った人が近づいてきた。私はすぐに帽子のつばを下に降ろし、両手でつばをにぎって顔を隠した。本当に心臓が飛び出しそうだった。「見つかったに違いない」私はそう思って、こっそりそのカメラマンを見ると、彼はもうレンズを私たちに向けて撮影していた。「間違いない、証拠収集だ」もう逃げられないと思って、投げやりになった。だが、顔を上げて周りを見ると、何の異常もなかった。おしゃべりをする人、本の読む人、ぶらぶら歩きまわる人、そして例のカメラマンはレンズを私たちから別の方向に移して、十分ぐらい撮ってから、慌ただしく離れて行った。

私は再びジュンネーに電話した。彼は今手続中だから、誦経して加持してくれと言った。

空港の大時計の短針があっという間に十時近くになった。出発時刻までもう一時間半しかなかったが、この時の電話でやっと吉報がもたらされた。チケットはすべて取れた。もう空港に向かっているが、路面が滑りやすくて、道路が渋滞しているから、少し遅れるかもしれないと言うことだった。

この時、空港のアナウンスでアムステルダム行きの搭乗開始が知らされた。居ても立ってもいられず、私はひっきりなしに時計を見た。十時四十分になって、やっとクリスティーンとジュンネーが汗だくで駆け寄ってきた。みんな自然と笑みがこぼれた。

クリスティーンは身じろぎもせずに、私たちがセキュリティーチェックに入るのを緊張と別れの感傷がないまぜになったまなざしでみつめていた。

しかし、まだごたごたがあるかもしれない。私の外交パスポートの色と他の人のは違う。みんなのパスポートは事前に準備したおそろいの藍色のパスポートカバーに入れ、メドとチュンペルのパスポートを一番上に、私のを一番下にしてあった。こうして、私たちは少人数のツアーを装った。税関でパスポートを検査する時、私の心臓は喉元まで出かかった。心の中で護法神に祈り続けた。

護法神の加持のおかげなのか、それとも安全検査を待っている人が多すぎたからか、私たちはスムーズに税関を通過し、数分で何事もなく飛行機に乗り込んだ。座ってから、一息つこうとしたが、全く飛び立つ様子が見えなかった。飛行機のドアは閉まらず、機内ではずっと音楽が流れていた。五分、十分と過ぎて、機内の客が苛立ち始め、大声で不満を漏らす客も現れた。この時、私は焦っていたというより、パニックに陥っていたと言った方が正確だろう。私は、スピーカーではっきりと私たちの名前が読み上げられ、続いて私服警官がやって来て、私たちに手錠をはめ、飛行機から連れ出すところを想像していた。今まさに、それが起ころうとしていると思って、私の心臓は乱打し始めた。私は急いで数珠を繰り、金剛亥母《ドルジェ・パクモ》の呪文を小声で唱えた。

突然、数人がいそいそと機内に駆けこんで来て、空いていた席に座った。彼らは雪による渋滞で搭乗時間に間に合わなかったのだ。この時、やっと音楽が止まり、スピーカーから乗務員の謝罪の声が聞こえ、さらにドアが

1998年2月アムステルダム・スキポール国際空港で

ゆっくりと閉まって、やっと私の心臓は落ち着いた。

この日は一九九八年二月十九日、今日に至るまでの亡命生活がこの日から始まった。

飛行機はすぐに雲層を突き抜け、青空を飛翔した。窓から下を眺めると、厚い雲が次から次へと飛んできて霞んでゆく中国の山河を覆い隠した。私は振り返って、ティンレーに言った。「私たちは今『逃走』しているんだよ」。ティンレーは少しも気にせず、相変わらず物珍しそうにきょろきょろしていた。どうやら私の言葉をしっかり理解できなかったようだ。一方私たち大人四人は、互いに顔を見合わせて、思わず涙を流した。私たちは何も罪を犯していないが、警察に捕まったら本当に「犯罪者」になってしまう。そうでなくても「売国奴」とされ、考えただけでも恐ろしい結果が待っている。そして、今回出国したらいつ再びクンブム寺の戻れるか知れない。

飛行機は氷と雪のシベリアをかすめ、欧州を越えて、オランダの首都アムステルダムに着陸した。私たちは空港待合室の長椅子で一晩を過ごした。貴賓室での花束とお世辞はもう私には縁がなくなった。他にも、全く意味のない接待、うわべだけの応対、至る所に仕掛けられた危険な落とし穴とも縁がなくなり、まるで金の手かせ足かせが外れたようで、私は急に気分が楽になった。チュンペル、ロサン・ジュンネー、そしてメドも、心の重しが取れたようで、以前のようにティンレーと冗談を言い合って笑っている。

次の日も飛び続けた。機内には私たち以外にもう東洋人はいなかった。太平洋を過ぎて北米大陸に入り、メキシコに短時間停まってから、たそがれ時についにグアテマラ空港に到着した。

私たちは順調に移民局の税関検査をパスした。この時、一人の東洋人が近くの出口で私たちに向かって手を振っていた。彼は私たちを迎えに来たピーターの友達だろうか？　安心感が自然に湧いてきた。北京から南米のグアテマラまで、丸々二昼夜かけて、私たちはすでに私たちを不安にさせる土地から遠く離れた。しかし、思いがけず一つの柵が私たちを足止めした。数人の旅客が呼ばれた。どうやら彼らは密入国者で、送り返されるらしい。それは軍隊が設けた検問所での検査だった。グアテマラは政情不安定で、今は軍事管制下にあるのだった。

私たちは仕方なく他の旅客の後ろについて、訊問の順番を待った。多分私たちが珍しい東洋人だったからだろう、一人の士官のような人が私たちの方に歩いてきて、特別に私たちのパスポートを検査してからそれを取り上げた。

夜の十時ごろ、私たちはほとんど出口のところまで行った。出口で私たちを待っていた友人が駆け寄って質問した。彼はスペイン語でその士官と長い時間交渉した。しかし、士官は私たちのパスポートを持って事務所に上がって行った。友人は緊張して言った。「いやあ、まずいよ。彼は君たちを入国させないと言ってる。君たちのパスポートは外交パスポートだから、台湾の大使館と連絡して、君たちを送り返すと言っている」。そう言っている最中に、大きな警察犬を連れた数人の小銃を持った軍人が私たちを囲み、友人は出口の外側に追い出されてしまった。

その時、私は英語もスペイン語も話せず、三宝と護法神に祈ることのほか、何もできなかった。ギャヤ・リンポチェが私に占《モ》いを教えてくれたとき、特別な状況の時以外「モ」を見てはいけない。もし気楽に占っていると霊性が失われると言って、何度も私に注意した。おととい北京空港で危機に瀕し、今日もまたここで難局に直面している。これもまた私の生涯の中での非常時ではないだろうか？　私はそう考えて、再び「モ」に聞いた。結果はやはり「順」だった。

見ると、その士官が私のパスポートを持って、階段を上がったり下りたり何度も繰り返していた。一時間ぐらい過ぎたころ、その士官はやっと私たちの方にやってきて、パスポートを私たちに返してうなずき、数人の兵士は警察犬を連れて去って行った。私たちはそれでやっとほっと一息ついた。

ずっと出口のところで待っていた友人が駆け寄ってきて、ピーターの弟のマリオだと自己紹介した。そして、兄は出かけていて明日の朝にならないと戻れないので、早めに来て空港の「収賄軍人」に話しをつけておくよう言われたが、思いがけず一銭も使わずに問題が解決したと話した。

グアテマラでの日々

次の日の朝、ピーターが戻って来る前に私たちは外を散歩した。大通りでは、人々の動作はみなゆっくりだった。子供をおぶった女性たちが、色鮮やかな巻きスカートを巻き、道端に立っておしゃべりをしていた。また、店の入り口でも、人々が所在なげな様子で座って日向ぼっこをしていた。バスが来ると、完全に停まるのを待たずに、中から人が飛び出し、大小の荷物を持った人々が懸命に乗り込もうとしていた。運転手は気が短く、乗り降りが終わらないうちに発車させ、車の後ろからは黒い煙が噴き出した。これらはどれもネパールや私の故郷に良く似ている。「どうやら、グアテマラは生きやすいところのようだ」。私はそう思うと、足が地に着き、呼吸も楽になり、生まれて初めて自由の香りを嗅いだ気がした。

まもなくピーターがやってきた。あいさつの後、私たちを朝食に連れ出した。それは典型的な中南米スタイルの朝食で、トルティーヤ、黒豆、白い練乳、それにコーヒーだった。しかし、私たちはみな白湯《さゆ》が飲みたかった。ピーターは従業員に白湯を頼んだ。私はそれでひとつの単語を覚えた。アーグア・カリエンデ。それがスペイン語の白湯の発音だ。ピーターは私たちに簡単にグアテマラの状況を説明してくれた。ここには中国人は二、三千人しかいない。ここはカトリック教国で、一番賑やかな祭りは復活祭、キリストの聖像を迎える儀式は非常に盛大で、地面に極彩色の「おがくず絨毯」が敷かれる。ピーターはまた私たちに、マヤ文明遺跡など多くのグアテマラの名所を紹介してくれた。しかし私は彼の話が耳に入らなかった。ピーターは私に心配事があることに気付いたのか、私たちの旅行計画について聞いてきた。私は包み隠さず打ち明けて、言った。「往復チケットを持ってはいるが、帰りたくないし、帰れない。今回は亡命のために出国したので、帰れないんです。グアテマラに長期滞在したいと考えています」

この時になって初めてピーターは私たちが苦境に陥っていることを知った。しかし彼は非常に同情してくれ、真心を込めて、グアテマラは長くいるべき所ではないから、手づるがあればアメリカかブラジルに行くべきだ、と言った。また思いやり深く私たちに国内に電話して、安全に着いたと知らせたらどうかと聞いた。

私はもちろん寺に電話したかった。しかし、何と言えばいいだろう？　いろいろ考えて、私は世話係のタシに電話することにした。遠く離れていても、彼が心配していることが感じられた。私の声を聴くと、彼はあわてて聞いてきた。「リンポチェ、あなたはいったい南方のどこにいるんですか？　体は大丈夫ですか？　この電話の声は何で変なんでしょう？」。最後にタシは私に胡啓姜秘書長から何度も電話があったから、彼に電話するようにと言った。

あっという間に、私たちが亡命してから一ヵ月が過ぎた。毎年この時期には私はクンブム寺の正月法会で忙しく、それが終わると西寧に行って指導者たちに年始回りをしていた。年始回りのリストに中にはもちろん統一戦線部の部長や副部長も入っていた。それは慣例になっており、彼らがクンブム寺に難癖をつけるのを避けるために年始回りを利用してパイプを太くしておくのだ。それから私は青海省の「両会」（政治協商会議と人民代表大会）に参加し、さらに北京の全国「両会」に参加していた。

タシが言っていた青海省政治協商会議の秘書長の胡啓姜に私は電話した。胡は私にどこにいるのか、いつ北京に来るのかなどと聞いた。私は言った。「私はまだ広東でこもり修行していて、今回は多分『両会』には参加できません」。胡は焦って、「アジャ主席、あなたは必ず北京の会議に参加しなければいけません。韓英選主席から何度も、何が何でもあなたを探し出して、北京に来るよう伝えろと催促されました」そして彼は私が北京に行く期限を定め、私の代わりに出席手続をしておくと言った。彼の口ぶりからすると、私の「失踪」で慌てているようだった。私も北京の友人に電話して、私の「こもり修行」について彼らがどんな噂をしているのか聞いて見たかった。しかし誰がいいだろう？

私は武斌が頭に浮かんだ。彼は組織能力の優れた人で、毎年大勢の信徒をクンブム寺への参拝に送りだし、それを続けているうちに彼自身施主になった。クンブム寺には施主は多いが、その中で武斌は若い上に敏腕で、やることにそつがなく、人脈豊富なので、私は彼にクンブム寺駐北京事務所の主任を依頼した。この時、私はとても彼に電話したかったが、将来彼を巻き添えにしてしまうことを恐れて我慢した。

ピーターは私にレストランをやっている数人の香港人を紹介してくれた。彼らは閑になると私たちを食事に招待し、また彼らの商売繁盛のために祈願してくれるよう頼んだ。彼らはみな気立てのいい友人だった。だが、だれも私の不安な気持ちを落ち着けてくれることはできなかった。

いつの間にかまた半月あまりが過ぎた。私たちはビザを延長しなければならない。しかし、私たちが住んでいるこの地区の小さな移民局では、外交パスポートの延長手続きをしたことがなかったので、外務省に行って手続をするよう言われた。私たちはどうしていいか分からなかった。ピーターが言った「安心してください。もし何か問題になっても、私が車でエルサルバドルまで送りますから」

彼の慰めは、逆に私の不安を増した。悪くすれば不法滞在になってしまう。ピーターも私の心配に気づいたようで、いろいろ考え始めた。「安心してください。すべてうまくいきます。そうだ、あなたはダライ・ラマに連絡を取れるんですよ！　彼はあんなに威信が高いんだから、助けになるかもしれませんよ」

そのアイデアは大いに私の意にかなった。まるで暗黒の中で一筋の光を見たように、私はすぐにまだ北京にいたクリスティーンに電話して、北京側が私たちの情報をつかんでいるかどうか聞き、またどうやったらダライ・ラマと連絡を取ることができるかを聞いた。私たちのことを心配していたクリスティーンは、まだ北京は私たちの亡命を知らないと言った。またダライ・ラマは在外代表部を多くの国に持っているので、アメリカのダライ・ラマ代表部を調べてくれると言った。そして最後に一言付け加えた。「師匠、自分でダライ・ラマに手紙を書いたらどうですか？　私がダラムサラに行って、手紙をダライ・ラマに渡しますよ」

私は何でそれを思いつかなかったんだろう？　そこで私はダライ・ラマ尊者に送る手紙の文章を練り始めた。だが、法王に送る手紙というのは非常にフォーマルな文書だ。統一規格の大判チベット紙を使って、さらに二十四折りに折って、十六折り目から本文を書き始めなければならない。上の空白の部分は、法王の崇高な地位を尊崇することを表している。しかも必ず尖った竹ペン、つまりチベット筆に墨汁をつけて書かなければならない。そうやって初めて一文字一文字がきちんとそろってきれいに見える。それが伝統的なダライ・ラマ尊者への手紙の様式である。私は以前タシルンポ寺にいたとき書道を教えてくれたゲゲン・ロドゥ・ラからその書き方を教わった。しかし今日、私は遠く異郷にあって、そのような規格のチベット紙も手に入らなければ、チベット筆や墨汁も手に入らない。どうしよう？　いろいろ考えて、クリスティーンが法王はそんなわずらわしい伝統上の決まり事にはこだわらないと言っていたことを思い出した。あれこれ思いめぐらした末、私は原稿用紙に手紙を書くことにして、慣習への尊敬を表すために黄色の原稿用紙を買ってきた。

いつもなら私は手紙を書くのが非常に速いのだが、法王への手紙は、回りくどくてもいけないし、気持ちを全てはっきり伝えなければならないので、何度も書き直した。最終的な文面では、私がなぜ政治のごたごたを避けたいと思ったのかということと、今直面している困難を説明し、「私たちは文化大革命と『宗教改革』を口実にしっかり修行せず、その結果私たち自身の来世《らいせ》を害している」という考えも吐露《とろ》した。そして、手紙をクリスティーンに送った。

まもなく、クリスティーンから電話が来て、すぐにダラムサラに行って、ダライ・ラマに直接手紙を渡すことを試してみる言ってきた。そして、武斌から彼女に連絡があって、私たちの行方を聞いて来て、公安部と国家安全部がひそかに私たちを探し始めたと言っていたと伝えてくれた。

幸い私には、行く先々で絵葉書と便箋や封筒を集める趣味があった。今回広州を離れるときも、泊まっていたホテルの封筒と便箋を持って来ていた。私はその便箋に偽《にせ》の手紙を書いて、その封筒に入れ、さらにグアテマラの封筒に入れて深圳の友人に送って、中の封筒を取り出してから切手を貼って青海省政治協商会議に送ってくれるよう頼んだ。深圳の友人は確かにその通りにやってくれたが、その封筒が効果を発揮したかどうかは分からない。

四月の復活祭がめぐって来て、町はとても賑やかになった。ピーターの友人の馮夫人が私たちを見物のために彼女の家に招いてくれた。人々は道路に、彩色したおがくずで本物そっくりの「絨毯」を作る。その絨毯の模様は通りごとにみな異なっている。そして人々は巨大なキリストの聖像を担いで町中を練り歩く。信者たちが敬虔に跪拝し、先を争って聖像を担ぐ情景を見て、私の心の中に様々な感慨《きはい》が湧いた。

復活祭の儀式を見終わってから、友人たちはアメリカのビザのことを話し始め、その難しさは天に上るほどだと言っていた。ほとんどの友人に落胆した経験があった。それを聞いて私はあまり深く考えたくなかった。私たちが住まいに戻って来たとき、数人の警官が建物の外を歩き回っているのに出くわした。ピーターはそれを見て、私たちを車から降ろさず、すぐに車の向きを変えて現場を離れた。だいぶたってから、私たちが恐る恐る戻って来たとき、警官はすでにいなかった。その晩、私たちは心配で部屋の電気をつけられなかった。あとで知ったことだが、その警官たちは私たちとは全く関係なかった。

まもなく、私はクリスティーンからダラムサラに行って、私の手紙を直接ダライ・ラマに渡すことができたと聞いた。法王は私がチベット語で書いた手紙を読んで、何度もクリスティーンに聞いた。「これは彼の秘書が書いたのかね、それとも彼が自分で書いたのかね?」。そして、「私たちは文化大革命と『宗教改革』を口実にしっかり修行せず、その結果私たち自身の来世を害している」というくだりを読んだときは、そのくだりを周りにいた人々にも見せたそうだ。

それからすぐに、ダライ・ラマのワシントン駐在特使ギャリ・ロディ・ギェルツェン・リンポチェから連絡が

1998年にグアテマラを離れて米国に行く空港で見送りの友人たちと

来て、ニューヨーク駐在代表のダワ・ツェリンとも電話で話をした。「ダライ・ラマは四月にアメリカに説法に来られる予定だから、ニューヨークのチベット仏教文化センターにあなた方のインビテーション発行を頼んであります。ただ問題は、第三国からアメリカのビザを申請するのがとても難しいということです。とはいえ試してみるしかありません」彼は慎重に言った。

その後、私たちはニューヨークのチベット仏教文化センターが発行したインビテーションを受け取った。ビザ申請の日、私たちは通訳を一人頼んで、用意した書類をすべて持って行った。アメリカ領事館の前は、ビザ申請の人が長蛇の列をなしていた。私は以前何度も出国したことがあるが、自分でビザ申請をしたことはなかったし、パスポートも一括管理だった。この時は友人からビザ申請の状況を聞いていたので少し緊張したが、幸いニューヨーク・チベット仏教文化センターのインビテーションもあるし、そのコピーもアメリカ領事館に送られていたので、私たちは希望を持って列の最後尾に並んだ。三十分後に領事館の門が開くと、運が悪いことに職員が言った。「今日は秘書の日[322]だから、特殊事情以外のビザ手続きは行いません。明日は通常勤務です」。ほとんどの人が帰ったので、私たちもやむなく帰りかけた。その時、その職員が私たちの方に歩いてきて言った。「あなた方はチベットから来たんですよね？　総領事があなた方に面談しますから、どうぞ中にお入りください」

私の頭の中に中国で「陳情回り」をした時の光景が浮かんだ。応接室で互いに自己紹介し、握手し、時候のあいさつをし、カタを贈り、土産物などを贈る。ちょうど、私はカタを持って来ていたので、心の中で喜んだ。しかし、私たちが職員について入っていくと、私が想像していた情景とは全く違っていた。正面に窓口が並んでおり、その前にそれぞれ並んで面談を待っていた。私の順番が来たとき、窓口の向こうの若いアメリカ人が自分は総領事だと自己紹介して、四、五十分ぐらいにわたって私にたくさんの質問をした。最後に彼が聞いた。「あなたはまた中国に戻りますか？」。「もちろんです。私は往復チケットを持っていますよ」私は言った。彼は再び聞いた。「あなたは外交パスポートを持っていますが、ダライ・ラマに会っても帰国することができますか？」。

私は何も言えなかった。彼は笑って私に六ヵ月のビザをくれた。

ビザを受けとった後、私はすぐに北京のクリスティーンに電話して、彼女に何が何でもアメリカに来て私たちを助けてくれるよう頼んだ。クリスティーンは私とニューヨークで会うと約束してくれた。

第十五章
彼岸での修行

四十年ぶりにダライ・ラマに拝謁

私たち五人はニューヨークに着いた。出迎えてくれたテンジン・チュータクは、一九九五年にアメリカのブッシュ大統領の姪《めい》を連れてクンブム寺に来たことがある。彼が彼女を紹介すると、通訳も警官も先を争ってブッシュの姪と記念写真を撮った。テンジン・チュータクはそれを見て私にチベット語で言った。「ああ、彼らは世間知らずだねえ」

いま私たちはニューヨークで再会した。ただ、テンジン・チュータクの脇に東洋人が一人立っていたので、私たちは少し警戒した。テンジン・チュータクは私たちの心配に気づいたようで、彼はワシントンのインターナショナル・キャンペーン・フォー・チベットで仕事をしているプチュン・ツェリンだと私たちに紹介した。

わざわざ北京から駆け付けてくれたクリスティーンとも再会した。その後で、テンジン・チュータクは私たちをニューヨークの中心マンハッタンの宿に案内した。

窓外に林立するビルと盛んな車の往来を見て、一九八八年にパンチェン大師に随行して南米を訪問したときのことを思い出した。あのときは、本来ニューヨークで乗り継ぎするはずだった。私はニューヨークを見るのを楽しみにしていたのだが、「お上」がニューヨークは危険だと言って、バンクーバーでの乗り継ぎに変更させられた。今日この日、思いがけず本当にニューヨークに来ることができた。グアテマラを出発する前に、中国側が私たちを探すために人を派遣したと聞いて、私は彼らがタシを虐《いじ》めるのではないか、クンブム寺を迫害するのではないか、私の兄弟姉妹や親戚たちを虐めるのではないかとずっと心配だった。何年もたってから、彼らが本当に様々な嫌がらせを受けたことを知った。

私はクリスティーンに武斌に電話させて、情報を探った。武斌は非常に緊張していて、早口で言った。「アジャ活仏がどこに行ったかを聞きに私服警官が何度も訪ねてきたよ。そして『クンブム寺の北京駐在事務所主任が寺主の行方を知らないなんて、誰が信じるか！』と責められた。彼らは私が北京を離れるのを禁止して、ひんぱんに安全部に電話して連絡を取るよう要求した。すでに広東と普陀山に探しに行ったらしい。クリスティーン、君は今どこにいるんだ？　何で君までいなくなるんだ？」

どうやら、北京は私の行動を疑い始めたようだ。クンブム寺を出てから、私とチュンペルは人目を避けるためにずっと俗服を着ていた。グアテマラにいたとき、私たちは逃亡の身の上を人に知られるのが怖くて、できるだけ外出しないようにしていた。何年もたって当時を振り返ると、思わず当時の自分を笑ってしまうが、あの時は本当に恐ろしかった。

午後、テンジン・チュータクとプチュンが来て、私たちをダライ・ラマ尊者の拝謁に連れて行くと告げ、またその前に大規模な授賞式があるから、参加するようにと誘った。伝統に従えば、法王に拝謁するときは、僧侶は必ず袈裟を着なければならず、俗人も一番いいチベット服を着て、かつて普段は頭上に巻いていた辮髪をおろして、敬意を表さなければならない。子供も例外ではなく、祭礼の盛装をしなければならない。

「服は換えなくていいですよ。法王はとても気さくだから、そういう昔の習慣は今では厳格ではありません。特に今は、誰かがあなた方を探しているかもしれないから、俗服で構いませんよ」テンジン・チュータクはそう言って私を慰めた。

それでも私とチュンペルの二人は僧服に着替え、町で気づかれないようにその上にコートを着た。他の二人もチベット服を着た。ティンレーはコートの下に「ＴＩＢＥＴ」と書かれたＴシャツを着た。こうして、私たちはある大広間に行った。

まずダワ・ツェリンに会った。彼は髭を生やし、非常に落ち着いて力強く見えた。ダライ・ラマの特使ギャリ・ロディ・ギェルツェン・リンポチェが彼と一緒にいた。私たちは互いに自己紹介した。ギャリ・リンポチェは、以前から私を知っていると言った。尊者の代表として一九八〇年代に何度も中国に行き、亡きパンチェン大師とも親しかったそうだ。会話の中で、これから始まる授賞式には、大勢の専門家、学者、著名人が参加しており、ダライ・ラマ尊者が賞状を授与するのだということを知った。

　私たちが壮麗なヨーロッパ調の大広間に入ると、すでに二、三千人が着席ていた。私は私の名前を書いた座席を容易に見つけることができた。前列の真ん中で、周りはみな背広にネクタイの堂々たる風采の西洋人だった。私が周りを見回すと、人々は私に向かって礼儀正しく笑顔で黙礼した。数分後、ダライ・ラマ尊者が現れた。彼は左肩に僧侶バッグを掛けて、両側に人が付き添っていた。この時、会場中の人々が立ち上がって拍手した。尊者は手をおでこにあてて、照明の光を避け、少し前かがみになって舞台下の観衆を見て、合掌して返礼した。私はその情景を見ている自分の目が信じられなかった。

　ダライ・ラマはまたとても自然にあちらを指差したり、あちらを見たりして、舞台下の観衆の中に知人を見つけ、嬉しそうに会釈した。本当に気さくだ。ふと、はるか昔に法王がクンブム寺に来たとき私に飴をくれた情景を思い出した。月日のたつのは速いもので、あれからもう四十年もたった。その後法王にお会いする機会がなかったが、法王の写真やビデオはたくさん見ていたので、とても親しみ深く感じた。その時、彼の目は私を見て、笑顔で私にうなづいて、私を指差した。私は感動のあまり立ち上がりそうになりながら、合掌し続けた。続いて、法王は賞状を二人に授与し、スピーチをしたが、すべて英語だったので、一体何を話し、何の賞状だったのか、私には分からなかった。実はその時私の脳裏にはおびただしい思い出が次々に押し寄せていた。「宗教改革」の血なまぐさい場面も頭をよぎった。私は目を凝らして法王を見ながら、心の中でつぶやいた。「ギャワ・リンポチェ［ダライ・ラマ十四世のこと］、あなたはかつて砲火や軍用機に追われながら、深夜にラサを離れられました。あなたは病苦を抱えながら、ヤクに乗ってヒマラヤを越えたときから、長い流亡の旅を続けておられます。私は以前はそれが私たちにとって巨大な損失であり不幸であると思っていました。しかし実際には、あなたは全世界に愛と平和を広め、仏法を興し、民族に光を当てられています。それは仏教とチベットにとって非常に幸せなことです」そう思うと、熱い涙が流れた。

　式典が終わるとすぐに、テンジン・チュータクとプ

1998年4月、グアテマラからニューヨークに移って、初めてダライ・ラマ法王に拝謁した。左からジュンネー、ティンレー、チュンペル、法王、私、クリスティーン、メド

チュンが私たちを法王に拝謁させると告げた。私たち五人とクリスティーンが上階に行くと、法王の朗らかな笑い声が聞こえてきた。

ダライ・ラマ尊者にお会いすると、私はすぐに伝統に従って五体投地をしようとしたが、法王は私の肩をつかんでそれ止めた。彼は私に向かって笑いながら言った。「チョムデンデー・ニ・チュンパレー〔シャカムニがすでに降臨されたの意〕」。これはずっと昔、イェシェ・ドルジェというチベット詩人がネパールのスワヤンブナート仏塔に書いた、十六羅漢がシャカムニ仏の来臨を讃えたことを詠んだ詩の一節だ。のちに、チベットでは貴賓を迎えたときにこの言葉を使うようになった。法王がこのときにこの詩を口にするとは、私にとっては全く過分の歓迎だった。

私は床にあぐらをかこうとしたが、法王は私をソファーに引っ張って行って、座らせた。

「君は漢語がすごくうまいそうだね。どうやって学んだんだね?」法王が口を開いた。

「実は私は正規の学校に行ったことはなくて、すべて独学です。漢語もあまりうまくなくて……」私はあわてて説明した。

「独学はいい方法だよ。以前は寺で先生に教えてもらう授業以外は、みんな独学だった」法王はまた何か思いついたらしく、私に聞いた。「私にくれた手紙は、自分で書いたのかね?」

「はい」私は答えた。

「アムドから来た人はみんなチベット語がうまい。あの状況では大変だっただろう」法王は感嘆した。

集団拝謁はすぐに終わり、法王は私とチュンペルの手を握り、他の三人も近くに呼んで、カメラマンに紀念写真を撮らせた。そのあと、私を一人残らせて、いろいろな問題を聞かれた。「クンブム寺は今どんな様子だね?僧侶たちは大丈夫か?」「パンチェン大師はどんなふうに入寂されたんだね?　入寂するとき、君はそこにいたのかね?」「チャデル・リンポチェはどこにいるんだ?ゲンドゥン・チューキ・ニマはどこにいるんだ?　彼らについて何か知らないか?」「他の寺の状況はどうだね?　どんな活動をしてるんだね?」などなど。

法王は、テレビでクンブム寺の竣工式の場面を見たと言った。「あのときの君の講話を聴いて、君が圧力を受けていると感じたよ」

法王はまた不思議そうに聞いた。「君はどうやって出て来たんだね?　私の記憶違いでなければ、チベットから逃げてくるチベット人の中で、君は中国政府のランクで私の次に地位が高い高級官吏だよ」そう言って法王は笑い出した。「私は当時全国人民代表大会の副委員長だった。会議の時はよく沈鈞儒や李維漢の隣に座ってね」

法王はチベットの将来についての彼の考えを語った。「一九七〇年代から私は独立の立場を放棄し、チベットに本当の自治、つまり自分たちの言葉と伝統習俗を守ること、正真正銘の信教の自由を実現することをめざしてきた。だが、私のこの譲歩も『形を変えた独立』などと言って拒絶された。それでも私はまだ中国の指導者と交渉して、チベット問題を一日も早く解決できると信じている」

最後に、法王は強調した。「君は悔しい思いをたくさんしただろうが、どんな場合も人を傷つけるようなことを言ってはいけない。君は目立たないようにしていなさい。私は最近北京との接触を試みている。君の出現がその障害にならないようにしたいんだ」

「私も目立たないようにしたいと思っています。みんなが望んでいるのは、あなたの一日も早い帰郷です」私は言った。

「いいね。一緒に帰ろう。もし彼らに誠意があれば……君は江沢民と知り合いだったね？　彼に手紙を書くのもいいかもしれない」

私にとって、それは全く予想していなかったことだ。私はもともと亡命してしまいにしたいと思っていたのに、いったいどんな手紙を書くんだろう？

次の日も私はテンジン・チュータクから法王が会いたがっているという電話を受けた。私の喜びは言葉では言い表せなかった。前日と同じホテルで私は幸運なことに再び法王に拝謁した。

「君は毎日どうやって修行しているんだね？」法王が聞いた。

「帰依と発心を唱え、兜率天《とそつてん》などの日常念誦集や大威徳《ヤマーンタカ》も唱えます」私は答えた。

「大威徳はいいね、君が唱えているのは独尊それとも十三尊？」

「独尊大威徳です」

「普段どんな経典を読んでるの？」

「主に『菩提道次第大論』を読んでいます」

「それで十分だ。結構、結構。『大論』は何度も読まなければいけない。読むたびに新しい悟りがあるからね」法王は感慨深げに言った。

実は私は法王が『大論』を当時すでに四十回以上読んだと聞いていた。今はすでに六十回以上読んだという話だ。

「今日私はあなたに教えを求めに来ました」私はそう懇願した。

法王は少し考えて、「よろしい、では君に『三主要道』[323]を口授しよう」

こうして、法王は私のために『三主要道』を誦経した。その後で言った。「君があのような状況の中で、大威徳を続けてきたのはとてもいいことだ。だが、できるだけ『六釈』[324]など他の本も参照した方がいい。それから、時間がある時にこもり修行をしなさい。私から先生を紹介することもできるよ」

法王は私にウィスコンシン州のマディソンにある鹿野

苑仏教センターのゲシェ・ラマのルンドゥプ・ソパ・リンポチェを推薦してくれた。

　こんなに近くで法王の仏法口授を聞くことができるなんて、チベットにいる人々にとっては夢想だにできない恵みなのに、それが私の亡命生活の初めに実現したことは、まことに素晴らしい縁起だった。

言葉の通じない友人

　以前も私は出国の機会はあったが、すべて公式訪問で、表面的なことしか見ることができなかった。今度は、アメリカで本当に新しい生活を始めなければならない。以前外国で珍しいと感じたことが、今度はみな不慣れなものになり、途方にくれた。

　やはりこのとき、一人の友人がアメリカ人ミス・ローズ・パウエルを紹介してくれた。彼女は私たちをしばらく彼女の家に引き取ってくれた。それはニューヨークのセントラルパークの西側の部屋だった。

　ローズの家に着くと、私はクリスティーンに武斌に電話させた。北京からの情報は私たちを驚かせた。安全部はすでに私がニューヨークにいることをつきとめていた。しかも私がダライ・ラマ尊者の授賞式に出席したこともつかみ、私たちがどうやって出国したのかを調べているということだった。

　またクリスティーンは、彼女の父の病状が悪化し、すぐに北京に戻って看病しなければならないことを知った。

　クリスティーンがいなくなると、私たちとミス・ローズとの交流は非常な困難に直面し、辞書なしでは会話できなくなった。私は中国人の友人のスティーブンを思い出した。私たちはずいぶん前に知り合った。彼は商売人で、手広く商売しており、よくクンブム寺に参拝に来る私の信徒だった。彼がアメリカに住んでいることは知っていたが、亡命準備に忙しくて彼の住所を控えてこなかった。

　またたくまに、私たちのニューヨーク生活は二ヵ月が過ぎた。グアテマラの二ヵ月を足すと半年近くが過ぎた。突然の生活変化で、私たちはみんなショックを受けていた。飲食までが私たちの悩みの種だった。みんなツァンパとミルク茶、テントゥクが懐かしくなった。つまりホームシックにかかったのだ。私もたびたび昔のことを思い出した。例えば幼年時代には敬われていたのに、「宗教改革」などの政治運動でやむなく地位が落ちて普通の学生になったこと。青年時代は、本来仏法の学習に専念すべきだったのに、労働改造として畑で農作業をしていたこと。その後、政治の変化で、とんとん拍子に出世し、高い地位についたこと。それでも、修行者としての信仰の自由は得られなかったこと。栄達の本質は統制であり、だから私は亡命を選んだ……そうだ、私は後悔しない、これは私が通らなければならない道なのだ……私は自分に向かって繰り返しそう言った。

私たちはみんなでローズから英語を学んだだけでなく、ローズの二人の友達、ジョンとウォルターと雑談をして会話の練習したり電話のかけ方を教わったりした。ある日、私が電話のかけ方を習っているとき、電話帳の中に思いがけずスティーブンの会社の住所を見つけた。なんと、彼はロサンゼルスに住んでいたのだ。私は大喜びで彼に電話し、私がアメリカに来た理由を率直に話して、彼の所に移りたいと頼んだ。スティーブンは私たちの外国での苦労をよく分かってくれ、助けたいからまず自分のところに移って、その上で先の段取りをつけようと言ってくれた。

次の日、私たちはロサンゼルスに行くことにしたが、まずローズに説明しなければならない。そこで私たちはローズに身振り手振りで伝えようとした。しばらく難儀をして、ローズはついに私たちが出て行くことを知り、目を大きく見開いて言った。「なんですって、どこに行くの？」。最後はスティーブンが電話で彼女に説明して、やっと事情を理解してもらえた。ミス・ローズはそれでも心配で、猛暑のロサンゼルスまで私たちについて来た。スティーブンは最近新しい家に引っ越したばかりで、私たちを以前の家に泊めることにし、私たちはそこに腰を落ち着けた。ときどき電話でクリスティーンと連絡を取り、彼女を通じて武斌から北京の動向を聞いた。

ある時、クリスティーンが私に聞いた。「青海省の省長か共産党書記に田成平という人はいますか？」

「いるよ。省長にも書記にもなったことがある」私は答えた。

「江沢民はあなたのことを聞いてすぐに田成平に電話をかけて、『そちらのクンブム寺のアジャ活仏はどこにいる？』と聞いたそうです。『クンブム寺ですよ』と田成平が答えると、江沢民はさらに『そっちにはいったい何人のアジャ活仏がいるんだ？』と聞いたそうです。『一人です』と田成平が言うと、江沢民は『じゃあなんでアジャ活仏がニューヨークでダライ・ラマの法会に現れるんだ？』と言って、電話を切ってしまったそうです」

私たちはこらえきれずに笑い出したが、同時に不安が膨らんだ。数年後、ギャリ・ロディ・ギェルツェン・リンポチェは私たちにある情報を教えてくれた。それによると、私たちがアメリカに逃げて間もなく、中国外交部はアメリカ政府に、私の亡命は全く信教の不自由が原因ではなく、刑事犯罪を犯して逃亡しているのだと説明して、引き渡しを要求したそうだ。しかし、アメリカ政府は、信教の自由を保護する義務があると言って、その場で引き渡しを拒否したそうだ。

その後、尊者のある法会の席で、私はクリントン政権の国務長官だったオルブライトに会った。彼女は私を紹介されたとき、そのことに触れて言った。「この方が中国側が引き渡しを要求しているというアジャ・リンポチェですね？」

その時は、私たちは笑いあった。しかし、渦中にいたときはどうしても笑うことができなかったし、耐え抜くのは本当に大変だった。

スティーブンが中国に出張に行くことになって、私に何かやってほしいことはないかと聞いた。私は言った。「私は特にやってほしいことはないけれど、君の安全がとても心配だ。私のせいでトラブルに巻き込まれなければいいのだが」。だが、スティーブンは自分はいつも公明正大にふるまっているので、巻き込まれるなんて余分な心配だと言った。

その時は、一九九八年の六月で、クリントン大統領が訪中していた。私たちは、首脳会談で「チベット問題」の合意に達することを期待して、毎日テレビニュースを見ていた。もし本当に大きな転換があるなら、例えばダライ・ラマ尊者がチベットに戻れるなら、私は江沢民に手紙を書く必要はないし、自分もクンブム寺に戻れる。もしその可能性がないなら、もちろん私は戻るつもりはない。

私たちはロサンゼルスのテレビでクリントンと江沢民の記者会見のテレビ中継を見ることができた。クリントンはスピーチの中で特にダライ・ラマに触れて言った。「私は江主席とダライ・ラマが対話を回復し……チベットのもつ独自の文化と宗教の伝統を承認するよう促した」。ダライ・ラマの一日も早いチベット帰還を促して、難しいチベット問題を解決したいという彼の誠意は理解できた。

だが、江沢民の最後の回答は、旧態依然としていて、しかも馬鹿げたことに台湾を条件の一つに加えていた。江沢民は言った。「私が思うに、チベットについては、クリントン大統領が言ったように、ダライ・ラマがチベットを中国の不可分の領土だと承認し、同時に台湾が中国の一つの省であることを承認するなら、我々は対話の門戸を開く」彼はその上さらに、あざけりを含んだ言葉でクリントンに問い返した。「私が去年アメリカや欧州の国に行ったが、多くの人が教育水準は高く、知識水準も高いのにラマ教の教義を信じていた。この点について、私は一つの問題として研究したい。ホワイ？　なぜなのか？」」。クリントンはそれに答えて言った。「耳障りなことを言わせてください。私は以前ダライ・ラマにお会いしたことがありますが、私は彼が誠実な人だと信じます。また私は、江沢民氏が彼と対話すれば、互いに気に入るだろうと信じます」

これで会談は終わった。私はがっかりして、中国政府はチベット問題を解決するつもりが全くないことがはっきりとわかった。どうやらダライ・ラマがチベットに帰れる日はずっと先だろう。中国政府はチベット仏教に対する歪曲とダライ・ラマに対する攻撃を続けている。

私たちはアメリカにいるが、北京が私たちが亡命したことを知ったという情報を得てから、心休まることがなかった。華人商店に行って食品や野菜を買うたびに、華人に見つめられている気がした。夜になると、小さな物音でも、ことさら大きな音に感じた。その頃、電話が耳障りに鳴ったと思ったら、スティーブンが上海からかけて来た電話だった。彼の話では、飛行機を降りたらすぐに二人の私服警官がやってきて、彼に訊問しただけでなく、彼が泊まる予定のホテルまでついてきて、勝手に部屋を出るなと命令された。そして、携帯電話を持っていないか聞いてきたので、スティーブンは持っていないとうそをついた。電話の向こうでスティーブンが慌てている気配が伝わってきて、私たちも居ても立ってもいられなかった。

二日後、スティーブンからまた電話が来た。彼はホテルに二日間閉じ込められた後、北京から一人の役人が来て私たちの動向について彼に訊問した。「おまえはアジャ活仏を知っているか?」「おまえがアジャ活仏の亡命を手伝ったのか?」「彼は今どこに住んでいる?」などと聞いたそうだ。スティーブンは「知らない」と言い張った。その男は同じ質問を二十回ぐらい繰り返し、「これは深刻な問題だ、隠し立てするな!」と脅したそうだ。二日後、スティーブンが浙江省にある会社に戻ると、彼の会社のマネージャーは警察に連行されていた。とうとうスティーブンはこれ以上トラブルに巻き込まれたくないので、私にできるだけ早く出て行ってくれと言った。

何年も後になって、私がスティーブンと再会したとき、彼からなぜ中国当局が彼に目をつけたのかを聞いた。私は亡命前にスティーブンに仏龕の料金の領収書を送っていたが、それを警察が発見したのだった。私は彼の浙江の会社に送り、それがアメリカに転送された。この手がかりを伝って、彼らはスティーブンの中国の会社を発見し、彼のことを聞き出した。それで、彼は飛行機を降りるとすぐに拘束されたのだ。

江沢民の返信

ミス・ローズがこの事件の経緯を知っていたのかどうか私には分からないが、彼女も私たちのことを心配していた。結局彼女の手助けで私たちはグレイハウンドのバスに乗ってロサンゼルスからサンフランシスコに向かった。

車は走り続けた。窓の外はニューヨークの周辺の緑とは全く異なり、ゴビ〔土漠〕のように全く水分がなく、まばらな草は乾いて干上がった土の上に倒れていた。バスの客はほとんどが華人で、みんな元気がなく、私たちも乾いてしおれた草のようになっていた。ティンレーはもう寝入って、ジュンネー、メド、チュンペルも眼を閉じていた。ローズだけがまだ外を眺めていた。落ち着き場所のない私たちのことを心配をしているのだろうか?

これから私たちを待っているのは、十中八九やはり臨時の住み処だろう。だが、何日間住めるだろう？　中国側はすでに私たちの状況をつかんでいる。この瞬間もひそかに監視しているのだろうか？　私たちは本当に宿無しになってしまった。いや、宿無しだって私たちのように監視されることはない。故郷のタシは巻き添えを食っていないだろうか？　セルドク・リンポチェ、タンパ兄さん、ロサンおじさんたちは嫌がらせされたり、訊問されたりしていないだろうか？　以前、私が外地の会議から帰るときは、西寧行きの列車や飛行機に乗ったときから、気持ちが落ち着いたものだった。なぜなら、私を待っているのは正真正銘の「家」だったからだ。それは私の前世が残してくれた功績と希望だった。だが今は、一晩のうちに自分が宿無しになっただけでなく、一途《いちず》に私についてくるチュンペル、ジュンネー、メドそしてティンレーまで宿無しにさせてしまった。彼らの一生を台無しにしてしまわないだろうか？

車は走り続けた。この乾いた荒野は永遠に走り抜けることがなさそうだ。私の顔も、まるで全ての水分がこのなすすべのない憂慮に吸い取られたかのように、カサカサだった。太陽が徐々に沈むと、思い悩んでいた私もいつの間にか居眠りをしていた。

「着きましたよ。サンフランシスコです」ローズの声がした。私がはっと目を開いて外を見ると、ちょうどベイエリアの海を跨ぐ橋を渡っているところだった。幾重にも重なりあったビルの間から洩れる光はクンブム寺のバター灯明の夜によく似ていた。そう、あれは灯明祭りとも言い、華やかで生気にあふれている。空を見上げると、満月が幸運にも私を見つめていた。しかし、せつない気持ちがまたこみあげてきた。かつてタシルンポ寺で学んでいたとき、私たち幼い僧は毎日満月を楽しみにしていた。月一回の満月は休日で、同郷の友人が集まって、おいしい物を食べることができた。満月の日は、私たちにとって希望がかなう日だった。今、月は丸く、とても大きくて明るかった。私はこんな満月を何十年も見たことがなかったが、私の脳裏には長い年月の間の様々な残像が浮かんでは消えた。

私たちを出迎えてくれたのは、ローズの友人のキャスと彼女の夫のエリックだった。私たち八人と大小さまざまな荷物を二台の小さな車に押し込んだ。言葉が通じないので、どこに行くのかも、何日そこに住むのかも分からなかった。私たちはただ運命の命ずるところに従って出発した。

「これが金門橋《ゴールデンゲートブリッジ》！」ローズは窓の外の空を跨ぐ建築史上の奇蹟を指さした。私はうなずいた。ずっと昔、私はこの橋の写真を見たことがある。その時私は、いつか必ず見に行こう、と思った。そしてこの瞬間、私は金門橋の上を走っていた。窓を開けて触れることもできるだろう。だが私にはこれが夢の中のようで現実とは思えず、その場に身を置いているという喜びは湧かなかった。振り返ると、あの丸い月がまだ忠実に私たちの後をついて来ていた。月は私のうつろな心を心配しているかのように少しも離れなかった。

私たちの乗った車は街から離れて、山の中に入っていった。山道は曲がりくねり、曲がるたびにセコイアの林が眼前に迫ってくる。「ここはレッドウッド公園のすぐそばよ」ローズが私に言った。

キャスとエリックの家はこのセコイアの林の中にある禅センターだった。月の光が真っ直ぐなセコイアのこずえを透かして、この人里離れ、深い静寂に包まれた一軒家の屋根をまだらに照らしていた。「付け回すとしても、ここまでは来ないだろう」そう思って私はほっと溜息をついた。家に入るとき私が最初に見たのは、丸い窓だった。ガラスを透かして、再びあの丸い月が見えると、振り払うことのできない欠落感がまた私の心を覆った。

キャスとエリックの夫婦はとても親切で、私たちの住まいを準備し、布団も敷いてくれてあった。禅センターなので床に布団を敷いて寝るのだ。私の布団は一番良い禅室に敷かれていた。しかしその晩私は気持ちが乱れてほとんど眠れなかった。私はもうすぐ五十歳になるのに、今新しい道を歩き始めたばかりだ。これまで歩いてきた道は無計画な道だった。いやいや、何はともあれ、私はこれまでの半生のなかでいくつか意義のあることはやった。寺の戒律を回復し、僧侶たちの修行の条件を整え、ツォンカパ大師の蓮聚宝塔を修復し、クンブム寺の危ない建物をすべて修理した。カーラチャクラ立体マンダラも作った。そうだ、機会があったらもう一度カーラチャクラ立体マンダラを作ろう。

次の日の早朝、太陽が昇ると同時に私は起床した。柔らかな日の光が真っ直ぐなセコイアのこずえを透かして窓の前を照らし、暖かく心地よかった。だが、私はそれに不確かさとよそよそしさを感じた。キャス夫妻は私たちに至れり尽くせりで、食事や果物を提供してくれた。この家の子猫までが私たちの周りを行ったり来たりし、私たちに鼻をくっつけてきたと思ったら、小さな声で鳴いたりと、まるで私たちを慰めているようだった。

「焦らないで。もし長期間あなた方の世話をしてくれる人が見つからなかったら、ニューヨークに帰りましょう」ローズが言った。しかし、私たちはニューヨークには戻りたくなかった。あそこでは私たちは目立ちすぎる。

それから毎日、私は江沢民にどうやって尊者に頼まれた手紙を書くかを考えた。相手から私の気が変わったと誤解されることが心配だった。私は自分の選択について全く後悔していない。ただ一つ辛いのは、私の巻き添えを食った兄弟姉妹、友人、弟子たちのことだ。もともと、私の亡命は退路を断つためだった。だが相手は私が改心したと誤解するのではないだろうか。私の心の中の悔しさと葛藤は私にしかわからない。私の亡命で中国政府は恥をかかされたわけだから、彼らは私がおとなしく帰ることを願っている。だが、今回手紙を書くのは、自分が帰るためではなく、尊者を帰すためだ。具体的に言えば、中国とチベットが接触するためのより直接的なルートを開くためだ。だが、私の手紙にどれだけの効果があるのか、私には自信がなかった。それでも試してみなければならない。

何日も文案を練って、書き出しについてもさんざん考えて、やっと江沢民への最初の手紙を書きあげ、クンブム寺のパンフレットを添えて郵送した。同時に、中央統一戦線部部長の王兆国にも手紙を書いた。これらは速達で北京のクリスティーンに送り、彼女からすぐに武斌に渡して処理してもらった。

毎日がこのように過ぎて行き、十日目に一人の金髪に青い目の白人女性がワンボックスカーを運転して訪ねてきた。彼女は見たところ四十前で、とても美しかった。もちろん容姿のことではなく、彼女の体にはどんな鳥でも放生《ほうじょう》するような善良な美しさが漂っていたのだ。ローズは彼女をミミと紹介し、すぐに車に乗るようにと言った。

「荷物は全部乗せて行くんですか?」私は聞いた。

「みんな積んでください」ローズは言った。

荷物運びはミミも手伝ってくれた。どんなに重い荷物

1998年、私たちはピーターとミミの手配で海辺の家に引っ越した　左からメド、ジュンネー、私、チュンペル、ティンレー

も彼女はいとわなかった。たまにぶつかっても、彼女は近づいて来て「大丈夫？」と、まるで自分がぶつかったかのように聞いた。ミミはティンレーに聞いた。「なんて名前なの？」「家に帰りたい？」「ここは気に入った？」ティンレーはこのときまだ十三歳だった。出てくるとき、私たちの中で彼が一番うれしそうだった。あとで私たちがこの旅は亡命なのだと告げると、彼もプレッシャーを感じて笑わなくなっていた。ミミに会って、ティンレーは久しぶりに笑った。

キャスとエリックの夫妻と別れるとき、私たちは何度も「ありがとう」といい、抱き合った。これもまた最近ローズが教えてくれた西洋の習慣だ。車はセコイアの林の中を走った。太陽は木にさえぎられたり、木々の間から無数の光線を放ったりした。真っ直ぐに伸びたセコイアは、時には断崖絶壁にまで生えていて、濃厚な樹脂の香りを漂わせていた。曲がりくねった山道から、遠くに海が見え隠れした。私たちはまだどこに向かっているのか知らなかった。

私は昔見たインド映画を思い出した。映画の中でもこんなふうに運転し、俗世間を離れて、歌を歌いながら曲がりくねった山道を行ったり来たりしていた。そのとき私は、いつの日にか政務のようなうわべのものを離れて、こんな山林の中で修行したいと思ったのだった。今、道の両側のセコイアを見ながら私は自分に聞いた。

「あの映画はここで撮ったのかな?」

車は海の近くの家の前で停まった。ミミは私たちに彼女の夫のピーターを紹介した。この時から、私の生活の中に何人もピーターが出現するが、もちろんそれは後の話だ。このとき、ピーターは自転車の手入れをしていて、ハローとひとこと言っただけで、あまり親切そうでない、典型的なアメリカ人のように見えた。だがミミは違った。いつもにこにこして私たちにこれは要らないか、あれは要らないかと聞き、彼女自身もきびきびと休みなく動き回っていた。

ミミの家には家政婦がいた。私たちは華人かと思ったが、話したら言葉が通じない。実は韓国人だった。夜、ミミの二人の男の子と一人の女の子が戻ってきた。二人の男の子はだいたいティンレーと同じ年頃だった。「さあ、あなたたち一緒に遊びなさい」ミミはティンレーにそう言ったが、言葉が通じないのでティンレーは私たちの近くを離れなかった。

ちょうど夏の盛りで、子供たちは夏休み中だった。次の日、ミミ一家は休暇に行くと言って出かけて行った。家の中には私たち六人が残った。ローズはまだ残っていた。彼女は主寝室で寝て、ジュンネーとメドの夫婦は別の寝室で寝て、チュンペルとティンレーはミミの子供たちの部屋の二段ベッドで寝た。この種のベッドを英語ではbonkという。私は一人別のbonkに寝た。ミミはmonkがbonkに寝ると冗談を言って笑わせた。

初めのうち、私たちはこの海辺の家はミミとピーターの家かと思っていた。だいぶたってから、彼らの家は山の中にあってリフォーム中だということを知った。ピーターは帆船が好きだし、ミミは砂浜が好きなので、海辺にこの家を借りたのだった。では、なぜミミは私たちを彼女の家に引き取ったのだろう? 彼女はどうやって私たちのことを知ったのだろう? 実は、ローズの友人の一人がミミの親友で、ミミから難民を助けたいという話を聞いていたので、私たちの状況を説明したところ、ミミが喜んで引き受けたということだった。

ちょうどその頃、私はファックスを受け取った。それは武斌がクリスティーンを通じて送ってきたファックスだった。

アジャ・ロサン・トゥプテン・ジクメ・ギャツォ活仏様

春節に北京の宗教界人士迎春茶話会の席でお話しして以来、ご無沙汰しております。最近活仏がアメリカに行かれたことを知ったことは、私にとって本当に意外でした。

活仏の今回の海外への旅立ちが、もし俗世間の多くの不如意が原因であれば、今回俗世間から離れたお心はお察しできますが、やり方は深慮を欠いていたと思います。歴代のアジャ活仏は国家のため、民族のために非常に多くの貢献をなさいました。あなたは歴代アジャ活仏の愛国的伝統の継承者であり、僧俗信徒は厚い期待を寄せています。あなたのおじ上、パンチェン十世の教師のギャヤ活仏は生涯愛国的で、あなたにも大きな期待をしておられました。今年二月に北京で挙行された第九期全国政治協商会議の席で、活仏が全国政治協商会議常務委員に選ばれたことは、共産党と政府のあなたへの思いやりを十分に体現しています。あなたがこのように黙って立ち去られたことは、情理に反します。

今日の中国は、国家が興隆し、民族が団結し、国際的地位はますます高まっています。中米両国の指導者間の相互訪問が実現したことを、全世界が注目しました。広範な海外在住華僑華人の誰一人としてこのことを喜ばない人はいません。海外に亡命しているチベット族も、祖国を気にかけ、故郷の建設に力を尽くしています。ダライ・ラマ本人も、中央との接触を余儀なくされ、中国への帰国を望んでいます。あなたの国内での政治的地位は非常に高いですが、ダライ・ラマはあなたをどう思っているのでしょうか？　チベット仏教の根は中国にあり、クンブム寺は中国にあり、あなたの信徒は中国にいます。活仏はアメリカに行くことができますが、クンブム寺はアメリカに移転することはできません。活仏が自分の寺を離れ、多くの信徒を離れたら、水源のない川、幹のない木です。活仏が時機を見て、適切に自らの身を処されることを期待します。

活仏が江総書記に贈られた写真集はすでに届けました。総書記はあなたが早く帰られることを望んでいます。

活仏が今回もしも早く帰ってこられたら、全ての政治的待遇は変更しませんし、ひたすら仏典研究に専念され、心を清めて自らの仏性を見出し、善美なるもので国土を飾り、衆生の利益と幸福を図っていただいて結構です。もしも行動の自由がなかったり、言いにくいことがおありで、すぐには帰れなくても、歴代のアジャ活仏の護国利民の伝統、ギャヤ老活仏の愛国主義の教えを心に刻まれることを希望します。もし困難があれば、私たちはできるだけ手助けしますので、お近くの在米大使館・領事館にご連絡してください。

末筆ながら暑中の平安をお祈り申し上げます。

手紙の中にはダライ・ラマ尊者やチベット・中国対話に関することは全く触れられていなかった。この後、私は再び江沢民に手紙を書いたが、江沢民直筆の詩のコピーが送られてきただけだった。

塔爾三絶名月円　塔爾《クンブム》の三絶[325]名月丸し
如来十万聚檀前　如来十万檀の前に聚《あつ》まる
知帰故土芳園在　故土に帰れば芳園あるを知る
最美蓮花湟水辺　最も美しき蓮花は湟水の辺《ほとり》
戊寅《つちのえとら》　中秋の夜に塔爾寺を憶って贈る
阿嘉活仏様　江沢民（落款）

再びカーラチャクラ立体マンダラを作る

ローズが新聞広告で私たちに英語教師のジュリアを探してきてくれた。ジュリア夫婦はダラムサラから帰ったばかりで、ボランティアで英語を教えたいと思って広告を出したのだった。彼女の家は私たちが住んでいる所から遠くなかった。彼女はプロの英語教師で、ボリナスで教えていて、私たちを彼女の学校に連れて行った。私たちの最初の授業はその学校で受けた。彼女は Very nice to meet you から教え始めた。私たちがジュリアの後について読むと口が回らなかったが、彼女は辛抱強く私たちの発音を一つ一つ直してくれた。ティンレー、チュンペル、ジュンネー、メド、みんなで一緒に学んだ。こうして、私たちの英語学習が始まった。

　この頃、私たちがグアテマラでもらった六ヵ月のビザの期限が近づいて、手続が必要になった。ローズは私たちのために弁護士のピーターを、やはり新聞で探して来てくれた。弁護士のピーターの奥さんも弁護士で、二人一緒に私たちの所に来ることになった。しかし、私たちは直接ピーター夫妻と話しができないので、通訳が必要だった。私がテンジン・チュータクに電話で相談すると彼は言った。「ロサン・ギェルツェンという名の友人がちょうどベイエリアに住んでいる。彼は英語がうまいから、彼に通訳してもらおう」

　こうして弁護士のピーターとの打ち合わせが始まった。彼は移民事務を専門にしているわけではなく、これまで移民事務を取り扱ったこともなかった。しかし、私たちの簡単な経歴を聞き終わったあと彼は、喜んで私たちの弁護士を引き受けるから、資料をそろえておくように、と言った。

　二ヵ月後、ピーターとミミの一家が休暇から戻って来て、子供たちも学校に通い始めたので、私たちは別の家に移った。その頃、外国の不動産について全く知らず、移った先の家はピーターとミミの家だと思っていた。後で通訳のロサン・ギェルツェンが私たちに語ったところでは、その家はピーターとミミが私たちのために特別に借りてくれた家だった。それだけではなく、ピーターとミミは実は私たちの身元引受人になってくれていたのだった。

　弁護士のピーターとミミの夫のピーターは以前からの知り合いで、弁護士のピーターの子供たちもミミのホームスクール[326]に通って来ていた。そのホームスクールは最初はミミの三人の子供しかいなかったが、子供がどんどん増えて七、八十人になった。そこでピーターとミミは自宅の外に学校を作ろうと思って、レッドウッド・ロッジを買ったが、周りの住民が住宅地に学校を作ることに反対した。そのためピーターは別に教会学校を借りてホームスクールを開き、レッドウッド・ロッジは空き家になっていた。

　ピーターとミミが来て、彼らの心づもりを話した。ピーターは言った。「私はあなた方の身元引受人になったのは、あなた方にアメリカの生活に適応してもらうためです。これからあなた方はアメリカへの適応を学ぶ必要があります。在留資格も取って、自動車の運転も学ばなければなりません。ジュンネーと奥さんのメドは学びながら働いてもらいましょう。お坊さん二人は仕事はしなくていいです。好きなように過ごしてください。ティンレーは、私の子供と一緒にホームスクールに通ってもらいます」。ピーターはまたティンレーのために家庭教師もつけてくれると言った。これはいわば家族会議で、同時にいくつかのルールも決めた。私は、今日からみんなと同じ普通の人として生活したいから、私をリンポチェとは呼ばずに、先生《ゲン・ラ》[327]と呼んでくれと提案した。

その後、私たちはもう一人キャサリンという名の先生に来てもらった。彼女はいつもメドをサンフランシスコの学校に連れて行った。チュンペルとジュンネーと私は家で授業を受けた。ときどきジュンネーは環境に適応するためにジュリアの夫で大工のフランツの仕事を手伝った。私とチュンペルは普段いつも家にいた。時々、私たちは二人で海辺に行って座った。海風と空の寂寥《せきりょう》の中で、波が打ち寄せ、後ろの波が前の波を押すのを見ていると、私の両親や友人たちが波に乗って、脳裡に浮かんで来た。亡くなった人、生きている人、若いころの友達の歪歪《ワイワイ》や黒《くろ》さん、それに牧夫のクジャ、李啓発所長もやってきた。時間は私の亡命前で止まり、みんな生き生きとしていて、まるでここは遠い異国ではないかのようだ……そして、私は目の奥がうずきだした。

「あなたはずっとマンダラを作りたいと言ってましたよね？」ある時、ジュンネーが私に聞いた。

「そうだよ」私は答えた。

「じゃあ作りましょうよ」ジュンネーが提案した。

奇妙なことだ。出国するときは急いでいたので、私の前世が祭っていたツォンカパ大師の銅像一体と何冊かの本、それにいくつかの法具しか持ち出すことができなかった。だが、持って来た本の中に私はマンダラ図を見つけた。どうしてこの図を持って来たのか自分でも分からないが、ちょうどいい、始めよう。

だが、立体のマンダラは非常に複雑だ。以前、私がクンブム寺でカーラチャクラ立体マンダラを作ったときは、ギャヤ・リンポチェの指導があったが、今は私ひとりきりだ。

「先生《ゲン・ラ》、まだあの寸法を覚えていますか？」

「あの図一枚だけで大丈夫ですか？」

本当に作るとなったら、チュンペルとジュンネーは心配し始めた。私は言った。「まだはっきりと覚えているから、作れるよ。これもいい機会だから、忘れないうちに作ろう」

弁護士のピーターと通訳のロサン・ギェルツェンが私たちのビザ申請資料を受け取るためにやってきた。彼の話では、私たちの状況だと政治亡命を申請できるということだった。そして、私に昔からの経歴を話してくれというので、私は亡命の前後のことを全て話した。聞き終わって弁護士のピーターは言った。「あなたの体験は一冊の本になりますよ！　私は移民専門の弁護士ではないけれど、この件は必ずうまくいくと保証できます。それに、私はボランティアでこの手続きをやりますから、一セントもいりません」

ミミと彼女の夫のピーターは私にこれから何か計画はあるかと聞いた。私は言った。「マンダラを作ろうと思っています」。ミミは芸術が大好きなので、すぐに私のために材料を買ってきてくれた。その後、私が少し英語を話せるようになってから、ミミは私に言った。「最初にあなたがマンダラを作りたいと言ったとき、私は砂マンダラかと思いましたよ。立体マンダラのことは、当時ぜんぜん知りませんでした」

マンダラ作りには八ヵ月かかった。

英語教師のジュリアの夫フランツは手先が器用で、家に木工室を持っていた。ときどき私たちは彼に頼んで彼の工具を借りたり、彼の木工室で作業させてもらったりした。彼が仕事を終えて家に戻って来て、私たちがまだ木工室で作業していると、彼はよく冗談を言った。「君たちまだ指は十本ちゃんとあるかい？」つまり、工具は危ないから注意して使ってくれというのだ。

私は毎日作り続け、マンダラはゆっくりと出来上がって行った。ある日は、小さな木の枠組みが完成し、ある日は小さな玉を取り付けた。これはとても特殊で複雑な製作工程だ。子供たちはとても興味を示し、あちこち覗いた。大人たちもとても興味を示して、ピーターとミミはほとんど毎日見に来て、しょっちゅう「他に何が入りますか？　どこまで進みましたか？」と聞いた。

この立体マンダラが完成する前に、私たちはレッドウッド・ロッジに引っ越した。その前に、ピーターとミミは二、三万ドルを使って私たちのために内装工事をしてくれた。そこは以前住んでいた海辺からは少し遠く、車で一時間余りの距離があった。山に囲まれた小さな町にあり、庭には四、五十本の天を突くセコイアが生えていて、一本の小川が樹林の中を流れていた。小川の真ん中には小さな島があり、とても静かな環境だった。歩いてわずか五分で町に出たが、その町は全く騒がしくなく、車の音さえ聞こえなかった。今、ここが私たちの新居となり、窓外でいつも行ったり来たりしている二対のオシドリが私たちの隣人になった。

このカーラチャクラ立体マンダラは、作り始めたときから、運ぶことを考えて底は箱にして、おろすとマンダラがすっぽり入るようにした。これは私の独自設計だ。

ついに立体マンダラが完成した。それは四層になっており、身マンダラ、語マンダラ、意マンダラがそろい、そこに七百体余りの仏像を据え付けた。一番高い所は大楽輪殿で、その周囲を地、水、火、風が丸く囲んでいる。すべてがそろっている。このミニチュアのシャンバラ王国〔伝説上の仏教王国の名〕を見て、私は大きな喜びを感じることはなかったが、暗黒が私から遠ざかったと感じた。カーラチャクラ本尊と多くの菩薩の足下に身を置くと、私は言い表し難い達成感に満たされた。それはある種の静けさであった。

その後、私はこのカーラチャクラ立体マンダラをインディアナ州のブルーミントンに運んだ。そして次の年、つまり一九九九年の夏、ダライ・ラマ尊者に献上した。その時、法王はブルーミントンに来てカーラチャクラ灌頂を伝授してくれた。法王の長兄のタクツェル・リンポチェはこれを見て大変喜んでくれた。またナムギャル・タツァン[328]の僧侶もカーラチャクラ砂マンダラ作りの専門家だが、これを見て驚いて言った。「立体マンダラはめったにない。これは私たちにとっても珍しいものです」。二〇〇〇年、ダライ・ラマ尊者はカーラチャクラ・マンダラをワシントンのスミソニアン博物館に寄贈した。そしてその年のカーラチャクラ灌頂法会の機会に、私は初めて公の場に公式に出席した。

マンダラを運び出す前に、ミミは私に彼女の考えを話した。その時、私はいくらか英語を聞き取れるようになっていて、ミミの言いたいことが分かった。彼女は

1999年に米国への亡命申請が認められた時　サンフランシスコで弁護士のピーターとポーリーン夫婦と一緒に

言った。「あなたたちチベット人は、東洋人は、とても善良で、とても寛容だけれど、西洋は開放的です。とても開放的です」彼女は東洋人というとき両手を合わせ、西洋人というとき、まるで世界を抱きしめるかのように、両手をいっぱいに開いた。彼女は続けて行った。「私は近所の人たちに見に来てもらって、このレッドウッド・ロッジにどんな人が住んでいるか、あなたたちが毎日何をしているか知ってほしいと思います。そうすれば近所の人たちの疑いを除くだけでなく、何かいいアイディアを出してくれるかもしれませんよ」

「私たちはどんな料理を作ればいいですか？　故郷の料理ですか、それとも西洋料理？」私がすぐに思い浮かんだのはお客さんをどうもてなすかだった。

「あなたたちは料理を作る必要はありません。お茶とお茶菓子だけで十分です。その準備は私がします」ミミとピーターは旅行好きなので、東洋の文化も知っていた。

「それはちょうどいい。マンダラを運び出す前に、試験展示をしませんか？」私は嬉しくなって言った。

「そうしましょう！」

マンダラはレッドウッド・ロッジで初公開された。来訪者は予想外に多く、来た人はいろいろな質問した。

「これは何ですか？」

「カーラチャクラ立体マンダラ、つまりマンダラです」私は苦労して英語で説明して、さんざん笑いの種をまいた。

「毎日ここでマンダラを作っていたんですか。私はあなた方が秘密工場をやっているのかと思いましたよ」近所の人たちは冗談を言った。

「マンダラはずっとレッドウッド・ロッジに置いておくんですか」誰かが聞いた。

「いいえ、インディアナ州に運んで、ダライ・ラマに献上します」私は答えた。

「おお！　じゃあダライ・ラマが、カーラチャクラを講義するときは、これを使うんですか？」その時、ここの人たちはみんな法王がアメリカにカーラチャクラ灌頂を伝授しに来ることを知っていた。

「いいえ。カーラチャクラ・マンダラには三種類あります。一つは彩色した砂で作るもの、もう一つはタンカ、そして三つ目がこの立体式のものです。この三種は、それぞれ用途が違います。タンカは奉納に、砂は灌頂に、立体のものは修行の手本に使います」

「おお、これは修行を助ける模型ですか」人々は感嘆した。

それ以降、近所の人たちはよく挨拶に来るようになった。そしてとても親切にあれこれ必要なものはないかと聞いてくれた。また、電話で写真撮影やビデオ撮影をしてもいいかと聞いてくる人もいた。私は言った。「結構です。どうぞいらっしゃい」

こうして、私たちはだんだんとこのコミュニティーに溶け込んだ。その後、この話を聞いたある人は、多くの人が西洋に長年住んでも西洋に溶け込むことができない最大の問題は接触が少ないことで、言葉は障害ではなく、互いを知らないことが最大の障害なんですね、と言って感心していた。

弟子入り修行

ある時、私の英語教師のキャサリンが授業の後の帰り道で一人のチベット僧と出会った。それは本当に珍しいことだ。キャサリンは戻って来て私に告げた。「あなた方と同じ服を着ている人を見ましたよ。その人に私の学生もチベットから来た人だと伝えました！」

実のところ、私は全く会いたくなかった。少し前にも、私をひそかに連れ帰るために、統一戦線部がアメリカに人を派遣したという話を聞いていた。また、インターネット上では、万一中国の公安に見つかると、すぐに拉致されてしまい、そのように失踪した人が大勢いるという話も伝わっていた。だが、メドはその私たちと同じ服を着た人が、いったいどこから来たのか知りたいと言った。そして、キャサリンと一緒に出かけて行った。

メドに会って、その僧侶も喜んだ。「おお、こんにちは、あなた方は漢語を話せますか？　どこから来たんですか？」

「台湾から来ました」メドは怖くて本当のことが言えなかった。

「私は以前台湾で教えていました。あなたは台湾のどこから来たんですか？　台北ですか高雄ですか？」僧侶は能弁になった。

メドは赤面して、しどろもどろになり、すぐに別れを告げた。

私のところに座禅を組みに来る人が徐々に増えてきた。ある日、数人の台湾の学生が来た。彼らは「このあたりに一人の博士様《ゲシェ・ラ》が住んでいます。その人は見た所ただの石のようだけれど、講義を始めると宝石のように素晴らしい。仏法上のことで知らないことがないんですよ！」と言った。

私はそのゲシェ・ラにぜひとも会いたいと思った。ある日、私たちが法会を行ったところ、そこにゲシェ・ラが来た。六十過ぎの彼は見た目は確かにとても古臭く、顔の表情も乏しかった。だがその日、私たちは多くを語り合った。彼はとても謙虚だった。尊者より一歳年下だが、今でも英語を独学しており、その英語もうまかった。私はメドが台湾から来たと言ったわけを笑って話した。彼も笑って、中国から来たばかりの私たちの警戒心をよく理解してくれ、少しもとがめだてしなかった。

もちろん仏法についても話が及んだ。確かに彼は豊富な仏法知識を持った僧侶だった。私が最も驚いたのは、彼が仏教の念誦儀軌《ねんじゅぎき》〔念仏誦経の作法〕についても詳しく知っていたことだ。チベット仏教の叢林寺院では、修習には学問と儀軌の二つの内容がある。五明に精通したゲシェも往々にして念誦儀軌についてはあまり知らず、一方、儀軌を専修した僧侶は往々にして五明学科についてはあまり理解していない。だが、ゲシェ・ラはどちらにも通じていた。彼はそれらはみな若いころに学んだのだと言った。

彼はチベット北部のナクチュ地区に生まれ、彼の寺もそこにあった。その寺で彼は基礎文法と仏教儀軌をひととおり学んだ。二十歳過ぎで彼はラサに出て、セラ寺でゲシェ学位取得のために学び始めた。この頃、解放軍がラサに入って来た。混乱が深まり、一九五九年三月に解放軍が攻撃を開始した。ノルブリンカやポタラ宮殿を攻撃しただけでなく、薬王山《チャクポ・リ》山上のチベット医学院を廃墟にし、多くの寺院も爆撃された。セラ寺ももちろん例外ではなかった。ゲシェ・ラは僧侶たちとともに何も持たずに、山に逃げ込み、建物が硝煙の中で破壊されていくのを見つめていた。彼らは誦経し、涙を流しながら、長年修習した寺を捨てて逃げた。

インドに逃げてからも、言葉が通じなかったので、長いことかかってやっとダライ・ラマを探し当てた。その後、バクサ[329]に派遣された。そこは臨時の避難所で、学問の伝承者や三大寺の僧侶たちが大勢バクサに住んで、総合タツァンを設立した。こうして、災厄を経験した後、ゲシェ・ラは再び彼の学業を開始した。その後、彼は他の僧侶と一緒にインド南方に派遣され、約二年をかけて簡易のセラ寺を作り、その後引き続き修習した。当時、彼らの生活は非常に苦しかったが、とても仲が良かった。また彼はそこでゲシェ学位を取得した。

まもなく、彼はシッキム国王から国母の導師として招かれた。その後、シッキムがインドの一州となり、国もなくなったので、彼はシッキムで教え、また台湾に行って教えた。今は台湾からアメリカに来ている。

ゲシェ・ラを教師と仰ぎたいという考えが、私の心の中で強まっていった。だが、チベット仏教にはルールがあって、師弟関係を結ぶ前に互いを観察し、互いにその選択が正しいと判断して初めて師弟となる。私はゲシェ・ラを、そしてゲシェ・ラは私を一定期間観察した。

ゲシェ・ラを師として私は仏法の学習を始めた。ゲシェ・ラはツェチェンリン仏教センター[330]で教えていたので、私はそこで授業を受けることにした。窓の外は高速道路で、ひどい騒音だった。私たちがそこで一年間学習したあと、ツェチェンリン仏教センターはサンフランシスコ市内に引っ越した。私の家から少し近くなったので私たちはうれしかった。だが、そこも窓の外は道路で、しかも交差点の脇なので、信号が青になると車が潮のように押し寄せてきて、やはり非常にうるさかった。だが、ゲシェ・ラの仏法講義の声は、すぐに騒音を圧倒した。私は毎週少なくとも一回、時には二回講義を受けに通った。こうして、ゲシェ・ラについて私は五年間仏法を学んだ。

■■『菩提道次第大論』を講義

中国を脱出してから、人目を引くのを恐れて、私はずっと僧服を着ていなかった。だが、ブッダの誕生日やサカダワ祭り[331]、灯明祭りなどの仏教の祭りの日には家の中で僧服を着た。また、私は毎朝の勤行と頂礼、そして毎回の食事前の供養経を欠かしたことはなかった。グアテマラにいたとき、面白いことに、向かいの建物の人たちが私たちの頂礼を見て、自分たちも両手を上げる手まねをしていた。

「なぜ亡命したのか」と、幾人もの友人から聞かれた。それは私自身がよく自分に問いかける問題でもある。パンチェン大師十一世の認定についての中国政府のいかさま、絶え間ない宗教弾圧や政治運動、そして私個人の逃れられない官官接待やお世辞の応酬、これらはみな亡命の原因だった。だが、突き詰めると自由に修行するためであり、「偽パンチェン」の教師になりたくないからだった。

今私たちの生活は安定した。このレッドウッド・ロッジに引っ越してから、私が最初に思い立ったことは仏堂の開設だった。ミミとピーターは私を二階に住まわせ、チュンペルを私の部屋の真下の一階の部屋に住まわせた。ティンレーはチュンペルの隣で、部屋の中には学生用の机との組み合わせベッドが置かれていた。ロサン・ジュンネーとメド夫婦にはバスルーム付の部屋があてがわれた。

これもまた因縁だろう、私の寝室の外にホールがあった。四方は壁かドアか窓で、隅に階段があり、屋根には四個の突き出した天窓がついていた。応接間にするには使い勝手が悪いが、仏堂にはちょうどいい構造だった。私たちはすぐに飾り付けを始めた。正面にまずシャカムニ仏像とツォンカパ大師塑像の入った仏龕を置いた。右側には智慧三尊[332]、左側には私が持って来た二幅のタンカを掛けた。簡単だが善美なるもので部屋が飾られた。ミミとピーターもやってきて、仏堂を見てとても喜んでくれた。二人とも仏教徒ではなく、別の宗教も信じていないが、私たちをよく理解してくれた。そして言った。「これからは、ここで余生を安楽に過ごしてください。生活上の困難があったら私たちがお手伝いします」

　ティンレーは学校に通い、ジュンネーとメドも出勤した。私とチュンペルは僧服に着替え、堅実な修習生活を始めた。長期間の大威徳《ヤマーンタカ》こもり修行の後、私は時々外を歩き回った。私たちが町で買い物をしていると、みんなが珍しそうに見た。かつての北京でのように私と母さんを水も漏らさぬほど大勢の人が囲むのではなく、近づいて声をかけてきた。ある時、私は一人の子供が母親に話しているのを聞いた。「ぼく二人の男の人がスカートをはいているのを見たよ」

「まあ、お黙りなさい。あの人たちはチベットのお坊さんよ」母親が説明した。

　この頃、仏教に興味のある町の人たちが続々と私たちのところにやってきた。「こちらで座禅を組んでもいいですか？」彼らはみなそう聞いた。

「結構ですよ」私は彼らを仏堂に招き入れた。

　その後、ある人が言った。「あなた方の誦経の声はとてもいいですね、心が静まります。仏教センターを作りませんか？　別に違法ではありませんよ」

　ミミとピーターは何も干渉せず、私の判断だけで決めることができたが、彼らに対する礼儀から、仏教センター作りの計画を相談した。もちろん、彼らは大変喜んでくれた。そこで私は「西方利楽クンブム寺および慈悲と智慧のチベットセンター」を設立した。

　座禅に来る人が徐々に増えた。そして中国と台湾からの学生も増えていった。彼らは私に『菩提道次第大論』を講義してくれるよう求めた。それはツォンカパ大師の主著である。大師は一生に十九部の著作を著わした。その中で最も有名なのが『菩提道次第大論』と『真言道次第大論』[333]である。この二つの著書は仏教教義を整理して体系化し、ゲルク派が伝承する経典となっている。『菩提道次第大論』はツォンカパ大師がレティン寺[334]で完成させた著作で、帰依三宝から発菩提心までの全過程が述べられている。かつて法尊法師が漢語に訳したが、訳語が古漢語なので理解が難しい。それで私は分かりやすい漢語で解説したいとずっと思っていた。

文革中、ギャヤ・リンポチェはひそかに『菩提道次第集義』を私に教えてくれた。その後、私は北京高級仏学院で、シャルドン・リンポチェから体系的に『大論』を学んだ。私は特に『大論』を学ぶことについて多くの機会に恵まれたと言えるだろう。それで私は自信を持って学生たちの要望に応えた。「いいですよ。みんなで学びましょう」

私の英語教師のキャサリンも大賛成してくれ、オークランド市の中心部に百人は収容できる場所を提供してくれた。私たちはそこも装飾を施して仏堂にし、そこで『大論』の講義を始めた。最初の日、私たちはマンダラ奉納の儀式を行った。四、五十人の受講者が長期にわたるの講義を聞くためにレコーダーと湯飲み、そしてノートを持って集まった。

だが、台湾の日常法師[335]は、彼の『大論』講義の最後の方は椅子に向かって話していたこともあったと言っていた。つまり、最初は人が多いが、だんだん少なくなって、椅子しか残らなかったというのだ。

二日目、私は困った問題に突き当たった。たとえ私が学んだことを理解していても、『大論』のチベット語にぴったり対応する漢語がないこともあって、正確に誤りなく伝えることが難しいのだ。続けるべきか止めるか？私が全てを投げ出して外国に来た主な目的は修行だった。私は『大論』の講義は私自身の修行の最も大切な内容であると思った。

私はゲシェ・ラの所に行って学びなおしながら、講義を続けることにした。こうして、一方で学びながらもう一方で教えた。ゲシェ・ラは「注釈満載」の方法で私に講義してくれ、私はそれを余すところなく受講者に話して聞かせた。毎週日曜日、三年間私はオークランドに教えに通った。十二人の受講者が最後までついて来た。彼らはみな仕事を持っている人たちで、仏教学習の基礎もふぞろいだった。だが、『大論』は彼らみんなに良い修行になった。

その中の一人の台湾人のブライアン・リーは私に、以前は人が供養するのを見ても、ぜんぜん理解できなかったし、嘲笑したこともあったと言っていた。しかし今では、私の目から見て彼は得難い修行者であり、私に対してだけでなく、他の導師に対しても例外なく、導師を敬い、さらに乞食や障害者に対してもとても優しく接している。ある日、私たちはインドのデプン寺から来た僧侶のために法会を催した。参加者は非常に多く、通行人まで立ち止まって僧侶たちの教理問答を見ていた。この時、大通りにぼろをまとって、異臭を漂わせた一人の精神病患者が現れ、立ち止まって私たちの活動を妨害しはじめた。普通ならばアメリカでは警察を呼ぶが、ブライアン・リーはその精神病患者に歩み寄って話し始め、最後は互いに抱擁して別れた。

その後、私はダライ・ラマ台北基金に招かれて、何度か台湾に仏法講義に行った。台湾とアメリカは雰囲気が違っていた。アメリカでは仏法講義は単刀直入だが、台湾では伝統と儀典にのっとり、僧侶は法衣を着て、学生はテキストを持たなければならない。

私も十分に準備をして、台湾で『修心七要』『般若波羅蜜多心経』[336]『菩提道次第集義』『縁起讃』『三十七の菩薩の実践』などを講義した。私はまた法鼓山にも参拝した。そこは聖厳老和尚の道場である。彼は若いころ日本に留学し、禅宗を専門に学んだが、他の宗派も尊重していた。私が着いたとき、彼は筆墨を準備させていて、私に揮毫するよう求めた。私は無造作に細筆で白抜き文字の「仏」という字を書いた。聖厳老和尚は歩み寄ってきて、太筆で「法」という字を書いた。その後二人一緒に偏は白抜き、作りは普通の「僧」の字を書いた。後にこの揮毫は寺の宝として法鼓山に収蔵されたそうだ。

星雲大師の道場である仏光山と惟覚老和尚の中台山の道場、そして故宮博物院などにも行った。信教の自由について、私は台湾で深く実感することができた。台湾には確かに漢民族の文化の精華が残っている。

インドの聖地巡礼

私はダライ・ラマ尊者がアメリカに来るときは可能な限り拝謁するようにしている。ある時、尊者が私に聞いた。「まだ何か困ったことはありますか？　これは持ってる？」彼は親指と人差し指、中指をくっつけてすり動かした。

私は言葉で表せないほど感動した。私は言った。「私にはあなたに供養するお金はありませんが、あなたからお金をもらうことはできません」

「君はインドに巡礼に行くべきです」続けて尊者が言った。「来年私はガンデン寺で『真言道次第大論』を伝授するから、君も予定しておきなさい。私が手配するから」

ちょうど、私の政治亡命が承認されたので、私はインド旅行のためにビザ申請をした。それは二〇〇一年のことである。当時、ジュンネーとメドは仕事を始めており、甥っ子のティンレーは学校に通っていた。私たちは相談して、私とチュンペルが先に行って、彼ら三人とは後からインドのガンデン寺で落ち合うことにした。

それは私がアメリカに亡命してから、最初の国外旅行だった。インドは仏教の聖地で、私は以前からインド巡礼にあこがれていた。以前、中国仏教協会が私たちをネパールに派遣したとき、インド巡礼の計画もあったが、結局実現しなかった。今度こそ願いがかなう。

一九九九年、私がアメリカで初めて法王が主宰するカーラチャクラ法会に参加したとき、インドのデプン寺のゴマン学堂《タツァン》のケンポ、ツルティム・プンツォクがちょうどアメリカに滞在中で、私に会いに来て言った。「あなたがインド巡礼に来たら、是非デプン寺に加入してください。伝統的にクンブム寺の僧侶はみなデプン寺に属しています。歴史を調べたら、あなたも私たちのゴマン・タツァンに属しているはずです」

亡命社会のチベット人の間にたちまち私が巡礼に行くという情報が広がり、次々に電話をかけて来て招待してくれた。南方セラ寺からも電話が来た。「インドに来たら、是非セラ寺にいらっしゃってください。歴史的に歴代のアジャ・リンポチェはうちのセラ寺のチェ学堂《タツァン》に属しています」

みなとても親切だった。では、セラ寺に加入すればいいのだろうか、それともデプン寺か？　私はこのことを教師のゲシェ・ラに話した。

「君はセラ寺に属しているんだからセラ寺に行くべきだよ。歴代のアジャ・リンポチェはみなセラ寺で学んだんだ。アジャ・リンポチェ四世だったか、ウー・ツァンで経典を学んでいるときに、ダライ・ラマ尊者と親しくなった。その後尊者が彼をモンゴル国の国師ジェプツンダンパの教師に推薦した。歴史をいろいろ調べてみたが、君の所属はセラ寺だよ」

私はそれを聞いて笑った。ゲシェ・ラはセラ寺から来たのだから、当然セラ寺の肩を持つわけだ。

その後、インドから来たチベット人が私にインドに行った際に注意すべきことを話してくれた。例えば、水道管の水は飲んではいけない。飲むならボトル入りのミネラルウォーターを飲むこと。ミネラルウォーターを買うときは、よく見て、蓋に空けた跡がないかチェックすること。それから、物を買うときは、相手が二〇〇〇ルピーターと言ったら、五〇〇ルピーターと言わず、五〇ルピーに値切ること。そこまで話すと彼らは大笑いした。笑い終わると続けて、インドは仏教が興ったところで、内向的で穏やかだ。インドの鳥は誰も獲らないので、空を飛ぶとき、とても安心して翼をいっぱいに広げて飛ぶ。彼らは物を買えと押し付けてくるが、それは東洋人の習慣だから、意に介する必要はない。路上で寝ていても誰も邪魔しない。彼らも時には口喧嘩をするが、手は出さない。彼らは理屈好きで、手を出すことは失礼なことだと考えている。知らずにぶつかったら、軽く君をたたいた後で自分の額に触れるが、それはお辞儀、謝罪の意味だ。

つまり、こんなふうに私はインドに行くための準備をした。

二〇〇一年十二月上旬、私たちはサンフランシスコからデリーに飛び、そこで乗り継いでインド南方のバンガロールに行った。着いた時はすでに夜中で、あたりは真っ暗だった。しかし、空港を出ると四、五十人のえんじ色の服を着た僧侶が、白いカタを持って待っていた。他にも多くの在家信徒がいた。現地の難民キャンプの亡命政府の代表者、ドメーからの代表も来ていて、私にカタを贈ってくれた。彼ら一行は何台もの大小さまざまの車で来ていた。私たちは車に乗って、さらに四、五時間走った。セラ寺に着いたら、すでに夜が明けていた。全ての僧侶が外に出て、長い列に並び、チャルメラを吹き、地面に八吉祥図を描いて出迎えてくれた。これは私が亡命してから二、三年目のことだが、夢想だにしなかった盛大な場面で、まるで故郷クンブム寺に戻ったようだった。

セラ寺の大ケンポのロサン・トンユーが私たちを食事に招いてくれた。ジョマ・デェー、カプセ、それにいろいろなインドの果物がテーブルに並べられた。果物は見た目それほど新鮮そうではなかったが、中身はインド人のようにとても甘かった。

私はセラ寺に二、三日滞在した。彼らは次の日の朝から私のためにとても盛大な法会を開いてくれた。法会では、私の法座はセラ寺のケンポと同じだった。要するに、私に対する歓迎は、伝統的なチベット仏教の規則に従っており、とても心がこもっていた。

私も昼食を供養した。亡命社会ではチベットの宗教伝統は変わっていなかったが、飲食の点では大きく変わっている。ここの気候とも関係があるのかもしれない。その昼食はインドの飲食習慣に従って、サラダ、卵、チャパティなどが出された。私たちは僧侶一人一人にも金銭の供養をした。

それから、私はデプン寺に行った。法会はなかったが、同じように盛大な接待だった。私は難民居住区、チベット児童村学校、病院にも行った。それに何人かの同郷人に会った。一人のモンゴル人の老人は、若いころクンブム寺で私の前世に会ったそうで、私に会うとずっと泣き続けていた。たまに話す一言二言のモンゴル語には、オルドスなまりが混じっていた。

私たちはまたドメーから逃げてきたばかりのほっぺたが真っ赤な十一、二歳の子供にも会った。私たちに会うと、彼は私の懐に飛び込んで泣き始めた。彼が雪山を越える長い道のりとその恐怖を話すとき、そして故郷の両親への思いを話すとき、私ももらい泣きをした。

ダライ・ラマ尊者が経典の講義をした時は、三大寺の僧侶がみなガンデン寺に集まり、黒山の人だかりで、まるで僧侶の都市のようになった。私は彼らの厨房も見せてもらった。マスクをし、エプロンを巻いて食事を作っていた二、三十人の人は全員が僧侶、商店の販売員も僧侶、郵便局の配達員も僧侶だった。

ダライ・ラマ尊者が来て、『真言道次第大論』の講義を始めた。私が子供のころ、一九五五年にクンブム寺で法王の講話を聴いたことがある。それから、もう四十年の月日が流れていた。当時法王が講じたのは十一面観世音菩薩の潅頂法だという話だが、私はすっかり忘れてしまった。

私に一定の仏教学の基礎があったので、法王の講話が少しも因習にとらわれず、とても具体的で、生き生きしており、常に生活や経験と結びつけて解釈し、人々の琴線に触れていることをいっそう強く感じた。あるとき、私たちが休む前に法王は一つの物語を話された。むかしある老僧が弟子を受け入れた。彼は毎日この弟子に仕事をさせた。おまえがしっかり仕事をしたら経典を教えてやるし、休暇もやると言った。小僧はそれで毎日休暇を心待ちにしていた。しかし老僧は一年たっても小僧に休暇を与えなかった。ある日、外が騒がしかったので、老僧が小僧に見に行かせたところ、人が亡くなったのだった。外は葬儀の最中で法螺を吹いていた。

「何事だ?」老僧が聞いた。

小僧は直接は答えず、ヒントを出した。「だれかが長期休暇に行きました」

それを聞いてみんな笑った。

法王の講義の前にジュンネーとメド、ティンレーも到着した。法王の講義を聞き終わってから、亡命政府は車で私たちを巡礼の旅に送り出してくれた。

最初の行先はアジャンター[337]とエローラ[338]だった。この二ヵ所はどちらも仏教聖地だ。ここは非常に変わっていて、山から流れてくる水が谷間で一回りし、深く掘りこまれた丸い川を形作っている。丸い川の中には小さな山があり、その周囲は崖になっている。この崖に八、九十個ほどの仏殿が彫りこまれていて、非常に雄大である。非常に大きな仏殿もあり、その中には多くの石の彫刻や彩色壁画があり、古くて神秘的である。聞くところによるとこれらは龍樹菩薩《ナーガールジュナ》[339]の時代から彫られ始めたということだ。

仏教では人無我《にんむが》・法無我《ほうむが》[340]を説く。ブッダはまた、話すだけでは足りない、目に見えるようにしなければいけないと言った。ブッダは在世中、輪廻図を描かせることによって次のような注意を与えた。それは、人は無我であるが、我執《がしゅう》の心は存在するということだ。だから輪廻図の中央に貪《とん》、瞋《しん》、痴《ち》を象徴する鶏、蛇、猪の三つの動物を描いた。この三毒を動力として、生死輪廻が回っている。また黒白《こくびゃく》[341]で業《カルマ》を善と悪に分け、さらに中陰《ちゅういん》[342]の関を通る時に六道輪廻に振り分けられる。輪廻する間の生死は、十二因縁の鉄の鎖で硬く結びついている。この生死輪廻図は、ふつう経堂の門口《かどぐち》に掲げて、通る人が一目見て分かるようにしてある。

　これらの洞窟の前で、私は輪廻図を見た。それはチベットの絵とほぼ同じだった。これが最古の輪廻図だろうか？

　その後、博物館の中で、様々な時代のサンスクリット語で書かれた文章を見た。長い間にサンスクリット文字は変化していた。サンスクリット文字は三十六文字で、チベット文字は三十文字だが七、八世紀のサンスクリット文字がチベット文字と非常によく似ていたを発見して私は驚いた。

　仏教経典の中で、インド人には早起きと旅行の習慣があるとしばしば書かれている。今回、私は彼らが早起きをして牛車で出かけるのを目にした。インドでは牛は神の使いと考えられており、全く働く必要がない。水牛だけが車を引いたり、耕したりする。水牛は尖った角と大きな体でとても美しい。村の小道を、二頭の白い水牛が車を引いてゴトゴトと音を立てて歩き、牛車には、旅に出る人や、働きに行く人や、商売に行く人が乗っていた。

　私たちは列車に乗ってブッダガヤー[343]に行った。駅の中は人であふれていて、乗客は地面に横になって眠り、非常に混乱しているように見えた。だがこれはまたインドの寛容を物語ってもいた。また路上では、木製の牛車が通り、猿が走り回り、ヤギが徘徊していた。警官が交通整理をしていて、交通規則に違反したら車は処罰される。だが、牛が歩いてきたら警官も道を譲る。要するに法を守らなければならない者には守らせ、保護の必要な者は保護されていた。

　路上で、やはり巡礼に来た数人の中国人に会った。その中の一人が言った。「天国を見たかったらアメリカ、地獄を見たかったらインドに来ればいいですね」

「そんなことはありませんよ」私はいさめた。「あなたはインドの美しさに気づくべきです。ここは不潔で混乱しているけれど、汚れた水の中の蓮の花は少しも汚れていない。ごらんなさい、あの物乞いを。通行人から施しを受けたら猿や鳥に分け与えている。とても睦まじく、温かいではないですか」

　インドの駅は実に圧巻だった。私たちが入るとすぐに荷物を担いだ人々に囲まれた。彼らはみな赤いベストを着て、ターバンを巻いて、少しひげを蓄えていた。その中の一人が私の切符をひったくって見ると、私たちの荷物を頭に乗せ始めた。一つ、二つ、三つ、まるでビルのように何段にも彼の頭の上に積み上げた。それでも飛ぶように歩いて、あっという間に姿が見えなくなった。盗まれたんだろうか？　私はそう考えて、急いで追いかけようとしたが、人が多すぎる上に、寝転んでいる人や、列車から降りてきた人もいて、全く前に進めない。それに、私の目の前には赤いベストを着た人々が行き来していて、誰が私の荷物を持って行ったのか分からない。しょうがない、運を天に任せよう。

だが、私たちが乗る予定の車両にたどり着くと、私たちの荷物はきれいに寝台の下に並べられていた。例の赤いベストを着て、髭を生やしたインド人が脇に立っていて、手を伸ばしてきた。私たちは喜んで彼にチップを払った。荷物はなくなっていないどころかきれいに並べられていたのだから、おカネを払うのは当然だ。

私たちが乗ったのは一等車ではなかった。亡命政府の官吏は「あなたはクンブム寺の住持ですから、一等車を手配します」と言った。しかし私は「結構です。普通の車両でいいです」と言い張った。それで私たちはＩＣ車両に乗った。後で聞いたら、ＩＣ車両は最高級ではないが一番安全だということだった。「一般車両を見たいですか？」私たちの案内役の人が言った。

私はむかし蘭州から西寧に戻って来る時に乗った硬座車両を思い出した。その後北京に行くときも硬座に乗った。インドの硬座車両はどんなだろう？　座っている人、横になっている人、眠っている人、目を覚ましている人、座席の上の人、座席の下の人、それに荷物棚に寝ている人もいた。二人の女性などは、二つの車両の連結器の上にいた！　印度の列車は中国とは異なり、車両と車両の間は行き来できない。他の車両に移ろうとしたら、下車して車両のドアから入るか、窓によじ登って入るしかない。車両の間の連結器は吹きさらしで、走行中は非常に危険だ。風がビュービューと吹く中で、両側に一人ずつしゃがみ込んで、ボトルの水を飲んでいた！

私たちは霊鷲山《りょうじゅせん》、つまりブッダが『般若心経』を講じた場所に行った。多分かつてはそこに行く道は素晴らしいアスファルト舗装路だったのだろう。だが、長年補修されなかったために、道の両側が削れて、アスファルト舗装面はすっかり細くなっていた。車が行き違うときは、どちらも譲ろうとせず、ぶつかりそうになって急にハンドルを切ってすれ違う。全く危ないことだ！

やっと広いアスファルト舗装路に出た。どうやら舗装したばかりらしく、路面は平らだった。私は希望を見出したように思った。「これこそが将来のインドだよ」私はチュンペルに言った。私たちの乗った車はスピードを上げた。だが、向こう側からラクダの群れが来た。一頭のラクダには女性が乗っていた。誰かが、市場に行くのだと言った。ラクダたちはみな傍若無人で、首を前に伸ばして、悠然と道幅一杯に広がって道を占領していた。

一つの池を通り過ぎた、汚れなく憂いなげな蓮の花が満開だった。仏教経典の中では、蓮の花は出離の心を象徴し、月は菩提の心を象徴し、太陽は智慧の心を象徴する。かつて、導師たちはこの比喩を説明して、月が菩提の心を表すと言うのは、月が出てくるときは、昼間の暑さが去り、清風が大地を吹き払い、涼しくなるからだと言い、太陽が智慧の心を表すというのは、太陽が出ると暗黒が消え、無知が消えるからだと言った。それは私も理解できるが、なぜ蓮の花が出離の心を表すんだろう？インドに来てやっとわかった。蓮の花の下の泥は非常に汚いが、その上に咲く蓮の花はとても清潔だ。だから解脱する人はこの蓮の花のように、粗雑で凡俗な世の中から、塵《ちり》ひとつなく立ち上がるのだ。

霊鷲山に着いて、とても驚いた。かつて衆生が集まってブッダの『般若心経』講義を聞いたというので、とても大きな山だと思って、登山の準備までしてきていた。だが目の前にある山は、決して高くない小山に過ぎなかった。伝説の中では、多くの修行者がここに来ても山には登っていない。例えばダライ・ラマの六世だったか十三世だったかは、ここまで来たが山には登っていない。言い伝えによれば、ここで彼が見た石の一つ一つが全て『般若波羅蜜多心経』だったからだという。だが、修行が足りないからか、私にはどうしても石が経典には見えなかった。

登ってみると、気分が違った。私たちは静座し、『般若心経』を誦経した。このとき、二千五百年前にブッダが説法をした情景が私の眼前に浮かんで、まるで私もその場にいるように感じた。解脱感が清風のようにそよそよと漂ってきて、にわかに気持ちがすっきりした。私のこの五十年間の苦労と煩悩がすべて消えたように感じて、思わず知らず頂礼をして、永遠に仏祖につき従って、衆生を済度できるよう祈願した。

帰りがけに、私たちは玄奘法師がかつて座禅を組んだという洞窟を見つけた。私はずいぶん長く中国人と付き合ってきたし、思い入れもある。かつて、仏教協会で大きな催しを行うとき、中国仏教の僧侶が黄色い僧服を着て、木魚を叩きながら『般若心経』を誦経するのを見ると、私はいつも心地よくなった。ダライ・ラマ尊者が説法するときでさえ、もしパーリ語系の僧侶がいなければ、法王は漢語で『般若心経』を誦んだ。抑揚のある旋律に合わせて法王はわずかにうなづき、時には指でリズムをとる。

私たちはみな玄奘法師が座禅を組んだ洞窟に入って目を閉じて座禅を組んだ。かつて、私が西安の大雁塔に参拝したときに、玄奘法師が『大蔵経』を背負って、はるか遠い道のりを歩いて、苦労して中国に仏教を広めたことを知って、その非常に大きな功徳に感嘆し大きな喜びを感じたものだった。

霊鷲山から下りるとき、案内の人はここの物乞いは本当の乞食ではなくて、プロの乞食だと言ったが、私たちは彼らに布施をした。最初、子供がお金をせがんだので、私がお金を出すと、たちまち二、三百人に囲まれ、警察まで出動して、警棒であっちを指図したり、こっちを叩いたりして、列に並ばせた。長蛇の列の乞食一人一人に私はお金を与えた。彼らは一回もらうと、ふたたび並ぶことはなかった。最後にその警官も列の末尾に並んで、笑いながら私に手を差し出した。

344

私たちはまた、ワラナシのナイト・マーケットを楽しんだ。マーケットの屋台は入り組んでいて迷路のようだった。もしガイドがいなければ一度入ったら出てこれないだろう。私たちは迷う不安も感じたが、物珍しさに好奇心も感じた。物売りたちは私たちを取り囲んで商品を勧めた。だが、店持ちの商人は気ままにお茶を飲み、タバコを吸い、おしゃべりをして、買う買わないにかかわらず客もおしゃべりに誘っていた。時には商品を放り投げてくる商人もいたが、要らなければ投げ返せばいいだけだ。

ガンジス川の岸に行ったのは、ちょうど夕方だった。

ガンジス川の水は甘露だから、飲むだけでなく持って帰ろうと私たちは計画していた。この日は、インド人にとってはめでたい日だったのだろう。十数体の遺体が火葬を待っていた。彼らが遺体を包んでいる布も取らずに、遺体を乗せた担架ごとガンジス川に浸してから、燃えている木の上に乗せるのを目にした。もちろん、私たちはガンジスの水を飲まなかったし、水を持って帰る計画もあきらめて、舟に乗っただけだった。暗くなってから、私たちは小さな紙の船の中にろうそくを立てた。ろうそくの光が私たちの顔を照らし、私たちはろうそくの入った船を捧げ持って、頭の上まで持ち上げて祈禱してから、ガンジス川に流した。何千何万という紙の船が川面に漂って、あたりはオレンジ色の静寂に包まれた。

後記

恨みのためではなく予防のために

英文自伝の執筆

窓を透かして、私はセコイアを見ていた。それはまるで経堂の柱のようにまっすぐに伸びている。小枝から雨水がまるで数珠のように連なって滴り落ちていた。

私はふだん座禅を組んでいる席に戻った。部屋の中はとても静かで、ただ窓外の小川のサラサラという音だけが聞こえていた。水かさは昨日より増えたようだ。サンフランシスコは冬から春にかけて、よく雨が降り続ける。

こういう静かなときに、私は最近よくとめどない大河のように昔のことを思い出す。北京空港を離れるときは、本当に危なかった！　もし出国審査の係員が少しでも疑いを持ったら、悲惨な結果になっていただろう。グアテマラに着いてからは安全になったとはいえ、新しい困難が次から次へと現れた。グアテマラでのあの二ヵ月間は、まだ不安で落ち着かなかった。それから、ニューヨーク、ロサンゼルスと、まるで走馬灯のように引っ越しを重ねた。このセコイアの森の奥のレッドウッド・ロッジに来て、やっと落ち着いて経堂を作り、座禅や誦経をできるようになった。

時間の経つのは早いと言えば早い。いつの間にか私も五十近くになった。

子供のころを思い出すと、「新中国」によって「解放」されたとはいえ、私の周りの僧侶たち、私の両親や親戚たちは、依然として古いチベットの平和の中で生活していて、一番の関心事は決まって仏教と関係のあることだった。そのころは電気もなく、寺の中でもランプをともしていたが、みんな楽しく暮らしていた。夜ランプを囲んで集まって座っているとき、私は壁に映る大きな影を見るのが好きだった。それを見ながら私は、あと何年かたったら、自分もあんなふうに大きくなるのだろうかと思った。それから間もなく、寺に電灯がともり、壁の人影は消えてしまった。実のところ、私はランプ生活の楽しみがとても懐かしい。

それからすぐに、暴風雨のような政治運動が吹き荒れ、突風が木の葉を引きちぎるように、高僧たちが監獄に送られた。私の教師のツルティム・ラクサムはいつも私に言っていた。「決してこのことを忘れずに、後世の人たちに伝えなさい。それは恨みのためではなく、予防のためだ。見てごらん、どれだけの人がわけもなく殺されていることか！」

本を書こうという思いは、その時から私の心に根を張った。ギャヤ・リンポチェはいつも、漢語の本でも禁書でもいいから、とにかくたくさん本を読みなさいと言っていた。私は、縦書きの漢語の本を見つけて来て読んだ。それらの本は表紙がなくなっていたり、後ろの数ページがなくなっていた。途中で切れていると慌てたものだった。人気のある『封神演義』『水滸伝』『三国演義』などを私は夢中になって読んだ。私はまた翻訳作品も読んだ。それはみな友達がこっそり貸してくれたもので、その中には私が一番好きな草原について書かれた本もあって、読みながら故郷を思い出した。ある時、私は自分の故郷のことを書いた。それをきっかけに、私はよく文章を書くようになった。

私の文章に影響を与えたのは、友人の張マンバこと張学義さんだ。彼が昔監獄で奥さんにあてて書いた手紙を読んだときはとても感動した。私が彼の妻子を見舞うたびに、奥さんは彼の手紙を私に見せてくれた。ある時、張さんは手紙に次のように書いていた。「私は君と結婚したのに、終わりの見えない監獄生活というこの不幸な運命のために、君と一緒にいてあげることができなくなってしまった。幸い君は二人の子供を生み、張家の跡継ぎを残してくれた。あの日、私が手錠を掛けられて、列になってトラックに乗せられ、西寧からデリンハ監獄に送られるとき、君は私たちの子を抱いて、遠くでとても悲しそうに私を見送ってくれた。その時私は、心底君にすまないと思った」

この手紙を読んで、私も泣いた。そして文字の力を強く感じた。張さんが出獄してから、彼が文化大革命についても書いたと言ったので、見せてもらえないかと頼んだ。すると彼は、笑って言った。「お坊さん、まだその時期ではありません」。その本はいまだに出版の機会がないそうだ。

いま私は国外に出て、そのような有形無形の圧力がなくなったのに、なぜ頭に刻み込まれた昔の出来事を書かないのだ？

だが、どうやって書こう？　グアテマラにいたとき、友人がパソコンを一台私にくれた。チベット語のソフトがないので、漢語で書かなければならなかった。もちろん、漢語で書くことも必要だ。なぜなら、私が書きたいのは一九四九年以降のことで、それは中国の新政権、漢民族と切っても切れない関係があるからだ。そこで、私は自伝を書き始めた。五部構成にし、第一部は子供時代、第二部は「宗教改革」と文化大革命、第三部は政策転換と寺院の半開放、第四部はパンチェン大師の突然の入寂と私のクンブム寺住持就任、第五部は「金瓶掣籤」と私の亡命にした。

私はほとんど毎日書いた。それが私たちのセンターの会員のボナートとジュリアの注意を引き、彼女たちは興味をもっていろいろな質問をしてきた。当時、私の英語は入門段階で、辞書を手にあらん限りの力を尽くして、やっと私が自伝を書いていることを伝えられた。二人とも、待ちきれない、早く読みたいと言ってくれた。

私が漢語で書いていることを知って、彼女たちは落胆して聞いた。「英語に訳さないんですか？」

それはいい考えだ。その後、一人の中国人の友人と知り合った。彼は大学教授で、私の自伝を英語に訳してくれた。しかし、彼女たちアメリカの仏教徒はそれを読んで、私に新しい提案をした。「先生、あなたは大変な経歴をお持ちですから、直接英語で書きませんか？」。

私は同意した。こうして、ボナートとジュリア、その他に二人、自伝に興味を持った信徒を加えて、私と五人で著作チームを作り、レッドウッド・ロッジで私の英語版の自伝を書き始めた。

冬のサンフランシスコはとても寒い。私は暖炉に火を入れ、薪がパチパチと燃える音と共に昔の記憶に浸った。彼らはある時は、ギャヤ・リンポチェがどんな姿かたちだったか、ある時は幹部たちはどんな服を着ていたかといった細部を知りたがった。私の説明が精彩を放っていると、彼らは立ち上がって私に駆け寄ってきて、私に抱きついた。冬が去り春が来て、外のツルハナナスの花が咲いては散り、散っては咲いた。天を衝くセコイア

レッドウッド・ロッジの玄関前で私たち五人が佇んでいる（アジャ・リンポチェ画）

の木からは樹脂の清らかで濃い香りが漂ってきた。知らず知らずに、私の英語も上達した。私の自伝も校正と執筆を繰り返した。そうこうしているうちに、丸々四年が過ぎた。

二〇一〇年、ニューヨークのRODALEという出版社から私の自伝を《Surviving the Dragon》という題名で出版した。その中には何枚も私と家族、クンブム寺の古い写真を載せた。もちろん私には官職があったので中共の官吏と応対している写真も載せた。

この自伝を出版したあと、多くの大学や学術機関が私を講演に招いてくれた。私はコロンビア大学、ハーバード大学、スタンフォード大学、アメリカ議会図書館、バージニア大学、パーデュー大学など二十ヵ所以上の大学と学術センターを訪問した。その後、私はスペインのバルセロナとイギリスのロンドンに説法に行ったときに、イギリスのケンブリッジ大学とオックスフォード大学でも講演をした。

聴衆はだいたい二つの別の分野の関心をもつ人たちだった。一つは、チベット研究、チベット仏教研究、チベット文化研究、そして歴史研究に従事している学者である。彼らの要求はとても具体的だった。たとえば、パンチェン・ラマの転生だけについて話してほしい、中国チベット関係や現在のチベット情勢について話してほしいなどである。もう一つは学生、教師そしてチベット文化や他の外国文化の愛好家である。

この本が歓迎された主な原因は、私の目を通じて過去五十年間にチベットで発生した多くの事件の一部始終を記録し、知られることが無かったり、忘れられた歴史を公開したからだと私は思う。

クンブム寺からクンブム寺へ

あれは二〇〇五年、遠方から来た一人の友人が海が見たいと言った。そこで私とチュンペルはその友達と一緒にカーメルの湾に行った。天気は珍しく良く、海水は青く輝き、真っ白な雲が浮いていた。打ち寄せる波が、黒い岩礁にぶつかって巨大な白波となるのを見て、私は須《しゅ》弥《み》山《せん》の七金山と七金海を連想した。そこで、私は海岸の平らな大石に座って、目を閉じて観想した。私の友人とチュンペルはそのまま歩いて行った。

どれぐらいの時間が経っただろうか、チュンペルが小走りで戻って来て、携帯電話を私に渡した。それはダライ・ラマのニューヨーク駐在事務所の代表からの電話で、すぐに重要な電話が来るから、注意して聞くようにと言われた。十数分後に本当に電話が来た。それはインドのダライ・ラマの秘書のテンジン・チューキからだった。彼は、「尊者の兄上のタクツェル・リンポチェが身体が弱って、ブルーミントンのチベット文化センターを運営できなくなったので、君に運営を任せたい。そのわけは、君とタクツェル・リンポチェはどちらもクンブム寺から来たし、どちらもクンブム寺の住持を経験したことがあるからだ。尊者はブルーミントンでクンブム寺の法脈が続くことを願っておられる」と言った。

彼の話から、私は責任の重大さを感じた。私が亡命した思いは単純で、静かに修行したいだけだった。以前、クンブム寺を運営していた時の忙しさを繰り返したくはなかった。私はその気持ちを率直に話した。テンジン・チューキは言った。「休みたい？　だったら尊者は誰に向かって休暇を申請すればいいんだね？　君があそこを運営することはとても大事なんだよ」

実は、タクツェル・リンポチェは体調がまだ良かった頃にも、その考えを話していた。あれは一九九九年、私が作ったカーラチャクラ立体マンダラをブルーミントンのチベット文化センターに運んだあと、マンダラの設置とダライ・ラマ尊者が主宰するカーラチャクラ灌頂法会に参加するために私がそこに行った時だった。

当時、タクツェル・リンポチェは一時健康を回復していて、私を連れてセンターの中を案内してくれた。そして、樹林の中に置かれた白菩提塔を指差して言った。
「あそこに私たちの教師の遺骨がある」

1999年タクツェル・リンポチェとインディアナ州ブルーミントンで

そうだった。あれは一九八〇年代の初め、タクツェル・リンポチェは中国の同意を得てクンブム寺に一度戻ったことがあった。当時、私は私の教師のツルティム・ラクサムの遺骨を彼に分け与えたのだった。「これは本当に貴重だ。帰って菩提塔を建てて私たちの先生の遺骨を安置するよ」タクツェル・リンポチェは当時そう言っていた。

思いがけず、因縁が私をこの菩提塔の前に連れてきた。「この菩提塔は他のものとは違いますね、前に仏龕はないんですか?」私はタクツェル・リンポチェに聞いた。「後継者がいなくてね……」タクツェル・リンポチェは言いかけて笑った。「君が引っ越してこないか？　僧侶は外国に出たら大変だよ。私にも経験がある」

それから、タクツェル・リンポチェは私に樹林の中の数棟の禅室を見せて言った。「引っ越してくるなら、どれか一つを提供するよ」

タクツェル・リンポチェの言葉は私の心を温めた。しかし、私は一人で亡命したのではない。他の人の生活が落ち着くまでは私はカリフォルニアを離れられない。

そして今、私は本当にブルーミントンに行くことになった。まもなく亡命政府から、センターを運営するようにとの正式な文書が送られてきた。二〇〇六年、私はチュンペルを連れてブルーミントンに転居し、タクツェル・リンポチェの後任として、仏法の啓発・学習センターの運営を始めた。また、モンゴル人の信徒も集め

2006年私はダライ・ラマにチベット・モンゴル仏教文化センターの住持に任命された（センターの創設者でダライ・ラマの兄のタクツェル・リンポチェと）

て啓発するために、「チベット・モンゴル仏教文化センター」と改称した。因縁かもしれないが、ここは本当にクンブム寺と似た点が多かった。たとえば、ここの敷地面積はクンブム寺と同じで、約六百ムー（四〇ヘクタール）、地球儀を見ると、チベットのアムドとアメリカのインディアナ州は真向かいの経度で同じ緯度であり、どちらも春夏秋冬の四季がはっきり分かれている。

私はまず既存の建物の修復を行った。それから、『三主要道』『修心七要』『入菩薩行論』などの仏教学講座を開設した。後にインディアナ大学の中国人学生から「あなたはカリフォルニアで『大論』を講じたのですから、今度は私たちにも『大論』を講じてくれませんか？」と求められた。

そこで私は英語と漢語で講じる二つの『大論』クラスを開設した。それは本格的で、録音もし、ウェブサイトも作った。この時、私は詳細に講義し、原文だけでなく注釈も講じた。時には、仏教を知っている外国人にも講義してもらった。彼らの中には禅宗を学んだ人もいれば、上座部仏教を学んだ人もいた。また、モンゴル人とチベット人の子供たち向けに年一回サマーキャンプを実

施し、民族の言葉や文字、歌をおさらいさせ、民族の料理を作らせている。

チベット・モンゴル仏教文化センターの中庭に、太陽光で回るように私が設計したマニ車[345]を設置した。仏教徒にとって、ここは参拝に来る寺院であるが、一般の人にとっては、はるかなチベット文化をリアルに見ることのできる場所である。

私はまた宗教間の交流を進めた。インディアナ大学の聖パウロ教会のベネディクト神父と親友になって、ひんぱんに宗教活動を共催した。

チベットとモンゴルの文化の特徴をより多くここに反映させるために、私は故郷にゲル十張りとテント十張りと堆繡《ついしゅう》の大仏タンカ一枚を注文した。タンカは「タンカの里」と呼ばれるレプコンに注文しようと思った。モンゴル国に注文することもできたのだが、私の心は故郷を離れられなかった。一方、私の「政治問題」に故郷の人を巻き込みたくもなかった。いろいろ考えた結果、私の心配は多分杞憂だと判断した。なんといっても亡命してからもう七、八年になるのだから、そんなに敏感ではないだろう？

それで、計画通り注文した。しかし思いがけないことに、その後本当に何人もの人を巻き添えにしてしまった。ラマ・ジクメ[346]もその中の一人だった。彼は以前ラブラン寺の寺民主管理委員会の副主任をしていた。二〇〇六年のある日、彼から電話が来た。「以前私はラブラン寺の楽隊で仏教音楽を演奏していて、クンブム寺にも行ったことがあります。その時あなたにお会いしました」

ラマ・ジクメの電話の用件は、パスポートが取れたのでインド巡礼に行きたいから、知り合いを紹介してほしいということだった。私はもちろん彼の願いをかなえた。彼はインド巡礼後にラブラン寺に戻ってから、わざわざ私に電話をくれた。ダライ・ラマ尊者にお会いして、説法を聞くことができたし、ブッダガヤにも巡礼して、一生の願いがかなったと言っていた。私はラマ・ジクメにテント十張りの製作を頼んだ。彼はちょうどテント作り専門の友達がいると言って、すぐに承知した。

それから私たちは頻繁に連絡を取って、テント作りの進捗を話し合った。ラマ・ジクメはとても順調だと言った。だが、もう少しで完成する頃に電話で話したら、電話の向こうのジクメの声は普段よりずっと小さく、緊張していた。「今日私が行くところ行くところ同じ人がついてきました。見張られているようです！」

「何をしたんだい？」私も緊張した。

「町でテント作りに必要な物を買っただけで、他には何もしていません」ラマ・ジクメが答えた。

「インドに行ったからかな？」私は聞いた。

「私がインドに行ったからと言って、それは合法ですよ」ラマ・ジクメが言った。

まもなく、ラマ・ジクメからまた電話があった。今度は彼の声は恐怖に震えていた。「いけません、私は本当に見張られています」彼が言うには、見張られていることを確認して、臨夏[347]のよく使っている旅館に逃げた。主人は彼を見ると言った。「安全部門の人間があんたを探しに何度も来たよ。別人の名前で二階に部屋を用意したから、早く行って隠れなさい」

ラマ・ジクメは部屋に入ったが、それでも不安だったので、窓から外を見ると、中庭にパトカーが二、三台停まっていた。彼はトイレの窓から飛び降りて、隣の家の屋根に落ちた。その家の老人は彼を泥棒だと思って、叫ぼうとしたが、ラマ・ジクメは言った。「大声を出さないでください。私は盗みはしません。ここから逃げたいだけです」

「何が起こったんだ？」その老人が聞いた。

「誰かに追われています。私は一度インドに行って、ダライ・ラマにお会いしたことがあります」ラマ・ジクメが説明した。

それを聞いて老人は彼を逃がしてくれた。彼は逃げ出してから、私に電話をかけてきて言った。「私は怖くない、何があっても怖くないです！」その言葉はまるで自分に言い聞かせているようだった。その後、私は注文したテントがすべて没収されたことを聞いた。それに他の人に注文したゲルも工場から運び出し門を出たところで没収されたそうだ。大きな堆繍《ついしゅう》のタンカも没収された。彼らになぜ没収するのかと聞いたら、これは国外での反革命活動の材料だと答えたそうだ。

それからだいぶたって、ラマ・ジクメからまた電話が来て、あれから何回も収監されたと言っていた。ある時、彼はクンブム寺に行く途中で、手持ちの金がなくなって、友達に金を借りるために互助県に行った。路

ダライ・ラマがチベット・モンゴル仏教文化センターを訪問。センター理事会メンバーとの記念写真、カート・ジョーンズ、サーマン教授、私、スッダ・コネル、法王、S・バートル、タシ・ワンディ、ブライアン・リー（2007年）

上に数台のパトカーが現れ、前に横向きに停車して彼の乗ったバスを止めた。それから、警官たちがバスに乗り込んできてラマ・ジクメを捕まえ、彼の頭に麻袋をかぶせた。その時、ラマ・ジクメはどこに連れて行かれるのか全く分からず、後でそれが臨夏だと知った。彼らはラマ・ジクメにインドで誰に会って何を話したのか尋問した。ラマ・ジクメは言った。「私は本当のことを彼らに言いました。ダライ・ラマとサムドン・リンポチェ[348]に会って、ダライ・ラマに全てのチベット人があなたが速く帰って来るのを待っていると伝えたと言いました」。彼らは続けて聞いた。おまえはアジャ活仏と電話で何を話した？」。ラマ・ジクメは、テントの注文のことだけだと、やはりありのままを話した。

それ以降、彼からの電話は来なくなった。インターネット上の情報では、彼が最後に逮捕されたのは二〇一一年八月で、いまだに釈放されていないらしい。彼のことが心配でならない。

私がチベット・モンゴル仏教文化センターの住持を引き継いだ年、つまり二〇〇六年に、私はスイスに行ってダライ・ラマ尊者の法会に参加し、法王に報告したとき、彼は非常に喜んで、こちらの状況をいろいろと聞かれた。私はチベット・モンゴル仏教文化センターを代表して法王を招待した。法王のスケジュールは非常にタイトで、ふつうは三、四年前に申請しないと予定に入らないが、彼はその場で私の招待に応じてくれた。その時、彼の秘書は、スケジュールの中に空き時間を見つけられずにとても困っていた。だが、法王は言った。「必ずスケジュールに入れなさい。来年行きましょう」

二〇〇七年、法王がブルーミントンに来る前に、アメリカの連邦警察と州警察から合計四十人ぐらい警官が来て、移動ルートを決める会議を開いた。江沢民がクンブム寺に来たときよりずっと盛大だった。しかも、アメリカの警官は規律が厳格で、私たちが準備した食事には全く手をつけなかった。

私は空港に行ってダライ・ラマを出迎えた。彼が飛行機を降りてから、カタを受け取り私の首にかけて加持してくれた時、私はほんとうに責任の重大さを感じた。私は法王に付き従って、アメリカ国務省が手配した車に乗り、ブルーミントンに向かった。前を走る数台の警察車両とバイクの他に、私たちの乗った車の助手席にも警官が乗っていた。後で知ったことだが、彼は総括警備責任者だった。

私と法王は後部座席に座って、私の右腕が法王の左腕に触れた。その時、法王は手を持ち上げて、私の右手をにぎった。親しみと思いやりが、にぎった手を通じて私の心に伝わってきた。

「センターの授業は始まったかね？　講義しているのは誰だい？」法王が聞いた。

「ほとんど私とゲシェ・ラで、時々西洋の学者に講義してもらっています」私は答えた。

「結構、結構」法王は言った。「以前、私はヨーロッパのある大学が我々の教理問答の方法で学生を教育する研究をやっているのを見たよ。その教育を受けた学生たちの思考は他の学生たちと明らかに違って、開放的で敏捷だった。私にとっていいヒントだったよ。君たちもそれを試してみたらどうだね。君もよく大学で講演しているの？」

「はい、よくやっています」私が答えた。

「どんなことを話してるの？」法王が聞いた。

「仏教と仏教芸術について講演したことがあります」

私が答えた。

「仏教芸術？　どんな話だね？」

「主に東西芸術の比較と仏教芸術の特徴です」私は答えた。

「おお、私には芸術のことは話せないね」法王は笑った。

「チベット・モンゴル仏教文化センターに行く前に、先に聖パウロ教会に寄って行きましょう」ブルーミントンに着く直前に私は法王に言った。

「各宗教の指導者たちが共同で平和を祈願する式典は今日だったかな？」法王は自身のスケジュールをよく知っていた。

「はい、まもなく着きます」。私はインディアナ大学の古い建物が眼前を通り過ぎるのを見て言った。

「それはいいことだ。他の宗教とたくさん交流した方がいい」法王は私を励ましてくれた。

インディアナ大学の聖パウロ教会のベネディクト神父は、カトリック、プロテスタント、イスラム、地元のシャーマニズム関係者など十以上の宗教団体、八百人以上が参加する盛大な歓迎式典を開いてくれた。聖歌隊が歌ったのは『ツォンカパ大師讃』だった。法王は舞台上に座り、思わず聖歌隊の方に振り向いて感嘆した。「聖歌隊が仏教音楽を歌うのを初めて聞いたよ」

それから法王は三日間説法を行い、主にアティシャ尊者の『菩提道灯論』を講じた。二、三十人の神父も参加を求めたので、舞台上の僧団の中に彼らの席を設けた。

ある日、法王が説法に行くと、一人のモンゴルから来た老人が門のところにいた。彼は車いすに乗って法王に向かって合掌した。法王は彼に年齢を聞いた。彼は、百二歳だと答え、タシ・リンチェンと名乗った。

「お元気ですね」法王は感嘆した。確かに、老人は顔の色つやが良く、とても健康そうに見えた。立ち上がって法王に頂礼しようとしたので、法王は彼の肩を押さえて止めた。

「あなたはどこの寺の僧ですか？」

「ウランバートルのダンバダルジャー寺です。私は八歳の時出家しました。教師について仏法を修行し、二十歳で比丘戒を受けました。一九三七年[349]、私が三十三歳の時に、これまで経験したことのない大災厄に襲われ、その時から教師を失い、寺を失い、戒律も失ってしまい……」老人はそう言って泣き出した。

法王の目にも涙が浮かんだ。額を彼の頭にあてて、彼に特別な加持を与えた。私も涙で視界が曇った。しかし、私が悲しくなったのは共産党政権が私たちの平和を破壊したことではなく、チベットに対する、もっと正確に言えばクンブム寺に対する思いが湧き出したからだった。いつになったら、私が今享受している自由を故郷に持って帰れるのだろう。

感応というべきか、それとも交感というべきか、二〇一一年の初め、インターネット上にクンブム寺の僧ティンレー・ギャツォが私にあてて詩を書いた。この詩を私に転送してくれたチベット人が言っていたように、この詩で、「僧ティンレー・ギャツォは悲しみを込めて導師に対する強烈な思いと、クンブム寺と仏教の未来の運命に対する憂慮を訴えている」[351]。当時、私は旅先でこの詩を見て、周りの音が徐々に遠のき、ティンレー・ギャツォの口ずさむ素朴な歌声が耳の奥から聞こえてきて、悲しみがこみ上げた。私も彼に詩を返した。その詩には次のような願いを詠んだ。「悪業罪障を清め終わり、善業祈願が成ったとき、老いも若きも故郷で、いつか必ず相まみえる」[351]

最後に、私はティンレー・ギャツォの詩を私の自伝の結びとしたい。なぜならこれは今日の年若い僧侶の声であり、彼が訴えていることの全てが、かつてクンブム寺の年若い僧侶であった私にとってこの上なく馴染み深く、無常ではあるが、未来に希望を与えてくれるからだ。

アジャ・リンポチェ、
今晩の夜中、
私はまたあなたを夢に見ることができるでしょうか?
アジャ・リンポチェ、
昨夜のリンポチェは、
今日の太陽です。
昨夜の祈禱は、
今日の祈愛です。
昨夜の仏音は、
今日の経灯です。

しかし……
アジャ・リンポチェ、
今日ティンレーはあなたに言いたい。

今日のクンブム寺は変わってしまい、
無数の廟宇は変わってしまいました。

アジャ・リンポチェ、
今日のクンブム寺は風が吹き、
無数のタルチョが一日で吹き飛ばされ、
大金瓦《セルドン・チェンモ》に雪が降り、
無数の仏弟子が日夜凍えています。

アジャ・リンポチェ、
今日は菩提樹が泣き、
無数の心が血を流し、
今日の五明仏学院はあなたを思い、
無数の学生があなたを思って涙を流しています。

アジャ・リンポチェ、
今日護法神はあなたを呼び、
無数の神明があなたに寄り添い、
今日の地宝八塔は寒風の中であなたを迎え、
無数の衆生があなたを思っています。

アジャ・リンポチェ、
今日のクンブム寺を見て、
今生《こんじょう》のアジャ・リンポチェを思うと、
心は悲しみで一杯になります。

アジャ・リンポチェ、
私の今生の両目は、
あなたの導きです。

アジャ・リンポチェ、
今日は正月の五日、
私にとって、
永遠に忘れられない日であり、
悟りが成長する一日でもあります。

本書は一九九八年から書き始め
二〇一二年七月に書き終わり
二〇一二年十二月に校正を終えた

注

1　ラプチュン：インド発祥のチベット暦の紀年法である。六〇年を周期とし、その最初の年をラプチュン年と呼ぶので、こう呼ばれる。第一ラプチュンは西暦一〇二七年から始まり、現在は第十七ラプチュンである。

2　［訳注］ゲル：モンゴル人牧畜民の饅頭型組み立て式家屋。

3　［訳注］カタ：高僧への拝謁、賓客の出迎え、寺の参拝、冠婚葬祭などの際必ず用いられる儀礼用のスカーフ。

4　トゥルク：チベット語で「化身」の意味。仏や菩薩、高僧や偉大な修行者の転生者。

5　ヌルサン・シュパ：チベット語、ビャクシンの葉の粉末。汚れを除く香として祭祀に用いる。

6　［訳注］蔵漢辞典によると、泉から急に大水がふきだして、万戸が失われた（ティショル）からその名がついたと言われている。

7　［訳注］チベット語でトゥーは上、メーは下を意味する。

8　［訳注］メコノプシス・インテグリフォリア：根生葉は倒披針形から線形で、長い葉柄があり、毛が密に生えている。四月から六月ごろ、鮮やかな黄色の花を咲かせる。チベットでは薬草に用いられる。

9　チャンズー：財産管理人ないし執事の意。

10　リンポチェ：チベット語で貴重な宝を意味し、チベット人は転生して再び人間界に来て衆生を導く高僧への尊称として用いる。

11　パンチェン・リンポチェ：チベット語で、パンチェン・ラマの尊称、仏法の大学者の意。パンチェン・ラマはチベット仏教ゲルク派においてダライ・ラマに次ぐ高位の化身ラマの称号である。ツァンの中心都市シガツェにあるタシルンポ寺の座主。

12　［訳注］四つ目犬：頭部が暗い色で、両目の上に薄い色の小さい班がある犬。

13　［訳注］ナンズー・カタ：カタの中の最上級品。

14　［訳注］セルドン・チェンモ：クンブム寺の中心にあって、クンブム寺の中で最も古い建物。ツォンカパの生誕地に生えた聖なる樹木のまわりに建てられたお堂。チベット語でセルは金、ドンは木を意味し、セルドンで如意樹の意。

15　［訳注］ツォンカパ（一三五七－一四一九）：名をロサン・タクパという。チベット仏教ゲルク派の開祖。アムドのツォンカ（現在の青海省湟中県）の生まれであるためこの呼び名がある。

16　パンチェン・ケンポ会議庁：パンチェン・ラマが随員を集めて議事を決定する権力機関。ケンポとはチベット語で「寺院や寺院のタツァン〔学堂〕の宗教的指導者」の意。一九二三年に、パンチェン・ラマ九世が中国の南京に行き、パンチェン行轅《ぎょうえん》〔仮役所〕を作った。これを後にパンチェン・ケンポ会議庁と改名した。付属機関として秘書処、政務処、総務処、典礼処、顧問室が置かれ、武装した衛兵を擁していた。

17　千戸長：官職名。モンゴル帝国時代に形成された軍事・行政組織である千戸制度の長。清朝もこの制度を踏襲した。

18　ケードゥプジェ：ケードップジェ・ゲレクペルサンボ（一三八五－一四三八）、ツァンの生まれでツォンカパ・ラマの二人の高弟のうちの一人。ガンデン寺の第三代座主すなわちガンデン・ティパであり、のちにダライ・ラマ五世からパンチェン・ラマ一世に認定された。

19　〔訳注〕儀軌：儀式や祭典の実行に関する規則。チベット大蔵経には多量の儀軌がある。

20　〔訳注〕勝楽：勝楽タントラ。インドで九世紀後半に成立した密教聖典。母タントラの一つ。

21　〔訳注〕秘密集会：秘密集会タントラ。インドで八世紀に成立した密教聖典。父タントラの一つ。

22　〔訳注〕大威徳：大威徳タントラ。父タントラの一つ。

23　〔訳注〕時輪：時輪タントラ。インドで十一世紀に成立した密教聖典。従来の父母両タントラを統合する不二《ふに》タントラと言われ、身口意具足時輪マンダラに象徴される巨大な密教の体系を構築した。

24　マンダラ：mandalaとはサンスクリット語で円輪もしくは完全という意味で、漢語訳では壇という。色砂で作られたものや立体のもの、タンカに描かれた図画などの形式がある。

25　〔訳注〕大楽輪殿：マンダラの中央にある宮殿の最上階。

26　五明：古代インドで学芸を五分類したものの総称。声明〔言語学〕、因明〔論理学〕、内明〔形而上学〕、医方明〔医学・薬学・呪術〕、工巧明〔造形学〕の五つ。

27　〔訳注〕加持：高僧がその優れた力を衆生に加え持たせること。さらに進んで祈祷をして供物などを浄化することも加持という。加被《かび》とも。

28　〔訳注〕ジェクンド：青海省玉樹チベット族自治州。

29　〔訳注〕ジェグ寺：青海省玉樹チベット族自治州玉樹市にあるサキャ派の寺。

30　〔訳注〕麻日村：今日の青海省循化サラール族自治県文都郷麻日村。クンツァン村のこと。

31　ラマ：チベット語で導師の意。

32　ジクテン・ゲゲン：幼いトゥルクの生活の世話を親のようにする先生。［訳注］直訳すると世間（世俗）の先生。

33　宗教改革：『鏡鑑――青海民族工作若干重大歴史事件回顧』（共産党青海省委員会元書記馬万里編）によれば、「中共中央の批准を経て、中央統一戦線部は一九五八年五月と九月にイスラム教問題とラマ教問題の座談会を召集し、宗教制度改革を行うことを正式に打ち出した。一九五八年十二月、中共中央は国家民族委員会共産党指導組の『現在のイスラム教・ラマ教工作問題についての報告』を承認し、……十分に大衆を動員して、宗教界の反革命分子を粛清し、宗教界の右派分子と悪質分子と戦い、宗教の封建特権と搾取制度を徹底的に廃除することを打ち出した。この方針は、チベット地区では暫時執行しないが、他の全てのイスラム教とラマ教を信仰する少数民族地区の全てで、段階的かつ徹底的に執行する」とされている。実際には、これはチベットのカムとアムドで発動された政治運動で、目的はチベットの宗教に対して、寺院の閉鎖、宗教界の主要人物の逮捕、僧侶の還俗強制などの一連の破壊活動を行うことだった。『鏡鑑』が認めているように、「関係資料と統計によると、一九五八年十一月までに、全省六百十八座のチベット仏教寺院のうち五百九十七座が解体され、五万七千三百九十名の宗教者中三万八百三十九人が還俗し、……多くの寺院の建物が壊されたり、人民公社や生産隊に倉庫、食堂、託児所として使われており、……一部の宗教界の人々を誤って迫害、逮捕した」。

34　七万言上書：パンチェン・ラマ十世が一九六二年に書いて中共指導部に提出したチベット人地区調査報告。正式名称は『チベットの全体的状況と具体的状況およびチベットを主とするチベット族地区の苦楽と今後の要求に関する報告』で、全文七万字余りである。『七万言上書』は中共に「反党反社会主義綱領」と決め付けられ、一九六二年末にパンチェン・ラマはチベットで厳しく批判され、十数年に及ぶ獄中生活を送ることになった。

35　お上：本書の中で登場するこの言葉は、単一イデオロギー環境の中で生活する人々の口癖であるだけでなく、「中国的」な政治的名詞でもあり、一種の隠語である。「上の方」「お上」「上層部」、これらの言葉はどれも生殺与奪の権を握る最高権力を指す。辺境地区の権力者の代名詞にもなるし、すべての権力が集まる高みである「北京」の隠喩にもなる。この体制の下では、人々はみなこの言葉を深く会得しており、この言葉を聞くと口をつぐんで小さくなる。

36　積極分子：チベット人作家のオーセルは、チベットの文化大革命についての写真文集『殺劫』（日本語訳が集広舎から出版されている）の中で、「積極分子」について次のように述べている。「一九五〇年中共はチベットに進軍して、『輝かしい新チベット』を作り上げると約束すると同時に、精神的な『洗脳』と物質的な施しに力を入れた結果、少なからぬ下層チベット人がそれに追随し、上層チベット人の中にまで熱血青年が現れ……一九五九年『反乱鎮圧』が終わると、『民主改革』を通して中共は『三大領主』を選び出し、また『積極分子』を選び出した。それ以降、〔階級教育、愛国主義教育、社会主義教育の〕『三教』運動、〔政治の粛清、経済の粛清、組織の粛清、思想の粛清の〕『四清』運動から一九六六年の文革の開始まで毎回の運動を通じて、相当多くの積極分子を育て上げた。……積極分子の中には少なからぬルンペン・プロレタリアートのような人々、チベット語で『フルツンパ』とか『フルツンチェン』と呼ばれる人々がいた」。

37　テルマ：薄手の羊毛の織物。埋蔵教法のテルマとは異なる。

38　ラツェ：チベット語。護法神を供養する法会のこと。

39　〔訳注〕西寧：青海省の省都。クンブム寺から市内までの距離は約二三キロメートル。

40　王進喜（一九二三－七〇）：石油さく井労働者、中国共産党員、有名な「全国労働模範」。毛沢東が呼びかけた「工業は大寨に学べ」運動において「鉄人」称号を授けられた。文化大革命中は大慶革命委員会副主任だった。

41　〔訳注〕三毒：衆生の善心を害するもっとも根本的な三種類の煩悩を毒にたとえたもの。貪《とん》・瞋《じん》・癡《ち》、つまり貪《むさぼ》り、怒り、無知の三つ。

42　〔訳注〕究竟次第：インド後期密教で説かれる修行法の一つ。

43　〔訳注〕五蘊：色、受、想、行、識の五者。色は物質現象であり、他の四つは心理現象である。人間を心身、つまり受、想、行、識と色から成るものと見る考え方。

44　〔訳注〕カチェン：タシルンポ寺で授与する仏教博士タイトル名。

45　バター細工：チベット仏教彫塑芸術固有のの彫塑。バターを原料に、立体的な仏教説話を彫上げる。各種の仏像、人物、風景、草花、樹木などがあり、大きいものは一～二メートル、小さいものは一〇～二〇センチメートルである。クンブム寺のバター細工は優れているとみなされており、上下二ヵ所のバター細工園があり、バター細工専門の僧侶を養成している。毎年旧暦の正月十五日はクンブム寺の灯明祭りである。

46　八個塔：八宝如意塔のことで、善事八塔とも呼ばれ、クンブム寺の前の広場にある。ブッダの誕生、成仏など八大成就を紀念して、一七七六年に建造された。

47　実は「活仏」という漢語訳は誤訳である。ダライ・ラマ尊者は自伝の中で、「ひどい誤解の源は中国人が「ラマ」を「活仏」と解したことである。それは間違っている。チベット仏教には生きた仏はいない。ただ、ダライ・ラマなど一部の人は自由に転生できると言われており、生まれ変わりは『トゥルク（tulku）』と呼ばれている」と述べている。tulkuとはチベット語で、化身、転生者の意味であり、チベット仏教において転生した僧侶を指す。

48　［訳注］ラブラン寺：ラブラン寺はアムド地方、甘粛省甘南チベット族自治州夏河県にあるゲルク派の寺院。ラブラン・タシキル寺とも言う。チベット自治区のガンデン寺・セラ寺・デプン寺・タシルンポ寺、青海省のクンブム寺とともにゲルク派六大僧院のひとつとされる。

49　ゲシェ：漢語では善知識と訳される。チベット仏教ゲルク派においては、僧侶が長期間の修行と学習を経て、試験に合格して得ることのできる仏教学位を指す。博士に該当する。

50　［訳注］セショ：本来は供物の果物を包むのに用いた紙。その後儀礼化し、白い紙の上に一回り小さい赤い紙を置き、その上に砂糖を積み、その上に果物を置いて奉じるようになった。

51　ジャムヤン・シェーパ・リンポチェ：チベット仏教ゲルク派六大寺院の一つ、アムドのラブラン寺の寺主。六世まで継承されている。前数代のジャムヤン・シェーパ・リンポチェは学問で名を成し、チベット仏教に貢献した。ジャムヤン・シェーパ六世は一九四八年アムドのカンツァ（青海省海北チベット族自治州剛察県）生まれ、一九五一年にパンチェン大師十世に認定され、一九五二年にラブラン寺で法座を継承した。文革中は労働改造を強制された。甘粛省人民代表大会常務委員会副主任、中国仏教協会副会長などを歴任した。

52　ジョマ・デェー：野生のジョマ〔アムドチベット語でツルキンバイの貯蔵根（塊根）のこと。中央チベット語では「トマ」と発音する〕を煮て、炊いた米と混ぜ、溶けたバターをかけ、その上に白砂糖と干しブドウをまぶす。チベット人、モンゴル人の祝日の祝いや上客をもてなす時の料理。

53　［訳注］尊者：仏教用語。仏弟子に対する尊称。智徳のそなわった優れた出家者の意。

54　タクツェル・リンポチェ（一九二二―二〇〇八年九月五日）：トゥプテン・ジクメ・ノルブ、アムドのタクツェル地方に生まれた。ダライ・ラマ十四世の長兄。三歳の時にダライ・ラマ十三世から認定され、八歳からクンブム寺で仏教学を学び、二十七歳でクンブム寺の住持に就任した。

中共に占領されたチベットに対する国際社会の援助を求めて、一九五二年にアメリカに亡命した。一九六五年インディアナ大学のチベット学研究科の教授となり、一九七九年にチベット文化保護センターを設立した。タクツェル・リンポチェは同時に確固としてチベットの独立を追求し、一九九五年にアメリカで国際チベット独立運動組織を設立し、「偉大な民族の自由の闘志」と評価されている。

55　馬歩芳（一九〇三―七五）：回族の軍閥。「西北王」と称された。中華民国時代に国民政府西北軍政長官公署長官、青海省政府主席を四十年間務めた。西北の現地の民謡に「山に登る虎も山を下る狼も、青海の馬歩芳ほど獰猛ではない」と歌われているように、彼は非常に多くのチベット人を虐殺した。

56　カシャ：チベット政府の内閣。「受命大臣の部屋」と「命令発布の部屋」の二つの意味がある。一六四二年にガンデン・ポタン政権が樹立され、ダライ・ラマ五世は「コンサ・チェンポ」と称された。それは「偉大にして至高なる者」という意味である。一七五一年、ダライ・ラマ七世はチベットの行政機構の改革を行い、四名をカルンに任命した。カルンとは直接ダライ・ラマの命令を受ける大臣の意味で、日常の行政事務を担当し、彼らによって構成される政府は「カシャ」と呼ばれた。一九五九年にダライ・ラマのインド亡命後カシャの性質と職能は大きく変化し、全チベット人を代表する民主政府に変わった。

57　チュバ：チベット語。チベット服の総称。ここでは長い上着。

58　［訳注］ギャワ・リンポチェ：チベット人の間でのダライ・ラマの敬称。煩悩に打ち勝った人の意。

59　［訳注］『量評釈』：七世紀に活躍したダルマキールティの論理学の主著。

60　［訳注］『現観荘厳論』：『般若経』を実践の観点から解説した書。チベット仏教における「弥勒五論」の一つ。

61　チパ：チベット語。チサと呼ぶ地域もある。寺の補給と総務を担当する部署。

62　チャム：チベット仏教寺院の舞踏。漢語には金剛法舞と訳される。

63　［訳注］ルシャル鎮：クンブム寺のある鎮（町）の名。湟中県県政府所在鎮。

64　ドゥプトー：チベット語。行事の時に警備をする僧侶、また、寺の規則を守らない僧侶のことを指すこともある。

65　チャプスチ：アムドチベット語。中央チベット語ではキャプスチ。「帰依いたします」の意。

66　ジンタ：チベット語。「ジンタ」はタツァン（学堂）の下の学級に相当する。クンブム寺には四つのタツァンがあり、ツェンニー・タツァン（顕教学堂）の下には五つのジンタ（学級）がある。その中の二つのジンタ、ジェツン・ジンタとゴマン・ジンタはどちらも般若経を学ぶ学級で、バター細工作りで競い合う伝統がある。

67　タンカ：チベットの軸装仏画。タンカには絵画タンカが一般的であるが、他にも工芸の種類により刺繍タンカ、紋織タンカ、堆繍タンカ、宝石タンカがある。題材は仏像や仏教の物語である。

68　［訳注］堆繍：布幕の上に布きれを張り付けて図案を作り、その上で細部を刺繍する工芸。堆繍タンカには平面堆繍と立体堆繍がある。アップリケ・タンカとも。

69　スリグ・アカ：スリグはチベット語で幼いリンポチェの意。アジャ・リンポチェの幼名。アカは兄の意。

70　ツァカ：チベット語で塩湖のこと。青海湖東部の塩湖の名。

71　長寿三尊：チベット仏教においては、無量寿仏、尊勝仏母、白ターラーが福寿吉祥の象徴とされ、「長寿三尊」と呼ばれている。これはチベットの多くの寺院で見られる仏像の組み合わせである。

72　清朝皇帝が寄進した歴代のアキャ・ホトクト〔アジャ・リンポチェのモンゴル語呼称〕の北京の邸宅。

73　幹部：中国では共産党と政府機関の行政管理事務に従事する職員を幹部と言う。

74　［訳注］六道輪廻：六道を輪廻することを六道輪廻という。六道とは衆生がみずから作った業によって生死を繰り返す六つの世界のこと。地獄・餓鬼・畜生・修羅・人・天の六つ。地獄・餓鬼・畜生を三悪道といい、修羅・人・天を三善道という。

75　［訳注］南贍部洲：われわれ人間の住む島。仏教宇宙観で須弥山の東西南北にあるとされる四つの島（大陸）の一つ。

76　［訳注］三十三天：仏教世界観で須弥山の頂上にあり、帝釈天（インドラ）がここに住んでいる。四方に峰があり、峰ごとに八天あるので三十二天、それに中央の帝釈天を加えて三十三天となる。

77　［訳注］オン・マ・ニ・ペ・メ・フム：（Om・Mani・Padme・Hum）は、チベット仏教徒によって最もよく唱えられている真言（マントラ）である。チベット仏教では、慈悲の化身である観音菩薩のこの真言を唱えることによって、悪業から逃れ、徳を積み、苦しみの海から出て、悟りを開く助けになるとされている。

78　［訳注］アリク：青海省海北チベット族自治州祁連県にある郷の名。牧畜民のアリク部族の居住地であることから。漢語名は阿柔。

79 ［訳注］天峻：青海省海西モンゴル族チベット族自治州にある県の名。
80 「封建主義の覆いをあばく大会」：「覆いをあばく」とは矛盾や問題を暴露することのたとえで、中国共産党の毎回の政治運動の常套句。つまり、彼らが言う所の隠された矛盾を暴くことで、政治運動を盛り上げる。
81 チベット語で哀願するとき発する言葉。
82 ［訳注］アリク部族の阿呆：アムド地方の民間には知識はないが信心深いアリク部族の人間が引き起こす滑稽譚が多く流布している。
83 ［訳注］デリンハ：青海省海西モンゴル族チベット族自治州の県級市。当時は県。海西州の州政府所在地。
84 ［訳注］ゴルムド：青海省海西モンゴル族チベット族自治州の県級市。当時は県。
85 ［訳注］化隆：化隆回族自治県。青海省海東市の自治県。
86 ジャマガ：ジャマはコック、ガはうれしい、良いの意味。ここでは「良いコック」の意味である。
87 テントゥク：チベット語。幅広の麺。短くちぎって汁麺にして食べる。
88 ［訳注］トゥー族：中国政府が認定するのモンゴル系少数民族。総人口約二十九万人（二〇一〇年）。主に青海省東部に居住する。
89 ［訳注］チェンザ：青海省黄南チベット族自治州尖扎県の中の地名。
90 ［訳注］デツァ：青海省化隆回族自治県支扎郷。
91 労働教養：労働教養では労働改造と同じく施設に収容して強制労働に従事させるが、労働改造が司法処分であるのに対して、労働教養は行政処分なので警察だけの判断で何年間も収容することができる。
92 比丘三衣：出家の比丘が個人所有を許されていた三種の衣服。大衣、上衣、内衣（下衣）。
93 ロサル：チベット語。チベット暦の新年。
94 ［訳注］ゲクー：僧院の規律を管理する執法僧官、別名鉄棒ラマ。
95 マニカン：チベット語。マニ車を納めてあるお堂。そこで信徒がマニ車を回す。また堂内は信徒の集会場所にもなる。
96 ［訳注］八葉蓮華：花弁が八枚ある蓮華。
97 ［訳注］雪獅子：チベット仏教において雪獅子はブッダの守護者である。
98 ［訳注］四瑞図：象、猿、兎、鶉《うずら》の絵。
99 ［訳注］七政宝：転輪聖王《てんりんじょうおう》が所持するという七つの宝。輪宝、神珠宝（摩尼宝）、妃女宝、蔵臣宝、象宝、勝馬宝、将軍宝の七つ。

１００　[訳注] 八吉祥：仏教の威力を象徴する八種の物。法輪、法螺、宝傘、白蓋、蓮花、宝瓶、金魚の八つ。

１０１　[訳注] 五芒星：五つの突起をもつ星形。ここでは中国国旗「五星紅旗」の星のこと。

１０２　三面紅旗：ウィキペディア漢語版によると「中共が一九五八年に実施した第二次五ヵ年計画の中の三つの中心的事業。元の名は『三つの法宝』、一九六〇年五月以降『三面紅旗』に改名した。三つとは基本路線、大躍進、人民公社のことである。その意図は短期間のうちに中国を富強な国家にし、社会主義を確立することであった。基本路線とは社会主義建設の綱領を、大躍進とは速度を、人民公社とは組織を表す」。

１０３　[訳注] ライー：チベット語。掛合歌の一種。主に男女間の恋歌。

１０４　[訳注] 花児：「花児」は男女間の掛合歌の一種で、「山歌」とも呼ばれる。甘粛、青海、寧夏の漢族、回族などの民間歌謡。青海省では「少年」とも言う。「花児」では歌の掛け合いの中で、男側は女側を「花児」と呼び、女側は男側を「少年」と呼ぶ。

１０５　[訳注] ゲルク派：チベット仏教最大の宗派で、「ゲルク」は良い教え、行いを意味する。俗称「黄帽派」。ツォンカパを開祖とする。

１０６　[訳注] 夏安居：仏教教団で、修行者たちが一定期間一か所で集団生活し、外出を避けて修行に専念すること。

１０７　[訳注] 身語意：「身」は身体、「語」は言語、「意」は心意もしくは思慮。およそ一切の業（行為）は「身業」（身体的行為）、「語業」（言語表現）、「意業」（心意作用）の三業によって包括される。身口意《しんくい》とも。

１０８　[訳注] 不十善：殺生・盗み・邪淫・妄語・悪口・両舌・綺語・貪・瞋・悪見の十の行為。十悪とも。

１０９　[訳注] 文芸工作団：共産党の政策を民衆に浸透させることを目的とする芸能組織で田植え踊り隊もその一種。

１１０　[訳注] 拳を打つ：「豁拳」宴会の際の数あてゲーム。負けた方が酒を飲んだり罰ゲームをしたりする。

１１１　[訳注] 労働改造農場：原文「労改」。ソ連のラーゲリにならって中国共産党が導入した制度。強制労働を通じて主に政治犯の思想を改造することを目的とする強制収容所。一九五四年の労働改造条例で明文化された。

１１２　リタン寺：一五八〇年創建、またの名をチャムチェン・チョエコルリン寺。カム南部（現在の四川省カンゼチベット族自治州リタン県）にある。カム地方最大のゲルク派寺院。一部が一九五〇年代に破壊され、その後主にチベット人信者によって再建された。

１１３　セルゾン寺：一九二三年創建、アムド（現在の青海省海南チベット族自治州興海県）にある。アムド四大奇観の一つのセルゾン山のふもとにある。

１１４　ギャヤタン：チベット語。現在の湟中県上新荘。

１１５　［訳注］六糸緞：繻子の一種。普通の繻子に比べて縦糸が粗く、光沢が劣る。

１１６　［訳注］シェラプ・ギャツォ：（一八八四－一九六八）。ゲルク派の大ゲシェ、『チベット大蔵経仏説部（カンギュル）』や『プトゥン・リンチェントゥプ全集』の校訂、『蔵漢大辞典』の校閲を行った。また、多数の著書がある。共産党政権になってからは中国仏教協会会長、中国仏学院院長、青海省副省長などを歴任した。

１１７　タシデレ：チベット語、幸運の意。「こんにちは」のあいさつとして用いられる。

１１８　クンカムサン：チベット語、身体が健康の意。「お元気ですか」。

１１９　［訳注］供茶経：お茶を飲む前に唱えるお祈りの言葉。

１２０　［訳注］この四句経文は『菩提道次第集義』の一節。

１２１　ペーデン：チベット語。八吉祥図が描かれた黄色い長い布。貴賓を迎える時の赤絨毯と同じ用途で、ダライ・ラマとパンチェン・ラマを迎える時にだけ使用する。

１２２　レーナ：寺の事務をつかさどる僧のこと。執事。

１２３　［訳注］聞思修：悟りに導く智慧を修行の段階に従って三段階に分類したもの。教えを聞いて了解する智慧（聞慧）、道理を思惟して生ずる智慧（思慧）、修行により体得する智慧（修慧）の三段階。

１２４　［訳注］持護増：教勢の維持拡大。

１２５　［訳注］購入販売合作社：一九五〇年代に農民への商品供給と農産物買い付けを目的として政府により組織された合作社（協同組合）。

１２６　［訳注］『帰依発心』：『帰依三宝発慈悲心』のこと。

１２７　［訳注］『兜率天』：『兜率天上師瑜伽法』のこと。

１２８　［訳注］『菩提道次第小論《ぼだいどうしだいしょうろん》』：ゲルク派の開祖ツォンカパの顕教に関する主著『菩提道次第大論』をツォンカパ自身が要約した著。

１２９　［訳注］カンツァ：漢語名剛察（ガンチャー）、青海湖の北、海北チベット族自治州にある県。

１３０　バクシ：セルドク・リンポチェの幼名。モンゴル語で教師の意。

１３１　核兵器開発基地：青海省海晏県西海鎮金銀灘に立地した。一九五八年、中国はここに最初の核兵器開発基地を建設した。その敷地面積は一一七〇平方キロメートル、十八の工場エリア、四つの生活エリアから成り、延べ床面積六〇万平方メートル以上、「二二一廠」というコード名の工場である。中国最初の原子爆弾と最初の水素爆弾はどちらもここで製造され、発射された。二〇一二年の第三期『炎黄春秋』に「金銀灘之痛」という文章が発表された。作者の尹曙生は元安徽省公安庁副庁長で、かつて青海省公安庁で働いていた。彼はこの核兵器開発基地建設時の血なまぐさい事件を回想している。例えば、「オオカミ駆除という名の反革命集団」捏造事件では、海晏《かいあん》県で宗教界のエリートを含む七～八百人が逮捕され、生存者はごく少なかった。現地の千七百十五戸のチベット人とモンゴル人の牧畜家庭が強制移住させられ、八百人以上が移動中に死亡した。

１３２　〔訳注〕叉杖付きの火縄銃：二本の支え棒がついた銃。馬の首に据えて安定して撃てる。http://bbs.tiexue.net/post2_6959962_1.htmlの中に「叉叉槍」という名で写真が掲載されている。

１３３　シレコ：アムドチベット語で失望の感嘆詞。「ひどい」「チクショー」に相当。

１３４　〔訳注〕ゾ：ゾはヤクと牛との間の一代雑種。ここではヤクはモンゴル人とチベット人に、牛は漢人にたとえられている。

１３５　〔訳注〕律蔵：経、律、論の「三蔵」のうちの一つ。僧伽の生活規範や運営規範を記した典籍を指す。

１３６　〔訳注〕托勒牧場：現在の央隆郷。一九五八年隣の海晏県に核兵器開発を目的とする二二一廠が設立され、牧畜民千七百十五戸が強制移住させられた。その内の四百六十一戸二千百八十三人が風雪の中を徒歩で托勒牧場に移住させられた。二十六日間かけて牧場にたどり着いたときには千八百七十九人に減っていた。到着後に生き残った家畜も牧場当局に没収されたという記録がある（尹曙生「金銀灘之痛」）。

１３７　〔訳注〕門源：門源回族自治県。青海省海北チベット族自治州にある県。

１３８　〔訳注〕多隆郷：青海省海北チベット族自治州祁連県にある郷。

１３９　チャルハン軍用飛行場：チャルハンとはモンゴル語で塩性湿地の意。チャルハン塩湖は世界で最も有名な内陸塩湖の一つである。一九六〇年代にチャルハン塩湖に小型軍用飛行場が建設された。二〇〇二年に軍民共用の飛行場として拡張され、ゴルムド空港と改名された。

１４０　ガプー・ガワン・ジクメ（一九一〇－二〇〇九）：ウィキペディアによると、彼は「かつてチベットのカシャ政府のカロン（兼チャムド総督）を務め、一九五五年に中国人民解放軍から中将の階級を授けられた」とある。彼は最初のチベット自治区人民政府主席である。中国人民代表大会常務委員会副委員長、中国政治協商会議副主席などを歴任した。中共当局の彼に対する評価は、「偉大な愛国主義者、著名な社会活動家、チベット族人民の優秀な息子、我が国の民族工作の傑出した指導者、中国共産党の親密な友人」である。チベット人は彼に対してそれとは異なる評価をしている。つまり彼は議論のある人物である。

141　カプセ：チベット語。揚げ菓子の一種。

142　ヨンジン・リンポチェ：一般的にはダライ・ラマとパンチェン大師の教師に対する尊称。一部の有名なリンポチェの教師もこの尊称で呼ばれる。また、ヨンジンと名乗るリンポチェもいる。

143　ジョカン：チベット語で一般に仏殿の意。固有名詞としてはトゥルナン寺を指す。ダライ・ラマから「全チベットで最も神聖な寺院」と称えられる。吐蕃《チベット》の第三十三代君主ソンツェン・ガンポが七世紀初めに建てたが、文革の際に古い仏像はほぼすべて破壊され、傷んだ建物を残すのみとなった。一九八〇年代に再建された。

144　［訳注］頂礼：仏教の礼法の一。尊者の前にひれ伏し、頭を地につけ、足元を拝する最敬礼。

145　『王統明鏡史』：十四世紀のサキャ派の僧侶ソナム・ギェルツェン（サキャ大寺座主、ツォンカパ大師の導師）の著作。この本は吐蕃王朝の歴代の王の系譜を主な手掛かりとし、チベット王朝全体の政治、軍事、宗教文化の歴史を叙述している歴史書である。

146　［訳注］幡蓋：周りに垂れ布の付いた傘。

147　［訳注］タルチョ：チベット仏教の五色の祈祷旗。

148　［訳注］パドマサンバヴァ：八世紀に活躍したインドの在家密教行者。チベットのティソン・デツェン王に招かれて、七七五年のサムイェ寺定礎の際の導師をつとめ、仏敵を調伏するプルパの法などを伝えた。また伝説では彼はチベットの各地に埋蔵教法「テルマ」を秘匿したとされる。

149　［訳注］シャーンタラクシタ：（七二五－七八四頃）。インドのナーランダー僧院の大学者。チベットに招かれてサムイェ寺を建立、七七九年、チベット人六人に具足戒を授け、チベット最初の出家教団を発足させたとされる。

150　［訳注］ツェル・クンタン：ラサの東郊の地名。現在のツェル・クンタン郷。

151　パルコル：チベット語。トゥルナン寺を周回する巡礼路で、商店街を形成している。

152　［訳注］アルシャー：内モンゴル自治区の最西部に位置する盟。漢語名：阿拉善盟。

153　［訳注］ラモチェ：ラサにある寺院。六四六年頃チベットのグンソン・グンツェン王の妻文成公主によって王の追悼のために建立された。

154　ドゥンパ・ラ：チベット語。ドゥンパとは一部の寺で初級ゲシェや一般の執事を指す。ラは敬称。
155　クンドゥン：チベット語。虚心に呼びかければ眼前に現れるの意。ダライ・ラマ、パンチェン大師および地位の非常に高い僧侶に対して用いられる敬称。
156　［訳注］法幢を立てる：説法を行うことを法幢を立てると言う。
157　［訳注］五部大論：マイトレーヤの『現観荘厳論』、チャンドラキールティの『入中論』、ダルマキールティの『量評釈』、ヴァスバンドゥの『倶舎論』、グナプラバーの『戒論』の五部。
158　［訳注］四部タントラ：密教の四つのタントラ。所作、行、瑜伽、無上瑜伽の四部。
159　ディクソン：チベット語。「十分」「もう結構」という意味。
160　ドゥダタン：チベット語。僧侶が教理問答や法会を行う場所。石畳を敷いた中庭になっていることが多い。
161　［訳注］ガリ：西チベット。新疆ウイグル自治区、インドと境を接する地域。
162　［訳注］ガンデン・ティパ：ゲルク派全体を束ねる長。
163　チュゼ：チベット語。仏具一般を指す名詞。ここでは繻子で作られた装飾品を指す。
164　リンカ：チベット語。ピクニックおよび公園、庭園の意。
165　チュラ：チベット語。ここでは乾燥チーズ。
166　三大教育運動：一九六三年、中共はチベットの現在の階級闘争の状況にかんがみ、階級教育、社会主義前途教育、愛国主義教育を強化することを通じて、断固として貧困農牧民に依拠し、広範な大衆を大いに動員し、チベット民族の上層人士を改造して共産党に結集させ、農奴主階級の反攻・復活活動を撃退することを、民主革命任務の徹底実施のための重要任務であると提起した。それ以降、チベット各地で三大教育運動が展開された。
167　ロトゥン：チベット語で同志の意。「新チベット」になってから作られた多くの新名詞の一つ。
168　［訳注］甘露：原語のアムリタは不死、または不死をもたらす飲料を意味する。
169　ウルド：チベット語。牛や羊の毛で編んだ牧畜用の鞭で、石を挟んで投石具として使うこともできる。
170　三大領主：中共が伝統チベット政府、寺院、荘園主に対して与えた名称。それを「最も反動的、最も暗黒、最も残酷、最も野蛮」と決め付けた。
171　三つの山：中共は三つの敵――帝国主義、封建主義、官僚資本主義――がかつて中国人民の頭を押さえつけていたとし、それを三つの山にたとえた。そして、伝統チベット政府、寺院、荘園主がチベット人民の頭を押さえつけている「三つの山」であるとした。

１７２　［訳注］トムシカン：清朝時代には駐蔵大臣の住居兼役所としても使用されたことのある歴史的建造物。現在は市場として使用されている。

１７３　社教運動：「社会主義教育運動」の略。一九六二年に中国共産党第八期第十回中央委員会全体会議で、毛沢東は階級闘争を拡大化、絶対化し、中国で社会主義教育を進めることを提起した。それから全国で「社教運動」が始まった。それを「四清運動」と呼んだ地方もあった。「社教運動」は文化大革命の前触れだった。

１７４　［訳注］年羹尭（一六七九－一七二六）：清朝の漢人旗人。一七二三年にチベットに遠征してアムドを占領し、第一次チベット分割を行った。

１７５　［訳注］一平二調：人民公社で行われた平均主義的供給制度。一平とは集団食堂を指し、二調とは労働力や財物の無償徴発を指す。

１７６　［訳注］セルティ・リンポチェ：セルティ・ロサン・テンペー・ギェルツェン（一九三三－一九六〇）。一九五五年にクンブム寺の住持に就任。一九五七年にモスクワで開かれた世界青年学生祭典に参加。一九五八年に投獄され、一九六〇年に獄死。

１７７　［訳注］中華全国青年連合会：共産党の青年組織である共青団を中核とする青年団体の連合組織。

１７８　［訳注］鉄棒ラマ：僧院の規律を管理する執法僧官、ゲクー。

１７９　［訳注］四旧打破、四新樹立：旧思想、旧文化、旧風俗、旧習慣を打ち壊し、新しいそれを打ち立てるの意。

１８０　［訳注］吊り相撲：四つに組んで吊り合い、両足が宙に浮いた方が負け。

１８１　［訳注］棒相撲：対面して座って足をまっすぐ伸ばし足裏を相手の足裏と合わせる。その姿勢で短い棒を引っ張り合って腰が浮いた方が負け。

１８２　［訳注］白崇禧：一八九三－一九六六年。中華民国のイスラム教徒の軍人。

１８３　一九六八年五月二十五日、中共は「毛主席の『北京新華印刷廠軍事管制委員会が大衆を動員して対敵闘争を展開した経験』に関する指示の転送に関する通知」を発出し、「階級敵」を探し出すという名目で「階級浄化」を始めた。それはスターリンの「大粛清」よりもひどかった。

１８４　アムニェシリ：アムド地方にある霊山の名。

１８５　八部衆：天竜八部とも称し、風雨雷電などをつかさどる八種の天神。天衆、竜衆、夜叉、乾闥婆《けんだつば》、阿修羅、迦《か》楼羅《るら》、緊那羅《きんなら》、摩睺羅迦《まごらが》から成る。

186　[訳注] アホン：イスラム教の神学者、説教者、司祭などを指すペルシャ語由来の言葉。中国では政府から免状を与えられた宗教指導者を指す。

187　[訳注] 黒五類：地主・富農・反革命・悪質・右派の五種類の「人民」の敵。

188　[訳注] 貴南：青海省海南チベット族自治州の県。

189　[訳注] 金剛鈴：密教で使われる法具。鈴の把が金剛《こんごう》杵《しょ》の形をしているためこの名がある。

190　[訳注] 十善戒：不殺生《ふせっしょう》、不偸盗《ふちゅうとう》、不邪淫《ふじゃいん》、不妄語《ふもうご》、不悪口《ふあっく》、不両舌《ふりょうぜつ》、不綺語《ふきご》、無貪《むとん》、無瞋《むしん》、正見《しょうけん》の十の行為。

191　[訳注] 三学：仏道を修行する者が必ず修めるべき三つの基本的な修行の項目、戒学《かいがく》、定学《じょうがく》、慧学《えがく》のこと。

192　[訳注] 十二因縁：人生の苦悩の根源を追究し、その根源を断つことによって苦悩を滅するための十二の条件。十二縁起とも言う。

193　[訳注] 舎利：高僧を火葬した時に出てくるとされる粒状もしくは球状の物。生前に功徳を積めば積むほどたくさんできると言われる。

194　[訳注] 大寨：山西省東部、昔陽県にある社会主義モデル農村。大寨生産大隊は自然条件の悪い傾斜地を人力で段々畑に変え収量を大幅に増やしたと誇大な宣伝がされた。

195　夜守ってる：原文「守夜」は夜警の意。廃材を盗まれないように僧侶が見張りをしていることを指す。

196　「大寨に学べ」：大寨とは山西省昔陽県大寨公社の一生産大隊（今日の大寨鎮大寨村）。「農業は大寨に学べ」は中国が一九六〇年代に展開した運動で、その発端は毛沢東が一九六三年に発した「工業は大慶に学び、農業は大寨に学び、全国は人民解放軍に学べ」という指示である。

197　群加林場：湟中県にある林場。[訳注] 林場とは日本のかつての営林署に似た国有林を管理する組織だが、管内の住民の管理も行うので行政組織の一面もある。

198　焦裕禄（一九二二－六四）：中国共産党員。一九六二年に共産党河南省蘭考県委員会書記に就任。当時蘭考は、内水氾濫、砂嵐、土壌塩害の三害に悩み、食糧の単位収量は全省最下位だった。焦裕禄は全県の大衆を率いて生産自救を展開し、全中国が学ぶべき見本に選ばれた。[訳注] 文革中の政治教育のモデルとされた人物。

199　[訳注] 無間地獄：間断なく苦を受け、息をつく間が無い間がない地獄のこと。阿鼻地獄。チベット仏教では死んで間をおかずに直ちに落ちる地獄という意味もある。

200　[訳注] 林彪事件：毛沢東の後継者とされていた林彪が毛沢東暗殺に失敗し、国外逃亡を図りモンゴルで墜死したとされる事件。

201　「四人組」：文化大革命期間中の共産党内の主要な政

治勢力の一派。毛沢東がその「文革」政治思想を貫徹するための主な推進力であった。その中心メンバーは毛沢東夫人の江青、張春橋、姚文元、王洪文の四人。毛沢東の死後、反革命集団と断罪され、公開裁判にかけられた。

２０２　プトゥン・リンチェントゥプ（一二九〇－一三六四）：チベット仏教学者、シャル派の開祖。もとトプ・カギュ派に属していた。カギュ派、カダム派、サキャ派の教説を学び、広く仏教学の知識を修め、多くの仏教学と歴史に関する著作を著わした。デルゲ版『全集』は全二十六函、二百種余りある。チベットに伝わった顕教・密教の経論に対する非常に多くの注釈を行い、また、はじめてチベット語大蔵経論疏部《テンギュル》目録を作成した。その著書『プトゥン仏教史』はチベット仏教発展史研究の名著である。十四世紀中ごろ、シャル地方の豪族の招きで、彼がシャル寺の寺主となると、寺は大きくなり、門徒衆も増え、名声が高まった。元朝末年、順帝は彼を北京に布教に招いたが実現しなかった。没後、シャル寺は化身制度を採用し、学説は化身と弟子によって継承された。

２０３　［訳注］甘都：青海省化隆回族自治県にある鎮。

２０４　［訳注］哇玉香卡：青海省海南チベット族自治州にあった労働改造農場。

２０５　［訳注］諸門洪（諸木洪とも）：青海省海西モンゴル族チベット族自治州都蘭県宗加鎮にあった労働改造農場。別名ツァイダム監獄。

２０６　［訳注］浩門：青海省海北チベット族自治州門源回族自治権にある鎮。

２０７　［訳注］香日徳：青海省海西モンゴル族チベット族自治州都蘭県にある鎮。

２０８　［訳注］南灘監獄：西寧市内にある監獄。

２０９　［訳注］新生人員：労働改造の刑期を満了して釈放された人。改造を終わって生まれ変わった人の意。

２１０　土地改革：一九五〇年代初頭に行われた地主の土地を土地を持たない農民に分配する改革。その過程で、中国共産党は農村の住民を階級に区分し、地主に区分された人々は搾取階級として攻撃の対象とした。土地改革における血なまぐさい闘争で多くの人々が殺された。その後、農業合作化が行われ、農民の土地所有権は否定され、農民の土地はすべて国家に没収された。

２１１　［訳注］分け隔ての心：主体と客体を区別する心。

２１２　［訳注］出離：煩悩の束縛を離れること。生死を繰り返す輪廻、迷いの世界を離れることを「出離生死」という。

２１３　［訳注］偈頌：ブッダの教えや徳をたたえる詩句。

２１４　［訳注］廬山会議：一九五九年七月から八月にかけて江西省廬山で開かれた中国共産党中央政治局拡大会議。毛沢東が発動した大躍進政策の失敗を批判した彭徳懐らが失脚した。

２１５　［訳注］秦城監獄：北京市昌平区興寿鎮秦城村にある監獄。一九五八年にソビエト連邦の援助で建設が始まり、一九六〇年三月に完成した。

２１６　史良（一九〇〇－八五）：江蘇省常州の人。有名な女性弁護士で、中華人民共和国司法部の最初の部長、人民代表大会常務委員会副委員長を歴任した。

２１７　シャブドゥン・カルポ八世（一九二九－九二）：青海省人民代表大会常務委員会副主任、中国仏教協会副会長などを歴任した「愛国」人士。

２１８　［訳注］五七幹部学校：文化大革命期に設けられた幹部の思想改造用の集団農場。黒竜江省革命委員会が一九六八年五月、毛沢東の「五七指示」二周年を記念して省直属機関と省革命委員会幹部のために設置した柳河五七幹部学校が第一号。

２１９　［訳注］欽差大臣：皇帝の意思を伝える使者。勅使。現代では上級機関から派遣された大きな権限を有する役人に対して皮肉を込めて使われる。

２２０　タシ・ワンチュク（一九一三－二〇〇三）：チベット人。中国共産党員。カム地方ニャロン（今日の四川省カンゼチベット族自治州新龍県）の人。一九三五年、中国共産党紅軍が逃亡時にチベット人地区を通った時、紅軍と共に北上した。一九五八年と文革の期間、彼は「地方保護主義」の代表的人物、地方民族主義者と見なされて批判され、労働改造農場に送られた。一九七九年に名誉回復され、共産党青海省委員会副書記、副省長、青海民族学院長などを歴任した。一九五八年の「反乱鎮圧拡大化」問題の解決に大いに力を尽くした。

２２１　「デモインナ？」：アムド・チベット語で、「お元気ですか？」というあいさつ。

２２２　［訳注］民主人士：国共内戦時に共産党を支持し、中華人民共和国成立の時に政治協商会議に参加した諸党派や著名人を指す。

２２３　［訳注］文成公主（六二三年頃－八〇年）：唐の皇女で、最初チベットのソンツェン・ガンポ王の息子の妻となり、息子の死後ソンツェン・ガンポ王の第二皇后となった。

２２４　［訳注］大小五明：大五明は、声明（言語学）、因明（論理学）、内明（教理）、医方明（医学・薬学・呪術）、工巧明（造形学）の五つ。小五明は、修辞学、詞藻《しそう》学（詩文の語句）、韻律学、戯曲学、暦法学の五つ。

２２５　［訳注］金剛乗：密教のこと。

２２６　［訳注］『菩提道次第大論《ぼだいどうしだいだいろん》』：ゲルク派の祖であるツォンカパの顕教に関する主著。アティシャの『菩提道灯論』

を範とし、悟りをめざす修行の階梯を論ずる。
227 ［訳注］『三十七の菩薩の実践』：十三世紀のチベット仏教サキャ派の学僧トクメー・サンポの著書。
228 ［訳注］『修心七要』：アティシャの言行をのちに弟子がまとめたとされる論著。菩提心を起こすための修行の要点を七つにまとめている。
229 ［訳注］『入菩薩行論』：インド後期中観派のシャーンティデーヴァ（六九〇－七五〇頃）の主著。菩薩が行うべき実践を流麗な詩文にのせて説いている。『入菩提行論』とも。
230 辮髪を摑まない：例えば「こん棒で殴らない、辮髪を摑まない、帽子を被せない」という言い方は、共産党統治下の中国独特の政治的な隠喩である。その意味はむやみに批判せず、むやみに攻撃せず、むやみにレッテルを張らないということである。
231 ［訳注］合作社：一九五三年から五六年にかけて共産党によって作られ、農民が強制加入させられた集団労働を特徴とする協同組合的組織。その後一九五七年にその発展形態としての人民公社化が進められ、大飢饉を招いた。
232 ［訳注］ニンマ派：「古派」を意味するチベット仏教の一宗派。吐蕃王朝期のサムイェ寺建立時（七七五年）に定礎の導師を務めたインドの密教行者パドマサンバヴァを開祖とする。
233 ［訳注］大円満：ゾクチェン。日本語では「大究竟」と訳す。ニンマ派の解脱《げだつ》の方法を説く中心教義。
234 ［訳注］「一打三反」運動：文化大革命中の一九七〇年に始まった政治運動。反革命の打倒と、汚職、投機的取引、浪費に対する反対の略。
235 ［訳注］サラール族：総人口約十三万人（二〇一〇年）。青海省、甘粛省、新疆ウイグル自治区に居住する。トルコ系少数民族でイスラム教を信仰する。
236 ［訳注］ユグル族：総人口約一万五千人（二〇一〇年）。主に甘粛省域に居住する。チベット仏教を信仰する中国政府認定の少数民族。トルコ語系の言葉を話すグループと、モンゴル語系の言葉を話すグループ、そして本来の母語を失って漢語のみを話すグループがある。
237 白モンゴル：現在はトゥー族と呼ばれる。人口約二十九万人。主に青海省東部湟水以北、黄河両岸およびその周辺に住む。大多数が青海省互助トゥー族自治県とその周辺の民和、大通、同仁の各県に住み、少数が甘粛省天祝チベット族自治県などに住む。
238 ［訳注］オロチョン族：ツングース系の言語を話す民族。中国内モンゴル自治区およびロシア領内に居住する。中国領内の人口は約八千七百人（二〇一〇年）。

239 ［訳注］ダウール族：中国政府が認定するモンゴル系の少数民族。内モンゴル自治区、黒竜江省、新疆ウイグル自治区に居住する。人口は約十三万人（二〇一〇年）。
240 ［訳注］メンパ族：チベット系の少数民族。モンパ族とも。主に主にインドのアルナーチャル・プラデーシュ州に居住し、一部がチベットに住んでいる。中国実効支配地域内に住む人口は約一万人（二〇一〇年）。
241 ［訳注］ロッパ族：チベット語で「南の人」という意味の少数民族。人口約六十万人（二〇〇〇年）、主にインドのアルナーチャル・プラデーシュ州に居住し、約三七〇〇人（二〇一〇年）がチベットの中国実効支配地域に居住している。
242 ［訳注］千戸長：チンギス・カンの軍事行政制度に起源する首長名。千戸を束ねる長の意。
243 ［訳注］百戸長：同前起源の首長名。百戸を束ねる長の意。
244 ［訳注］浄士戒：沙弥戒の前に最初に受ける戒。チベット語ではラプチュン。
245 ［訳注］額を突き合わせる：同じくらいの地位の僧侶同士がするあいさつの形式。
246 ［訳注］『南京路のすばらしき第八中隊』：原文『南京路上好八連』。一九四九年共産党の上海接収後に市内警備のために派遣された人民解放軍南京軍区上海警備区特務連隊第三大隊第八中隊に国防部が贈った称号。誘惑の多い旧租界の繁華街で規律を厳格に守ったと称賛された。文中の映画というのはこの部隊を主人公にした一九六四年公開の『ネオンの下の哨兵』（原文：『霓虹灯下的哨兵』）のこと。
247 法尊法師：釈法尊（一九〇二－八〇年）。チベットに留学してチベット仏教を学び、多くのチベット語経典を漢語に翻訳紹介した。
248 ［訳注］甘溝郷：青海省海東地区（現在は市）民和回族トゥー族自治県甘溝郷。
249 ムスリム反乱：清の同治二年（一八六三年）の西北のイスラム教徒の反清反乱。湟中県のルシャル鎮も一時占領され、クンブム寺にも進攻してきて寺の一部が破壊された。アジャ・リンポチェ五世は武器を取って寺を守った。
250 ［訳注］霊鷲山：サンスクリット語名グリドラクータ。インド、ビハール州のほぼ中央にある小高い山。シャカムニの説法地の一つとして知られる。
251 ［訳注］如意宝珠：あらゆる願いをかなえる不思議な珠。仏や仏の教えの象徴。
252 グンタン・リンポチェ：チベット仏教ゲルク派六大寺院の一つ、アムドのラブラン寺の四大セルティ（金の法座の意）のトップ。一世のゲンドゥン・プンツォクから始まって、現在は七世である。
253　［訳注］ダンディン：七世紀頃のインドの詩人，詩論学者。サンスクリット詩論書『詩の鏡』、伝奇小説『十王子物語』の作者。
254　レプコン：チベット語で「夢が実現する金色の谷」の意。今日の青海省東南部の黄南チベット族自治州にある。その州都同仁県もレプコンと呼ばれる。
255　［訳注］ジャータカ：ブッダが前世において菩薩であったとき、生きとし生けるものを救ったという善行を集めた物語。
256　プンツォク・ワンギャル：一九二二年一月二日－二〇一四年三月三十日。チベット東部カム地方バタンの人。チベット共産党の創立者で、中共の軍隊と共にチベットに入った最初のチベット人。人民解放軍第十八軍民運部部長〔民運とはここでは大衆動員の意〕、中共チベット工作委員会統一戦線部副部長、チベット自治区設立準備委員会委員などを歴任。ダライ・ラマ、パンチェン・ラマと毛沢東、周恩来などとの通訳を務めたこともある。中共とチベットが交渉して十七ヵ条協定を締結したときの参加者。一九六〇年に「地方民族主義者」と批判され、十八年間獄中にあった。一九八〇年代に名誉回復され、その後中国人民代表大会常務委員、人民代表大会民族委員会副主任、中国社会科学院研究生院〔＝大学院〕教授などを務めた。近年、彼は四回続けて胡錦濤に手紙を出し、中共がダライ・ラマと誠実に対話し、チベット問題を解決し、ダライ・ラマにチベットに戻るよう呼びかけることを要求した。最近また習近平にも手紙を出した。
257　［訳注］金剛経：金剛般若波羅蜜多経の略。金剛般若経とも。
258　ガウ：チベット語、聖物を入れるお守りケース。
259　［訳注］四聖諦：諦《たい》とは真理の意味で、四聖諦とは苦諦（一切は苦であるという真理）、集諦（苦には原因があるという真理）、滅諦（苦は滅するという真理）、道諦（苦を滅する道があるという真理）の四つの聖なる真理を意味する。四諦とも。
260　［訳注］オブジェは、実際は二院制議会の性格を象徴していて、上院の上にはお椀を伏せた形、下院の上にはお椀を上に向けた形のオブジェが置かれている。
261　［訳注］アティシャ（九八二－一〇五四）：十一世紀のチベット仏教復興に大きな影響を与えたインドの学僧。仏教の復興に尽力していた西チベット、ガリの王チャンチュプウーの招きで一〇四二年にガリに入り、『菩提道灯《ぼだいどうとう》論《ろん》』を著わした。その思想は、仏教内の異なる立場（小乗、大乗、密教）をいずれも捨てることなくすべて「菩提への階梯《ラムリム》」の中に位置づけようとするものであった。

262 ［訳注］ドムトゥンパ（一〇〇五―六四）：アティシャの一番弟子。アティシャの教えを受け継ぎカダム派を開いた。

263 ［訳注］カダム派：チベット仏教の一宗派。「カダム」は教えを選び取ったという意味。十五世紀にゲルク派に吸収された。

264 ［訳注］ダーツァイダム：青海省海西モンゴル族チベット族自治州にある県級行政区。

265 ランダルマ：九世紀の人物。ダルマ・ウドゥムツェン、吐蕃王国の最後のツェンポ（王）（在位八三八―四三年）。仏教を弾圧してボン教を盛り立てたので、「廃仏王ランダルマ」と呼ばれる。吐蕃王国の四分五裂を招いたとされる。

266 須弥山：仏教の宇宙観で、宇宙の中心をなす巨大な山。

267 ［訳注］サムイェ寺：七七五年頃に建立されたチベット最初の仏教寺院。チベット自治区山南市のダナン県に位置する。

268 ナクツァン・リンポチェ：チベット人、一九四〇年チベット東部カム地方のカンゼ（現在の四川省カンゼチベット族自治州カンゼ県）生まれ。二〇一三年当時中国チベット語系高級仏学院副院長。

269 ［訳注］パクモドゥ派政権時代：一三五八年から一四八〇年にチベットを支配した政権。パクモドゥ派はカギュ派の一支派。

270 ［訳注］ジェプツンダンパ：ジェプツンダンパ・ホトクトは外（北）モンゴルにおける活仏の名跡である。

271 ［訳注］チャンキャ：チャンキャ・ホトクトは内（南）モンゴルにおける活仏の名跡のひとつ。清代には外（北）モンゴルのジェプツンダンパと並ぶモンゴルの活仏であった。

272 ［訳注］ホトクト：ホトクトとはモンゴル語で、チベット語のリンポチェと同じく化身ラマの尊称。

273 ジャンボ・リンポチェ：名はハルパ・ジャムヤン・ロチョ、一九四八年アムドのゴロク（今日の青海省ゴロクチベット族自治州）チクディル県生まれ。一九五八年の「宗教改革」の際に迫害されて寺を離れた。文革終了後パンチェン大師の委任でチベット語系高級仏学院チベット仏教研究室主任となる。現在すでに定年退職。

274 ミニャク・チューキ・ギェルツェン：一九四七年カムのミニャク（今日の四川省カンゼチベット族自治州康定県）生まれ。一九五〇年代にデプン寺で学ぶ。一九六三年初めに、毛沢東がチベット自治区準備委員会に「青少年活仏班」を開設して「思想が赤くて専門性のある」宗教界上層人士の育成を指示した。そこで各大宗派の十一名の青少年トゥルクが召集され、その中にミニャク・リンポチェもいた。一九六五年「青少年活仏班」は自治区社会主義学院（準備）青年班に改名され、ラサ郊外に移転して強制労働に従事させられた。文革期間中、ミニャク・リンポチェは山南農場に送られた。一九七八年に「政策実行」〔釈放〕された。一九八〇年代に建築設計の仕事に従事し、その後有名なチベット古代建築の専門家になった。チベットの古代建築と伝統建築の設計研究などの分野で傑出した成果を上げている。

275 ［訳注］『サラム・ナムシャー』：ゲルク派の高僧ヤンチェン・ガロ（一七四〇－一八二七）の著書『秘密集会に合わせた密教の地と道の解説』のこと。

276 ウージ：モンゴル語。袖なしの長い上着。

277 ［訳注］メンデー・テントゥ：マンダラの代わりに寄進する金一封のこと。マンダラの代わりの意。

278 ボグド：モンゴル語。パンチェン大師に対する敬語。

279 サェンバェノー：モンゴル語。対面時のあいさつ言葉「こんにちは」。

280 ドチェタン〔ドゥダタンとも〕：チベット語。僧侶が教理問答や法会を行う中庭。多くが石畳の中庭になっている。

281 ツォク：チベット語。ツァンパ、チーズ、黒砂糖などで作られた奉納用食品。

282 これは一九八九年一月二十二日にパンチェン大師がタシルンポ寺の東陵タシ・ナムギャル・ラカンの落成式で漢語で行った演説を、録音テープから起こしたものの一部である。

283 劉再復：一九四一年生まれ。中国の作家、文芸評論家。

284 ［訳注］戒学・定学・慧学：戒律を学び、禅定を修め、智慧を身に着けること、三学とも。

285 五種精進：仏教用語。『成唯識論《じょうゆいしきろん》』第六巻に上げられている五種類の精進、すなわち被甲精進、加行精進、不下精進、無動精進、無喜足精進の五種。

286 ［訳注］八正道：苦の滅に導く八つの正しい実践徳目。正見《しょうけん》（正しい見解）、正思《しょうし》（正しい思惟）、正語《しょうご》（正しい言葉）、正業《しょうごう》（正しい行い）、正命《しょうみょう》（正しい生活）、正精《しょうしょう》進《じん》（正しい努力）、正念《しょうねん》（正しい思念）、正定《しょうじょう》（正しい精神統一）の八つ。

287 ［訳注］菩提道次第集義《ぼだいどうしだいしゅうぎ》：ゲルク派の祖であるツォンカパの著。ツォンカパの菩提道次第には、大論、小論と集義の三種類がある。集義は唱えながら観心《かんじん》できるよう大論の意義を四十五の詩（偈頌《げじゅ》）の形に濃縮したもの。

288 ［訳注］師事法五十頌：自身の師僧に師事し、生涯仕えるために弟子や修行者として守るべき五十項目の注意事項。

289 ラプジャムパ：チベット仏教博士学位の中の最高ランクの名称。最高ランク名称は叢林寺院ごとに異なり、クンブム寺ではラプジャムパと言う。

290 ［訳注］福田：善き行為の種子をまいて功徳の収穫を得る田地の意。シャカムニを指す。

291 尹克昇（一九三二－二〇一一）：漢人、河北省通県人、青海省副省長、中央直属機関工作委員会副書記などの職を歴任、当時は共産党青海省委員会書記。

292 喬石（一九二四－二〇一五）：浙江人、本名蔣志彤。中国の主要指導者の一人。

293 鄧樸方：一九四四年生まれ、中共指導者鄧小平の長男。中国身体障害者連合会名誉主席。

294 ［訳注］善趣：六道輪廻の世界において、善業の功徳によって衆生が赴くよい境涯。諸仏の浄土や天上界、人間界。善所とも。

295 ［訳注］縁起讃：ツォンカパの著作。

296 ［訳注］餛鍋：小麦粉に油やウコン粉、ウイキョウ粉を練りこんで焼いたパン。日持ちする。

297 ［訳注］麺丁炒め：賽の目切りにした麺（小麦生地）を炒めたもの。これも日持ちする。

298 ［訳注］テルトン：埋蔵教法テルマを探し出す人。テルマとはパドマサンバヴァと彼の弟子のイェシェ・ツォギェルをはじめとする聖者たちが、将来テルトンが適切な時に発掘できるように、地中や弟子たちの心の中に埋蔵した教えのこと。毛織物のテルマとは異なる。

299 ジェクォ：チベット語。湟源県西岔郷。

300 ［訳注］ギャヤタン：湟中県馬場チベット族郷の中の地名。

301 ［訳注］倒淌河：海南チベット族自治州共和県を流れて青海湖に流入する河川。

302 ［訳注］芸術三絶：壁画、堆繡、バター細工の三つを指す。

303 チャデル・リンポチェ：チャデル・チャムパ・ティンレーはもともとエンゴン寺のリンポチェであった。幼いころからタシルンポ寺で経典を学び、文革後にタシルンポ寺のケンポ、民主管理委員会主任に就任した。また全国政治協商会議常務委員、チベット自治区政治協商会議副主席などの職を歴任した。一九八九年パンチェン・ラマ十世の化身ラマ探しを担当し、中共の許可の下でダライ・ラマと接触した。一九九五年五月、ダライ・ラマは中国政府よりも先にゲンドゥン・チューキ・ニマがパンチェン・ラマ十一世であると発表した。中国政府はそれが不満で、チャデル・リンポチェを同月秘密裏に逮捕した。一九九七年、彼は「国家分裂および国家機密漏洩《ろうえい》罪」でシガツェ市中級人民法院で懲役六年、権利はく奪三年を宣告された。二〇〇二年一月に刑期は満了し、二月に釈放されたがそのまま軟禁状態におかれ消息不明となった。その後毒殺されたという未確認情報も流れた。

304　ラディ：一九三八年カムナシュ（今日のチベット自治区ナチュ地区ディル県）生まれ。中国共産党員、中共が宣伝する「解放農奴」の代表的人物。文化大革命中は造反派のボス。一九七五年から二〇〇三年まで共産党チベット自治区委員会副書記、二〇〇三年から〇八年三月まで全国人民代表大会常務委員会副委員長。

305　国務院宗教事務局スポークスマンの談話。

306　［訳注］普陀山：浙江省舟山群島にある中国仏教の古寺。

307　サンギェギャ書記：一九四二年生まれ、チベット人、青海出版局副局長と省文化庁副庁長をしていた時に、経典出版などに関して多くの善事を行った。この時は共産党青海省委員会副書記。

308　ジャムヤン・シェーパ・リンポチェは当時甘粛省人民代表大会常務委員会副主任だった。

309　王兆国：漢族、一九四一年河北省豊潤生まれ、当時中央統一戦線部の部長だった。

310　私は当時、青海省政治協商会議副主席だった。

311　ウラン活仏（一九二〇－二〇〇四）：モンゴル族、ウラン・ゲゲン十一世は、ダライ・ラマ十三世に認定され、クンブム寺で学び、一九五〇年代にはクンブム寺の住持を務めた。一九五八年に逮捕されて労働改造農場に送られた。文革後に多数の職を歴任し、この時は内モンゴル仏教協会の会長だった。

312　ドゥロンチュアン副会長：一九六〇年雲南省シーサンパンナ・タイ族自治州生まれ、タイ族。一九七三年にミャンマーで出家し、一九八〇年代にミャンマーのチャイントンで比丘の具足戒を受けた。現在シーサンパンナ総仏寺の住持。この時は中国仏教協会の副会長だった。

313　カルマパ十七世：カルマパ十七世オギャン・ティンレー・ドルジェ。一九八五年カムのチャムド（チベット自治区チャムド地区チャムド県）の牧畜民の家庭に生まれ、一九九二年にカギュ派の本山ツルプ寺で即位した。チベット仏教カギュ派の中のカルマ・カギュ派の法王である。カルマ・カギュ派はチベット仏教諸派の中で最も早く化身ラマ制度を始めた。一九九九年に秘密裏に出国し、インドに亡命した。現在はダライ・ラマが住むダラムサラに住んでいる。この時はラサのツルプ寺にいた。

３１４　パクパラ・ゲレク・ナムギャル：一九四〇年カムのリタン（四川省カンゼチベット族自治州リタン県）で生まれ、一九四二年にチャムド・チャンパーリン寺のパクパラ・リンポチェ十一世の認定された。少年の時にセラ寺で学び、文革の際に吊し上げられた。文革後は全国政治協商会議副主席、中国仏教協会名誉会長などを歴任した。

３１５　センチェン・ロサン・ギェルツェン（一九三六－九八）：シガツェの某寺院の普通の「活仏」。この時はチベット自治区政治協商会議副主席、全国政治協商会議常務委員、タシルンポ寺民主管理委員会名誉主任、パンチェン・エルデニ十世化身ラマ探訪指導小組メンバーなどの職にあった。一九六四年パンチェン大師が『七万言上書』が原因で公衆の面前で吊し上げられたとき、センチェン活仏は積極的に吊し上げる側に加わった。

３１６　ゴンカンワ僧院：パンチェン大師専属の僧院で、その機能はダライ・ラマ専属僧院のナムギャル・タツァンとほぼ同じである。

３１７　ゲンドゥン・チューキ・ニマ：一九八九年四月二十五日チベット北部チャンタン草原（チベット自治区ナクチュ地区ラリ県）生まれ。パンチェン・ラマ十世入寂後、チベット仏教の伝統と儀典に従い、ダライ・ラマ十四世がパンチェン・ラマ十一世と認定した。一九九五年五月十七日、ダライ・ラマが彼をパンチェン・ラマ十世の化身ラマだと発表した三日後に、中国政府によって家から連れ去られて、誰も知らない場所に監禁されている。これまで国際社会の多くの人権団体が中国政府にゲンドゥン・チューキ・ニマを釈放または捜索するよう要求したが、彼を拉致した中国政府は様々な口実を設けて拒否している。

３１８　［訳注］忍辱：耐え忍ぶこと。大乗の菩薩の修行徳目である六波羅蜜の一つ。

３１９　［訳注］五糧液：四川省宜賓市産の白酒（蒸留酒）で、アルコール度は六十度。

３２０　［訳注］第三梯団：中国共産党の隠語で将来指導者や高級幹部になることが期待されている若い幹部を指す。

３２１　モ：チベット語で占いの意。

３２２　［訳注］秘書の日：四月の最終水曜日。アメリカで一九五二年に秘書の役割を評価し、秘書として働く女性を増やすために設けられた。

３２３　［訳注］『三主要道』：ゲルク派の開祖ツォンカパの著『三主要道論』のこと。仏教の教えの根本を三つに要約したもの。三主要道とは出離心、菩提心、不二智《ふにち》を指す。

３２４　［訳注］『六釈』：大威徳の注釈書。

３２５　［訳注］塔爾の三絶：壁画、堆繡、バター細工の三つを指す。

３２６　［訳注］ホームスクール：お金のある人が自宅に家庭教師を呼んで自分の子供に教育を受けさせると同時に、その授業を近所の子供たちにも開放するスタイルの学校。

３２７　ゲン・ラ：チベット語で教師の敬称。

３２８　ナムギャル・タツァン：ダライ・ラマの修法僧団に専属する寺。ダライ・ラマの各種仏事活動と（亡命前の）ポタラ宮殿の日常維持管理を担当する。定員は僧侶百七十五名である。

３２９　バクサ：インド北部ブータン国境に接したアッサム州の町。亡命チベット人が初期に住んだ場所で、亡命チベット人コミュニティーがある。

３３０　ツェチェンリン仏教センター：サンフランシスコ市内にあて、信徒は西洋人が中心である。

３３１　［訳注］サカダワ祭り：チベット暦四月に行われる、シャカムニが生まれ、悟りを開き、涅槃に入ったことを祝う祭り。

３３２　［訳注］智慧三尊：文殊菩薩、四臂観音《しびかんのん》、金剛薩埵《こんごうさった》の三尊。

３３３　［訳注］『真言道次第大論』：『菩提道次第大論』とならぶツォンカパの主著。チベットに伝えられる密教を体系的に叙述した論著。『秘密道次第大論』とも。

３３４　レティン寺：ラサの北二四〇キロメートルのルントゥプ地方にある。カダム派の創始者ドムトゥンパが一〇五七年に建てた、チベット仏教カダム派の最初の寺院である。若いころツォンカパ大師はここで修習し、『菩提道次第大論』を書いた。

３３５　［訳注］日常法師（一九二九—二〇〇四）：俗名黄静生、上海市崇明県生まれ。台湾の僧侶で、『菩提道次第大論』の普及に努めた。

３３６　［訳注］『般若波羅蜜多心経』：『般若心経』の正式名。大乗仏教の般若思想を説いた経典の一つ。経名の中の「心」は心臓を指し、核心、心髄の意。

３３７　［訳注］アジャンター：インド、マハーラーシュトラ州アウランガーバード北東百キロメートルにある。紀元前一世紀から六世紀までの仏教石窟寺院。総数三十窟中の五窟が仏塔を祭った祠堂《しどう》で、他が僧房。

３３８　［訳注］エローラ：インド、マハーラーシュトラ州アウランガーバード北西にある石窟寺院。仏教（十二窟）、ヒンズー教（十七窟）、ジャイナ教（五窟）の合計三十四の三宗教の石窟群が並ぶ。

３３９　［訳注］龍樹：二世紀にインドで生まれたといわれる

僧侶。中観派の祖。

340　［訳注］人無我・法無我：人の主体としての自我という実体が存在しないことを人無我といい、あらゆる存在に実体性がないことを法無我という。

341　［訳注］黒白：仏教では一般に「黒」は悪を象徴し、「白」は善を象徴する。一切の行為（業）のうち悪なる行為を「黒業」、善なる行為を「白業」と呼ぶ。

342　［訳注］中陰：前世での死の瞬間から次の生を得るまでの間。

343　［訳注］ブッダガヤー：現在のビハール州ガヤー市の近郊にある。シャカムニが悟りを開いた場所として知られる。

344　ワラナシ：旧名ベナレス。インド、ウッタル・プラデーシュ州の都市。

345　マニ車：観音の六字真言「オン・マ・ニ・ペ・メ・フム」を護符にして収めた大きな車。

346　ラマ・ジクメ：一九六六年生まれのラブラン寺の僧。法名ジクメ・ギャツォ、中国の身分証の記載名ジクメ、別名ジクメ・グリ。甘粛省甘南州夏河県九甲郷録堂村の農家に生まれ、十三歳の時にラブラン寺で出家した。以前「ラマ楽隊」の隊長、ラブラン寺ラマ職業学校校長、ラブラン寺民主管理委員会副主任を歴任した。二〇〇六年から二〇一一年の五年間に、ラマ・ジクメは四回逮捕された。二〇一一年八月二十日に四回目に逮捕され、二〇一四年九月に懲役五年判決が確定〔中国は二審制〕したが、その後どこの監獄に収監されたのか分からず消息不明になっている〔二〇一六年の十月に釈放されたと伝えられる〕。彼の二〇一一年の逮捕は二〇〇八年にビデオで全世界に向けてチベットの抑圧状況を証言したことに対する事後弾圧だと言われている。当時彼が秘密裏に録画したビデオで、彼はひとりカメラに向かって二十分間にわたって二〇〇八年三月のチベット事件の真相について証言を行い、チベット人僧侶としての願いを語った。このビデオはVOAのチベット語放送番組で放送されて大きな反響を呼び起こした。

347　［訳注］臨夏：甘粛省臨夏回族自治州臨夏市。

348　［訳注］サムドン・リンポチェ（一九三九年生まれ）：サムドン・リンポチェ五世ロサン・テンジンは、チベット人の僧侶、仏教学者、政治家。二〇〇一年より十年間、インドのダラムサラに拠点を置くチベット亡命政府の公選による初代首相（正式にはカロン・ティパ〔主席大臣〕）を務めた。

349　三〇年代のソ連の粛清の影響下でモンゴルでも大規模な粛清が行われた。今日の歴史家の研究によると、当時総人口七十万人だったモンゴルで一説には十万人が粛清によって死亡したとされる。一九三九年末のチョイバルサン内務部部長の総括報告によると「十一月までに合計二万四百五十六人のラマを処刑した。その内訳は、六百名は高級ラマ、三千百七十四名は中級ラマ、一万三千百二十名は低級ラマだった。七百九十七ヵ所の寺院を破壊した。一九三七年から一九三九年までの間に、五万六千九百三十八人を逮捕した。その内二万三百九十六人を処刑した。逮捕者中一万七千三百三十五人がラマだった」。オーセルのブログ「漢北紅色風暴：外蒙古集体化和大清洗」http://woeser.middle-way.net/2012/10/blog-post_6.htmlより。

350　オーセルのブログ中の「塔爾寺僧人的詩：思念阿嘉仁波切」http://woeser.middle-way.net/2011/01/blog-post_08.htmlより。

351　オーセルのブログ中の「阿嘉仁波切回贈塔爾寺僧人的詩与照片」http://woeser.middle-way.net/2011/01/blog-post_13.htmlより。

歴代アジャ・リンポチェの事跡

アジャ・リンポチェ一世　ツルティム・ジュンネー（チューデン・ラブジョルと表記する資料もある）は十六世紀に生まれたが、年月と場所は不詳。多分ダライ・ラマ三世がモンゴルのトゥメト部の長アルタン・ハンの招きで、ウー・ツァンからアムドに行った時、アジャ・リンポチェ一世も一緒に来て、クンブム寺を大きくしたのだと思われる。当時のクンブム寺はまだ僧侶七人だけの小さな寺であった。

アジャ・リンポチェ二世　アジャ・シェラプ・サンポは一六三三年癸酉《みずのととり》年に生まれ、一七〇七年丁亥《ひのとい》年に入寂した。出生地はアツァン地方で、スィナカヨク五部（後に六部に変わった）の一つのリシュ部で、そこは当時クンブム寺の荘園の一つであった。アジャ・シェラプ・サンポは密教院の住持を務めた後、丙寅《ひのえとら》（一八六八）年にクンブム寺の第十六代住持となった。彼は顕密の経論に精通していただけでなく、管理の才能もあり、寺の規則として厳正な戒律を定め、仏法を修習するための体系的カリキュラムを作り上げた。

アジャ・リンポチェ三世　アジャ・ロサン・テンペー・ギェルツェンは一七〇八年戊子《つちのえね》年に生まれ、一七六八年戊子《つちのえね》年に入寂した。若い時にクンブム寺で大小五明を修了し、その後時輪《カーラチャクラ》暦法の著名な学者となり、多くの論著を残した。その中にはタンカ仏像製作寸法比率の規範、チベット語詩文書き方教本などもある。一七四六年丙寅《ひのえとら》年に、清朝の乾隆皇帝の招きで北京に行き官位を封じられた。

アジャ・リンポチェ四世　アジャ・ロサン・ジャムヤン・ギャツォは一七六八年戊子《つちのえね》年に生まれ、一八一六年丁酉《ひのととり》年に入寂した。出生地はアムドの貴徳県ホルジャ村である。家族は部族の首領であった。七歳の時にクンブム寺で出家した。十二歳の時にパンチェン・ラマ六世パルデン・イェシェがクンブム寺に来たときに、剃髪をしてもらい、沙弥戒を受持した。その後、アジャ・ロサン・ジャムヤン・ギャツォ・リンポチェは教師アジャ・ヨンジン・ガワン・ニマについて修習した。十八歳の時、一七八五年乙巳《きのとみ》年に、北京に行って乾隆皇帝に拝謁し、「駐京ホトクト」の尊号を拝受した。帰りにラサを通った時、法王ダライ・ラマ八世ジャムペル・ギャツォとパンチェン・ラマに拝謁した。法王は彼に具足戒を授け、「エルデニ・パンディタ」の尊号を賜った。四十歳の時、一八〇七年丁卯《ひのとう》年に、クンブム寺第四十代住持に就任した。在位一周年の時、モンゴルのジェプツンダンパ法王が使者を派遣して彼を教師に迎えた。アジャ・ロサン・ジャムヤン・ギャツォはウランバートルに赴き、四年間住んだ。ジェプツンダンパ法王はアジャ・ロサン・ジャムヤン・ギャツォにモンゴル語で「三宝パンディタ」の尊号を贈った。四十九歳の時に入寂し、舎利は今でも大金瓦殿に保存されている。

アジャ・リンポチェ五世　アジャ・イェシェ・ケルサン・ケードゥプ・ギャツォは一八一七年丁丑《ひのとうし》年に生まれ、一八六九年己巳《つちのとみ》年に入寂した。出生地はアムドの貴徳県ホルジャ村である。クンブム寺のネーチュンの神託でアジャ・リンポチェ五世に認証された。七歳の時にクンブム寺で即位した。チャクドルタン・モンラムパ・ロサン・トンドゥプを教師とし、顕教学院《パルデン・シェードゥプリン》で仏法を修習した。清朝皇帝の招きに応じて数回弘法に行った。一八七三年癸酉《みずのととり》年に、同治帝から「賢能述道禅師」の扁額と印章を追贈された。一八六三年癸亥《みずのとい》年五月にムスリム反乱が起こると、クンブム寺も被害を受け、吉祥行宮、上寝宮《スイムカン・コンマ》、小護法殿などが相次いで戦火に巻き込まれて破壊された。アジャ・リンポチェ五世は寺を守るため、僧兵五百人で護寺軍を組織し、西寧郡城も救った。六年の長きにわたり昼夜を分かたず働き、顕著な勲功を上げたが、疲労が重なって病気になり、一八六九年己巳《つちのとみ》年に東廓（現在の湟源県にあった要塞）で入寂した。

アジャ・リンポチェ六世　アジャ・ロサン・テンペー・ワンチュク・ソナム・ギャツォは一八七一年辛未《かのとひつじ》年に生まれ、一九〇九年己酉《つちのととり》年に入寂した。出生地は貴徳県ホルジャ村である。九歳の時にクンブム寺で即位し、シャンザ・リンポチェの御前で浄土戒を受け、彼を教師として、顕教学院《パルデン・シェードゥプリン》に入った。十九歳の時に再びシャンザ・リンポチェの御前で比丘戒を受けさらに多くの説法を聞いた。

アジャ・リンポチェ六世の一部の事跡について、真偽を判断しにくい多くの記載があり、後世の人の誤解を招きやすいので、ここで簡単に説明しておく必要がある。一八九五年、クンブム寺の周りで再びイスラム教徒の反清反乱が起こると、戦火がクンブム寺にもおよび、密教学堂、時輪学堂、ダライ・ラマの遍知殿など多くの殿堂や僧房が焼け落ちた。西寧郡城や周辺地域の多くの民衆がクンブム寺に避難し、大小の経堂や護法神殿は避難民で一杯になり、寺全体が避難所になった。このような状況下、比丘戒を受けたばかりのアジャ・リンポチェ六世は、寺を守り、難民を救うために、やむを得ず前世と同じように僧服を脱ぎ、自ら僧兵を率いて戦いを指揮した。戦乱が収まってから、現地の民衆は感謝の気持ちを込めてアジャ・リンポチェ六世に「万民傘」と「普護群黎」と書かれた扁額を贈った。

戦乱の時代ではあったが、ダライ・ラマ十三世は数度クンブム寺に来訪した。しかし、最後の訪問の時、他人の讒言《ざんげん》のためダライ・ラマ十三世とアジャ・リンポチェ六世の間に誤解が生じ、アジャ・リンポチェはダライ・ラマに会うのを避けた。その後友人の仲裁により、師弟は誤解を解き仲直りした。

アジャ・リンポチェ七世　アジャ・ロサン・ルンタク・ジクメ・テンペー・ギェルツェンは一九一〇年庚戌《かのえいぬ》年に生まれ、一九四八年丁亥《ひのとい》年に入寂した。出生地は貴徳県ラカンタン（現在の海南チベット族自治州貴徳県羅漢堂）である。アジャ・リンポチェ七世は若い時、顕密の教法を刻苦修習し、聞思修の業績を上げた。顕密教法の疑問点について詳しい注釈を行った。彼には四部の著作があり、『中観心要』が最も有名である。彼は自分が厳しく戒律を守っただけでなく、以前の厳正な寺の規則を回復し、戦乱時代に緩んだ僧侶の規律を整えた。

アジャ・リンポチェ年表

一九五〇年　庚寅《かのえとら》年、アムドのオロンノール草原で出生。両親はチベット高原の牧畜民で、チベット人の血統の混じったモンゴル人である。

一九五二年　パンチェン・ラマ十世にゲルク派ツォンカパ大師の父親ルンブムゲの化身に認定された。法名アジャ・ロサン・トゥプテン・ジクメ・ギャツォ、アジャ・リンポチェ八世、クンブム寺の寺主となり、クンブム寺に招かれて法座を継承した。

一九五八－六一年　中国共産党が「宗教改革」運動を発動し、八歳のアジャ・リンポチェはクンブム寺の激変に遭遇した。僧侶は三千六百余名から六十余名に激減した。アムド、カムなどのチベット人地区では大粛清が行われ、アジャ・リンポチェの一族だけで二十九人が逮捕されたり労働改造に送られ、彼の父は獄死した。引き続く三年間の大飢饉の中で飢えに苦しみ、餓死者を多数目撃した。幼いリンポチェは僧服の着用を禁じられ、中国語で教える学校に通学した。

一九六一－六五年　パンチェン・ラマ十世の手配でタシルンポ寺に行き、四年間仏法修行をした。

一九六二年　パンチェン・ラマ十世は中国共産党中央委員会に七万言上書を提出した。

一九六三年　パンチェン・ラマ十世が七万言上書で批判され、投獄された。

一九六五年　アジャ・リンポチェは修行を続けられなくなりクンブム寺に戻った。

一九六六－七六年　「文化大革命」期間アジャ・リンポチェは労働改造に処せられ農作業や土木作業に従事した。それは毛沢東が死んで、文革が終わるまで続いた。

一九七八年　現地の公安庁の役人に共産党に加入するよう説得されたが、アジャ・リンポチェは婉曲に謝絶した。

一九七九年　青海民族学院で研究生として学ぶ。

一九七九年　中華青年連合会、政治協商会議、仏教協会などに参加し、パンチェン・ラマ十世に随行して外国を訪問した。

一九八七年　パンチェン大師が北京にチベット語系高級仏学院を創設し、アジャ・リンポチェは入学して学んだ。卒業時には研究員として招聘されたが、クンブム寺に戻った。

一九八九年　二月シガツェのタシルンポ寺で開催されたパンチェン大師主催のタシ・ナムギャル・ラカンの落成式に出席した。落成式の直後、パンチェン大師が突然入寂し、死因に疑問が残った。

一九九〇年　クンブム寺の住持に就任した。

一九九五年　パンチェン・ラマ十一世の化身問題で、中国共産党が全チベット人地区でダライ・ラマ批判運動を展開した。その間にダライ・ラマが認定したパンチェン・ラマ十一世が失踪し、中国共産党は自分が指定したパンチェンを祭り上げた。他の多くの高僧と同様、アジャ・リンポチェも一九九五年十一月の「金瓶掣籤」の儀式に参加することを強制された。

一九九八年　当時中国仏教協会副会長、中国全国政治協商会議常務委員、青海省政治協商会議副主席、全国青年連合会副主席だったアジャ・リンポチェは中国共産党が指定したパンチェン・ラマ十一世の教師となることを拒否し、中国共産党が与えるより高い政治的地位を拒否して、二月二十日に亡命した。まずグアテマラに行き、その後米国に渡った。四月二十八日にニューヨークで四十年ぶりにダライ・ラマ尊者に拝謁した。

一九九九年　米国政府に亡命申請が認められた。

二〇〇〇年　カリフォルニア州ミルバレーで、「慈悲と智慧のチベットセンター（ＴＣＣＷ）」を設立し、仏教学講座を開いた。三月国際的な信教の自由に関する合衆国委員会（US Commission on International Religious Freedom）で証言した。

二〇〇一年　カリフォルニア州オークランドに慈悲と智慧のチベットセンターの支部を開設し、三年間にわたって『菩提道次第大論』の講義を行った。インドに亡命チベット人が建立したチベット仏教寺院を訪問し、入寺し南インドセラ寺チェ・タツァン（学堂）の正式メンバーになった。「九一一」事件発生後、各宗教共同の祈祷と募金のための法会を挙行した。

二〇〇三年　三月二十日サンフランシスコのアジア芸術博物館の定礎式を主宰し、誦経して幸福を祈願した。二十五名の仏弟子を引率してインドの仏教聖地を訪問した。

二〇〇三－一三年　インドのダラムサラに絶滅に瀕するチベット文化を保護するためにチベット人の文学作品を出版保存することを目的に「マルチ教育編集センター（ＭＥＥＣ）」を設立した。それが実施した「豆腐プロジェクト」は、インドのチベット仏教寺院で修行する僧侶に精進料理を提供する健康プロジェクトであり、図書館支援プロジェクトは、ダラムサラのチベット難民に図書を提供するプロジェクトである。

二〇〇五年　六月、ダライ・ラマ尊者の要請に応じ、インディアナ州ブルーミントンのチベット文化センター（ＴＣＣ）の運営を始めた。アジャ・リンポチェは今日まで、ＴＣＣＷとＴＣＣ（後のＴＭＢＣＣ）の二つのセンターの運営を行っている。この二つのセンターはどちらもチベットとモンゴル内外のチベット仏教経典、芸術文化の保存と保護に努めている。

二〇〇六年　二月チベット文化センターに住まいを移し、センターの建物の修繕を行い、英語・中国語による仏教展示を始めた。同時に現地とワシントン地区、シカゴ地区、サンフランシスコ湾地区、シアトル地区のモンゴル人コミュニティー向けに仏教講座と法会を始めた。同年夏、第一回チベットサマーキャンプとモンゴルサマーキャンプを実施した。七月九日修繕を完了したチベット文化センターの本格使用にむけて落成式を行った。

二〇〇七年　十月二十三日から二十八日ダライ・ラマ尊者のチベット文化センターへの五回目の訪問を迎えた。法王は十月二十四日から二十六日まで、インディアナ大学の講堂でアティシャ尊者の『菩提道灯論』を講じ、十月二十七日午後二インディアナ大学大会堂で一般向けに「平和と安寧は慈悲より発する」を講じた。この時の訪問でダライ・ラマはチベット文化センターの名称を「チベット・モンゴル仏教文化センター（ＴＭＢＣＣ）」と改名した

二〇〇八年　三月チベット騒乱で迫害を受けたチベット人のために宗教を超えて祈祷式典を行った。六月四川大地震の犠牲者のために宗教を超えた祈祷募金式典を行った。

二〇〇九年　七月二十七日米国や台湾などからの弟子を率いて、十日間のモンゴル巡礼の旅を行い、道すがら支援の必要な人々を援助し、仏教聖地に参拝した。

二〇一〇年　五月十二日、十三日ダライ・ラマ法王の六回目のＴＭＢＣＣ訪問を迎えた。法王はインディアナ大学講堂で「諸仏の母」と呼ばれる『般若波羅蜜多心経』を講じた。五月十四日法王はインディアナポリスのコンセコ・フィールドハウスで「平和と安寧は慈悲より発する」を講じた。ＴＭＢＣＣとインディアナ仏教センター、「信仰を超えた飢餓救済イニシアチブ」の三団体が共同で今回の活動を行った。英語版回想録《Surviving the Dragon》をRodale社から出版した。六月米国籍を取得。九月二十六日から二十八日ウランバートルでウランバートルのガンデン寺が主催した第一回モンゴル仏教国際会議に参加した。

二〇一〇－一三年　ウランバートルにがん治療センターを建設するために継続的に募金活動を行った。二〇一二

2011年に日本の津波被災地で誦経

年にこのセンターは定礎式を行い、二〇一三年九月二十一日に開業した。

二〇一一年　四月東日本大地震と津波で犠牲になった人々のために宗教を超えた祈祷式典を開催。六月仙台と東京を訪問し、地震と津波で犠牲になった人々のために祈祷した。六月二十七日から二十九日ウランバートルで米国アトランタのエモリー大学の「地域リスクのある国家」プロジェクトが主催した「ポスト社会主義のモンゴル」国際会議に参加した。

2011年、日本の津波被災地の仙台市の松音寺に緑ターラー像を寄贈

二〇一二年　インドのラブラン寺の僧侶の米国訪問活動を主催し、インドのデラードゥーンにあるラブラン寺のために募金活動を行った。

二〇一三年　一月から二月オックスフォード大学に招聘《しょうへい》され、二ヵ月間講義を行った。

編者の言葉

思えば、遠い異国での生活がすでに十数年になるアジャ・リンポチェに、私は全く空間が隔てる疎遠さを感じないどころか、むしろ彼の声と笑顔をとても身近に感じている。それは彼の自伝を編集してる間に徐々に形作られた感覚だろう。

それ以前、私は幸運にも二度アジャ・リンポチェにお会いしている。それはどちらも彼が故郷の寺を離れる前の、偶然の短い出会いだった。しかし、リンポチェはそんな若い女性に会ったことは全く覚えておられなかった。私がインターネットを通じて、彼の僧坊の前で彼と一緒に写った写真を見せてもリンポチェは思い出せず、写真の背景の建物と花を思い出して感嘆しただけだった。それも当然だろう。一緒に写真に写るだけの出会いほど忘れやすいことはない。

しかし、私にとっては、リンポチェと一緒に写真に写ったことを含めて、その時の出会いは特別な意義を持っている。私はこの写真と他のリンポチェ、ラマと一緒に写った写真を合わせて一つの小さなアルバムにまとめ、そのアルバムを持ってラサから北京に行った。その時に書いた詩の中に私は内心に生じた衝撃をそれとなく記した。

一九九四、八節の間
最も暗い時間が切り替わり
無数の星から露の雫が降る
百八粒
その両鬢の毛が黄色い女が
民族の服を着て
アムドに行く道を歩こうとしている……

実は、この「前定の念珠」という詩の中に、私はクンブム寺に行った時の多くのディテールを書いている。

チベット語でクンブムと言う名の寺で
彼女はそよ風が吹き抜けたのを見た
一本の木！　世界にただ一つの
宝石を象嵌した塔の中で変幻し
ああ！　千万尊の仏像
あるいは千万個のチベット文字が
千万枚の木の葉に変わり
あたかも両肩に降り注いだようだ……

とはいえその名に憧れてアジャ・リンポチェに会いに行った時、私は実はチベット服は着ておらず、しかもこの有名なリンポチェ、クンブム寺の寺主にどのような伝承と個人史があるのかも知らなかった。実際は当時の私はむしろ好奇心旺盛な文学青年と言った方がぴったりだった。リンポチェの僧坊に私たちを案内してくれた僧侶は、私たちにリンポチェはとても忙しくて、たびたび北京でいろいろな会議に参加していると説明し、私たちが彼に会えるかどうかわからないと言った。ところが、何らかの因縁がその時すでに生じていたのか、えんじ色の地に黄色の縁取りをした袈裟を着たアジャ・リンポチェが門の外に立ち、数人の僧侶と話しをしていた。私はこんなにも容易にこの大リンポチェに会ったのだった。彼はとても親しみやすそうだったが、非常に忙しそうにしていた。だが、たとえ忙しくなくてもたくさん話はできない。なぜなら、私の方が何を話していいかわからず、お決まりのお願いをすることができるだけだったから。「一緒に写真に写ってもいいですか？」

今その写真を取り出して見ると、私は子供っぽくて、リンポチェと写真に写るときの儀礼もわかっていなかったが、どこか緊張して恥ずかしそうに微笑んでいる。リンポチェも当時は若くて、笑っているが、落ち着いた雰囲気だった。私のように彼と写真を撮りたいと各地から来る人は大勢いるのだろうが、私が彼らと違う所は、私がラサから来て、私の胸にはダライ・ラマ尊者のバッジが付いていたことだった。アジャ・リンポチェはそれに気づいたから気持ちよくカメラの前に立ってくれたのだろうか？　そのバッジは私の遠い親戚がその数年前にインドに巡礼に行ったときに持ち帰ったものだった。各地を旅してまわっていたそのころ、私はいつもそれを目立つように胸に付けて、人がそれは誰かと尋ねると、私はいつもゆっくりとした口調で「彼は私たちのリーダーです」と答えていた。当時は今と違って信者以外に尊者を知る人は少なく、私の答えを聞いても何が何だかわからない人が多かった。

二回目にアジャ・リンポチェにお会いしたのは翌年、確か一九九五年の初冬だった。クンブム寺ではなく、ラサのデプン寺だった。私はツォクチェン仏殿の三階の巨大で精緻な弥勒菩薩に礼拝して、仏殿を出たところで、礼拝のために列を作っていた信徒が階段の方向を振り返って見ているのに出会った。人に聞くと、数人の大リンポチェが礼拝に来たとのだという。少し待っていたら、はたせるかなラサのデトゥク・リンポチェ、アムドのアジャ・リンポチェなど大勢の高僧がゆっくりと歩いてきた。信徒たちはみな頭を垂れて合掌し、リンポチェたちから頭を撫でて加持してもらうのを待っていた。しかし私は無意識に後ずさりしてしまった。彼らリンポチェの中では私はアジャ・リンポチェにしか会ったことがなかったが、その頃のニュースで、パンチェン・ラマ十世の化身選びのために行われた「金瓶掣籤《きんぺいせいせん》」の儀式で、アジャ・リンポチェを含めて彼ら高僧がみな現場に立ち会い、共産党の差配を認めた場面を放送していた。

何年も後になってアジャ・リンポチェの自伝原稿を読むまで、私はリンポチェたちが内心では天と人を欺く「金瓶掣籤」に参加することを全然望んでいなかったことを全く知らなかった。それを読んで初めて闇に埋もれた、銃口の下での真相を知った。リンポチェたちは信徒たちにとっては何度もひれ伏して頂礼する導師だが、強盗の手の中ではほしいままに操られる子羊に過ぎない。すでに多くの事例がその恐ろしい現実を証明している。チベット仏教の定めによりダライ・ラマ尊者が認定したパンチェン・ラマ十一世、当時六歳になったばかりの子供が、一晩のうちに失踪し、いまだにその生死さえわかっていない。

私は少し気に障《さわ》って、アジャ・リンポチェが微笑みつつ順番に敬虔な信徒たちの頭をなでながら通り過ぎていくのを見送り、リンポチェと近づきになる機会を逃してしまった。何年も後になってリンポチェが亡命したというニュースを聞いて、初めて依怙地な私がリンポチェの勇気を見くびっていたことを知った。当時アジャ・リンポチェはもう一人の大リンポチェに北京がでっち上げたパンチェン・ラマ十一世に反対しようと「私たちはみなリンポチェだから、死んでもまた人間に生まれることができる。だが、私たちが真実を語らなかったら、私たちを命と見なしている人民に申し訳ない」と言って働きかけたのだとクンブム寺のある僧侶から聞いたことがある。アジャ・リンポチェが本当にそんな気迫のこもった言葉を言ったのかどうか、彼に直接確かめたことはないが、その話を聞いて涙したことは忘れない。

再度アジャ・リンポチェのこの貴重な自伝について振り返ってみたい。

チベット人、モンゴル人、そしてチベット仏教の信徒にとって、アジャ・リンポチェが何を意味するかは言うまでもない。彼は黄金のように貴重な化身の一人であると言われており、中断することはできない。中断したら伝承の全てが中断する危険がある。しかし、アジャ・リンポチェの自伝を読むと、そのような壊滅的な災難に彼が何度も直面してきたことがわかる。最初は彼が八歳の時、彼が寺主であるクンブム寺は、中国共産党が発動した「宗教改革」という名の政治運動に席巻され、数百名の高僧が逮捕され、殺され、数千名の僧侶が還俗させられた。無数の宝蔵があり、仏教学の人材を育ててきたクンブム寺は破壊され略奪されただけでなく、一時は生産大隊にされてしまった。

アジャ・リンポチェにとって、遠くの放牧地にいた父親と牛や羊を放牧する大勢の牧畜民たちが銃を持った中国共産党の軍人にテントから追い出され、そのまま帰ってこなかったことでさえ、必ずしも最もひどい衝撃ではなかっただろう。彼にとって今だに消えることのない恐怖は、パンチェン・ラマ十世の謎の突然死、そして数年後にパンチェン・ラマの転生者の認定の際の、中国共産党とダライ・ラマ尊者との決裂である。中国共産党がこの極めて厳粛な宗教行事に野蛮な横槍を入れ、虚偽の事実を捏造《ねつぞう》したために、ついにアジャ・リンポチェは五十歳の時に寺を棄てて亡命し、修行の心霊と記録の願力を自由世界に移さざるを得なくなった。

しかし、アジャ・リンポチェの、この波乱万丈の自伝は、たとえ胸が張り裂けるような事件についての記述であっても、読むとどこか泰然、寛容、さらにはユーモアさえも感じさせられる。まず大事なのは自分の心である。心が乱れていなければ、いくら世界が乱れても私をどうすることができよう？　アジャ・リンポチェは、逆境と敵意をいつも慈悲の智慧によって雲散霧消させてしまう。それは奴隷になりたくないと望む読者を自然と引き付けてその中に沈潜させる。私はボランティアの編集者だが、繰り返し読むうちに文字自体を超える加持力を得られた。多くの歴史的事件の目撃者として、彼が長い時を経て明らかにした秘密は衝撃的である。例えばパンチェン・ラマ十世の死に至るまでに立て続けに起こった出来事——高僧の下獄の災難と見合い結婚、民族の霊魂としての葛藤・努力と命を奪った災厄、菩薩の再来と失踪、際限のない禍根など、そのすべてがあの四六時中至る所にある「無形の手」が運命やカルマよりも専制的であり、植民地主義的であることを明らかにしている。アジャ・リンポチェとジャムヤン・シェーパ・リンポチェがラサの上空を飛ぶ専用機の中で当時国務院宗教事務局局長だった葉小文が得意げに「金瓶掣籤」でパンチェン・ラマ十一世を選んだ時の不正行為の秘密を洩らすのを聞いたこと。共産党のチベット仏教に対する操縦と侮辱でこれ以上のことはない。

しかし私にとって最も印象に残った段落は、八歳の男の子が「封建主義の覆いをあばく」大会に参加した後、突然自分が教師と同級生を失い、そして前世たちが積み上げた財産と継承した寺院の全てを失ってしまったことに気づいたところである。高位ラマの僧坊や邸宅さえも革命者に占拠された。その時、彼は戸惑い、孤独だったが、革命者に持ち出された机の引出しの中に自分の玩具が捨てられずに残っているのを見つけて、すぐに夢中で遊びだした……今ここに書き写していても、私は泣き笑いの感覚に包まれる。

ツェリン・オーセル

二〇一三年七月三十日

ラサにて

索引

（　）にその見出しの主な接尾辞や所在地などを、［　］には参照の見出しを記載

き

く

け

こ

さ

し

す

せ

そ

た

ち

つ

て

と

な

に

ぬ

ね

の

は

ひ

ふ

や

ゆ

よ

ら

り

る

れ

ろ

著者・訳者プロフィール

アジャ・ロサン・トゥプテン〔アジャ・リンポチェ八世〕
一九五〇年、チベット東北部オロンノール草原（現中国青海省）のモンゴル遊牧民の家に生まれ、二歳でチベット仏教ゲルク派創始者ツォンカパ大師の父の転生者と認定される。クンブム寺で寺主としての教育を受け、ダライ・ラマ十四世やパンチェン・ラマ十世からも直接教えを授かった。文化大革命を経験しながらも、仏典研究や寺院改革に取り組む。地域の災害対策、伝統医学の継承、初等教育の充実などにも尽力し、モンゴル人、チベット人を問わず広く信仰を集める。一九九八年、米国に亡命し「慈悲と智慧のチベットセンター」を創設。また、ダライ・ラマ法王の長兄タクツェル・リンポチェが創設した「チベット・モンゴル仏教文化センター」センター長も務める。

三浦順子（みうら・じゅんこ）
東京学芸大卒。チベット関係の翻訳者。主な翻訳書にパンチェン・ラマ十世の転生者捜索と認定を巡る騒動の一部始終を詳述した『高僧の生まれ変わり　チベットの少年』(イザベル・ヒルトン著　世界文化社)、『チベット政治史』（W.D.シャカッパ著、亜細亜大学アジア研究所）、『ダライ・ラマ　宗教を語る』（ダライ・ラマ十四世著、春秋社）、『ダライ・ラマ　宗教を超えて』（ダライ・ラマ十四世著、サンガ）など。

馬場裕之（ばば・ひろゆき）
一九五七年、新潟県生まれ。東京都立大学中退。世田谷区役所勤務、上海留学を経て、対中ODAの技術協力プロジェクトに従事した。現在は中国語・日本語の技術翻訳業。訳書に『私の西域、君の東トルキスタン』（王力雄著、2011年集広舎）、字幕翻訳に『Dialogue 対話』（王我監督作品、2014年）。

アジャ・リンポチェ回想録
モンゴル人チベット仏教指導者による
中国支配下四十八年の記録

二〇一七年十月十日　初版発行

著者　アジャ・ロサン・トゥプテン
訳者　馬場裕之
監訳者　三浦順子
発行者　川端幸夫
発行所　集広舎
〒八一二-〇〇三五
福岡県福岡市博多区中呉服町五-二十三
電話　：〇九二-二七一-三七六七
ＦＡＸ：〇九二-二七二-二九四六
http://www.shukousha.com

制作・装幀　玉川祐治
印刷・製本　モリモト印刷
落丁本・乱丁本はお取り替えいたします。

©2017 Arjia Rinpoche. Printed in Japan
ISBN 978-4-904213-51-3 C0022